21世纪管理学系列教材

商业分析导论

主编　姚升保　邹碧攀　章润豪

武汉大学出版社

图书在版编目(CIP)数据

商业分析导论 / 姚升保,邹碧攀,章润豪主编 . -- 武汉 ：武汉大学出版社，2024.12. -- ISBN 978-7-307-24774-1

Ⅰ. F713.51

中国国家版本馆 CIP 数据核字第 2024P9S341 号

责任编辑:唐　伟　　　责任校对:鄢春梅　　　版式设计:韩闻锦

出版发行: **武汉大学出版社**　（430072　武昌　珞珈山）

（电子邮箱：cbs22@whu.edu.cn　网址：www.wdp.com.cn）

印刷:湖北金海印务有限公司

开本:787×1092　1/16　印张:19.5　字数:437 千字　插页:1

版次:2024 年 12 月第 1 版　　2024 年 12 月第 1 次印刷

ISBN 978-7-307-24774-1　　定价:59.00 元

前　言

随着大数据、人工智能、物联网、5G 通信、云计算、区块链等新兴科技与社会经济、产业生态、企业管理及用户生活的深度交织与融合，数字经济已然崛起为一种重要的经济形态。在这一波澜壮阔的数字浪潮中，数据作为关键生产要素，以其独特的价值成为了孕育新质生产力的重要源泉。面对日益精进与成熟的商业大数据环境，如何高效地挖掘与分析数据，已成为亟待解决的关键性基础课题，同时也在人才培养方面为大学商学院提出了新的要求与挑战。

近年来，众多国内外知名大学的管理学院或商学院纷纷响应时代需求，开设了商业分析（Business Analytics）专业或相关的人才培养项目。为了顺应数字经济时代对新商科人才的迫切需求，本书编者所在的中南财经政法大学于 2021 年推出了商业分析方向的本科人才培养项目。商业分析作为一门新兴的交叉学科，融合了商业经济管理、统计学与计算机科学等多个学科领域，它不仅强调对经济、金融、管理理论的深入理解和综合应用，还着重于数据分析方法以及人工智能技术的研习与实践，旨在使数据分析工作具备更强的预测能力，进而推动公司业绩的提升、运营效率的增强以及战略管理能力的飞跃。在专业建设的不断探索与实践中，我们深切体会到，商业分析人才专业能力的塑造，既依托于人才培养方案所规划的知识体系与理论素养的培育，也离不开实践能力的锤炼与提升，更与商业分析领域教材的建设与完善息息相关。正是基于这样的认识，我们萌生了编写此书的念头，以期为商业分析人才的培养贡献一份绵薄之力。

本书分为四编：基础编、数据编、方法编与案例编，共计十三章。

基础编（第 1—2 章）主要介绍商业分析的相关概念和理论知识。第 1 章概述了商业分析兴起的时代背景，厘清了其概念内涵，介绍了商业分析的工作流程。第 2 章则深入剖析了商业分析的理论基础，涵盖宏观环境分析、公司业务分析的框架，以及常用的数据分析思维方法，为后续的深入学习奠定了坚实的理论基石。

数据编（第 3—5 章）聚焦于商业分析中的数据。第 3 章细致阐述了数据的基本概念，并介绍了数据采集方法。第 4 章则转向数据存储与管理，系统介绍了相关原理与技术。第 5 章则着重讨论了商业分析中的数据合规问题，强调了数据采集、分析与使用中的合规要求，为商业分析实践保驾护航。

方法编（第 6—10 章）系统介绍了商业分析中的常用数据分析方法。从描述性分析到预测性分析，再到规范性分析，本书循序渐进地介绍了商业分析中常用的数据分析工具与技术，帮助读者掌握从数据洞察到决策制定的方法支撑。

案例编（第 11—13 章）则通过几个典型的实战案例，将理论知识转化为实践智慧。

第 11 章以房价预测为例，展示了商业分析在房地产领域的应用；第 12 章则深入剖析了航空公司客户价值分析，揭示了客户细分与价值评估的数据逻辑；第 13 章则通过豆瓣电影评论挖掘，展现了文本挖掘在商业分析中的应用。这三个案例不仅详细阐述了商业分析的主要流程与实操细节，还剖析了其中的商业启示，为读者提供实践经验与启示。

本书具有三个特点：首先，紧跟当代商业变革、大数据、机器学习等理论和实践发展前沿。在涵盖商业分析传统内容的同时，本书还融入了分布式存储技术、数据合规性以及多种机器学习方法等当代商业分析实践的关键要素，确保读者能够站在时代的前沿，洞悉商业分析的最新动态。其次，注重理论与案例分析的融合。在系统阐述商业分析的主要理论与常用方法之后，本书精选了三个实践案例，通过案例应用将理论知识转化为实际操作技能，让读者对商业分析形成更加直观、深刻的理解。最后，本书注重搭建一个完整的知识体系。全书从基础、数据、方法到案例，系统地介绍了商业分析的主要内容，旨在为读者描绘商业分析的全景图，搭建起一个系统的知识框架。

本书由姚升保、邹碧攀、章润豪三位老师主编。姚升保负责编写第 1、2、5、10、12 章；邹碧攀负责编写第 7、8、9、13 章；章润豪负责编写第 3、4、6、11 章。姚升保、邹碧攀、章润豪共同审核了本书。

在本书的编写过程中，编者广泛参考了商业分析及相关领域的丰富文献资料，包括但不限于参考文献列表中的著作，以及部分来自网络的资料。对于无法明确追溯原创作者及出处的文献资料，我们在此一并表示诚挚的感谢。此外，中南财经政法大学工商管理学院的赵彤、胡骏弈等研究生同学也为本书的资料收集、整理工作作出了积极贡献，在此表示感谢。

本书的出版得到了中南财经政法大学本科教材立项项目（编号：JC2024068）、中南财经政法大学教学研究项目（数字经济时代新商科人才数据思维能力培养的探索与实践——基于 OBE 理念的研究视角）以及中央高校基本科研业务费专项资金项目（智慧物流系统的协同策略研究，编号：2722024BY014）的资助。

由于编者水平有限，加上编写时间仓促，本书难免存在不足之处。恳请读者提出宝贵的意见与建议，以便我们不断改进与提升。同时，我们希望本书能够为商业分析领域的教学、学习与实践提供有益的参考与帮助。

编　者

2024 年 10 月

目　录

方 法 编

案 例 编

基 础 编

第1章　商业分析概述

☞ **案例导读：飓风与沃尔玛的"奇葩"补货**

2004年8月，美国气象局发布天气预警，飓风"弗朗西斯"（Hurricane Frances）将袭击美国南部沿海地区。沃尔玛管理层决定，为可能受到飓风"弗朗西斯"影响的地区进行补货。当一辆接一辆的货车抵达各个超市门店时，卸下的物品不仅仅包括常见的应急用品，居然还有啤酒和草莓酱吐司饼干！

当时担任沃尔玛首席信息官（CIO）的 Linda M. Dillman 在事后接受《纽约时报》采访时，揭开了"奇葩"补货背后的事实缘由。原来，沃尔玛一直相当重视数据收集和分析，并试图通过数据挖掘进行预测性分析。尤其是几周前刚刚经历的飓风"查利"（Hurricane Charley），更为飓风前如何备货提供了有力的信息。在梳理顾客每周生成的海量数据时，沃尔玛公司的数据分析人员通过数据挖掘算法偶然发现了一些不同寻常的需求特征。他们发现，人们确实更多地购买了某些特定的产品，但不是主观猜测的手电筒等。比如，他们发现，飓风到来前，草莓酱吐司饼干（Strawberry Pop-Tarts，这种饼干由两片长方形的薄饼皮贴合而成，饼皮间含有糖馅料，除了可以直接食用，也可在烤面包机和微波炉内加热后食用）的销售量出现了大幅度增长，是平时销量的7倍左右，而最畅销的产品则是啤酒。基于这样的数据分析，沃尔玛决定尝试进行预测性备货。之后的事实也证明，这些商品的确在飓风来临之前热卖，公司销售额因此极大地提高了！

据了解，目前沃尔玛的大数据生态系统每天需要处理 TB 级的新数据和 PB 级的历史数据，还需要分析数以百万计的产品数据、数以亿计的客户和搜索关键词……最重要的是，沃尔玛成功地将这些数据转换为了商业价值。

沃尔玛的案例深刻揭示了大数据时代数据的重要商业价值。企业正日益重视对过往数据的系统性积累，通过数据分析手段，深度挖掘并获取数据中蕴含的有用信息，使企业洞察业务的发展变动趋势，从而帮助决策者更好地进行决策。

资料来源：飓风来临！沃尔玛等"奇葩备货"［EB/OL］．（2016-05-18），http://searchbi.techtarget.com.cn/4-2182.

1.1　商业分析兴起的时代背景

商业分析术语的起源可以追溯到19世纪，但近年来才真正引起关注。商业分析的兴起是社会经济发展到一定阶段的必然结果，大数据时代的到来、企业对数据驱动决策的迫切需求以及相关领域技术的进步是其兴起的重要时代背景。

1. 大数据时代的到来

随着计算机技术、网络通信技术、智能终端设备以及各类信息系统在各领域的广泛应用，大量的数据在开放多源的渠道中产生，逐渐汇聚成一个巨大的、精准映射并持续记录物质世界和精神世界运动状态及其变化的"大数据"空间。根据国际数据公司（IDC）发布的报告，2024 年全球将生成 159.2ZB（Zettabyte，泽字节）的数据，预计到 2028 年将增加至 384.6ZB，数据量呈现出爆炸式增长趋势，如图 1-1 所示。

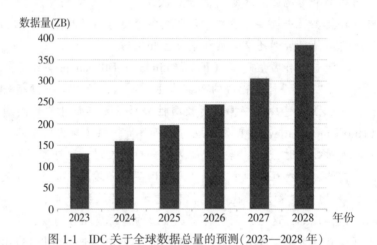

图 1-1　IDC 关于全球数据总量的预测（2023—2028 年）

大数据涵盖了来自多种渠道的海量结构化和非结构化数据，包括互联网、医疗设备、视频监控、移动设备、智能设备和非传统 IT 设备等。这些数据持续不断地渗透到现代企业的管理和运营中。企业从实时交易数据中获取大量关于消费者、供应商和运营管理的信息。数以百万计的网络传感器被集成到手机、智能手表、汽车和机械等设备中，用于感知、生成和交换数据。社交媒体上亿万用户的实时互动和内容分享也极大地推动了大数据的快速增长。

关于大数据的概念，无论是企业界还是学术界，目前都没有一个统一的定义。维基百科将大数据描述为"无法在短时间内用常规软件工具进行捕捉、管理和处理的数据集合"；权威的 IT 研究与咨询企业加特纳集团（Gartner Group）则认为大数据是"在量级或复杂性上超越传统信息技术处理能力的数据管理和处理的挑战"；美国国家科学基金会（NSF）则定义大数据为"由科学仪器、传感器、互联网交易、电子邮件、音视频应用、网络点击流等产生的大规模、多样、复杂且持续的分布式数据集"。尽管这些定义各有侧重，但他们普遍认同的是，大数据不仅继承了"海量数据"和"大规模数据"的概念，更在数据量、复杂度和生成速度上都远超传统数据，也超出了现有技术处理的能力，从而开辟了巨大的产业创新机遇。过去十余年，数据挖掘技术在营销、人力资源、电子商务等多个商业领域得到广泛应用，并取得了显著成效。从这个意义上说，大数据的到来标志着数据研究和应用已经超越了初始阶段，进入了更为成熟和深入的新阶段。

虽然数据支持商业决策具有悠久的历史，但在大数据时代，数据介入决策所能达到的深度、广度以及所具备的潜力是前所未有的。

2. 企业对数据驱动决策的迫切需求

大数据之所以在全社会广受关注，一个重要原因是大数据蕴含着巨大的价值。对于企业而言，挖掘大数据中隐藏的知识和管理逻辑可以为企业带来巨大的商业利益。随着技术的飞速发展和市场竞争的加剧，企业对数据驱动决策的需求愈发迫切。数据驱动的决策能够帮助企业在复杂多变的市场环境中迅速做出精准、高效的决策。通过利用数据驱动决策，企业不仅能够提高效率和竞争力，还能更好地适应不断变化的市场环境，实现可持续发展。

例如，在产品研发方面，企业可以通过深入挖掘消费者购买、评论和社交等行为大数据，发现用户的兴趣和潜在需求，从而研发出满足市场需求的产品。例如，美国奈飞公司(Netflix)从 3000 万付费用户的播放和评论数据中精准分析出用户的喜好和收视习惯，以此为基础创造了全球现象级产品《纸牌屋》。这一成功案例表明，数据驱动的产品研发能够极大地提升产品的市场适应性和成功率。

在生产管理方面，大数据和商业分析技术的应用使企业能够对生产过程中的要素进行量化评估，优化投入决策，避免产能过剩，并实现供应链的敏捷性。例如，三一重工通过大数据技术为智能工程机械物联网提供决策支持，不仅优化了生产过程，还推进了制造服务化步伐，实现了智能生产与服务的完美结合。这表明数据驱动的生产管理能够提高企业的生产效率和服务水平。

在市场营销方面，企业可以通过收集消费者全生命周期的行为数据，构建消费者全景式人物画像，从而设计出精准度高、绩效可度量的个性化营销方案。亚马逊公司(Amazon)通过挖掘消费者行为特征，预测兴趣偏好，开展个性化推荐和定价策略，极大地提升了顾客满意度和忠诚度。这说明数据驱动的市场营销能够更有效地满足消费者需求，增强品牌影响力。

在金融服务方面，利用大数据从多维度评估对象的信用水平，可以打破时空限制，使得金融服务开展更便捷。蚂蚁金服利用大数据从 100 多个风险维度评估客户信用水平，快速为用户提供贷款，提高了金融服务效率和质量。这展示了数据驱动的金融服务能够提高风险管理能力和客户服务体验。

在人力资源管理方面，数据技术不仅可以帮助企业发现员工个体特征，还能动态预测员工行为倾向，方便有针对性地开展人力资源规划。谷歌(Google)通过追踪并分析员工多维数据鉴别差异，预测离职倾向，进而实现多样性管理目标。这表明数据驱动的人力资源管理能够提高员工满意度和组织效能。

在商业大数据环境下，传统的经验决策方式已无法满足快速变化的市场需求，企业的管理决策范式正在从基于经验的决策转向基于数据的决策。具体来说，通过数据分析，企业能够揭示市场趋势、优化业务操作，并显著提升产品和服务质量。面对海量、多样化且实时更新的数据，企业面临的主要挑战是如何有效提取有价值的信息。应对这一挑战不仅需要先进的数据处理与分析技术，还需要严格的数据治理结构和合规措施来确保数据的安全性和隐私性。此外，决策者需要具备数据分析能力，理解并应用数据分析结果，以实现从数据洞察到战略决策的有效转化。因此，构建以数据为核心要素的决策体系成为企业转型的关键。这样的体系不仅能显著提升企业的运营效率，还能增强企业对市场变化的适应性和业务的可持续发展能力。

3. 数据获取、数据存储与数据分析等方面的技术进步

数据获取的技术进步是推动商业分析发展的技术因素之一。互联网技术尤其是社交媒体平台的爆炸性增长，极大地扩展了数据的来源。企业可以利用这些平台获取消费者行为数据、市场趋势和竞争对手的情报。例如，通过分析社交媒体上的用户评论和反馈，公司可以获得关于产品或服务的实际用户体验和意见，这直接有助于产品和服务的改进。移动设备及其应用同样产生了大量数据。智能手机和平板电脑内置的传感器如 GPS 模块可以提供位置数据，而应用使用数据则反映了用户的兴趣和行为习惯。这些数据为市场分析和消费者细分提供了丰富的材料，帮助营销人员设计更精准的目标市场策略。物联网技术的发展也极大地增加了可用数据量。从工业设备到家庭用品，各种"智能"设备的广泛部署使得企业可以实时收集连续的数据流。同时，数据抓取技术的进步也不容忽视。现代网络爬虫能够持续不断地从互联网上提取大量信息，而 API（应用程序编程接口）集成则允许企业直接从其他平台获取数据，这大大提升了数据获取的效率和范围。

数据存储技术的进步也是商业分析兴起的重要推动力。随着云计算和大数据存储解决方案的出现，企业可以低成本、高效率地存储和管理海量数据。这些技术不仅提高了数据的可访问性，还确保了数据的安全性和可靠性。分布式存储技术通过将数据分散存储在多个节点上，实现了数据的高效存储和快速访问。例如，HDFS（Hadoop Distributed File System）就是一种常见的分布式存储系统，它为商业分析提供了巨大的存储能力。同时，云存储技术提供了弹性、可扩展的存储服务。企业可以根据需要随时增加或减少存储空间，无需担心硬件资源的限制。这种灵活性使得商业分析能够更加便捷地处理和分析数据。NoSQL 数据库能够处理大量结构化和非结构化数据，具有高度的可扩展性和灵活性。在商业分析中，NoSQL 数据库被广泛应用于存储用户行为数据、社交媒体数据等复杂数据类型。例如，MongoDB、Cassandra 等 NoSQL 数据库在实时数据分析、大数据处理等领域有着广泛的应用。

数据分析技术的提升是商业分析兴起的核心驱动力。数据挖掘技术的发展、机器学习与人工智能技术的应用以及可视化技术的普及极大地推动了商业分析的发展。数据挖掘技术能够从大量数据中发现潜在的模式、规律和趋势，为商业分析提供有价值的洞察。现代的数据挖掘技术包括关联规则学习、聚类分析、决策树等方法，这些方法能够处理复杂的数据集并提取出有用的信息。机器学习和人工智能技术为商业分析带来了更

加智能化的分析能力。通过训练模型，机器学习和人工智能可以自动地从数据中学习并预测未来的趋势。这种预测能力对于市场趋势分析、用户行为预测等领域具有重要的应用价值。可视化技术能够将复杂的数据以直观、易懂的方式呈现出来，帮助用户更好地理解数据和分析结果。现代的可视化工具如 Tableau、Power BI 等提供了丰富的图表和交互功能，使得商业分析的结果更加易于理解和应用。

此外，自动化和实时分析技术的进步也为商业分析的增长提供了支持。自动化工具能够无缝地整合各类数据源，减少人工干预，提高分析的速度和准确性。实时数据分析技术使企业能够即时监控关键业务指标，快速响应市场变化。

1.2　商业分析的概念内涵

1.2.1　商业分析的定义

商业分析的英文表述是 Business Analytics(BA)。本节先介绍 Analytics 的内涵，然后简要分析文献中关于商业分析的典型定义，最后给出本书关于商业分析的概念界定。

按英文单词的构词法，后缀"-ics"通常用于构成与学科、技术或研究相关的名词，其含义表示"××学""××术"或"××研究"，例如 Mathematics 被译成数学，Physics 被译成物理学，Economics 被译成经济学，Linguistics 被译成语言学等。由此类推，可将 Analytics 翻译为"n. 分析学，解析学，分析论"。

在大数据时代背景下，Analytics 被赋予了更为具体的独特含义。如果从学术角度来考察"Analytics"，一般是指运筹学和管理科学研究协会(The Institute for Operations Research and the Management Sciences，INFORMS) 对其赋予的新含义：Analytics is defined as the scientific process of transforming data into insight for making better decisions。中文大意是，分析学被定义为将数据转变成为用于更好地决策的洞察力的科学过程。不难发现，该定义将"数据"看作 Analytics 的对象，将数据加工和分析过程视为一种科学的过程，其目标是为人们做出更好的决策提供某种参考和借鉴，而且突出了"更好地决策"的高级目标。此外，INFORMS 旗下的国际期刊 *Analytics* 将 Analytics 定义为"用数学、运筹学、统计学影响商业决策"。需要指出的是，Analytics 可以应用于很多学科，而不仅仅适用于商业领域。例如，对气象数据进行收集，并将其转化为统计资料，进而用于预报天气，这是 Analytics 在气象学领域的实践。当 Analytics 应用于商业领域时，便产生了商业分析。

传统的商业分析是指以概率论及统计学为基础，研究、分析、处理经济管理领域中的实际问题。其应用范围广泛，不仅涵盖统计报表的细致解读、财务走向的精准预测，还涉及投资风险的前瞻性评估、市场趋势的敏锐捕捉、销售数据的科学预测，以及产品质量管理的全面评估与投资效益的决策。传统商业分析的目的是通过分析数据，准确反映市场对企业产品的需求状况、资源的成本结构以及市场需求动态，同时洞察市场条件及整体经济运行的脉络，旨在为企业提供坚实的决策支持，从而强化经营管理，推动企业经济效益的持续提升。传统商业分析自 20 世纪 60 年代起随着计算机技术在决策支持系统中的应用，逐渐受到了广泛的关注。从那时起，商业分析与 ERP（企业资源管理计划）系统、数据仓库、数据挖掘、商业智能等软硬件工具和应用紧密结合，共同推动了企业管理的发展。随着数据量的不断增加，尤其是大数据的兴起，商业分析与商业智能的联系更加紧密。在这种背景下，有学者将商业智能与分析相结合，提出了 BI&A（Business Intelligence and Analytics）的概念，以强调两者在数据分析与决策支持中的协同作用。BI&A 不仅为企业提供了强大的数据分析能力，还帮助企业从海量数据中提取有价值的信息，为决策制定提供了有力的支持。

关于商业分析的定义，美国学者 Davenport 和 Harris 在著作 *Competing on Analytics* 中将商业分析描述为：广泛应用数据、使用统计与量化分析方法、使用描述性与预测性模型，以及基于事实的方法影响决策与行动的实践。INFORMS 将商业分析定义为：商业分析通过数据分析趋势、构建预测模型、优化企业流程，提升企业绩效，以促进商业目的的实现。Shmueli 和 Koppius（2011）认为商业分析是使用大量的数据、统计和定量分析、解释和预测模型，并基于事实的管理方法来推动决策，其中涉及一系列的技能、技术、应用和实践。蔚海燕和许鑫（2015）认为，商业分析就是围绕企业的业务需求，运用定性与定量的分析模型将信息、数据转化为有用的信息来帮助做出更好的商业决策。上述定义尽管在表述上各不相同，但都强调了利用数据分析驱动商业决策和业务优化，这正是商业分析的本质。

综合相关概念，商业分析就是针对某一商业或业务问题，通过采集、整合和分析数据获取有价值的知识和洞察来帮助做出更好的商业决策的过程。

对于商业分析的理解，需要强调两点：第一，商业分析就是利用数据分析的方式解决商业问题。一方面，解决问题用的是数据分析的方法，这是理解商业分析中的"分析"的要点；另一方面，数据分析要解决的问题是商业问题，这是理解商业分析中的"商业"的要点。商业分析中数据分析的目标指向非常明确，就是提升企业决策质量，使企业获得最大的经济效益和商业价值。第二，商业分析是从"业务到数据，再到业务"的完整闭环。数据可以产生商业价值，但数据无法孤立于商业场景而产生价值。商业分析的第一步，也是非常重要的一步，不是采集数据，更不是分析数据和建立模型，而是业务理解和业务分析。只有在深刻理解业务逻辑和业务问题的基础上，我们才能将业务问题转化为数据分析问题，并通过一定的数据分析方法、模型和工具获得商业洞察力。业务问题也是商业分析的落脚点，商业分析的价值需要通过业务优化和增长来实现。

与 Business Analytics 在英文表达上极为相似的一个领域是 Business Analysis。虽然二者字面上都可以直译为"商业分析"或"业务分析"，但 Business Analysis 与 Business Analytics 是存在很大差别的两个不同领域。Business Analysis 通常指分析业务领域的结构、过程和问题，并向解决方案提供者呈现业务需求。例如在 IT 领域，Business Analysis 的目的主要是分析和获取 IT 系统的需求，其结果可能是获取诸如"所有使用者都能无线远程登录客户关系管理系统"这样的需求。虽然定量数据对于获得这样的需求有帮助，但它不是必要条件，得到这样的需求不一定用到数学或统计学手段。同时，Analysis 是一个含义非常宽泛的常用词，通常指把一种事物、一种现象、一个概念分成较简单的组成部分，找出这些部分的本质属性和彼此之间的关系，但这个过程并非以数据分析为基础。

1.2.2　商业分析的三种类型

商业分析有很多不同类型，有必要对其进行分类，以便认识、理解不同类型商业分析的用途。INFORMS 将商业分析分为三种类型：描述性分析、预测性分析和规范性分析，如图 1-2 所示。三种类型中的每一种都可以视为独立的商业分析，但三种分析相互关联的性质是显而易见的。例如，有些公司可能仅仅利用描述性分析，为其所面临的决策提供信息；而其他一些公司，则可能同时使用多种类型的分析方法从数据中获取有价值的知识和洞察，帮助公司规划和决策。

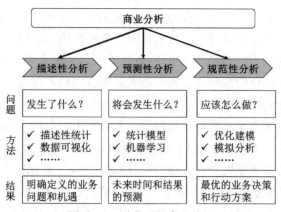

图 1-2　三种类型的商业分析

描述性分析（Descriptive Analytics）是商业分析最基本的类型，回答"发生了什么"的问题。描述性分析关注对已有业务相关数据的整理、描述和解释，以揭示数据中的模式和趋势。这种类型的分析通过对历史数据的深入剖析，帮助企业了解过去的表现和当前的状态，为未来的决策提供数据支持。描述性分析主要对数据的基本特征进行描述，包括数据的均值、中位数、众数、方差、标准差等统计指标。此外，描述性分析还包括对数据分布的探索，如偏度、峰度等，以了解数据的基本分布特征。可视化已经成为描述性分析领域的重要工具，通过使用市场上最新的可视化工具，可以获得对公司运营和业务状况的深入洞察。描述性分析可以帮助我们快速了解数据的整体情况，为后续的预测和决策分析提供基础。描述性商业分析的应用非常广泛，包括市场趋势分析、客户行为分析、销售数据分析等。通过收集和分析大量数据，企业可以了解市场需求、消费者偏好、产品销售情况等关键信息，从而制定更有效的市场策略和业务计划。

预测性分析（Predictive Analytics）是非常重要的一类商业分析类型，回答"将会发生什么"的问题。预测性分析通过对数据的挖掘和分析，预测未来的市场趋势、客户需求、产品销售情况等，帮助企业提前发现潜在的市场机会和风险，从而制定更为精准的市场策略和业务计划。在方法层面，预测性分析不仅需要利用回归分析、时间序列分析等常用统计分析方法构建数学模型来预测未来，而且需要利用监督学习和无监督学习等机器学习算法从大数据中发现隐藏的模式、规律和关系，为预测提供更为精细和准确的依据。预测性商业分析的应用场景包括销售预测、库存需求预测、客户流失预测、客户违约行为预测等。在预测性分析中，人们通过各种数据建模的技术手段对业务的核心指标做出预测，希望可以无限准确。然而，在真实的商业场景中预测不准是常态。这是因为实际预测问题通常面临极其复杂的不确定性，其中一部分不确定性可以通过数据积累、算法改进和人类知识的持续增加而逐步降低，甚至最终消亡。但是，几乎所有的不确定性中都包含人们无可奈何的成分，它将长期存在，甚至不会衰减。因此，预测模型的价值主要体现在预测精度的相对优势上（相对于经验方法）。

规范性分析（Prescriptive Analytics）通常被认为是商业数据分析的最后一个阶段，回答"应该怎么做"的问题。描述性分析帮助人们理解已经发生的事情，预测性分析尝试预见未来可能发生的事件，而规范性分析则研究制定获取最佳实践结果的最佳方案。规范性分析在商业决策和运营管理中发挥着至关重要的作用。在对历史数据深入挖掘和未来趋势科学预测的基础上，规范性分析为决策者提供了一套可行的行动方案和策略建议，它能够帮助企业优化资源配置，提升运营效率，增强市场竞争力，并在复杂的市场环境中做出更为精准的决策。在方法层面，规范性分析通常采用最优化、模拟、决策分析等管理科学方法构建方案选择的数学模型，并进行求解分析。规范性分析具有很多成功的实践案例，例如：谷歌地图利用规范性分析为用户提供出行方式和路线的最优选择；自动驾驶汽车使用规范性分析来规划最佳行驶路线，确保安全高效地到达目的地；航空公司利用规范性分析调整价格策略，以吸引消费者预订并优化收益；互联网平台利用规范性分析确定网页的最优广告位布局，以获得最大化的广告收益。

1.2.3　商业分析与商业智能

在大数据时代，商业分析经常与商业智能（Business Intelligence，BI）一同被提及。在一些关于商业分析的文献中，商业智能与分析连在一起被统称为 BI&A。商业智能的概念最早是加特纳集团（Gartner）于 1996 年提出来的，加特纳集团将商业智能定义为：商业智能描述了一系列的概念和方法，通过应用基于事实的支持系统来辅助商业决策的制定。商业智能是一个专注于商业数据搜集、管理和分析的过程，其核心目标是为企业各级决策者提供知识和洞察力，以支持他们做出对企业更为有利的决策。从系统层面看，商业智能的应用涉及从多个数据源中收集数据，对数据进行清洗以确保其准确性，之后通过转换和重构将数据存入数据仓库，使其成为有价值的信息。随后，利用如联机分析处理（Online Analytical Processing，OLAP）等工具对这些信息进行处理，进一步将其转化为辅助决策的知识。最终，这些知识将以用户友好的方式呈现，转化为实际的决策支持。这一过程充分展现了企业信息化在商业智能应用中的基础作用，因为它最大限度地利用了企业数据，将数据转化为信息，再进一步提炼为知识，为企业提供强有力的决策支持。尽管 BA 与 BI 都与企业数据分析紧密相关,且经常被一起连用,但这两个领域存在一些区别。

(1)BA 和 BI 目标取向不同。

BI 的目标是通过数据的整合和可视化,提供对企业历史表现的洞察,支持日常的业务监控和决策;而 BA 的目标是通过深入的业务流程分析和预测性分析,解决具体的业务问题,实现业务优化和绩效提升。

具体而言,BI 通过历史数据分析,提供对企业过去表现的深入理解,从而帮助管理者监控关键性能指标、识别业务趋势和模式。BI 工具通常用于生成报告和仪表板,使决策者能够快速获取关键信息,进行日常的业务监控和性能评估。此外,BI 还致力于促进数据驱动的决策优化,通过提供易于访问和理解的数据视图,使整个组织能够基于事实做出更加明智的业务决策。BA 的目标是通过数据分析方式提高业务效率、降低成本、增加收入或改善客户满意度,支持企业在不断变化的市场环境中保持竞争力和适应性。与 BI 相比,BA 更注重分析业务流程中的各个环节,识别改进机会和潜在问题。BA 使用包括预测性分析在内的高级分析技术,不仅回顾历史数据,还预测未来趋势,为企业提供前瞻性的见解。

(2)BA 和 BI 侧重点不同。

BI 侧重于数据的技术性挖掘,它通常从企业的数据仓库中提取数据,通过数据可视化和报告工具,帮助用户理解业务的当前状态和历史趋势。BI 常用于分析过去的数据,提供对业务表现的回顾性分析,例如销售数据、客户行为等。通过展示关键性能指标和趋势,BI 帮助管理者做出基于数据的决策。在实施和使用中,BI 更多地依赖于技术,包括数据仓库、ETL(Extract-Transform-Load,即抽取、转换、加载)过程和前端报告工具。由于 BI 侧重于数据和技术挖掘过程,因而存在与业务脱节的可能性,往往由 BI 得出的数据和结论并不是业务真正需要的。

BA 则与业务结合更加紧密,强调利用数据和技术手段解决业务问题,实现业务优化和绩效提升。它不仅分析数据,还深入研究业务流程,识别瓶颈和改进机会,帮助企业制定长期战略,通过分析市场趋势、竞争对手和客户需求,预测业务发展方向。BA 通常使用高级分析技术,如机器学习和统计模型,来预测未来事件和结果,专注于解决具体的业务问题,提供定制化的分析和建议,以支持业务决策。BA 往往需要跨部门合作,整合不同来源的数据和观点,以获得全面的业务视角。在数据量激增的背景下,BI 在处理复杂数据方面存在局限,而将 BI 扩展到 BA 则成为提升企业竞争力的关键。从 BI 向 BA 的转变,不仅是市场需求的体现,也是商业智能发展的趋势。

(3)BA 和 BI 数据利用不同。

BI 主要依赖于企业内部产生的结构化数据,这些结构化数据通常来源于企业资源计划(ERP)系统、客户关系管理(CRM)系统、人力资源管理(HRM)系统、供应链管理(SCM)系统等业务系统,以及企业内部业务流程(如订单处理流程、审批流程)。BA 处理更加复杂且多样化的数据类型,这些数据类型不仅涵盖传统的结构化数据,还包括文本、图片、音频、视频等非结构化数据。BA 利用的非结构化数据通常来源于企业文档、客户反馈、社交媒体、日志文件、传感器设备等。此外，BI 强调实时或近实时的数据获取和处理，支持快速的日常管理和操作决策。BA 通常对多源历史数据进行深入分析，致力于揭示隐藏在大量数据背后的业务趋势和模式，以识别趋势并驱动业务优化和增长。

（4）BA 和 BI 方法工具不同。

BI 的分析方法侧重于数据的整理、清洗和可视化呈现，通过报表制作、仪表盘设计、数据可视化等方式展示数据关系、趋势和洞察，主要使用 Tableau、Power BI 等数据分析工具，这些工具以报表和可视化的形式呈现数据，帮助管理层更好地监控企业运营。BA 更注重数据的深入分析和挖掘，其内容涉及数据处理、探索性数据分析、预测性建模、数据挖掘等，在方法上不仅使用常规统计分析方法，而且通常使用更高级的分析技术和算法，如机器学习等，以便更好地理解业务运营和推断趋势。BA 使用多种技术工具进行数据分析，包括但不限于 SQL、Python、R 等编程语言，以及 Hadoop、Spark 等大数据处理工具。

表 1-1 对分析（Analytics）、商业智能和商业分析三者进行了比较。

表 1-1　　　　　　　　　　　分析、商业智能和商业分析的比较

特点	分析	商业智能	商业分析
公司绩效规划作用	正在发生什么？将要发生什么？	正在发生什么？为处理它们，我们已经做了什么？	正在发生什么？将要发生什么？最佳策略是什么？
使用描述性分析	是	是	是
使用预测性分析	是	否	是
使用规范性分析	是	否	是
面向商业	可能	是	是
聚焦于存储与维护数据	否	是	否
聚焦于业务优化与绩效提升	否	否	是

1.3　商业分析的基本流程

商业分析是一门实践性很强的学科，需要运用科学的理论、方法及技术手段，在对大量零散、杂乱的数据进行加工整理与分析的基础上提取有价值的知识和洞察力，其核心价值在于通过数据分析赋能商业决策过程，助力企业增强市场洞察能力，优化资源配置，提升业务绩效水平和企业竞争力。商业分析工作是一项系统工程，通常由业务理解与需求定义、数据采集与预处理、数据挖掘建模、制定决策与建议、实施与评估五个步骤组成，如图 1-3 所示。

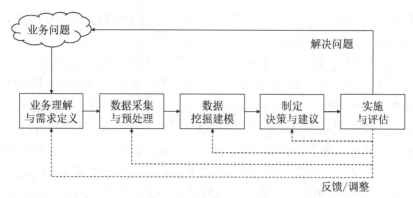

图 1-3　商业分析的基本流程

1.3.1　业务理解与需求定义

商业分析工作的起点既非数据，也非方法，更非模型构建，而是业务理解和需求定义。业务理解与需求定义是指通过了解市场发展趋势和企业的业务逻辑、发展现状和业务痛点，深刻理解核心业务和商业分析需求的过程。

业务理解与需求定义在商业分析流程中占据着举足轻重的地位。首先，深入的业务理解使商业分析人员能够洞察企业的核心诉求与潜在挑战，确保分析工作紧密围绕企业的核心业务和战略目标展开。通过细致的需求定义，分析人员能够明确分析的具体目标、范围及期望成果，为后续的数据收集、处理与分析提供明确的方向。其次，业务理解与需求定义促进了跨部门之间的沟通与协作。在这一过程中，商业分析人员需要与不同部门的利益相关者进行紧密合作，共同梳理业务需求，识别关键指标和变量。最后，精准的需求定义确保了分析成果的实际应用价值。通过明确的分析目标和关键指标，分析人员能够有针对性地开展分析工作，揭示业务背后的规律和趋势，为企业的决策提供有力的数据支持。

业务理解是商业分析中至关重要的环节，它为后续的需求定义、数据分析及策略制定提供了坚实的基础。业务理解包含以下几个关键点：

(1)明确商业目标。在商业分析的背景下，明确商业目标不仅是战略规划的起点，也是整个分析过程中极具挑战性的环节。商业分析人员需要与企业高层和业务部门紧密合作，共同确定清晰、可衡量的商业目标。这些目标应直接关联到企业的核心竞争力和市场定位，以数据为驱动，确保分析工作的方向性和有效性。通过商业分析，我们可以利用历史数据和行业趋势来预测未来市场变化，进而设定合理的增长目标或优化目标。这些目标不仅指导日常运营决策，还可作为评估分析成果和策略有效性的基准。

(2)分析商业环境。在分析商业环境时，需要运用各种分析工具和技术，如 PEST 分析、五力模型等，来全面评估企业所处的外部环境。同时，结合内部资源能力分析，识别出企业的优势和劣势，以及面临的机遇和威胁。通过商业分析，我们可以深入了解市场的竞争格局、消费者行为、技术发展趋势等关键信息，为企业制定差异化战略和应对市场变化提供有力支持。此外，分析商业环境还有助于识别潜在的市场机会和威胁，为企业的战略调整提供决策依据。

（3）梳理业务流程。在商业分析中，梳理业务流程是理解企业运营机制、发现改进机会的重要步骤。商业分析人员需要深入了解企业的业务流程，包括各个环节的输入输出、关键控制点、瓶颈问题等。通过业务流程分析，可以发现流程中的冗余环节、低效操作和不合理的资源配置，进而提出优化建议。同时，商业分析人员还可以运用流程管理工具和技术，如流程图、价值流图等，来可视化业务流程，帮助团队成员更好地理解流程结构和运作方式，这有助于促进跨部门协作，提升流程效率和整体绩效。

（4）理解业务问题。在商业分析中，理解业务问题是制订解决方案的前提。商业分析人员需要与业务部门紧密合作，深入了解他们面临的具体问题和挑战。这些问题可能涉及市场需求、产品质量、运营效率等多个方面。通过商业分析，我们可以运用数据分析工具和技术，如数据挖掘、统计分析等，对业务问题进行深入剖析。我们可以收集和分析相关数据，识别出问题的根源和关键因素，进而提出有针对性的解决方案。

需求定义是连接业务理解与解决方案设计的关键环节，需求定义包含以下五个关键点：

（1）明确需求来源。需求可能来源于多个方面，包括但不限于业务部门、客户反馈、市场调研、竞争对手分析等。商业分析人员需要与企业内部不同部门保持紧密沟通，同时关注外部市场动态，以全面捕捉和识别潜在需求。通过商业分析的方法论，如利益相关者分析，我们可以识别出不同需求提出者的优先级和影响力，从而更加科学地确定需求的优先级和紧急程度。

（2）细化需求内容。细化需求内容是将模糊、笼统的需求转化为具体、可操作的任务或目标的过程。在商业分析中，这要求商业分析人员不仅要理解需求的表面含义，还要深入挖掘其背后的业务逻辑和实际需求。通过用户故事，用例图、功能需求列表等工具，商业分析师可以将需求细化为具体的功能点、性能指标、用户体验要求等。同时，商业分析师还需运用商业分析的知识和技能，对需求进行可行性评估，确保需求在技术、资源、时间等方面具备实现条件。

（3）分类与整理。对需求进行分类与整理是提升分析效率和准确性的重要手段。在商业分析中，我们可以根据需求的性质、优先级、关联性等维度进行分类，如功能性需求、非功能性需求、业务需求、用户需求等。通过分类与整理，商业分析师可以更加清晰地了解需求的整体结构和相互关系，为后续的需求管理和分析工作提供便利。同时，分类与整理也有助于识别出需求之间的冲突和冗余，从而进行必要的调整和优化。

（4）验证与确认。验证与确认是确保需求准确无误的关键步骤。在商业分析中，这要求商业分析师与需求提出者进行充分的沟通和确认，确保双方对需求的理解达成一致。通过需求评审会议、原型演示、用户测试等方式，商业分析师可以收集反馈意见，对需求进行迭代和优化。同时，商业分析师还需运用商业分析的方法论，如假设验证、风险评估等，对需求进行进一步验证和确认，以确保其符合业务目标和市场需求。

（5）需求文档化。需求文档化是将需求以书面形式记录下来的过程，它是商业分析成果的重要体现。在商业分析中，需求文档应详细、准确地描述需求的各个方面，包括需求来源、内容、优先级、约束条件等。通过需求文档化，商业分析师可以确保项目团队成员对需求有共同的理解和认识，减少沟通成本和误解风险。同时，需求文档也是后续设计、开发、测试等阶段的重要参考依据，有助于确保项目按照既定目标顺利推进。

业务需求定义应该遵循目标导向、科学性、可行性和效益性等原则。

(1)目标导向原则。目标导向是指需求识别过程应紧密围绕特定的业务问题、市场机会或企业目标进行，确保所识别的需求直接针对解决这些问题或实现这些目标。首先，需要清晰地定义和理解所要解决的问题或要实现的目标，确保分析工作有的放矢；其次，通过深入的市场调研、用户访谈、数据分析等手段，精准识别与问题或目标直接相关的需求，避免偏离主题；最后，基于识别出的需求，制定有针对性的解决方案或策略，确保资源投入的有效性和成果的显著性。

(2)科学性原则。科学性强调需求识别与定义过程应遵循科学的方法和原则，确保所选择的需求有理论和事实的依据。其一是系统分析，采用系统思维将业务问题或市场需求视为一个整体系统，分析各组成部分之间的相互作用和关系。其二是以数据和事实为依据，减少主观臆断和偏见的影响，使分析结果更加客观和准确。其三是在识别与定义需求的过程中，我们需要遵循逻辑原则，确保推理过程的连贯性和一致性。通过合理的假设和推理，构建出具有说服力的分析模型。

(3)可行性原则。可行性是指所识别的需求在实际操作中能够实现，考虑到资源、技术、时间等方面的限制条件。一是资源评估：对实现需求所需的资源(如人力、物力、财力)进行全面评估，确保企业具备相应的资源条件。二是技术验证：对技术可行性进行验证，确保所识别的需求在技术上是可实现的，或者通过技术改进和创新可以实现。三是时间规划：制定合理的时间表，明确实现需求的关键里程碑和阶段性目标，确保项目按时推进。

(4)效益性原则。效益性是指实现所识别的需求能够为企业带来实际效益，包括增加收入、节省成本、降低风险等方面。一是成本效益分析：对实现需求所需的成本和可能带来的收益进行权衡分析，确保投资回报率合理。二是市场适应性：评估所识别的需求是否符合市场趋势和客户需求变化，确保产品或服务具有市场竞争力。三是长期价值：考虑需求的长期影响和价值，不仅关注短期利益，更要注重企业的可持续发展和长期竞争力提升。

1.3.2 数据采集与预处理

数据采集与预处理是商业分析流程中的重要步骤，对于保证商业分析的科学性和有效性至关重要。数据采集是数据分析的起点，它需要按照商业分析的业务需求和分析目标从多渠道收集市场、用户、交易等的关键指标数据，确保数据源的广泛性和多样性。原始形式的数据往往是粗糙的，难以直接用于数据分析和数据挖掘。因此，需要对原始数据进行数据清洗、数据集成、数据变换与数据归约等预处理，确保数据的准确性和一致性，为后续数据挖掘和分析做好准备。

1. 数据的来源与采集方法

商业分析的数据来源可划分为一手数据与二手数据。一手数据具有原始性、直接性、可控性和高度的定制化特点。它们通常来源于企业内部的相关系统、数据仓库和大数据平台；物联网技术的应用使得实时数据采集成为可能，如设备运行状态、顾客行为轨迹等；此外，通过精心设计的市场调查，企业能够直接获取消费者偏好、市场反馈等宝贵信息。相较于一手数据，二手数据则是经过整理、汇总甚至分析后的成果，其优势在于广泛性和易获取性。它们可能来源于政府统计机构发布的官方数据，如统计局在互联网平台上发布的宏观经济指标、行业报告等；也可能出自各类公开出版物，如学术期刊、行业报告、市场研究报告等，这些资料往往由专业机构编纂，具有较高的权威性和参考价值。二手数据虽非直接由企业生成，但能够为企业快速构建市场认知、识别行业趋势提供有力支持。

企业用户数据来源渠道分为企业内部数据来源和企业外部数据来源。企业内部数据来源涵盖了企业运营的全链条，包括但不限于企业自建的网站与 App，这些平台上的用户行为数据是理解市场需求、优化用户体验的关键；内部 CRM/ERP 系统则集成了客户关系管理与企业资源规划的核心信息，为企业内部管理提供了强大的数据支撑；自有电商平台、线下零售店及客户服务中心等渠道，直接面对消费者，收集了大量关于产品购买、服务体验等方面的反馈；同时，企业社交媒体账号(如官方微博/微信)也是获取用户互动、品牌口碑的重要窗口；内部 POS 系统则精确记录了每一笔交易，为销售分析提供了精确的数据基础。企业外部数据来源则更加广泛且多样，社会化媒体平台上的海量用户生成内容(UGC)为企业洞察消费者心理、监测品牌声誉提供了丰富的素材；第三方电商平台不仅汇聚了竞争对手的产品信息，还提供了用户评价、购买行为等宝贵数据；搜索引擎的关键词搜索量、广告 DSP 的投放效果数据等，帮助企业精准定位目标市场；此外，邮件 ISP、支付平台等合作伙伴也为企业提供了用户行为、支付习惯等方面的补充信息；专业的第三方数据提供商，则通过专业的数据收集与分析能力，为企业提供定制化的数据解决方案。

传统的数据采集方法包括观察法、问卷调查法、访谈法等。观察法是通过直接观察目标市场、消费者行为或业务流程来采集数据的方法。它帮助分析师捕捉真实场景下的细节，如顾客购物习惯、员工工作效率等。这种方法能提供直观、客观的信息，有助于发现潜在问题和优化机会。然而，观察法可能受限于观察者的主观判断和时间限制。问卷调查是商业分析中常用的数据采集手段，通过设计问卷并向目标群体发放，采集大量标准化信息。问卷可以涵盖产品满意度、市场趋势、消费者偏好等多个方面。其优势在于高效、低成本且易于量化分析，有助于企业快速了解市场需求和消费者反馈。但问卷需精心设计，以避免误导性问题和低回收率。访谈法通过一对一或小组形式与目标人群进行深入交流，获取详细的定性数据。访谈常用于探索消费者态度、需求细节或员工对业务流程的看法。访谈的灵活性高，可根据受访者反馈调整问题，深入挖掘信息。但访谈耗时较长，且结果可能受访谈者主观影响，需结合其他方法验证数据准确性。

在大数据时代，数据采集的方法得到了极大的丰富和扩展，为商业分析提供了更加全面、深入和实时的数据支持。其一，传统方法的升级与优化。例如，利用摄像头、传感器等设备进行自动化监测，实时采集顾客行为、店铺流量等数据；通过社交媒体平台发布问卷或调查活动，利用社交网络的传播力扩大调查范围；利用问卷星等在线问卷平台，快速、便捷地采集大量问卷数据；采用视频访谈的形式，记录访谈全过程，便于后续分析和引用。其二，新兴的数据采集方法，包括网络爬虫、日志采集、数据库同步与API接口调用、社交媒体监测、物联网数据采集等。网络爬虫自动浏览网页并抓取数据，是获取互联网公开信息的利器。在商业分析中，它能快速采集市场趋势、竞争对手动态和用户反馈，为决策提供实时数据支持。但需遵守法律与网站协议，确保数据采集的合法性。日志采集技术采集系统、网站或App的运行日志，记录用户行为和系统状态。这些数据是分析用户行为、优化产品设计和提升系统性能的关键。通过日志分析，企业能更精准地了解用户需求和市场动态。数据库可以同步整合不同数据源，打破数据孤岛；API接口调用则可以快速获取外部数据。这些方法提高了数据的可用性和实时性，为企业提供了全面的数据支持，助力精准决策和业务优化。社交媒体是了解用户情感和市场趋势的重要窗口。通过监测社交媒体上的品牌提及、用户评论和话题讨论，企业能及时发现市场机会和潜在危机，为品牌管理和营销策略提供有力支持。物联网数据采集通过传感器等设备采集物理世界的数据，为商业分析提供新的维度。这些数据反映了生产流程、供应链管理和设备状态等关键信息，有助于企业实现精细化管理和智能决策，提升运营效率和竞争力。

数据采集活动紧密关联着隐私保护、数据安全及职业道德等议题。隐私保护被视为首要原则，企业需恪守最小必要原则，仅采集完成商业分析所绝对必要的数据，并建立严密的数据管理体系，包括加密存储、匿名化技术等，严防数据非法侵扰与滥用。数据安全亦不可或缺，采用前沿加密技术确保数据传输与存储的安全，同时构建完善的备份与恢复机制，辅以定期安全审计，确保数据资产万无一失。此外，职业道德要求数据采集人员秉持诚信、公正、透明原则，尊重知识产权，杜绝数据篡改与泄密，共同维护数据采集行业的专业性与公信力。

2. 数据预处理

数据预处理是指在对数据进行数据挖掘等主要的处理以前，先对原始数据进行必要的清洗、集成、变换和归约等一系列的处理工作，以达到挖掘算法进行知识获取研究所要求的最低规范和标准。

数据预处理是数据准备阶段最耗时与费力的环节。与此同时，数据预处理对商业数据分析极为重要。首先，预处理是数据挖掘顺利开展的前提条件。许多挖掘算法对输入数据有严格标准，如基于机器学习和粗糙集理论的算法有离散化属性需求，预处理阶段便需将连续属性转换为离散形式。其次，数据预处理是确保挖掘过程高效完成的基础。在整个数据分析流程中，预处理往往占据60%至90%的时间，而实际的挖掘工作仅占较小比例(约10%)。预处理通过简化原始数据、提升数据质量，为挖掘算法和技术的顺畅运行奠定了坚实基础，从而显著提升数据挖掘的效率、精确度和性能。最后，预处理的结果对数据挖掘乃至最终商业分析成果具有重要影响，任何错误都可能导致挖掘结果失效或信息价值大幅降低。数据预处理包含的主要内容如图 1-4 所示。

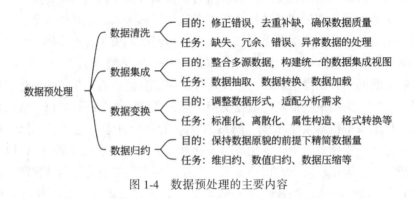

图 1-4　数据预处理的主要内容

数据清洗是指在数据中识别不准确、不完整或不合理的数据，并对这些数据进行去重、修补、纠正或移除以提高数据质量的过程。一个通用的数据清洗框架由 5 个步骤构成：定义错误类型、搜索并标识错误实例、改正错误、用文档记录错误实例和错误类型、修改数据录入程序以减少未来的错误。此外，格式检查、完整性检查、合理性检查、重复性检查和极限检查也应在数据清洗过程中完成。数据清洗需要根据不同情况采用不同的清洗策略，常用方法包括以下几种：

（1）缺失数据处理。缺失数据是指数据集中某些信息缺失或损坏的情况。例如，业务系统中的主表与明细表不匹配、供应商的名称缺失、分公司的名称信息不完整等。对于这类数据，可以采用删除、插补、改变数据格式等方式进行清洗。删除是指直接删除含有缺失值的行或列，适用于数据集中缺失值不多的情况；插补是使用均值、中位数、众数、最邻近值等方法来填补缺失值，也可以使用预测值填充缺失值；改变数据格式是将缺失值转换为一个新的变量，表示缺失值的存在。

（2）冗余数据处理。冗余数据是指数据集中存在重复的条目。这些重复可能是由于人为错误、数据输入错误或数据源中的不一致造成的。对于这类数据，需要识别并消除重复项，以确保对唯一且准确的数据进行分析。常见的处理方法包括删除所有重复的行、保留重复行的首行数据并删除其余行、自定义方法来确定要保留或删除哪些副本等。

（3）错误数据处理。错误数据产生的原因主要是业务系统不够健全，在接收输入后没有进行有效的判断就直接写入后台数据库，导致数据中存在错误。这类错误可能包括数值数据被错误地输入为全角数字字符、字符串数据后面存在不可见的回车操作、日期格式不正确或日期越界等。对于这类数据，需要分类处理，通过编写 SQL 语句等方式找出错误数据，然后要求客户在业务系统中进行修正，修正后再重新抽取数据。

（4）异常值（离群值）处理。异常值是指数据集中与其余数据显著不同的极端值。异常值可能会对数据分析的结果产生重大影响，如果处理不当，可能会使结果发生偏差。处理异常值的方法包括移除离群数据点、只保留指定百分比的数据并丢弃极端值、用更接近其他数据点的指定值替换极端值、将异常值替换为统计值（如平均值或中位数）以及转换数据以减少异常值的影响等。

数据集成是指将来自不同数据源的数据合并到一个统一的数据存储中的过程。这些数据源可能包括多个数据库、数据立方体、文件或其他数据存储系统。通过数据集成，可以将来自不同数据源的数据合并成一个统一的数据集，为后续的数据分析和挖掘工作提供全面的数据支持。同时，数据集成还可以提高数据的准确性和一致性，减少数据冗余和冲突，从而提高数据分析的准确性和可靠性。

数据集成的主要方法包括手工集成、应用程序集成、数据仓库集成、数据同步集成、数据虚拟化集成等。手工集成是最基本的数据集成方法，通过人工的方式将不同数据源中的数据进行整合。该集成方法灵活性强，可以根据实际情况进行调整和处理，但效率低下，且容易出现错误，尤其是在处理大量数据时。应用程序集成是指通过编程的方式，利用特定的应用程序或脚本来实现数据的集成。这种方法通常涉及编写自定义的集成代码或利用现有的集成框架和工具。数据仓库集成是将不同数据源中的数据加载到数据仓库中，然后通过数据仓库中的 ETL 工具进行数据的抽取、转换和加载，最终实现数据的集成。数据同步集成是指通过数据同步工具实现不同数据源之间的数据同步，确保数据的一致性和实时性，这种方法通常用于需要实时更新数据的场景，如金融交易系统、在线商城等。数据虚拟化集成是一种新型的数据集成方法，通过虚拟化技术将不同数据源中的数据"虚拟"成一个统一的数据视图，用户可以通过统一的接口对数据进行访问和查询。这种方法不需要实际移动或复制数据，而是通过虚拟化层来提供数据的统一访问。

当原始数据的形态不符合目标算法的要求时，需要进行数据变换处理，以便于后期的数据挖掘。数据变换的方法多种多样，主要包括以下几种：

（1）数据标准化。数据标准化是将数据按比例缩放，使之落入一个小的特定区间，如[−1，1]或[0，1]。这种方法有助于消除不同变量间因量纲或数值范围差异对模型训练的影响。常用方法为极值标准化和 Z-score 标准化。极值标准化（Min-Max Scaling）：将数据映射到[0，1]区间内，通过公式(X-Min)/(Max-Min)实现，其中 X 为原始数据，Min 和 Max 分别为数据集中的最小值和最大值。这种方法受极端值影响较大。Z-score 标准化（Z-Score Normalization）：通过减去均值并除以标准差来将数据转换为标准正态分布，即均值为 0，标准差为 1。这种方法适用于数据本身分布近似高斯分布的情况，对极端值的影响较小。

（2）数据离散化。数据离散化是将连续型数值属性转换为有限个区间标签或概念标签的过程，实现定量数据向定性数据的转化。常用方法包括等宽离散化、等频离散化和基于聚类的方法。等宽离散化将数据按照相同的宽度划分成若干区间，每个区间内的数据值范围相同；等频离散化也称为等距离散化，将数据按照每个区间内包含相同数量的样本进行划分；基于聚类的方法利用聚类算法将数据分为若干组，每组数据视为一个区间。

（3）特征变换。特征变换是对特征数据进行转换和变换的过程，以改善数据的分布特性或提高模型的性能。常用方法包括对数变换、幂次变换和 Box-Cox 变换。对于偏斜分布的数据，通过对数变换可以使其更接近正态分布；通过幂次变换调整数据的分布形状，以适应不同的模型需求；Box-Cox 变换是一种用于连续变量正态化的变换方法，可以自动选择最佳的幂次变换参数。

（4）属性构造。属性构造是根据已有属性集构造新的属性，以帮助数据处理过程，适用于需要从现有数据中提取更多有用信息的场景，如根据销售额和成本构造利润属性。这可以通过简单的数学运算、组合或聚合现有属性来实现。

数据归约也是数据预处理中的一个步骤，它是指在尽可能保持数据原貌的前提下，通过选择、合并、删除等方式减少数据集中的数据量，以简化数据挖掘和分析过程。其目的在于提高数据挖掘的效率和准确性，同时减少存储空间和计算成本。数据归约主要有两个途径：属性选择和数据采样，分别针对原始数据集中的属性和记录。属性选择也称为特征规约，是指通过减少属性特征的方式压缩数据量。通过移除不相关、弱相关或冗余的属性，可以提高模型的效率和准确性。这一过程通常基于领域知识、统计测试或机器学习算法来选择最有代表性的属性。数据采样也称为样本规约，是指从数据集中选出一个有代表性的样本子集。这可以通过随机采样、分层采样、聚类采样等方式实现。采样后的数据集虽然规模缩小，但仍能保留原数据集的主要特征和信息。

数据归约常用方法包括：

（1）维归约：通过减少数据集的维度来降低数据的复杂度。常用的维归约方法包括主成分分析（PCA）、线性判别分析（LDA）等。这些方法通过提取数据的主要特征来降低数据的维度，同时尽可能保留数据的信息。

（2）数值归约：用替代的、较小的数据表示替换或估计原始数据。例如，可以使用参数模型（如线性回归模型）来拟合数据，并只存储模型的参数而不是实际数据。此外，还可以使用聚类、直方图等方法来近似表示数据分布。

（3）数据压缩：使用编码机制压缩数据集，以减少存储空间和传输成本。常用的数据压缩方法包括无损压缩和有损压缩两种。无损压缩能够完全恢复原始数据，但有损压缩在恢复数据时会损失一定的精度。

（4）离散化和概念分层：将连续数据离散化成若干个区间，或者将属性的原始值用更高层的概念替换。这有助于简化数据的表示和理解，并降低数据挖掘的复杂度。

1.3.3　数据挖掘建模

随着商业环境的日益复杂，越来越多的企业深刻认识到商业分析越来越依赖于数据挖掘的工具和技术。传统的基于直觉或有限信息的分析方法，在现今瞬息万变的商业领域显得力不从心。企业需通过广泛收集信息，并借助数据挖掘工具与技术，深入挖掘潜藏于数据背后的有价值的知识和洞察，以此纠正对商业问题理解的偏差，进而指导商业分析与实践。

数据挖掘有广义与狭义之分。广义上的数据挖掘是指是从大量的、复杂的数据集中提取隐含其中的、人们事先不知道但又有潜在价值的信息与知识的过程。狭义上的数据挖掘特指在广义过程中那些用于抽取有用模式或构建预测模型的关键步骤。在商业应用中，数据挖掘是一种按照企业既定业务目标，对大量的企业数据进行探索和分析，揭示隐藏的、未知的信息或验证已知规律，并进一步将其模型化的有效方法，其特点是从海量商业数据中提取辅助商业决策的关键数据。数据库技术和机器学习算法构成了数据挖掘的两大支柱。数据库技术提供了高效管理海量数据的基础；机器学习算法则赋予了数据挖掘智能分析的能力。

在数据挖掘建模阶段，选择合适的模型和算法对于实现商业分析目标至关重要。不同的模型和算法适用于不同的数据类型、分析目标和业务需求，因此需要根据具体情况进行选择。常见的数据挖掘模型包括：

(1)分类模型。分类用于将数据集分成不同的类别或组。常见的分类算法包括决策树、朴素贝叶斯、支持向量机(SVM)、K最近邻(KNN)等。这些算法通过训练数据集学习分类规则，并将这些规则应用于新的数据点以进行预测。

(2)聚类模型。聚类模型用于将数据集中的对象分成不同的组或簇，使得同一簇内的对象相似度较高，而不同簇之间的对象相似度较低。常见的聚类算法包括K-means、层次聚类等。这些算法不需要事先知道数据的类别标签，而是通过数据点之间的相似度进行分组。

(3)关联规则。关联规则用于发现数据集中项目之间的有趣关系或规则。Apriori算法是关联规则挖掘中最常用的算法之一。它通过迭代搜索频繁项集(即经常一起出现的项目集合)来发现关联规则。

(4)时间序列分析。时间序列分析用于分析和预测随时间变化的数据。时间序列分析模型可以识别数据中的趋势、季节性和周期性模式，并用于预测未来的数据点。常见的时间序列分析方法包括ARIMA模型、季节性分解等。

数据挖掘算法选择的考虑因素包括：(1)数据类型和特性。不同的数据类型(如数值型、分类型、时间序列等)和特性(如数据量大小、数据分布、噪声水平等)对算法的选择有重要影响。例如，对于大规模数据集，可能需要选择能够处理大数据量的算法；对于不平衡数据集，可能需要采用特定的处理策略来提高分类性能。(2)业务目标和需求。商业分析的目标和需求是选择算法的关键因素。例如，如果目标是预测客户行为以进行精准营销，则可能需要选择分类或回归算法；如果目标是发现产品之间的关联关系以优化库存管理，则可能需要选择关联规则挖掘算法。(3)算法性能和效率。算法的性能和效率也是选择时需要考虑的因素。性能包括算法的准确性、稳定性等；效率则包括算法的运行时间、资源消耗等。在实际应用中，需要根据业务需求和数据特性在性能和效率之间做出权衡。

1.3.4 制定决策与建议

利用数据驱动业务优化与增长是商业分析的归宿。制定决策与建议是整个商业分析的落脚点，它基于前期对数据的深入挖掘、业务洞察的提炼，以及对问题本质的深刻理解，为企业或组织提供具有可操作性的解决方案。

（1）明确决策目标与范围。在制定决策与建议之前，首先需要明确决策的具体目标和范围。这包括确定要解决的核心业务问题、期望达到的效果或目标，以及决策所涉及的关键因素或变量。明确的目标和范围有助于确保后续的决策和建议能够聚焦于核心问题，避免偏离方向。

（2）评估分析结果与业务洞察。在收集、加工和分析数据后，分析人员会获得一系列的数据结果和业务洞察。在这一阶段，需要全面评估这些结果和洞察的准确性和可靠性，理解它们对业务问题的实际意义和影响。这包括识别数据中的关键趋势、模式、异常点等，并解释它们背后的原因和可能的影响。

（3）制订决策方案。基于评估后的分析结果和业务洞察，分析人员需要开始制订具体的决策方案。决策方案应针对业务问题提出明确的解决方案，可能是行动计划、流程改造、产品设计、资源配置方案、标准制定或策略性建议等。在制订决策方案时，需要考虑多种因素，如资源投入、成本效益、风险与机会等，以确保方案的可行性和有效性。

（4）比较与选择最优方案。在多个决策方案可供选择的情况下，需要进行方案之间的比较和评估，以选择出最优方案。这可以通过定量分析（如成本效益分析、敏感性分析等）和定性分析（如专家评审、小组讨论等）相结合的方式进行。通过比较不同方案的优缺点、潜在风险和收益等，选择出最符合业务目标和实际情况的方案。

（5）形成建议与报告。在确定最优方案后，需要将其转化为具体的建议或行动指南，并编写成报告或提案的形式。建议应明确、具体、可操作性强，能够直接指导业务实践。报告或提案应包含决策的背景、目标、分析过程、结果、决策方案及建议等内容，以便决策者能够全面了解和分析过程及其结论。

1.3.5　实施与评估

实施与评估是商业分析流程中的重要环节，它不仅是将理论转化为实际成果的关键步骤，更是验证商业决策有效性的必要手段。通过实施，商业分析得出的策略得以落地执行，直接推动业务增长和价值实现。而评估则通过收集数据、分析效果，为企业提供宝贵的反馈信息，帮助识别问题、优化策略，实现持续改进。这一过程不仅确保了商业分析成果的实际应用，更为企业的长期发展奠定了坚实的基础。因此，重视实施与评估，对于提升商业决策的科学性、准确性和有效性至关重要。

实施与评估阶段的主要任务体现在两方面：一是将商业分析洞察转化为具体行动方案，这要求制订详尽的实施计划，确保资源合理配置与团队高效协作，严格按照计划推进，使策略或解决方案顺利落地；二是通过科学严谨的方法评估实施效果，收集关键数据，深入分析执行成果，验证商业分析的有效性，同时敏锐捕捉实施过程中出现的问题与不足，为后续的商业决策提供有力依据和改进方向。这两大任务相辅相成，共同推动商业分析成果的有效转化与持续优化。

最后，制定好的决策与建议需要与相关的业务部门或决策者进行沟通和协商，以确保其得到理解和支持。在沟通过程中，需要清晰地阐述决策的依据、理由和预期效果，并回答可能的疑问和关注。一旦决策得到批准，就需要制定详细的执行计划，并跟踪和监督执行过程，以确保决策得到有效实施并达到预期效果。

商业分析并非一次性的活动，而是一个不断迭代与循环的过程。在实施与评估之后，企业需要根据评估结果调整商业策略或解决方案，并重新进入分析流程进行验证。这一过程体现了商业分析的动态性和灵活性。具体包括：建立有效的反馈机制，确保评估结果能够及时、准确地反馈到相关部门和人员；根据评估结果和反馈意见，对商业策略或解决方案进行调整和优化；调整后的策略或解决方案需要再次进入商业分析流程进行验证，以确保其有效性和可行性。通过这样的迭代与循环过程，企业可以不断适应市场变化、优化资源配置、提升决策效率。

1.4 商业分析人才

1.4.1 商业分析人才的专业能力要求

单一的能力素质不足以构成真正的商业分析能力框架。仅仅熟悉业务而缺乏数据分析，难以洞察数据背后的商业逻辑；单纯依赖数据分析而缺乏对业务的深刻理解，往往难以解决实际问题；仅仅精通计算机技术却忽视业务与数据的桥梁作用，也无法驱动业务优化和增长。商业分析从业者需具备高度综合化的专业能力结构，这至少涵盖三个核心维度：其一是商业理解能力，要求分析师能够深入理解行业动态、企业运营及业务逻辑，作为分析工作的坚实基础；其二是数据分析能力，涉及数据采集、数据处理、数据挖掘、数据可视化和数据解读等方面的能力；其三是计算机应用能力，包括数据分析工具使用、数据库管理能力、统计编程等方面的计算机应用能力，以支持高效、准确的商业分析过程(见图 1-5)。

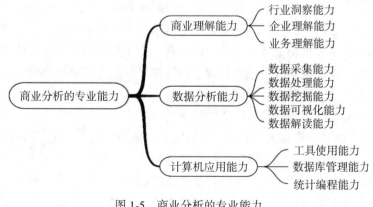

图 1-5 商业分析的专业能力

1. 商业理解能力

商业理解能力是对商业环境、市场趋势、客户需求、业务逻辑及盈利模式等的理解能力，它决定了商业分析的高度。如果对商业和业务缺乏深刻的理解，很难产出高价值的分析。商业分析过程中碰到的最大的挑战从来不是数据问题，也不是模型算法问题，而是我们不理解业务和数据之间的关系。如果能够建立业务问题和数据之间的关系，把业务问题规范为数据可分析的问题，就可以用众多的数据分析工具加以解决。

商业理解能力包含行业洞察能力、企业理解能力和业务理解能力。行业洞察能力是指分析师对行业现状的深刻认知以及对未来趋势的洞察能力。这种能力不仅要求分析师掌握行业的基本信息、市场规模、竞争格局等现状，还需要能够预见并把握行业的发展趋势、技术革新、政策变化等可能影响行业走向的关键因素。企业理解能力首先要求分析师能够准确识别市场中的主要竞争对手，并对他们的市场份额、产品特点、营销策略、财务状况等关键信息有清晰的了解。在深入观察和研究竞争对手的基础上，企业理解能力还要求分析师能够准确判断竞争对手的发展策略和调整方向。这需要对市场趋势、行业动态、技术革新等因素进行综合分析，并结合竞争对手的实际情况进行逻辑推理和预测。业务理解能力在商业分析中至关重要，它涵盖了对企业多个维度的深刻洞察。首先，企业组织架构的理解是基石，这要求分析者清晰把握企业的层级结构、部门职能及协作机制，理解其如何支撑企业战略目标的实现。其次，商业模式的理解是核心，它揭示了企业如何创造价值、传递价值并捕获价值。分析者需深入理解企业的价值主张、客户细分、渠道策略、合作伙伴关系等，以评估其市场适应性与竞争力。再者，业务流程的掌握是关键，它关乎企业日常运营的顺畅与高效。分析者需熟悉企业的关键业务环节、流程控制点及优化空间，以提出改善建议，促进流程再造与效率提升。最后，盈利模式的分析是目的，它帮助企业明确盈利来源、成本结构及利润增长点。分析者需评估企业现有盈利模式的可持续性，并探索新的盈利机会，为企业创造更大价值。

2. 数据分析能力

数据分析能力是指通过采集、处理、分析和解释数据，以揭示数据背后的信息、趋势和规律的能力。数据分析能力在商业分析中占据着举足轻重的地位，它是商业分析师洞察市场、优化决策、推动业务增长的关键工具。由于数据分析涵盖了从数据收集到数据解读的全过程，因此数据分析能力具体包括数据采集能力、数据处理能力、数据挖掘能力、数据可视化能力和数据解读能力。

数据采集能力要求分析师具备广泛的数据源认知，能够高效地从企业内外各种渠道（如数据库、社交媒体、市场调研报告等）采集相关数据。此外，还需具备数据筛选与验证的技能，确保采集到的数据质量高、完整性强，为后续分析打下坚实基础。数据处理能力是对原始数据进行清洗、整合和转换的关键能力。它要求分析师精通数据清洗技术，能够识别并纠正数据中的错误、冗余和缺失值。同时，还需具备数据整合能力，将不同来源的数据统一格式和标准，形成结构化的数据集。此外，数据转换也是数据处理的重要环节，包括数据标准化、归一化等操作，以便后续数据挖掘和可视化分析更加高效准确。数据挖掘能力是发现数据内在规律和隐藏信息的核心。它要求分析师掌握多种数据挖掘算法和技术，如分类、聚类、关联规则挖掘等，能够针对特定业务问题构建有效的数据挖掘模型。数据挖掘不仅关注数据的表面现象，更深入挖掘数据背后的深层次关联和趋势。数据可视化能力是将复杂数据转化为直观易懂图形图像的能力。它要求分析师熟悉各种可视化工具和技术，能够根据数据特点和业务需求设计合适的可视化方案。通过精心设计的图表、图形和动画，数据可视化能够直观展示数据之间的关系、趋势和异常值，帮助非专业人士也能快速理解数据背后的信息。数据解读能力是理解数据深层含义并将其转化为实际业务建议的能力。它要求分析师具备扎实的统计学基础和业务知识，能够准确解读数据分析结果，理解数据背后的业务逻辑和场景。通过数据解读，分析师能够为企业提供有价值的业务洞察和决策支持，推动企业持续改进和优化。

3. 计算机应用能力

商业分析旨在具体应用场景中挖掘数据的商业价值，而计算机应用能力则是这一过程中不可或缺的技术支撑，确保数据价值得以高效实现。计算机应用能力不仅是高效处理海量数据的基石，更是洞察市场趋势、优化业务决策的利器。通过熟练掌握数据分析软件、编程语言和可视化工具，商业分析师能快速清洗、整理数据，运用算法挖掘隐藏信息，并以直观图表呈现分析结果。这不仅提升了分析效率，还增强了决策的科学性和前瞻性。因此，计算机应用能力是商业分析师不可或缺的技能，对于利用数据驱动业务优化和增长的过程具有不可替代的作用。

商业分析过程中的数据采集与数据管理、数据处理与分析、数据可视化等环节都需要计算机应用能力的支撑。在数据采集环节，商业分析师通常需要利用网络爬虫技术自动从互联网抓取数据，同时熟悉 API 接口调用，以便从第三方服务或企业内部系统获取实时或历史数据。这一过程实现了从多元化数据源的高效集成。此外，掌握 SQL 这一数据库查询和管理的标准语言至关重要，它使分析师能够精确地从关系数据库中提取、转换并加载(ETL)所需数据，支持复杂的数据查询与分析需求。进入数据处理与分析阶段，商业分析师需灵活运用多种计算机软件工具。Excel 作为基础数据处理软件，其数据处理能力、计算功能及图表制作工具，如数据筛选、排序、公式计算、数据透视表及图表生成等，是分析师日常工作的得力助手。进一步地，Python 和 R 作为高级数据分析编程语言，凭借其丰富的数据分析库(如 Pandas、NumPy)和机器学习框架(如 Scikit-learn、TensorFlow)，使分析师能够编写复杂的分析脚本和模型，深入探索数据背后的规律与趋势，实现高级数据分析和挖掘。此外，数据可视化是商业分析中的重要工作内容之一，Tableau、Power BI 等现代数据可视化工具以其用户友好的操作界面、强大的可视化引擎及多样化的图表类型，助力分析师将海量数据转化为生动、直观的图表和报告。

除了商业理解能力、数据分析能力和计算机应用能力等专业能力之外，严谨的逻辑思维能力、出色的沟通表达能力与卓越的协调合作能力对于成功的商业分析实践同样扮演着不可或缺的角色。

1.4.2　商业分析人才的知识体系

商业分析人才培养是社会经济尤其是数据相关产业发展到一定阶段的必然需求。近年来，国内外众多高校纷纷设立商业分析本科及硕士项目，以培养适应数字经济时代需要的新型商科人才。尽管不同高校及专家对商业分析的理解各有侧重，但在培养目标上已达成一些基本共识。基于这些共识和商业分析的能力要求，可以大致构建涵盖管理学、统计学、计算机科学等多学科知识的商业分析人才知识体系，具体包括以下知识模块。

1. 经济管理基础知识

商业分析专业是商科类专业，商业分析人才首先要懂商业。因此，经济管理基础知识是商业分析人才不可或缺的专业知识。经济管理知识为商业分析提供了宏观视野与业务理解，使分析者能够准确捕捉市场动态，把握经济周期、行业趋势及政策导向对企业经营的影响。同时，它促进了分析者对企业运作各环节的深入理解，确保分析工作紧密贴合实际业务需求。此外，经济管理理论中的市场理论、竞争分析、战略管理等内容，为商业分析中的趋势预测与策略制定提供了坚实的理论支撑和框架指导。具体什么课程才能传递经济管理基础知识，不同的高校有不同的理解，有的侧重经济学，有的侧重管理学，有的关注案例教学等。

2. 统计分析方法

统计分析方法在商业分析领域占据着举足轻重的地位，几乎所有商业分析培养方案都高度认同统计学的重要性。商业环境充满不确定性，数据也只能在不确定应用场景中体现商业价值，而统计学为研究不确定性、实现数据价值提供了一套完整而科学的方法论。它通过收集、整理、分析大量数据，帮助商业分析人员深入剖析数据，揭示市场趋势、消费者行为及业务运营中的隐藏规律；通过运用科学的统计原理和技术，商业分析人才可以确保分析结果的客观性和准确性，减少主观臆断和偏见的影响，这对于制定科学合理的经营策略、优化资源配置具有重要意义。商业分析人才可以利用统计分析软件或工具处理海量数据，发现潜在的市场机会和风险，为企业带来更大的价值。

3. 计算机相关知识

计算机应用知识和技能对商业分析工作的重要性不言而喻，数据库与统计编程两方面的计算机知识尤其重要。为了高效地与数据库进行交互，熟练掌握 SQL 语言尤为重要。面对大数据挑战，掌握如 Hadoop、Spark 等分布式计算框架是必要的，它们通过并行处理和可扩展性，大幅提升数据处理效率。统计编程以其自动化处理与科学分析的能力，成为提升商业分析精度与深度的关键。通过编写脚本与算法，商业分析人员能够轻松应对复杂的数据处理任务，减少人为误差。同时，统计编程还支持复杂数据挖掘与预测分析，为企业发掘潜在商机、规避市场风险提供有力支持。就编程语言来讲，Python 和 R 是被广泛应用的工具。

4. 人工智能领域相关知识

人工智能技术，尤其是其针对非结构化数据的分析方法，对商业分析的重要性不言而喻。非结构化数据如文本、图像等占据了商业信息的主体，传统方法难以高效处理。通过融合自然语言处理、图像识别等技术和机器学习算法，人工智能技术能够深入挖掘这些数据的价值，为商业分析提供前所未有的洞察力。人工智能不仅提升了数据处理的速度和精度，还使得商业分析师能够更准确地把握市场趋势、客户需求和竞争对手动态。这种深度分析能力，为企业制定精准的市场策略、优化产品服务提供了有力支持。此外，人工智能的自动化特性减轻了人工负担，让商业分析师有更多时间专注于战略思考和决策制定。因此，掌握人工智能技术特别是非结构化数据的分析方法，对于商业分析人才而言至关重要。

5. 优化分析方法

商业分析需要面向业务实践，而许多业务实践本质上都是优化问题。因此，在商业分析人才培养中，必要的优化训练是非常重要的。运筹优化方法强调基于数据和模型制定优化策略，它不仅是连接数据分析与业务决策的桥梁，更是解决成本最小化等优化问题的关键工具。通过数学建模和算法求解，运筹优化方法能够精准分析业务实践中的复杂决策问题，如生产调度、库存管理、路线规划等，为决策者提供最优或接近最优的解决方案。在商业分析的规范性分析中，运筹优化方法能够深入剖析业务痛点，优化资源配置，有效降低成本，提升效率。因此，对于商业分析人才而言，掌握运筹优化知识不仅是提升分析能力的需要，更是适应市场需求、助力企业决策优化的重要保障。

6. 隐私保护与数据合规意识

在大数据时代，隐私保护与数据合规成为一个重要的时代课题。数据本身是中性资源，善用则造福社会，滥用则带来伤害。商业分析工作日益依赖海量数据，其中包括大量个人敏感信息。因此，商业分析师需具备隐私保护意识，确保在数据处理过程中严格遵守法律法规，尊重个人隐私权，避免数据泄露与滥用。同时，数据合规意识的强化也至关重要，它要求商业分析师掌握相关法律法规和行业标准，确保数据分析活动的合法性、安全性和隐私性，为企业规避法律风险和声誉损害。在商业分析人才培养中，应着重加强隐私保护与数据合规的教育，提升学生的隐私保护意识与数据合规能力，培养出一批既精通商业分析技能又具备高度职业素养的商业分析人才，以更好地应对数字经济时代的挑战与机遇。

1.4.3 商业分析岗位

在实际工作中，商业分析师的岗位角色是连接业务和数据的桥梁。商业分析师的工作能力涵盖多个方面，他们应该深刻理解业务与数据之间的内在关联，能够从复杂的数据中洞察出业务发展的脉络与趋势；拥有将数据转化为业务洞察的敏锐视角，为业务决策提供准确且有力的数据支持；擅长为特定业务场景精准匹配并提取关键数据，确保业务策略的科学性与有效性。

为了实现上述目标，商业分析师需投入时间与精力，全面深入了解公司业务的运营细节。在业务人员眼中，他们是数据领域的专家，不仅精通各类数据解读与分析技巧，更能深刻理解数据与业务之间的复杂关系及其背后的逻辑。与算法工程师相比，商业分析师是业务领域的专家，以其深厚的业务知识与敏锐的市场洞察力，为企业业务优化贡献独特价值。商业分析师不必深入了解算法细节，但他们必须能够熟练掌握并高效运用各类成熟的算法工具，以满足业务分析的需求。

商业分析师在与不同业务团队的合作中，其分析焦点与策略输出呈现出多样化特点。例如：与用户运营团队协作时，商业分析师聚焦于用户全生命周期的管理，包括促进用户增长、激活新用户、提升留存率、优化付费转化、增强用户传播效应及促进续费续订，旨在构建稳健的用户基础并提升商业价值。与产品团队合作时，分析工作侧重于产品层面的优化，如新功能上线的市场反馈分析、流程改进的效果评估以及用户体验的持续提升，目标在于通过产品迭代不断满足用户需求，增强用户黏性。面向市场团队，商业分析师则专注于市场营销策略的分析，包括探索高效获客渠道、优化获客路径、控制获客成本，力求以最小的投入获得最大数量的高质量用户，为市场扩张奠定坚实基础。与销售团队的合作中，分析重点转向销售渠道的优化、产品组合的合理性评估、收入结构的调整、定价策略的有效性验证以及销售标准操作程序的完善，旨在通过精细化管理扩大销售版图，提升整体销售业绩。在服务团队的配合下，商业分析师致力于服务质量的提升，通过对服务效率、流程顺畅度、客户满意度及净推荐值等关键指标的深入分析，寻找服务改进的空间，以期达到提升用户满意度与忠诚度的目的。

商业分析师的明显特征是专注于对内部特定业务线实施深入细致的剖析，输出有深度的数据分析和可落地的优化策略。为了胜任这一岗位，商业分析师需要具备深刻的业务理解能力、敏锐的数据洞察力和熟练的数据工具使用能力。

在招聘市场可以看到很多带"分析"字眼的岗位。尽管这些岗位在具体职责描述上不尽相同，但其工作内容都与商业分析存在一些关联，可将其归类为广义的商业分析岗位。例如，数据分析师就是与商业分析存在密切关联的一个岗位。与其他岗位相比，数据分析师扮演的是数据基建者的角色，其最明显的特征是确保"有数据可取"和"有数据可用"。该岗位需要有严谨的逻辑思维能力、敏锐的数据感知能力、快速的数据计算能力、熟练的数据工具使用能力。与商业分析师相比，数据分析师的工作更侧重于数据的处理、分析和技术实现。

第 2 章　商业分析基础

本章介绍商业分析的基础知识，旨在为读者奠定坚实的商业分析的理论和方法基础。全章内容分为三节：2.1 节以商业环境分析为主题，按照宏观环境—行业环境—竞争环境的基本逻辑，介绍企业外部环境分析的相关知识，提供快速了解企业经营环境和行业竞争格局的分析方法。2.2 节深入企业内部，围绕商业模式、组织结构及业务流程三个方面，介绍剖析企业运作和梳理业务流程的分析思路和方法。2.3 节则聚焦于数据分析思维方法，介绍逻辑树思维、对比思维、分类思维等常用数据分析思维，为商业数据分析提供分析视角和思维框架。

2.1　商业环境分析

2.1.1　宏观环境分析

宏观环境是指影响企业运营和战略决策的广泛外部条件或因素的总和。这些外部因素通常不受企业直接控制，但对企业发展具有深远的影响。在商业分析中，宏观环境分析帮助分析人员理解企业经营的外部环境，有助于制定更加合理和有效的业务优化方案和增长策略。PEST 分析法是最常用的宏观环境分析方法，它从政治（Political）、经济（Economic）、社会（Social）和技术（Technological）四大类因素对企业经营的外部环境进行分析，如图 2-1 所示。

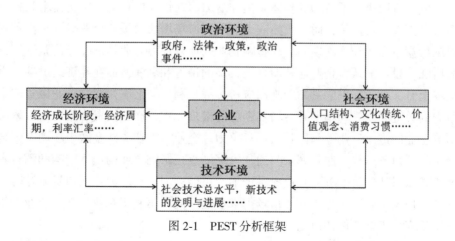

图 2-1　PEST 分析框架

1. 政治环境

企业的政治环境包括政府、法律、政策和政治事件。这些因素不仅直接关联到企业所在国家的政治稳定性和政策导向，还深刻影响着企业的市场准入、运营成本、竞争态势以及长期发展。企业若要生存发展，必须遵守这样或那样的制度，并且要在现有条件下利用这些制度。政治环境中的些许变化，往往意味着企业的获利机会、获利条件的重大事件。

政府方面，其稳定性、行政效率以及对企业的支持程度直接关系到企业的经营环境。一个稳定的政府能够为企业提供可预测的政策环境，减少经营风险；而高效、透明的行政体系则有助于企业快速办理相关手续，降低运营成本。同时，政府对于特定行业的扶持政策或限制措施也会直接影响企业的市场准入和发展空间。法律方面，国家制定的法律法规是企业必须遵守的规范。法律环境的完善程度、执法力度以及法律变更的频率都会对企业的经营产生影响。企业需密切关注法律动态，确保经营活动合法合规，避免因违法违规而遭受损失。政策方面，政府的经济政策、税收政策、环保政策、产业政策等都会对企业的运营成本和盈利能力产生影响。政策的变动既可能带来市场机遇，也可能带来挑战。企业需要密切关注政策走向，灵活调整经营策略，以应对政策变化带来的风险。政治事件则可能带来突发的政治风险，如国际政治冲突、国内政治动荡等。这些事件可能引发贸易制裁、市场封锁等不利后果，影响企业的国际市场拓展和供应链管理。因此，企业需要具备敏锐的政治敏感度，及时评估政治事件对企业的影响，并制定相应的风险应对措施。

2. 经济环境

社会或国家的宏观经济状况对企业及消费者有着十分显著的影响。在分析宏观经济状况时，企业通常需要考虑其所在社会或国家的经济成长阶段、整个社会所处的经济周期以及一些具体的宏观经济状况的指标。

经济成长阶段决定了市场的整体规模和潜力。在快速成长期，市场需求旺盛，企业有更多机会扩大市场份额；而在成熟或衰退期，市场增长放缓，企业需更加注重效率和创新以维持竞争力。经济周期的波动影响企业的运营环境和业绩。在经济繁荣期，消费者信心增强，投资活跃，企业通常能享受较高的销售和利润；而在经济衰退期，需求下滑，成本上升，企业需采取紧缩措施以应对挑战。利率与汇率是影响企业融资成本和国际竞争力的关键因素。利率上升会增加企业的借贷成本，影响投资决策；而汇率波动则直接影响企业的进出口业务和国际市场竞争力。企业需密切关注金融市场动态，合理管理资金，降低财务风险。通货膨胀与通货紧缩则直接影响企业的成本结构和消费者购买力。通货膨胀时，物价上涨，企业成本增加，可能削弱盈利能力；而通货紧缩时，虽然成本降低，但消费者购买力下降，市场需求萎缩，同样不利于企业发展。企业需根据通胀水平调整定价策略，保持市场竞争力。

此外，经济环境还涵盖了一系列复杂多变的因素，包括但不限于财政与货币政策的调整、企业负债状况、消费模式以及居民的可支配收入水平等。这些因素相互交织，共同作用于企业的运营与发展，要求企业在制定与调整战略时，必须全面考虑、综合权衡，以确保在复杂多变的经济环境中稳健前行。

3. 社会环境

社会环境因素是商业环境分析中不可忽视的重要方面。企业需要充分了解和分析这些因素的变化趋势和影响程度，以便更好地把握市场机遇和应对挑战。社会环境因素涵盖了人类生存及行为范围内的社会物质、精神条件的总和，涉及人口结构、教育水平、文化传统、价值观念、消费习惯、社会趋势等多个方面。

人口结构的变化，如老龄化加速与年轻劳动力占比的变动，直接影响劳动力供给、消费需求结构及养老服务等行业的发展。教育水平的提升则促进了消费者对新技术、新产品的接受度，增加了对高质量教育资源和服务的需求。文化传统作为社会深层次的精神纽带，影响着消费者的偏好与选择，如节日庆典的消费习惯、对本土品牌的忠诚度等。价值观念的变化，如环保意识的增强，促使消费者倾向于选择绿色、可持续的产品和服务，推动了环保产业的发展。消费习惯在数字化时代发生了深刻变革，线上购物、移动支付、直播带货等新型消费模式蔚然成风，企业需紧跟这一趋势，优化营销策略与渠道布局。同时，社会趋势如健康意识的提升，促使健康食品、健身器材及健康管理等领域的快速增长。

4. 技术环境

技术环境因素主要指的是与企业经营活动相关的技术发展状况及其变化趋势，包括当前的社会技术总水平、重大技术变革与创新、新技术新工艺新方法新材料的出现，以及技术发展的趋势变化等。

社会技术总水平反映了国家或地区在科技领域的整体实力，直接影响企业的技术创新能力和市场竞争力。随着全球科技水平的不断提升，企业需加大研发投入，提升自主创新能力，以保持竞争优势。重大技术变革与创新是推动行业变革的关键力量。例如，人工智能、大数据、云计算等新兴技术的崛起，正在深刻改变着企业的生产模式、营销方式和商业模式。企业需密切关注这些技术变革，及时调整战略方向，抓住技术创新的机遇。新技术、新工艺、新方法、新材料的不断涌现，为企业提供了更多的发展路径和可能性。这些创新不仅提高了生产效率，降低了成本，还推动了产品的升级换代，满足了消费者日益增长的需求。企业应积极引进和消化吸收这些新技术，加快技术成果的转化和应用。技术发展的趋势变化也是企业需要关注的重要方面。随着科技的不断进步，技术发展的速度越来越快，技术迭代的周期越来越短。企业需要具备敏锐的市场洞察力和前瞻性的战略眼光，及时捕捉技术发展的趋势变化，制定符合未来发展方向的战略规划。

2.1.2 行业环境分析

行业环境分析是指对企业所在行业的市场状况、竞争格局、发展趋势、政策环境、技术动态、消费者需求等多方面因素进行深入研究和评估的过程。通过对行业环境的细致剖析，商业分析人员可以更深刻地理解企业和业务所处行业的运作方式，更准准确地识别机遇与挑战，进而帮助企业制定有效的发展策略。

行业环境分析最重要的理论是哈佛大学教授迈克尔·波特（Michael E. Porter）提出的行业中五种竞争力模型（简称"五力模型"）。根据波特的观点，一个行业的竞争性质和程度集中体现在五种基本的竞争力量：潜在新进入者的威胁、购买方的议价能力、供应商的议价能力、替代品或服务的威胁以及行业现有企业之间的竞争，如图 2-2 所示。这五个方面力量的综合作用决定了行业竞争的强度以及行业利润率。

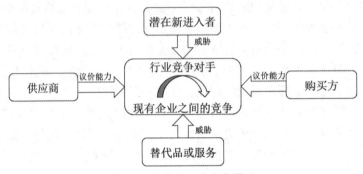

图 2-2　波特的五力竞争模型

1. 潜在新进入者的威胁

潜在新进入者的威胁，指的是那些可能进入某一行业或市场的新企业，它们通过带来新的生产能力、新资源和技术，试图在已被现有企业瓜分的市场中占据一席之地。这种进入行为可能对现有企业的市场份额、利润水平以及竞争优势构成直接影响，甚至可能危及现有企业的生存。

新进入者的威胁程度主要取决于两大因素：进入障碍的大小以及现有企业对进入者的反应情况。进入障碍，也被称为"结构性障碍"，包括规模经济、产品差异、资金需求、转换成本、销售渠道开拓、政府政策、自然资源限制等。这些因素使得新企业难以轻易进入市场，或即使进入也需承担较高的成本。此外，现有企业的反击能力，即"行为性障碍"，也是影响新进入者威胁的重要因素。如果现有企业具备强大的财力、报复记录、固定资产规模或行业增长速度等优势，它们可能会通过价格战、提高产品质量、增强营销力度等手段来抵御新进入者。

因此，对于行业内的现有企业来说，识别并评估潜在新进入者的威胁至关重要。它们需要密切关注市场动态，了解潜在进入者的实力、意图和策略，并制定相应的防御和应对策略。同时，通过加强自身的竞争力、巩固市场地位、提高产品差异化程度等方式，来降低新进入者带来的威胁，确保自身的长期稳定发展。

2. 供应商的议价能力

供应商主要通过提高投入要素价格与降低单位价值质量的能力，影响行业中现有企业的盈利能力与产品竞争力。供应商力量的强弱主要取决于他们提供的投入要素对买主的重要性。当这些要素占买主产品总成本较大比例、对生产过程至关重要或严重影响产品质量时，供应商的潜在讨价还价能力会大大增强。

一般来说，满足以下条件的供应商集团具有较强的讨价还价力量：(1)供方行业由市场地位稳固、不受激烈竞争困扰的企业控制，且其产品买主众多，单个买主难以成为重要客户。(2)供方各企业的产品具有特色，买主难以转换或转换成本过高，或难以找到可竞争的替代品。(3)供方能方便地实行前向联合或一体化，而买主难以进行后向联合或一体化。

3. 购买方的议价能力

购买者主要通过其压价和要求提供更高质量的产品或服务的能力，来影响行业中现有企业的盈利能力。

一般来说，满足如下条件的购买者可能具有较强的讨价还价力量：(1)购买者的总数相对较少，但每个购买者的购买量却相当大，这种大规模的购买量占了卖方销售量的很大比例，使得购买者在议价过程中具有更大的话语权。(2)卖方行业由大量相对规模较小的企业组成，这些企业在面对大规模购买者时，往往难以形成有效的议价联盟，从而增加了购买者的议价能力。(3)购买者所购买的基本上是标准化产品，这使得他们有能力同时向多个卖主购买产品，并且在经济上完全可行。此外，如果购买者总能找到替代品厂商，他们就可以利用这一点让供应商之间形成竞争，从而进一步降低购买成本。(4)购买者有能力实现后向一体化，即自己生产所需的产品或服务，而卖主却无法实现前向一体化，这使得购买者在议价过程中具有更大的优势。

4. 替代品或服务的威胁

两个处于同行业或不同行业的企业，若它们所生产的产品或服务互为替代品，便可能产生相互竞争。这种源自替代品或服务的竞争会以多种方式影响行业中现有企业的竞争战略。首先，现有企业产品或服务的售价及获利潜力可能因存在易被用户接受的替代品或服务而受到限制。其次，替代品或服务生产者的进入迫使现有企业提升产品质量、降低成本以降低售价，或使产品具有独特特色，否则其销量与利润增长目标可能受阻。最后，替代品或服务生产者所带来的竞争强度受产品买主转换成本的影响。总体而言，替代品或服务价格越低、质量越好、用户转换成本越低，其产生的竞争压力就越强。这种来自替代品或服务生产者的竞争压力强度，可以通过考察替代品或服务销售增长率、替代品或服务厂家的生产能力和盈利扩张情况来具体描述。

5. 现有竞争者之间的竞争程度

行业内企业利益紧密相连，竞争战略旨在超越对手获取优势，实施中难免冲突对抗，构成现有企业间的激烈竞争。竞争焦点涵盖价格、广告、产品推广及售后服务等，其强度受多重因素制约。

一般来说，出现下述情况将意味着行业中现有企业之间竞争的加剧，这就是：行业进入障碍较低，势均力敌竞争对手较多，竞争参与者范围广泛；市场趋于成熟，产品需求增长缓慢；竞争者企图采用降价等手段促销；竞争者提供几乎相同的产品或服务，用户转换成本很低；一个战略行动如果取得成功，其收入相当可观；行业外部实力强大的公司在接收了行业中实力薄弱企业后，发起进攻性行动，结果使得刚被接收的企业成为市场的主要竞争者；退出障碍较高，即退出竞争要比继续参与竞争代价更高。在这里，退出障碍主要受经济、战略、感情以及社会政治关系等方面考虑的影响，具体包括：资产的专用性、退出的固定费用、战略上的相互牵制、情绪上的难以接受、政府和社会的各种限制等。

2.1.3　竞争对手分析

竞争对手分析是指运用特定的分析方法和工具，对具有竞争关系的企业进行有针对性的调查分析，其目的在于通过深入了解竞争对手的动态，并结合企业自身的资源和能力，以科学有效地制定企业的战略方向和竞争策略。

竞争对手分析通常需要 5 个步骤，如图 2-3 所示。

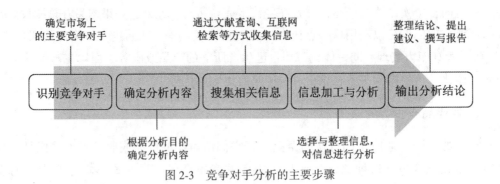

图 2-3　竞争对手分析的主要步骤

1. 识别竞争对手

在进行竞争对手分析时，要重视竞争对手的选择。只有找对了竞争对手，才能得出正确的结论。从广义上讲，所有与本企业争夺同一目标用户群的企业都可视为竞争对手。事实上，只有那些有能力与本企业相抗衡的企业才是真正的竞争对手。竞争对手的类型多样，主要包括以下四种：直接竞争者、间接竞争者、替代品竞争者和潜在竞争者。

（1）直接竞争者。这类竞争者存在于同一市场与行业中，提供与本企业相似或同类的产品或服务，共同争夺相同的客户资源。例如，在手机市场中，苹果与华为作为两大品牌，均致力于吸引更大消费者群体，因此它们被视为直接竞争者。

（2）间接竞争者。它们处于不同的行业或市场，但提供的产品或服务能满足消费者的相同或相似需求。例如，出租车服务与共享单车服务，虽然分属不同的交通出行领域，但都能满足消费者出行的需求，因此它们被视为间接竞争者。

（3）替代品竞争者。这类竞争者提供的产品或服务具有与本企业产品或服务相同或相似的功能，能满足消费者的同一需求。例如，电子书与纸质书都是满足消费者阅读需求的替代品，因此它们被视为替代品竞争者。

（4）潜在竞争者。潜在竞争者目前尚未进入市场，但未来有可能进入，并提供与本企业相似或同类的产品或服务。这些企业可能是新兴创业公司，也可能是其他行业中的企业。例如，一个新的互联网汽车公司可能会成为传统汽车制造商的潜在竞争者，因为它们有可能在未来进入同一市场并争夺市场份额。

竞争对手识别的结果是一个清晰的竞争对手列表，以及每个竞争对手的基本信息，如名称、规模、产品、市场、目标等。

2. 确定分析内容

在着手规划竞争对手分析的具体内容之前，首要步骤是清晰界定竞争对手分析的研究目的。研究目的是指我们希望通过深入研究竞争对手，达成哪些具体的业务目标。这些目标可能包括为企业提供产品优化策略的精准参考、探索并验证企业商业化拓展的可靠路径，以及发掘并优化企业业务流程中潜在的改进空间等。随后，在确定分析内容时，我们需确定研究哪些内容，明确从哪些维度和视角去评估竞争对手。一般来说，竞争对手分析的内容包括以下几个方面。

（1）基础画像。

在进行竞争对手分析时，首先需要对其基础画像进行扫描，以便形成对竞争对手的基本判断。竞争对手基础画像的分析维度和具体内容详见表2-1。

表2-1 基础画像的分析维度和主要内容

分析维度	主 要 内 容
基本信息	竞争对手的成立时间、创始人、发展历史、企业规模等
主营业务	竞争对手从事的主要经营活动或提供的核心产品/服务
组织结构	竞争对手团队的组织结构是如何设置的
目标与战略	竞争对手的核心目标和战略定位
市场占有率	竞争对手产品在同类产品市场中所占的比例
盈利模式	竞争对手为实现收入和利润最大化而采取的商业模式

（2）产品。

在竞争对手分析中，深入研究竞争对手的产品是至关重要的，因为这不仅有助于了解对手的优势和劣势，还能为企业自身的产品优化和市场策略制定提供有力支持。对竞争对手的产品研究主要包括产品组合、产品功能、技术实现、用户体验和产品规划等方面，具体见表 2-2。

表 2-2　　　　　　　　　　　产品的分析维度和主要内容

分析维度	主　要　内　容
产品组合	竞争对手有哪些产品类型？产品线、产品组合策略等
产品功能	竞争对手的产品是干什么的？核心功能、功能完整性、功能创新等
技术实现	竞争对手的产品依靠什么技术支撑？技术架构、性能及趋势等
用户体验	竞争对手的产品是否解决了用户痛点？服务流程、用户满意度等
产品规划	竞争对手的产品未来有什么规划方向？组合/功能/技术的规划

（3）用户。

在竞争对手分析中，用户分析是至关重要的一环，因为它帮助企业深入理解目标用户群体的需求、偏好、行为模式以及他们对竞争对手产品或服务的看法。通过用户分析，企业可以识别市场机会，优化产品策略，提升用户体验，从而在竞争中脱颖而出。用户分析的主要维度和具体内容详见表 2-3。

表 2-3　　　　　　　　　　　用户的分析维度和主要内容

分析维度	主　要　内　容
目标用户	竞争对手的目标用户类型、目标用户特征等
用户规模	竞争对手的活跃用户数量、付费用户数量等
用户质量	竞争对手的用户留存率、流失率、活跃时长、复购频次
用户特征	竞争对手的用户属性、兴趣爱好、搜索行为、购买行为等
用户认知	竞争对手的用户认知度、喜爱度、购买度、满意度、忠诚度等

（4）运营。

企业成功推出产品后，需构建多维运营体系以吸引用户。通过渠道运营拓宽触达范围，精准定位目标用户；活动运营激发用户兴趣，促进互动与参与；内容运营提供有价值信息，增强用户黏性；用户运营则注重个性化服务，深化用户关系。这一系列策略旨在激活用户活跃度，延长用户生命周期，并诱导用户付费，最终实现用户价值的最大化，为企业创造持续增长的动力和丰厚回报。运营分析的主要维度和具体内容详见表 2-4。

表 2-4   运营的分析维度和主要内容

分析维度	主 要 内 容
渠道运营	竞争对手的投放渠道、投放效果、转化路径等
内容运营	竞争对手的内容是如何设计的？内容制作、生产、分发流程等
活动运营	竞争对手的活动类型、活动规划、活动流程、活动效果等
用户运营	竞争对手的用户运营方式、激励体系、成长体系、运营效果等

(5)财务。

企业在产品、用户与运营的核心框架下运营，其收入、成本及利润状况是衡量经营成效的关键指标，这些核心数据深藏于财务报表之中。为了提升竞争力，深入剖析竞争对手的财务报表成为关键一环。具体而言，聚焦于利润表、资产负债表及现金流量表这三大核心报表，能够洞悉对手的财务状况、盈利能力、成长潜力及财务稳健性。财务分析的主要维度与具体内容详见表 2-5。

表 2-5   财务的分析维度和主要内容

分析维度	主 要 内 容
财务状况	竞争对手的资产规模与结构、负债情况、偿债能力等
盈利能力	竞争对手的营业收入、毛利率、净利率、资产收益率等
现金流状况	竞争对手的经营活动、投资活动、筹资活动的现金流等
增长与风险	竞争对手的增长潜力与稳定性、财务/市场/法律与合规风险等

3. 搜集相关信息

信息搜集是竞争对手分析的前提和基础。没有充分、准确的信息作为支撑，竞争对手分析将无法进行或难以得出有价值的结论。为了全面了解竞争对手，企业可以通过多种途径搜集信息。

主要的信息搜集途径包括：(1)公开资料与互联网。利用搜索引擎、行业网站、社交媒体等，快速获取对手官网信息、市场动态、用户评价及行业趋势，订阅商业数据库和财经网站获取财务数据。(2)第三方研究与咨询。委托专业市场调研公司或聘请战略咨询公司，获取深入的市场洞察和竞争情报，阅读行业协会报告，了解行业趋势及对手市场地位。(3)财务报告与财务数据。直接访问证券交易所官网、公司官网及财经媒体，获取详尽的财务报告，结合内部分析工具，挖掘数据背后的信息。(4)供应链与客户关系。分析对手供应链效率与成本控制，通过客户关系管理或客户沟通，收集产品性能、服务质量等反馈，评估对手市场表现及客户忠诚度。(5)政府与行业组织。利用政府报告、经济指标，洞悉行业趋势及对手财务概况，参与行业协会活动，捕捉最新动态。(6)非正式渠道。在合规前提下，通过员工交流、行业人脉、社交媒体等获取非公开信息，为分析提供独特视角。

4. 信息加工与分析

竞争对手分析中的信息加工与分析是一个复杂而系统的过程，它涉及对收集到的各类信息进行整理、筛选、分类、比较和评价，以揭示竞争对手的优势、劣势、机会和威胁，为企业制定有效的竞争策略提供依据。

在信息加工中，信息选择、信息整理和信息存储是三个关键环节。首先，信息选择是指从海量数据中挑选出与竞争对手分析直接相关的信息，确保分析的针对性和准确性。其次，信息整理是将选定的信息进行分类、排序和归纳，使其更加有序和易于理解。通过数据清洗、去重和标引等步骤，提升信息的可用性和分析效率。最后，信息存储是将整理好的信息以适当的形式保存下来，如建立竞争对手信息库或数据库，以便随时查阅和更新。这一过程有助于确保信息的完整性和安全性，为后续的深入分析提供坚实基础。

信息分析环节是整个竞争对手分析的核心，它涉及对收集到的信息进行深入解读和评估，以揭示竞争对手的实际情况、战略意图和市场动向。信息分析的主要目的是通过系统、客观的方法，对竞争对手的各个方面进行全面、深入的剖析，从而为企业制定有效的竞争策略提供科学依据。

5. 输出分析结论

在这一阶段，需要将前期的数据收集、整理、分析工作凝聚成精练而有力的结论。这些结论不仅是对竞争对手优势、劣势、市场策略及未来动向的深刻洞察，更是对企业自身市场定位、竞争力评估的重要参考。输出分析结论时，需要注重结论的准确性和客观性，确保每一条结论都有充分的数据和事实支撑。同时，也需要强调结论的实用性和可操作性，力求为企业提供具有指导意义的战略建议和行动方案。最终，这些分析结论将以报告、PPT、图表等多种形式呈现给企业管理层及相关部门，作为制定竞争策略、优化市场布局、提升竞争力的关键依据。

2.2　公司及业务分析

2.2.1　商业模式

管理学大师彼得·德鲁克曾经说过："当今企业之间的竞争，不是产品之间的竞争，而是商业模式之间的竞争。"这句话强调了商业模式在现代企业竞争中的核心地位。瑞士的亚历山大·奥斯特瓦尔德(Alexander Osterwalder)和比利时的伊夫·皮尼厄(Yves Pigneur)合著的《商业模式新生代》是一本对商业模式进行系统阐述的经典著作。该书明确给出了商业模式的定义，即商业模式描述了企业创造价值、传递价值和获取价值的基本原理。与此同时，该书提出了一种进行商业模式分析的思维方式和工具——商业模式画布（Business Model Canvas）。

商业模式画布将商业模式的复杂要素提炼为九个核心模块，如图2-4所示。这九大模块分别是：客户细分（Customer Segments）、价值主张（Value Propositions）、渠道通路（Channels）、客户关系（Customer Relationships）、收入来源（Revenue Streams）、核心资源（Key Resources）、关键活动（Key Activities）、重要合作（Key Partnerships）、成本结构（Cost Structure）。仔细审视商业模式画布中的九大模块，不难发现它们涵盖了客户（为谁提供）、产品/服务（提供什么）、基础设施（如何提供）和财务能力（成本与收入）四个视角，基本覆盖了一家企业最重要的业务和经营活动。通过这一框架，企业能够清晰地描绘出自身的运营逻辑和价值创造路径，实现商业模式的可视化与标准化；通过灵活调整画布上的各个模块，企业能够发现并抓住新的商业机会。这种工具不仅适用于初创企业，也适用于成熟企业进行商业模式创新和优化。

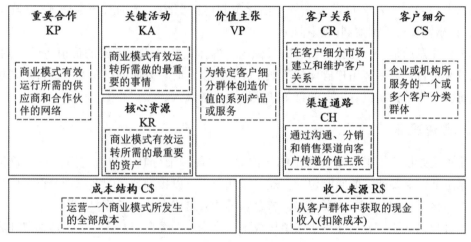

图 2-4　商业模式画布理论模型

1. 客户细分

客户细分模块用来描绘一个企业想要接触和服务的目标用户群体。客户构成了任何商业模式的核心。没有能带来利润的客户，任何企业都不可能长久存活。这一板块主要回答的问题是：企业为谁创造价值？谁是企业最重要的客户？

为了更好地满足客户，企业可能把客户分成不同的细分区隔，每个细分区隔中的客户具有共同的需求、共同的行为和其他共同的属性。商业模式可以定义一个或多个或大或小的客户细分群体。企业必须做出合理决定，到底该服务哪些客户细分群体，该忽略哪些客户细分群体。一旦做出决定，就可以凭借对特定客户群体需求的深刻理解，仔细设计相应的商业模式。客户细分群体包括不同类型，常见类型包括大众市场、利基市场、区隔化市场、多元化市场和多边市场。

2. 价值主张

价值主张模块用来描绘公司为特定客户细分群体创造价值的系列产品或服务。价值主张需要回答的问题是：公司该向客户传递什么样的价值？公司正在帮助客户解决哪一类问题？公司正在满足哪些客户需求？公司正在提供给客户细分群体哪些系列的产品和服务。

价值主张是客户转向一个公司而非另一个公司的原因，它解决了客户困扰或者满足了客户需求。每个价值主张都包含可选系列产品或服务，以迎合特定客户细分群体的需求。在这个意义上，价值主张是公司提供给客户的受益集合或受益系列。有些价值主张可能是创新的，并表现为一个全新的或破坏性的提供物（产品或服务），而另一些可能与现存市场提供物（产品或服务）类似，只是增加了功能和特性。价值主张通过迎合细分群体需求的独特组合来创造价值。价值可以是定量的（如价格、服务速度）或定性的（如设计、客户体验）。例如，以下要素有助于为客户创造价值：给客户从未体验过的全新需求（新颖）、对客户需求进行个性化定制（定制化）、帮助客户削减成本（降低成本）、使事情变得更加便利（便利性）。

需要注意的是，公司针对不同的目标用户群体通常可能有不同的价值主张。例如，某网约车平台针对乘客用户群体的价值主张是提供及时、方便的打车服务；针对司机群体的价值主张是让司机有更多的订单，获取更多的收入。

3. 渠道通路

渠道通路模块用来描绘公司是如何沟通、接触、细分其客户，进而传递其价值主张。渠道通路需要回答的问题包括：通过哪些渠道可以接触公司的客户细分群体？公司现在如何接触他们？公司的渠道如何整合？哪些渠道成本效益最好？

与客户的交流、分销和销售渠道构成了一个企业的客户交互体系。渠道通路在客户体验中扮演着重要角色的客户触点。渠道通路的作用包括以下几点：使客户更加了解公司的产品和服务；帮助客户评估一家公司的价值主张；使得客户得以购买某项产品和服务；向客户传递价值主张；向客户提供售后支持。

以共享充电宝行业为例，其渠道通路主要包括线上平台和线下合作商户两种形式。线上平台如手机应用程序或网站，为用户提供便捷的充电宝查找、租借和归还服务；线下合作商户则广泛覆盖餐厅、咖啡馆、购物中心、机场等各类场所，为用户提供更加贴近生活的充电服务。这种多元化的渠道通路不仅提升了共享充电宝的市场覆盖率，也满足了用户在不同场景下的充电需求。

4. 客户关系

客户关系模块用来描绘公司与特定客户细分群体建立的关系类型。客户关系模块需要回答的问题是：公司每个客户细分群体希望公司与之建立和保持何种关系？哪些关系公司已经建立了？这些关系成本如何？如何把它们与商业模式的其余部分进行整合？

企业应该弄清楚希望和每个客户细分群体建立的关系类型。客户关系可以被以下几个动机所驱动：客户获取、客户维系、提升销售额。例如，早期移动网络运营商的客户关系由积极的客户获取策略所驱动，包括免费移动电话。当市场饱和后，运营商转而聚焦客户保留以及提升单客户的平均收入。

5. 收入来源

收入来源模块用来描绘公司如何从每个客户群体中获取收入，以及通过什么样的方式获取收入。如果客户是商业模式的心脏，那么收入来源就是动脉。企业必须问自己，什么样的价值能够让各客户细分群体真正愿意付款？只有回答了这个问题，企业才能在各客户细分群体上发掘一个或多个收入来源。每个收入来源的定价机制可能不同，例如固定标价、谈判议价、拍卖定价、市场定价、数量定价或收益管理定价等。

一个商业模式可能包含的收益来源分为以下两种不同的类型：其一是通过客户一次性支付产生的交易收入；其二是因向客户传递了新的价值主张或提供了售后支持而带来的客户持续支付。创造收入来源的方式有很多种，常见方式包括：资产销售、使用收费、订阅收费、租赁收费、授权收费、经纪收费、广告收费等。每一种收入来源可能有着不同的定价机制。定价机制的选择可能在所创造收入的结果上产生巨大的不同。主要的定价机制有两种：固定价格和浮动价格。

6. 核心资源

核心资源用来描绘让商业模式有效运转所需的最重要的资产。

每一种商业模式都需要一些核心资源。这些资源使得企业得以创造并提供价值主张，获得市场，保持与某个客户群体的客户关系并获得收益。不同类型的商业模式需要不同的核心资源。一个微芯片制造商需要的是资本密集型的生产设备，而微芯片的设计则更聚焦于人力资源。

核心资源可包括实物资源、金融资源、知识性资源以及人力资源。核心资源可以是自有的，也可以通过租赁获得，或者从重要合作伙伴处获得。实物资源包括实体的资产，如生产设备、房屋、车辆、机器、系统、销售点管理系统及分销渠道。作为零售商，沃尔玛和亚马逊都非常依赖实物资源，这些资源通常都是资本密集型的。沃尔玛在全球范围内拥有庞大的仓储网络以及配套的物流设备。亚马逊拥有一套庞大的IT、仓储及物流基础设施。知识性资源如品牌、专营权、专利权、版权、合作关系以及客户数据库在一个强大的商业模式中扮演着越来越重要的角色。知识性资源获得不易，一旦成功获得将可能创造巨大的价值。耐克作为消费品公司，品牌就是它非常依赖的关键资源；微软一直依赖于软件开发以及多年来积累的知识产权。人力资源对于某些商业模式而言是尤其重要的。例如，在知识密集型产业和创新产业中，人力资源就是最关键的。诸如诺华制药公司非常依赖其人力资源：它的商业模式就是基于其经验丰富的科学家团队及其庞大而训练有素的销售队伍而建立的。有些商业模式依赖金融资源或金融保障，比如现金、信用额度或者用于吸引关键雇员的股票期权池。

7. 关键活动

关键活动模块用来描绘确保其商业模式正常运行所需做的最重要的事情。

每一个商业模式都有着一系列的关键活动。这些活动是一个企业成功运营所必须采取的最重要的行动。同核心资源一样，它们是企业为创造和提供价值主张、获得市场、维系客户关系以及获得收益所必需的。并且，同核心资源一样，关键活动也因不同的商业模式类型而异。对于软件商微软而言，关键活动就是软件开发。对于个人电脑生产商戴尔而言，关键活动则包含了供应链管理。对于咨询公司麦肯锡而言，关键活动包括了解决方案的提供。

关键活动可以分为制造产品、解决方案和平台/网络等。制造产品涉及生产一定数量和满足一定质量的产品，与设计、制造以及交付产品有关。生产活动在制造企业的商业模式中占支配地位。解决方案涉及为个体客户的问题提供新的解决方案。咨询公司、医院及其他服务性机构的运营，就是典型的受解决问题相关的活动支配的例子。这类商业模式需要的活动包括知识管理以及持续的培训等。在将平台作为关键资源的商业模式中，与平台以及网络相关的关键活动占据着支配地位。网络、配对平台、软件甚至品牌都可以发挥平台的作用。淘宝的商业模式要求企业不断地发展和维护它们的平台；微软的商业模式要求其对其他商家的软件和 Windows 操作系统的交互界面进行管理。

8. 重要合作

重要合作用来描述让商业模式有效运行所需的供应商和合作伙伴的网络。这些合作关系对于企业的成功至关重要，因为它们不仅能够帮助企业获得关键资源，还能降低风险、提高效率并创造新的市场机会。

重要合作分为以下四种不同类型。其一是非竞争者之间的战略联盟，即企业与非直接竞争对手建立合作关系，共同开发新产品、新技术或新市场。这种合作有助于实现资源共享、优势互补，共同应对市场挑战。其二是竞争者之间的战略合作。在某些领域竞争对手之间也可能建立合作关系，以实现共同利益。例如，在技术标准制定、行业规范建立等方面，竞争对手可能携手合作，以推动整个行业的发展。其三是为新业务建立合资公司，即企业与合作伙伴共同出资成立新的企业实体，专注于某一新业务领域的发展。这种合作方式有助于集中资源、快速响应市场变化，并降低新业务的风险。其四是确保可靠供应的供应商-采购商关系，即企业与关键供应商建立长期稳定的合作关系，以确保原材料、零部件等关键资源的稳定供应。这种合作有助于降低采购成本、提高供应链效率，并增强企业的市场竞争力。

9. 成本结构

成本结构用来描述运营一个商业模式所发生的全部成本。创造和传递价值，维护客户关系，以及创造收益都会发生成本。在确定了核心资源、关键业务以及重要合作的情况下，成本核算就会变得相对容易，尽管有些商业模式相对于其他商业模式而言更加成本导向化。例如，所谓的廉价航空，就是以低成本结构为核心建立了整个商业模式。

商业模式画布的核心就是以上九大模块。在使用商业模式画布时，我们只需要按照顺序依次填充 9 个模块即可，就像填充画布一样。这里以宜家家居为例给出一个商业模式画布的例子。

宜家家居(IKEA)作为全球知名的家居零售品牌，自 1943 年创立于瑞典以来，凭借其独特的商业模式和持续创新的产品设计，迅速成长为全球家居行业的领导者。宜家家居以"为大众创造更美好的日常生活"为愿景，通过精准的客户细分、独特的价值主张、多元化的渠道通路以及个性化的客户关系管理，成功吸引了全球消费者的青睐。宜家家居的商业模式画布如图 2-5 所示。该商业模式画布清晰展示了宜家从客户细分、价值主张、产品设计、销售渠道布局到成本控制的全方位策略，揭示了其如何在保持产品高品质的同时，实现价格亲民与高效运营。

重要合作	关键活动	价值主张	客户关系	客户细分
对内：全球员工 对外：全球OEM(代工生产)；供应商合作伙伴；从数字上来看，数十万人为宜家的直接家居用品供应商及其他价值链服务提供商工作；宜家的下级供应商同时也雇佣了数百万人。 国内部分：喜临门、SINOMAX、德力股份、金橡树、孚日集团、家联科技、华联瓷业、永艺股份等	①将家具设计为平板包装，大大节省仓储、运输费用；②全球采苟：有非常高效、严苛的质量控制；在品质得到保证的前提下保持低价；③联合顾客：让用户完成一部分本来由宜家做的工作 **核心资源** ①实体资产：连锁门店、供应链(全球设立16个采购区域)；②虚拟资产：强大的设计团队	价值主张： ① "一站式"：所有的家居用品的采购都在宜家完成，非常方便； ② "好设计，好生活"； ③自己动手：客户可以自己挑家具、运家具和组装家具，过程有趣，而且可以帮客户节省费用 产品： 品类涵盖家具、日用品、办公用品、儿童用品等近万种SKU，满足不同消费者一站式家居场景消费需求	宜家的大多数商品，无论大件还是小件，都可以自助购买，基本不需要营业员的帮助；将相对复杂的客户自助服务形式与自动化流程相结合 **渠道通路** ①线下实体门店(全球布局超过400家宜家商场)；②线上购物平台(官网、小程序等)	宜家的客户主要分为三大类： ①家庭用户； ②租房的年轻人； ③企业(对公业务)

成本结构	收入来源
固定成本：店铺租金、设计费用、生产费用、折旧及摊销费用、一般及行政开支、运输费用等 变动成本：广告营销成本等	基础链条：货品销售收入 基于人流量的附加收入：餐厅、商业地产等

图 2-5 宜家家居的商业模式画布

2.2.2 组织结构

企业的组织结构是企业管理体系的核心部分，它决定了企业内部各部门、各层级之间的职责划分、权力分配以及相互关系。对于商业分析而言，深入理解企业组织结构是非常必要的，因为它是确保分析工作全面、精准、有效的条件。组织结构不仅明确了各部门的职能范畴与层级间的汇报线，还铺设了高效的信息沟通渠道，直接影响着企业内部信息流转的速度与决策制定的质量。商业分析人员需深入剖析这一体系，以确保在数据收集阶段能够覆盖所有关键领域，分析过程中能够精准捕捉市场脉搏，最终提出的策略建议既具前瞻性又具实操性。更重要的是，一个设计合理的组织结构能够激发跨部门间的协作潜能，助力分析团队跨越职能壁垒，快速整合多源信息，实现对市场趋势、竞争对手及内部运营的深刻洞察。组织结构是在随着生产力和社会的发展而不断发展的。常见的组织结构类型有：直线制、职能制、事业部制、矩阵制结构等。

1. 直线制组织结构

直线制组织结构作为历史上最早被采用且最简单的组织结构，其核心理念在于高度的集权与直接的指挥链，常被誉为"军队式"管理模式。其特点是：组织中各种职位是按垂直系统直线排列的，各级行政领导人执行统一指挥和管理职能，不设专门的职能机构。由图 2-6 可见，这种组织结构设置简单、权责分明、信息沟通方便，便于统一指挥，集中管理。然而，这一结构亦有其局限性。由于缺少横向的协作机制与专门的职能支持部门作为领导层的辅助，当组织规模扩张、业务复杂度提升时，可能会因协调不足而引发管理上的混乱。领导者在面对多元化任务时，可能因资源有限、经验或精力的局限而无法全面兼顾，影响管理效能。因此，直线制组织结构更适宜于那些规模较小、员工数量有限、业务流程相对单一的企业环境。

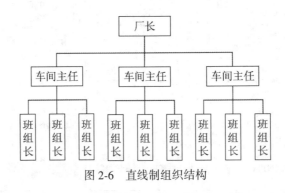

图 2-6　直线制组织结构

2. 职能制组织结构

职能型组织，也称为"U 型"组织。现代企业中许多业务活动都需要有专门的知识和能力。职能型组织结构以工作方法和技能作为部门划分依据。通过将专业技能紧密联系的业务活动归类组合到一个单位内部，可以更有效地开发和使用技能，提高工作的效率。职能型组织设计有利于最高管理者做出统一的决策，通常在只有单一类型产品或少数几类产品面临相对稳定的市场环境的企业中采用。

职能型组织的基本结构形式如图 2-7 所示。职能型组织的优点是：职能部门任务专业化，这可以避免人力物质资源的重复配置；便于发挥职能专长，这对许多职能人员颇有激发力；可以降低管理费用，这主要来自于各项职能的规模经济效益。职能型组织设计的主要不足是：狭窄的职能眼光，不利于企业满足迅速变化的顾客需要；一部门难以理解另一部门的目标和要求；职能部门之间的协调性差；不利于在管理队伍中培养全面的管理人才，因为每个人都力图向专业的纵深方向发展自己；多头领导，多头指挥，下级往往无所适从。

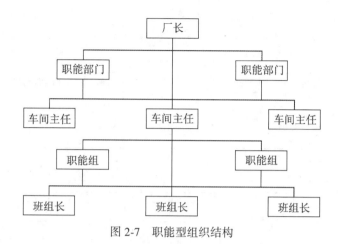

图 2-7　职能型组织结构

3. 事业部型组织结构

事业部制组织结构,也称为"M 型"组织结构,其核心理念在于依据企业目标与成果导向来构建与整合各个业务部门。这种组织形态兴起于西方经济由自由竞争迈向垄断阶段的背景下,特别是随着企业规模急剧扩张、业务领域多样化以及市场竞争日趋白热化,它作为一种分权管理的创新模式应运而生。

事业部制组织结构的核心特征是"集权定方向,分权促执行",即在总部的战略统筹下,充分下放运营权力至各事业部。各事业部依据产品类别、地理区域、目标客户群或销售渠道等维度独立划分,并作为独立的经济实体进行核算与管理,享有高度的自主经营权。总公司则聚焦于关键决策如预算规划、人事任命及重大战略部署,并通过经济指标(如利润)对事业部实施监督与调控。例如,宝洁公司以产品线为依据设立事业部,实现精细化管理;麦当劳则采取地理区域划分,以地域特色优化运营策略;而银行业则常以顾客群体为基准,提供更加个性化的服务。这些设计催生了自我驱动、半独立的业务单元,展现了事业部制的高度灵活性与适应性。事业部制组织结构如图2-8所示。

事业部制组织结构的优势在于:(1)提升管理灵活性:事业部自主决策机制促进了快速反应与创新,增强了企业面对市场变动的适应力。(2)优化高层管理效能:高层得以从烦琐的日常管理中抽身,专注于战略规划与长远决策。(3)促进专业化与效率:各事业部专注特定领域,便于引入高效生产模式,提升产品质量与成本控制能力。事业部制也存在一些挑战,包括:(1)管理成本上升:多层次架构可能导致机构冗余,增加管理复杂性与费用支出。(2)协同障碍:事业部间的独立运作可能削弱跨部门协作,影响资源共享与整体协同。(3)本位主义风险:局部利益最大化可能侵蚀全局视角,需强化公司整体战略意识的贯彻。

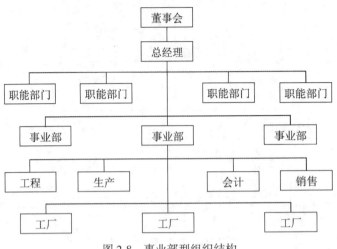

图 2-8 事业部型组织结构

4. 矩阵型组织结构

矩阵型组织结构是一种将按职能划分的部门和按产品（或项目、服务等）划分的部门结合起来，组成一个矩阵状的组织结构。矩阵型组织结构适用于那些需要同时承担多个项目，且各个项目资源具有共享性的企业。特别是对于那些市场环境复杂多变、项目需求多样化的企业来说，矩阵型组织结构能够发挥其独特的优势，帮助企业更好地应对挑战和机遇。

在矩阵型组织结构中，员工在矩阵型组织中通常有两个上级，即职能经理和项目经理。他们既要对职能经理负责，完成日常业务工作，又要对项目经理负责，参与项目工作。这种双重上级关系有助于实现项目目标和部门目标之间的平衡。不同部门的员工被组织到同一个项目组中共同协作完成项目任务，这种跨部门的协作促进了信息的共享和沟通，提高了工作效率和质量。矩阵型组织结构相对灵活，能够迅速适应市场变化和客户需求。组织可以根据项目的需要调整资源配置，提高组织的应变能力和竞争力。在矩阵型组织中，不同部门的资源可以共享，避免了资源的浪费和重复利用。这种资源共享提高了资源利用效率，降低了成本。员工在参与不同项目的过程中，能够接触到更多领域的知识和技能，从而提升自己的专业性和技能水平。矩阵型组织结构如图2-9所示。

矩阵型组织结构能够集中跨部门资源，促进信息共享与协同合作，增强组织的灵活性和响应速度。它有助于快速适应市场变化和客户需求，有效整合资源解决复杂问题。同时，这种结构也为员工提供了更多跨部门学习和成长的机会，有助于提升个人技能和职业素养。然而，矩阵型组织结构也存在一定局限。其双重上级关系可能导致决策过程复杂化，增加沟通协调的难度。此外，权责不清和冲突管理也是该架构需要面对的问题，若处理不当可能会影响团队的效率和士气。

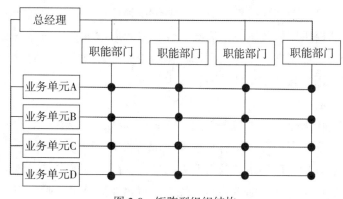

图 2-9　矩阵型组织结构

5. "大中台，小前台"型组织结构

为提升数字化时代组织的响应速度，敏捷型的"大中台，小前台"组织结构应运而生。"大中台，小前台"模式最早在芬兰的移动游戏公司 Supercell 实施，后在国内被阿里巴巴等公司成功应用并推广。"大中台，小前台"的核心思想是将公共的业务、技术、数据等公共能力从前台剥离，成为独立的中台，并通过组织结构的调整物理拆分为独立的中台部门，以支持前台业务的快速迭代和创新，其本质在于通过资源集中化、服务复用性、管理高效化和创新支持等方式，实现组织的快速响应和灵活调整，以适应快速变化的市场环境。

"大中台，小前台"型组织结构由两大部分构成。

（1）大中台架构。

中台是支持多个前台业务且具备业务属性的共性能力组织，它融合了业务、技术、数据与算法等多维度能力，为企业的多元化业务提供强有力的支持。

业务中台：作为大中台架构的核心之一，业务中台致力于提炼并整合各项业务中的共性需求与流程，构建起一套通用的服务平台。这些平台包括但不限于营销中心、支付中心、用户中心及交易中心等，它们通过标准化、模块化的方式，为各业务团队提供高效、灵活的服务支持，促进业务的快速创新与拓展。

技术中台：技术中台是大中台架构的技术基石，为各业务团队提供稳固的底层技术支持。它涵盖了通用的底层框架、高性能的引擎服务以及丰富的中间件资源，确保各业务系统在技术层面能够无缝对接、高效协同。技术中台通过不断优化与升级，为企业的数字化转型提供强有力的技术保障。

数据中台：在数据驱动的时代背景下，数据中台的重要性日益凸显。它负责统一采集、处理与分析来自各业务系统的海量数据，为企业决策提供精准、全面的数据支持。数据中台通过构建完善的数据治理体系与数据分析平台，帮助企业深入挖掘数据价值，优化业务流程，提升运营效率。

算法中台：随着人工智能技术的快速发展，算法中台逐渐成为大中台架构中的重要组成部分。它汇集了推荐算法、搜索算法、图像识别算法、语音识别算法等前沿技术成果，为各业务团队提供智能化的算法服务。算法中台通过不断优化算法模型与提升算法性能，为企业带来更加精准、个性化的用户体验与业务解决方案。同时，它还促进了算法技术的共享与复用，降低了企业的研发成本。

（2）小前台架构。

小前台架构，作为企业直面市场与用户的先锋部队，承载着推动业务创新、满足用户需求的重任。它涵盖了企业中所有直接参与市场竞争、服务客户的业务团队。由于不同企业所处的行业背景、市场定位及战略方向各异，因此小前台的具体构成也呈现出多样化的特点。小前台架构的灵活性与多样性，使得企业能够迅速响应市场变化，抓住新的业务增长点，推动企业持续发展与壮大。

"大中台，小前台"型组织结构如图 2-10 所示。

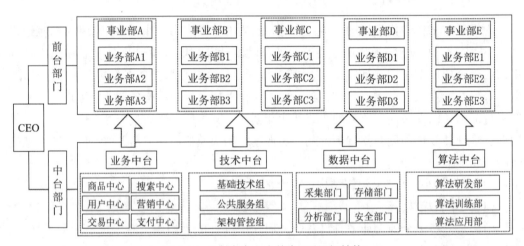

图 2-10 "大中台，小前台"型组织结构

阿里巴巴是"大中台，小前台"模式的典型代表。阿里巴巴的"大中台，小前台"组织结构是其应对复杂业务环境和提高运营效率的重要战略。在这种架构下，阿里巴巴将公共能力下沉为独立的中台部门，包括业务中台、数据中台和技术中台等，为前台业务部门提供技术、数据等资源和能力的支持。前台部门则更加专注于业务发展和创新，保持足够的敏捷度以快速响应市场变化。其小前台架构涵盖了多个知名业务品牌，如淘宝、天猫等电商平台，它们通过丰富的商品选择、便捷的购物体验吸引并服务着数亿消费者；同时，菜鸟物流作为物流解决方案的提供者，确保了商品能够高效、准确地送达用户手中；聚划算、1688 等则分别聚焦于团购市场与 B2B 电商领域，进一步拓展了阿里巴巴的业务版图。

2.2.3 业务流程

一家企业通常有多个业务单元，规模较大的企业可能拥有数十条乃至数百条业务线，覆盖广泛的业务领域。与此同时，每项业务通常具有独特的业务流程。理解具体业务流程是商业分析工作的前置条件和重要步骤，它确保商业分析能够精准定位业务痛点，同时使分析结论贴合实际并顺利落地实施。

关于业务流程的概念，美国著名管理学家迈克尔·哈默（Michael Hammer，1993）对业务流程（Business Process）的定义是：业务流程是一组活动，这组活动有一个或多个输入，输出一个或多个结果，这些结果对客户来说是一种增值。达文波特（Thomas H. Davenport，1993）对业务流程的定义是：业务流程是一组发生在不同时间和空间的、具有特定逻辑顺序的作业活动，每个业务流程都具有开始点和结束点，具有可标示的输入和输出。IBM对业务流程的定义是：业务流程是一组相互连接的活动的集合，这些活动通过把输入转换为更多有价值的输出而创造价值，输入和输出都可以是人造物和信息，转化流程可以由人、机器或两者共同决定。

综合以上定义，本书将业务流程界定为：企业或组织为达到特定的价值目标而由不同角色（人或机器）共同完成且具有逻辑关联的一系列活动。

业务流程包含以下六个关键要素：

（1）输入：流程运作所需的各种资源和条件，通常包括人力、物力、财力、信息、技术和时间等，这些资源在流程运作中被消耗、利用、转化，并最终对流程产出产生影响。输入的质量和数量直接影响流程的运作效率和效果。

（2）活动：流程中具体的工作任务和操作步骤，它们相互关联、相互制约，共同构成了流程的运作体系。活动的设计和优化决定了流程的效率和质量。

（3）活动间的相互作用：流程中各个活动之间的关系和协调，包括顺序、同步、交互和集成等。活动之间的相互作用决定了流程的顺畅程度和协同效果。

（4）输出：流程运作的结果，它满足了客户的需求和期望，也是流程价值的体现。输出需要满足质量、成本和时间等方面的要求，以确保客户满意。

（5）客户：流程服务的对象，决定了流程的目标和方向。在设计流程时一定要明确流程的客户是谁，仔细把握客户需求，这样设计出的流程才有意义。

（6）价值：流程的核心目标，表示通过流程运作所创造的产品或服务对客户的价值。价值是客户选择和使用流程的原因，也是流程改进和创新的方向。

与业务流程紧密相关的著名理论是迈克尔·波特（Michael E. Port）教授的价值链（Value Chain）模型。波特指出："每一个企业都是在设计、生产、销售、发送和辅助其产品的流程中进行种种活动的集合体，所有这些活动可以用一个价值链来表明。"企业的价值创造是通过一系列活动构成的，这些活动可分为基本活动和辅助活动两类，基本活动包括内部后勤、生产作业、外部后勤、市场和销售、服务等；辅助活动则包括采购、研究与开发、人力资源管理和企业基础设施等。这些互不相同但又相互关联的生产经营活动，构成了一个创造价值的动态流程，即价值链，如图2-11所示。价值链理论蕴含着现代业务流程管理思想中最核心的内容，即以客户为导向，因为价值链理论就是要求企业通过价值最大化而提高企业竞争力，而价值本质上就是商品或服务满足客户的某种需要的属性。关注价值链，自然就会关注客户，并最终会关注业务流程。

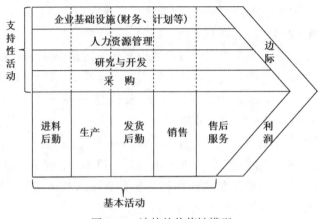

图 2-11　波特的价值链模型

在充分理解业务流程的定义及其核心要素的基础上，接下来的关键问题是如何结合实际进行业务流程梳理。业务流程梳理是一个复杂而细致的过程，这个过程需要以实际的业务场景为基础来获取业务信息，然后抽象出一个以参与对象为节点的业务流程。在形式上，可借助业务流程图等工具，将流程的各个环节、要素及其相互关系以图形化、结构化的方式呈现出来，从而实现业务流程的可视化。

业务流程梳理可按照以下步骤进行：

（1）获取真实的业务流程信息。通常采取两种途径获取业务流程信息：直接由业务部门提供或自主观察分析。前者便捷，因业务部门常有现成流程，但往往局限于局部视角，缺乏全局及未来扩展考量。后者虽耗时耗力，通过模拟实践、绘制流程图并多次与业务方核实校对，能确保流程的全面性和时效性，适应业务动态变化，最终显著提升工作效率。

（2）明确业务流程中的关键角色。首要任务是明确参与者的构成。每项任务可能由一人或多人协同完成，将执行相同任务的人员归并为同一角色。针对某类产品客户，其解决流程可能横跨多个角色，如销售员、客服、运营等，且各阶段参与程度各异。此外，还可能涉非直接产品角色，如技术人员。初期虽不必深入探究，但应广泛收集信息，以明确各角色的具体作用与贡献。

（3）识别关键业务节点。并非所有的任务都是关键业务节点。关键业务节点具备一些特性：既能驱动业务进展，又能促进跨部门、跨角色间的顺畅流转。业务流程路径则反映了整个业务流程逻辑。通过关键节点转化关系及结果，反映业务状况的好坏。值得注意的是，这些阶段性大目标，在业务推进至特定阶段时尤为重要，它们需被精细拆解为更小、更具体的子目标，以便为后续页面设计、功能划分提供坚实依据，确保每一步都精准对接用户需求与业务实际。

（4）找到用户参与的关键环节。融入用户视角于业务流程设计，可显著提升其针对性和合理性。外部用户的加入，为流程引入了宝贵的反馈与增长动力，对页面优化调整尤为关键。梳理业务流程不是简单的照搬，需要分析现有实际场景中各节点的必要性，现有流程是否可以进行优化或者调整。

（5）分析不同业务场景对流程的影响。在产品生命周期各阶段，营销策略与管理策略的差异显著影响业务流程，需灵活调整以适应市场变化。同时，在同一业务场景下，不同客户群体的独特需求也要求业务流程具备个性化定制能力。此外，特殊时间节点如"双十一"等高峰期，业务流程更需精细调整，以应对激增的业务量和客户需求，确保高效运作与顾客满意度。

2.3 数据分析思维方法

数据分析作为商业分析的核心驱动力，其重要性不言而喻。它凭借对数据的深度挖掘，为商业决策提供精准、客观的洞察。在这一过程中，数据分析依赖丰富的模型方法来解析数据，同时也离不开科学思维方法的运用。数据分析思维方法，作为一系列指导数据分析流程、理解数据含义及制定策略的思考模式，它们超越了单纯的技术工具范畴，触及数据分析的底层逻辑，为数据分析提供了基本的分析视角和逻辑框架。本节简要介绍几种常用的数据分析思维方法，包括逻辑树思维、对比思维、分类思维及漏斗思维等，这些思维方法对数据分析是有益的。

2.3.1 逻辑树思维

1. 逻辑树

逻辑树思维，作为麦肯锡公司所倡导的一种分析问题和解决问题的思维方法，在数据分析和商业分析领域内得到了广泛应用。逻辑树是一种将复杂问题逐层分解、细化为简单子问题的分析工具。它通过将问题比作树干，然后将与问题相关的子问题或任务比作树枝，逐步列出所有与已知问题相关联的问题，形成一个树状结构。这种思维方式的核心在于拆解，即将大问题分解为小问题，以便更清晰地理解和解决。

逻辑树有三个要素：要素化、框架化和关联化。要素化就是把相同问题总结归纳成要素；框架化就是将各个要素组织成框架，遵守不重不漏的原则；关联化就是使框架内的各要素保持必要的相互关系，简单而不孤立。在实际应用中，逻辑树可以根据具体的应用场景和目的，细分为问题树、假设树和是否树三种，每种类型都有其独特的特点和适用场景。

2. 问题树

问题树也称为议题树，用于将复杂问题或议题系统地拆解成更小、更具体、更易于理解和处理的子问题或子议题。通过问题树，分析人员可以清晰地看到问题的各个组成部分及其相互关系，从而更全面地理解问题，并找出潜在的解决方案。在商业分析中，问题树常用于搭建数据指标体系、对指标的下钻拆解、测算市场规模和空间、制定和拆解目标等应用场景。

　　当对问题不了解，或者需要对问题进行全面的分解以确保不遗漏任何一个方面时（即在解决问题的初始阶段），可以使用问题树。问题树的构建可以按照以下步骤进行：(1)明确问题，即清晰地定义和阐述要分析的总问题；(2)识别关键要素，找出与总问题相关联的关键要素或方面；(3)拆解问题，将总问题拆解为多个子问题，每个子问题都针对关键要素的一个方面进行详细分析；(4)继续拆解，对于每个子问题，如果仍然复杂或需要进一步分析，可以继续拆解为更小的子问题；(5)构建框架，将所有子问题按照逻辑关系组织起来，形成完整的问题树框架。

　　假设需要分析"如何提高客户满意度"这一问题，可以构建如图 2-12 的问题树。

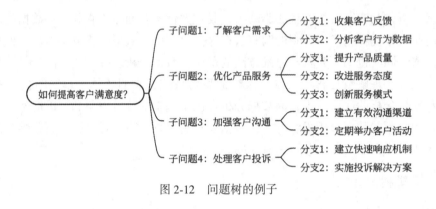

图 2-12　问题树的例子

　　在这个例子中，"如何提高客户满意度"这一主问题被分解为四个主要的子问题：了解客户需求、优化产品服务、加强客户沟通以及处理客户投诉。然后，对每个子问题进一步分解为具体的分支任务。通过这样的方式，可以系统地分析影响客户满意度的各个因素，并制定相应的解决方案。

3. 假设树

　　假设树主要用于在问题解决的过程中，当已经对问题有了较为充足的了解，并且针对问题提出了某种假设的解决方案时，通过构建假设树来验证这些假设是否成立。假设树的核心在于聚焦于假设的解决方案，通过分解假设为更小的论点，并收集证据来支持或否定这些论点，从而验证假设的合理性。

　　假设树构建步骤如下：(1)明确假设，首先明确要验证的假设是什么；(2)分解论点，将假设分解为多个更小的论点，这些论点应该是相互独立且尽量穷尽；(3)收集证据，针对每个论点收集足够的证据来支持或否定它；(4)综合判断，根据收集到的证据综合判断假设是否成立。

　　例如，某公司计划进入新市场，提出了一个假设——"通过降低产品价格可以迅速占领新市场"。为了验证这个假设，公司可以构建图 2-13 的假设树。

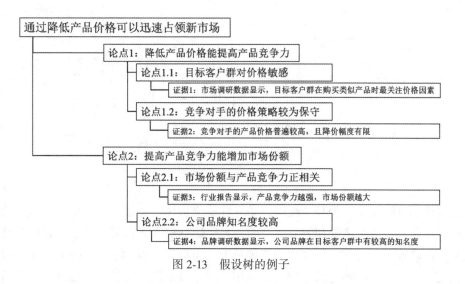

图 2-13 假设树的例子

在这个例子中，公司首先明确了假设，并将假设分解为两个主要论点：降低产品价格能提高产品竞争力，以及提高产品竞争力能增加市场份额。然后，针对每个论点进一步分解为更小的论点，并收集相应的证据来支持或否定这些论点。最后，根据收集到的证据综合判断假设是否成立。如果所有论点都得到证据的支持，那么假设就得到了验证；否则，假设就需要被重新考虑或修改。

4. 是否树

是否树是通过"是"或"否"的判断来逐步分解和解决问题的一种逻辑树。它的主要形式是：首先提出一个问题，然后对这个问题进行是否判断，根据判断结果（是或否）再引出新的问题或解决方案，如此循环往复，直到找到最终的答案或解决方案。是否树的结构相对简单，主要由问题和判断结果（是/否）组成，易于理解和操作；通过是否判断，可以清晰地展示问题的各个分支和可能的结果，帮助决策者更好地把握问题全貌；是否树能够辅助决策者快速做出判断，尤其是在面对复杂问题时，通过逐步分解和判断，可以缩小问题的范围，提高决策效率

是否树的构建步骤包括：（1）明确问题，首先明确需要解决的问题或需要做出的决策；（2）提出判断，针对问题提出第一个是否判断，并列出可能的答案（是/否）；（3）分解问题，根据判断结果（是/否）进一步分解问题或提出新的判断问题；（4）循环判断，重复上述步骤，直到找到最终的答案或解决方案。

例如，图 2-14 是分析某公司产品战略的一个简单的是否树。

在这个例子中，提出了一个问题："A 产品是否有竞争力?"然后，通过是否判断逐步分解问题。首先判断现有产品是否有竞争力，如果有，则提出相应的解决方案；如果没有，则进一步判断是否有研发技术，以及是否有研发资金。通过这样的逐步判断，我们可以找到最终的解决方案或决策方向。

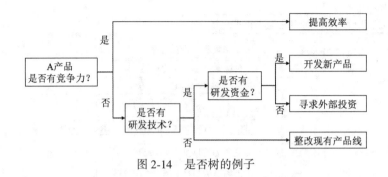

图 2-14　是否树的例子

逻辑树思维的优点在于其系统性、条理性及逻辑性。通过构建逻辑树，可以系统地分析和解决问题，避免遗漏和重复；逻辑树将问题拆解为条理清晰的子问题，有助于理清思路和提高效率；通过穷尽方向和层层分解，可以确保问题得到全面的分析和解决。需要注意的是，三种逻辑树的使用场景不相同。一般来说，问题的初始阶段，尚不明确具体情况，需要对问题进行全盘分析时，使用问题树；对问题已经有一定了解了，并且有了一种假设方案，对假设方案进行验证，使用假设树；对问题不仅足够了解，且针对一些结果已经有了标准方案，需要在方案中进行选择时，使用是否树。

2.3.2　对比思维

1. 什么是对比思维

对比思维是数据分析中常用的数据分析思维，它通过将不同数据点、时间段或群体进行对比，揭示出数据背后的隐藏规律与差异。这种方法不仅帮助分析人员快速识别业务趋势、评估策略效果，还能精准定位问题所在，为决策提供坚实的数据支撑。对比思维强调相对性的视角，促使分析人员超越单一数据点的局限，从更广阔的背景中审视数据变化。无论是时间上的同比、环比，还是空间上的地区、部门对比，抑或与行业标准、历史记录的对照，都能让分析人员获得更全面、深入的洞察。此外，对比思维还促进了数据分析的灵活性和创新性。通过不断尝试新的对比维度和组合，分析人员能够发现前所未有的数据关系。

使用对比思维，需要确定三个关键点。第一个关键点：明确跟谁对比。对比分析通常涉及与历史数据(同比、环比)的对比，以揭示长期或短期趋势；与行业标准或竞争对手的对比，评估市场地位和竞争力；以及企业内部不同业务线或部门的对比，发现资源分配和业绩差异。第二个关键点：明确对比什么。这通常取决于研究目标。对比的维度广泛且多样，不仅可用于定量指标之间的直接比较，而且也涵盖定性指标的深入分析；它既可以是对单一关键指标的比较，也能扩展到多个指标的综合对比。此外，对比分析还包括了数据分布形态的探索。第三个关键点：明确如何对比。首先，需根据研究目的与数据类型，选定合适的对比方法，如时间序列分析以观察趋势，A/B 测试以评估策略效果；其次，运用表格、折线图、条形图、饼图、雷达图等图表工具，将对比结果直观化；最后，结合业务背景与实际情况，深入分析对比结果，挖掘数据背后的深层含义。

2. 对比用途与维度选择

对比分析的常见用途有：衡量数据整体大小、衡量数据整体波动、衡量数据变化趋势。面对不同场景，对比分析选择的维度和指标不尽相同，如图 2-15 所示。

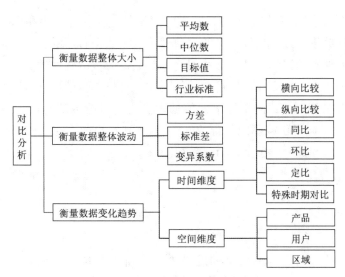

图 2-15　对比分析及常用维度

对于数据整体大小的衡量，可以将业务数据与某段时期内的平均值、中位数、目标值进行对比，还可以跟行业标准进行对比。例如，11 月是电商促销活动月，商品交易总额（GMV）高于年平均值、年中位数是必然结果。此时，可将 11 月的 GMV 与当初确定的目标值进行对比，还可以与行业标准对比，以评估促销效果。

对于数据整体波动的衡量，可以用不同时期内业务指标数据的方差、标准差、变异系数等进行对比。数据波动有多种类型，通常包括周期性波动、业务内部因素引起的数据波动、外部因素引起的数据波动、数据传输引起的数据波动以及其他意外因素引起的数据波动。前三种属于正常波动，比较容易衡量波动程度。

对于数据变化趋势的衡量，可以考虑从时间和空间两个维度展开分析。时间维度的对比可以考虑横向比较、纵向比较、同比、环比、定比等；空间维度的对比可以考虑从产品、用户、区域等多个层面进行对比分析。

3. 对比分析的可比性原则

对比分析经常被滥用或不正确地使用。特别需要指出的是，对比分析需要坚持可比性原则，即对比对象相似，对比指标同质。

（1）对比对象相似。坚持对比对象相似的原则，就是说对比的对象要是同类型的，或属于同一领域。这方面有一个经典案例：在美国和西班牙交战期间，美国海军死亡率是 9‰，而同时期纽约居民的死亡率为 16‰，通过对比得出结论：纽约居民的死亡率＞海军的死亡率。海军征兵人员就用这个数据来证明：参军更安全！这个结论是明显站不住脚的。海军是由年富力强、体格健壮的年轻人组成，该人群中的死亡通常是战死导致的；而纽约居民涵盖各种岁数的人群，死亡原因也是多种多样的，有病死的、有交通事故致死的、有自然死亡的，还有意外死亡的。因此，利用这两组数据根本无法证明参军更安全。

（2）对比指标同质。坚持对比指标同质的原则，包括指标口径相同、指标计算方式一样和指标计量单位一致。指标定义的一致性确保了数据背后的逻辑和范围相同，避免了因定义差异而导致的误解。计算方法的统一是数据分析准确性的关键，不同的计算方法会产生不同的结果，从而无法进行有效的对比。计量单位的标准化则是数据可比性的基本要求，只有在单位一致的情况下，数据才能直接进行数值上的比较。以电商平台 GMV 对比为例，不同月份或不同平台的 GMV 若要进行有效对比，就必须确保它们在统计口径、计算方式和计量单位上保持一致。

2.3.3　分类思维

1. 什么是分类思维

分类思维作为一种古老而普遍的思维方式，自古便贯穿于人类社会的各个方面，从社会阶层的划分到生物学的分类体系，无不体现着分类的智慧。在商业领域，分类思想更是随着企业规模的扩张而愈发重要。当企业面临产品多样化、客户基数庞大及员工队伍增长等挑战时，分类策略成为优化运营、提升效率的关键。分类分析法，简而言之，是通过预设的标准或维度，将复杂的数据集或研究对象划分为若干具有共同特征的子集或群体，进而对这些群体进行深入分析的方法。此方法的核心在于识别并区分不同群体间的共性与差异，为制定差异化策略提供基础。通过分类，企业能够简化决策过程，将资源聚焦于群体层面，而非逐一处理每个个体，极大地提高了运营效率与决策精度。

分类分析法的应用领域极为广泛，几乎涵盖了所有需要精细化管理与策略制定的业务场景。在用户、客户、会员、内容、产品、商品、城市及区域运营中，以及企业整体业务规划过程中，分类分析法都发挥着不可或缺的作用。例如，它帮助企业根据用户行为、消费能力、地域特征、产品属性等多维度信息，对客户群体进行细分，区别出低价值客户与高价值客户，对不同的客户群体开展个性化服务，将企业有限的资源合理地分配给不同价值的客户，从而实现效益最大化。

2. 常见分类模型与方法

在特定应用领域，分类分析法的频繁实践促使了一系列标准化模型的诞生，这些模型逐渐成为了业界广泛认可，形成了成熟的方法论。

在业务与战略规划领域中，分类分析在实践基础上形成了 BCG 矩阵(也称为波士顿矩阵)与 GE 矩阵两大核心工具。BCG 矩阵聚焦于"销售增长率"与"市场占有率"两大维度，对产品进行精细化分类，构建了一个四象限模型，即区分出现金牛产品(稳定贡献者)、明星产品(高增长潜力)、瘦狗产品(低增长且低份额)和问题产品(高增长但低份额)四种类型，为企业资源配置与战略调整提供了直观依据。而 GE 矩阵则进一步拓展了分类的广度与深度，通过"市场吸引力"与"竞争实力"两大核心指标，对公司的业务或事业单元进行全面评估。该模型采用双轴设计，以"市场吸引力"为纵轴，以"竞争实力"为横轴，并通过在每条轴上划分三个区域，形成九象限的细致分类体系，即涵盖九种不同类型的业务单元。值得注意的是，GE 矩阵在评价"市场吸引力"与"竞争实力"时，会进一步细化为多个子指标，以确保评估的全面性与准确性。

在用户运营管理领域，高频次的分类分析实践催生了 RFM 模型这一经典工具。作为一种用户细分模型，RFM 模型融合了三个核心维度：R(Recency，即用户最近一次消费时间)、F(Frequency，消费频率)与 M(Monetary，消费金额)，以此三要素为依据，对用户群体进行精准划分。这一模型通过量化分析，帮助企业深入理解用户行为模式，识别出高价值客户、潜在流失用户等关键群体，进而定制化地优化营销策略，提升用户留存与转化效率。

在社会研究中，分类分析法催生了帕累托法则(二八法则)，即 20% 的群体掌握80% 的资源，广泛适用于财富分配、客户贡献、职场效率及产品销量等场景。在库存管理领域，分类分析法进一步演化为 ABC 分析法，作为二八法则的深化应用。此法将库存商品按价值贡献分为三类：70% 左右的库存金额由 10% 左右的 A 类商品产生，是库存管理的重点商品；20% 左右的库存金额由 30% 左右的 B 类商品产生，是库存管理的次重点商品；10% 左右的库存金额由 60% 左右的 C 类商品产生，是库存管理的非重点商品。ABC 分析法通过分类，帮助企业识别库存管理的重点，优化资源配置，提高库存周转率与运营效率。

3. 分类分析的主要步骤

分类分析法在多个领域的广泛应用，掌握其正确应用方法显得尤为重要。实施分类分析通常遵循一套系统性的流程，涵盖如下四个步骤：

第一步：明确分类对象，即确定需要进行分类的具体实体或数据集合。

第二步：确定分类标准，这些标准应基于分析目标与数据特性精心制定，以确保分类的准确性和有效性。

第三步：依据既定的分类标准，将分类对象细致划分为多个具有共性的群体。此过程要求严谨的逻辑判断与数据分析，以区分不同群体间的本质差异。此外，这个步骤通常需要应用统计模型和机器学习方法。

第四步：针对每个群体制定差异化的策略。通过深入了解各群体的特征、需求及潜在价值，设计出更具针对性的管理或优化方案。

2.3.4　漏斗思维

1. 什么是漏斗思维

漏斗思维是一种常用的数据分析思维和决策支持工具，它以漏斗的形状来直观地描绘用户、潜在客户或某种行为在一系列预设阶段中的流动和转化过程。这种思维方式强调对业务流程进行分解，关注从初始接触点到最终目标达成之间的关键步骤，并通过量化各个步骤间的转化率来识别制约环节和问题环节，从而优化流程、提高整体转化效率。

漏斗思维广泛应用于产品优化、流程监控及活动评估等领域。在产品优化中，漏斗分析通过跟踪用户从最初接触产品到最终完成目标的转化过程，可以识别在产品体验中存在的问题和瓶颈。比如，可以分析用户在注册、购买或使用产品时的转化率，找出用户可能流失的关键点，并进行相应的改进，提高用户满意度和忠诚度。在流程监控领域，漏斗分析可以用来监控每个步骤的转化率，以确保流程的高效运作。例如，将销售流程分成不同的阶段，跟踪客户从潜在客户到成交客户的转化过程，了解可能出现的问题，并优化销售流程以提高转化率。在活动评估方面，漏斗分析可以追踪用户从活动参与到目标完成的转化率，检测用户在活动的每一关键步骤的转化情况，对比活动前后的转化率。这样，就可以了解活动的参与度和转化效果，并根据分析结果优化活动策略，提高活动的回报率。

漏斗分析涉及四个要素：时间、节点、研究对象和指标。时间指的是事件是何时开始、何时结束的，也包括我们应用漏斗模型进行研究的时间段，还涵盖前后两个节点之间的时间间隔、某节点的停留时长等；节点包括起点、终点和过程性节点，涵盖这些节点的命名、标识等，节点的数量对应于漏斗的层级数；研究对象指的是参与事件或流程的主体，可能是一群人、某类用户或某个人；指标则是对整个事件流程进行分析的工具，也是对漏斗的描述与刻画。

2. AARRR 模型和 RARRA 模型

AARRR 模型和 RARRA 模型是漏斗思维在用户增长和运营业务的使用中衍生出来了两个经典模型。2007 年，美国著名投资机构创始人 Dave McClure 提出了 AARRR 模型。该模型因其"掠夺式"的增长方式，又被业内人称为"海盗模型"。AARRR 模型出现在互联网早期具备流量红利的时期，因此它强调获取用户的重要性。随着流量红利的消失，互联网开始进入用户的精细化运营时代，AARRR 模型也演化为 RARRA 模型，更加突出了用户留存的重要性。

AARRR 是 5 个英文单词 Acquisition、Activation、Retention、Revenue、Referral 的缩写，分别对应用户生命周期中的 5 个重要环节。该模型认为企业获取用户的流程分为 5 个环节：用户获取(Acquisition)是第一个环节，企业需要从各种渠道拉新以获取用户；用户激活(Activation)是第二个环节，企业在获取了用户后应该引导用户下载、安装、注册, 从而激活用户的使用行为; 用户留存(Retention)是指用户被激活后, 企业应该通过一定的方式让用户留存下来, 减少流失; 用户付费(Revenue)是指用户留存下来后, 企业就可以从用户身上收费以赚取收入了; 用户推荐(Referral)则是指在用户购买后企业应该让用户变成忠诚用户, 使其向周围人推荐企业的产品或服务, 实现用户自主传播和增长。

用户增长的每个环节都至关重要, 企业既要做到扩大入口, 又要提升每个环节的转化率。获取阶段是整个流程的注水口, 关系到用户流量入口有多大; 激活阶段关系到用户能否留存; 留存阶段关系到用户能否变现; 付费是企业最终要实现的目标; 推荐则是降低获客成本的重要方式。AARRR 模型强调获客和营销, 是一个典型的线性漏斗, 遵循典型的流量红利思维。企业要想获取足够多的付费转化用户, 既要最大限度地扩大上端的流量入口, 又要减少逐层损耗, 关注每个环节的转化。它更加强调获客, 对获客渠道非常依赖。因此, 获客渠道评估和获客成本优化是一项非常重要的工作。

RARRA 模型是 Thomas Petit 和 Gabor Papp 对传统的 AARRR 模型进行优化后提出的一种用户增长模型。RARRA 模型更加突出了用户留存的重要性, 并调整了原有模型的步骤顺序, 以适应当前互联网市场从增量市场向存量市场转变的趋势。RARRA 模型与 AARRR 模型存在一些不同, 如图 2-16 所示。RARRA 模型是一个精益增长模型, 遵循的是精细化运营的思维模式。它强调最大限度地优化流量入口, 提升用户黏性、留存, 提升用户价值, 追求有效率的增长。RARRA 模型的价值在于, 让新用户产生初次购买行为, 让老用户产生二次购买或交叉购买行为, 让老用户带来新用户。

图 2-16　AARRR 模型与 RARRA 模型

3. 漏斗分析的主要步骤

构建一个漏斗分析模型通常分为三个步骤:

(1)梳理业务流程, 确定转化环节。通过梳理业务流程, 明确从起点到终点路径上的各个转化环节, 绘制出漏斗的大致轮廓。一般以 4—6 个环节为宜, 不宜过多。电商购物、App 获客等场景下都有一些通用的流程与路径描述模板, 借助这些模板可以快速定义关键节点和主要环节。

(2)收集指标数据, 进行数据分析。结合整个漏斗形成过程进行指标的定义和数据的收集。指标定义可以从行为、时间、比率等角度入手，指标数据的获取可以通过爬虫、埋点等方式。收集到相应数据后就可以开始进行数据分析了。

（3）识别关键环节，指导业务优化。通过在关键指标上与同类用户的平均水平、行业平均水平等进行比较，分析差距、找到薄弱环节；通过与自身历史同期水平进行比较，确定某一流程中需要优化的节点，采取措施进行针对性整改。

4. 漏斗分析的例子

以下用一个实际案例来说明漏斗分析的实际应用（见图 2-17）。

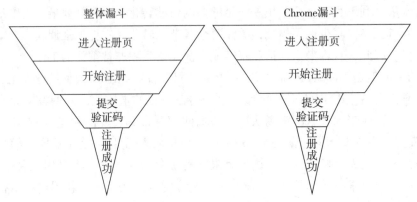

图 2-17　整体漏斗与 Chrome 漏斗的对比

某电商平台，按"进入注册页—开始注册—提交验证码—注册成功"的路径设置了一个四步转化漏斗。通过数据分析发现，第二步到第三步的转化率较低，很多用户在该环节流失，进而导致最后注册成功的用户数大幅减少，定位到问题环节是在"开始注册"到"提交验证码"的转化环节。到底是什么原因导致了用户在这个环节大量流失？实际中可以考虑从用户平台、操作系统、浏览器等不同维度拆分这个问题，然后看在各个维度下用户的转化漏斗如何？分析发现，Chrome 浏览器的用户注册数和注册转化率较其他浏览器低很多，对比每一步转化，发现第一步到第二步的转化率和其他并无明显差异，而第二步到第三步的转化率非常低，大部分用户没有提交验证码，而是直接离开了页面，异常的转化漏点马上引起了重视，测试发现 Chrome 浏览器在获取验证码上确实存在漏洞，影响了用户注册，研发针对此问题进行解决后，该浏览器下的注册转化率明显提升。

以上案例大致展示了漏斗分析过程，从整体漏斗分析原因，定位问题发生环节，从各个可能的细分维度分析转化漏斗，尝试解释为什么会发生这个问题，进而推进问题环节优化。从定位问题，到分析问题再到解决问题，完成漏斗分析的整个过程。

数据编

第 3 章 数据与数据采集

在当今信息时代，数据已成为企业最重要的资产之一。从日常运营到战略决策，数据驱动的分析和洞察正在不断改变着商业世界的面貌。本章深入探讨了数据在现代商业分析中的核心作用，以及如何通过有效的数据采集方法和工具，将庞杂的数据转化为企业决策的关键依据。首先我们要定义数据的概念，理解定量数据和定性数据的区别。随着大数据时代的到来，数据的种类和规模迅速扩展，不仅包括结构化数据，还涵盖了大量的非结构化数据，如文本、图像、视频等。大数据以其海量、高速、多样的特点，改变了传统的数据处理方式，成为企业洞察市场趋势、优化业务流程的重要资源。其次我们需要熟悉内部系统、外部数据源、网络爬虫等多种数据采集方式。特别是网络爬虫的使用，极大地扩展了数据获取的渠道，能够帮助企业从互联网中自动提取有价值的信息，为市场分析、竞争情报收集等提供支持。最后我们将了解现代企业广泛应用的多种数据采集工具。这些工具不仅支持数据的自动化采集，还能够进行初步的清洗和分析，显著提高了数据处理的效率和准确性。通过这些工具，企业能够实时监控市场动态、深入分析客户需求，并快速应对市场变化和风险挑战。

总体而言，本章为学生提供了关于数据与数据采集的系统性知识，展示了数据在商业决策中的重要性，以及如何通过科学的数据采集方法和工具，最大化地挖掘数据的商业价值。

3.1 数据与大数据

3.1.1 数据的定义

数据是对客观事物和现象的符号化记录，它们以各种形式存在，是信息的最基本载体。在现代社会，数据无处不在，无论是个人生活还是商业活动，数据都在不断被生成、传输、存储和分析。数据不仅仅是数字和文字的简单集合，它们承载了特定背景下的意义和信息，通过适当的处理和分析，可以转化为有价值的洞察和知识。在商业分析领域，数据的作用尤为重要。企业在运营过程中生成和收集的大量数据，成为了解和分析市场趋势、客户行为、竞争态势等关键要素的基础。通过对这些数据的深入分析，企业可以做出更明智的决策，优化运营效率，提高市场竞争力。因此，可以说，数据是驱动商业决策的核心引擎。

数据根据其表现形式和分析方法的不同，分为定量数据和定性数据。

　　定量数据：定量数据是能够以数值形式表达的内容，如销售额、库存量、市场份额等，这类数据通常可以进行数学计算和统计分析，便于量化和比较(见表 3-1)。定量数据的主要优势在于其精确性和易于处理性，企业可以通过简单的数学模型和统计方法，对定量数据进行整理、分析，得出有价值的结论。

表 3-1　　　　　　　　　　　　　　**某公司销售数据统计报表**

2016 年 2 月销售统计报表

销售片区：　　　　　　　　销售员：　　　　　　　　　　　时间：2016 年 2 月

客户编码	单位名称	上月欠款	销售数量(t)		销售金额(元)		回款(元)		欠款金额	备注
		(元)	本月	累计	本月	累计	本月	累计	(元)	
10000	客户公司 1	0.00	0.000	0.000	0.00	0.00	0.00	0.00	0.00	
10001	客户公司 2	1253.60	0.000	0.000	0.00	0.00	0.00	0.00	1253.60	
10002	客户公司 3	4397.93	0.000	0.192	0.00	4364.93	0.00	0.00	4397.93	
10003	客户公司 4	23653.90	6.300	32.203	88577.33	452818.29	0.00	0.00	112231.23	
10004	客户公司 5	-2639.67	0.000	0.000	0.00	0.00	0.00	2935.67	-2639.67	
10005	客户公司 6	3890.84	0.000	0.332	0.00	3890.84	0.00	0.00	3890.84	
10006	客户公司 7	-0.06	0.020	0.119	238.02	1491.63	238.00	1491.67	-0.04	
10007	客户公司 8	0.00	0.000	0.000	0.00	0.00	0.00	0.00	0.00	
10008	客户公司 9	1630.00	0.414	0.414	6266.53	6266.53	0.00	0.00	7896.53	
10009	客户公司 10	0.00	0.000	0.000	0.00	0.00	0.00	0.00	0.00	
10010	客户公司 11	2152.98	0.000	0.169	0.00	2152.98	0.00	0.00	2152.98	
10011	客户公司 12	-11280.77	0.080	0.080	1068.72	1068.72	0.00	11395.77	-10212.05	
10012	客户公司 13	520.00	2.400	2.400	65452.00	65452.00	54562.00	54562.00	11410.00	
10013	客户公司 14	187.00	0.000	0.000	0.00	0.00	0.00	0.00	187.00	
10014	客户公司 15	-0.75	0.000	0.000	0.00	0.00	0.00	0.00	-0.75	
10015	客户公司 16	-800.00	0.450	0.450	7070.90	7070.90	7070.39	7070.39	-799.49	
10016	客户公司 17	2500.00	0.000	0.000	0.00	0.00	0.00	0.00	2500.00	
10017	客户公司 18	880.00	0.000	0.214	0.00	5246.21	0.00	4584.74	880.00	
10018	客户公司 19	990.00	0.000	0.000	0.00	0.00	0.00	0.00	990.00	
合　计		27335.00	9.664	36.573	168673.50	549823.03	61870.39	82040.24	134138.11	

　　定性数据：定性数据侧重于描述性的信息，通常以文字、图像或声音的形式存在。定性数据包括客户反馈、员工评价、市场调研报告等，这些数据尽管不能直接进行数学运算，但却能提供更为深入的情感、态度和认知层面的洞察（见表3-2）。通过对定性数据的分析，企业能够更好地理解客户的需求和期望，制定更加个性化的产品和服务策略。

表 3-2 　　　　　　　　　　　　　　某公司评价分析统计表

问题类别	具体问题	次数	占比	总数	占比
软件问题	软件权限有要求过多	39	15.42%	73	28.85%
	优惠券无法使用	14	5.53%		
	账号异常无法下单	12	4.74%		
	短信骚扰	8	3.16%		
商品问题	商品质量不行	25	9.88%	48	18.97%
	商品数量重量缺失	9	3.56%		
	商品价格过高	8	3.16%		
	商品遗漏/错误	6	2.37%		
配送问题	配送超时	36	14.23%	47	18.58%
	无法配送	8	3.16%		
	配送范围小	3	1.19%		
客服问题	无法解决具体问题	25	9.88%	30	11.86%
	联系不上	5	1.98%		
评价问题	差评不让退货/不能发图/被删	5	1.98%	18	7.11%
	差评骚扰问题	4	1.58%		
	配送员被差评投诉缺乏标准	9	3.56%		
退货问题	退货得不偿失	5	1.98%	16	6.32%
	退货被驳回	3	1.19%		
覆盖问题	覆盖城市少	8	3.16%	8	3.16%
会员问题	会员无法取消/不够优惠	5	1.98%	5	1.98%
商家问题	商家/产品太少	3	1.19%	3	1.19%
其他问题	订单莫名被取消,软件加载过慢,强制更新,红包只能自己抢,包装,活动虚假宣传,找回密码太麻烦,商家态度,支付方式问题,软件BUG,打不开,不好用	13	5.14%	13	5.14%

此外，数据的来源同样是多种多样的，主要分为内部数据和外部数据两大类。

内部数据：企业在日常运营中生成和积累的，包括财务报表、销售记录、生产数据、客户信息等。这些数据往往具有较高的准确性和相关性，能够直接反映企业的运营状况和业务成果。通过对内部数据的分析，企业可以了解自身的优势与不足，优化资源配置，提高运营效率。

外部数据：外部数据来源于企业之外，包括市场研究报告、行业数据、社交媒体数据、竞争对手信息等。这类数据可以帮助企业了解外部市场环境、行业趋势以及消费者的行为模式，是企业制定市场策略和拓展业务的重要依据。通过将内部数据和外部数据相结合，企业可以获得全方位的视角，更加准确地把握市场机会，应对挑战。

总之，数据作为信息的载体，在商业分析中发挥着至关重要的作用。无论是定量数据还是定性数据，无论是内部数据还是外部数据，都是企业进行科学决策、提高竞争力的重要资源。随着数据技术的不断进步，数据的价值将在未来得到进一步的挖掘和释放，为企业创造更大的商业价值。

3.1.2　大数据的概念

大数据与一般数据最大的区别在于其规模、复杂性和处理需求。一般数据通常指的是可以通过传统数据库系统和数据处理工具轻松管理的小规模、结构化的数据集。它们的体量较小，通常以表格或记录的形式存储在数据库中，并且可以通过标准的 SQL 查询进行检索和分析。这类数据在信息技术发展的早期阶段占据主导地位，企业通常利用这些数据进行常规的业务分析和报告。

然而，随着信息时代的到来，数据的生成速度和规模迅速扩大，数据的种类也变得更加多样化，超出了传统数据处理系统的能力范围。这些超大规模、结构复杂、多样化的数据集，便是我们所说的"大数据"。大数据不仅仅是数据量的简单扩展，它代表了一种质的飞跃，需要全新的数据管理和分析方法来应对其带来的挑战。

大数据的核心特征之一是其数据量的巨大。这些数据可能来源于各种各样的渠道，包括社交媒体、电子商务平台、物联网设备、传感器网络等。每天，全球范围内生成的数据量都在以指数级的速度增长，特别是在互联网和移动设备的普及下，用户在网上的每一次点击、每一条评论、每一个交易记录都在产生数据。这些数据的规模之大，已远远超出了传统数据管理系统的处理能力。然而，大数据不仅仅是体量大，它还包括了数据的多样性。与传统的结构化数据不同，结构化数据通常以表格或数据库形式存在，字段和类型预先定义，如客户信息表中的姓名、地址、电话等。而大数据则不仅包含这些结构化数据，还包括了大量的半结构化和非结构化数据。半结构化数据指那些部分具有结构但不严格遵循固定模式的数据，如 XML 文件、JSON 文件、电子邮件内容等；而非结构化数据则是完全没有预定义格式的数据，如自由文本、社交媒体帖子、图像、视频、音频记录等。这些数据往往具有更高的灵活性和信息量，但同时也更难以进行传统的数据分析和处理。例如，想象一个社交媒体平台每天生成的数据量：数百万条用户帖子、评论、点赞、分享，外加用户上传的图片、视频、直播等内容。这些数据形式多样，有些是结构化的，如用户 ID、时间戳、地理位置等，但更多的是非结构化的，如文字内容、图片和视频。这些非结构化数据在传统数据库系统中难以存储和管理，且在提取有用信息时，需要更加复杂的算法和处理技术，如自然语言处理、图像识别、视频分析等。大数据的另一重要特性是其生成速度。实时数据流的产生，例如股票市场中的交易数据、金融交易系统的日志数据、传感器网络中的监控数据，都需要及时的处理和分析，才能在瞬息万变的市场环境中保持竞争力。大数据系统因此需要具备高效的处理能力，能够在短时间内对海量数据进行计算、分析，并输出有价值的结果。综上所述，大数据不仅是指规模庞大的数据集合，更包含了数据形式的多样性和生成速度的极快。大数据的出现，挑战了传统的数据处理方法，促使企业和研究机构开发新的技术和工具，以便从这些复杂的数据中提取出有价值的信息。大数据不仅仅是一个技术领域的革新，它更代表了一种新的思维方式和方法论，使得人们能够以前所未有的深度和广度去理解和利用数据，从而推动社会和经济的发展。

3.1.3 大数据的特征

大数据的特征通常被概括为"5V"——数据量（Volume）、数据速度（Velocity）、数据种类（Variety）、数据真实性（Veracity）和数据价值（Value）。这些特征共同定义了大数据的独特性及其在分析和处理时所面临的挑战。为了更好地理解大数据的本质，下面将对每个特征进行详细探讨。

数据量（Volume）

数据量指的是大数据中数据集的规模和数量。随着互联网、移动设备、社交媒体和物联网的普及，数据的生成量呈现出指数级的增长。每天，企业和个人都会产生海量的数据，包括文本、图像、视频、音频、传感器数据等。这些数据的体量之大，超出了传统数据管理系统的处理能力，需要分布式存储和并行计算等新技术来管理和分析。

- 详细解释：数据量不仅仅是指数据的存储容量（如 TB、PB），还包括数据的生成速度。以一家全球性社交媒体平台为例，其用户每天上传的照片、视频和发布的帖子，数量可达数亿甚至数十亿条。传统数据库系统无法在如此大规模的数据中快速检索和分析，因而需要使用像 Hadoop 和 Spark 这样的分布式系统来处理。这些系统可以将数据分片存储在多个节点上，通过并行计算加速数据处理，确保即使在数据量巨大时，分析也能在合理的时间内完成。
- 应用实例：一家零售企业利用大数据技术分析其全球各地的销售数据，涵盖数百万个商品条目和数千万次交易记录。通过分析这些数据，企业能够实时监控库存水平、优化供应链管理，并根据客户行为调整销售策略。

数据速度（Velocity）

数据速度指的是数据生成、传输和处理的速度。在大数据环境下，数据不仅数量庞大，而且生成速度极快。例如，社交媒体上的信息流、金融市场的交易数据、传感器网络中的监测数据，都需要实时或近实时地进行处理和分析。快速的数据处理能力是大数据分析的重要组成部分，能够帮助企业在竞争中保持领先地位。

- 详细解释：随着物联网设备的普及和 5G 网络的发展，数据的生成速度进一步加快。比如，智能城市中的传感器实时监控交通流量、环境污染、能源消耗等，这些数据需要迅速传输到中央系统进行分析和反馈，以确保城市基础设施的高效运作。大数据技术中的流式处理系统（如 Apache Kafka、Apache Storm）能够实时处理数据流，在数据生成的同时进行计算分析，从而支持实时决策。
- 应用实例：在金融行业中，股票交易系统需要处理每秒数百万次的交易数据，要求实时分析交易模式，检测异常交易行为，以防止金融欺诈并优化交易策略。这种高速数据处理能力使得金融机构能够在瞬息万变的市场中做出快速而准确的决策。

数据种类（Variety）

数据种类指的是大数据的多样性，涵盖了结构化数据、半结构化数据和非结构化数据。传统的数据管理系统主要处理结构化数据，如数据库中的表格数据。然而，在大数据时代，数据的形式变得多种多样，包括文本、图像、视频、传感器数据、日志文件、社交媒体内容等。这种多样性使得数据的处理和分析更加复杂，要求使用不同的工具和技术来处理不同类型的数据。

- 详细解释：结构化数据是指已经组织成表格格式的数据，每一行代表一条记录，每一列代表一个属性。例如，企业的客户信息数据库可能包含客户的姓名、地址、电话等。半结构化数据部分具有结构，如 XML、JSON 文件，它们包含的数据既可以有明确的字段，也可以是自由形式的。非结构化数据则完全没有固定的格式，如文本文件、图像、音频和视频数据。这些数据无法通过传统的 SQL 查询直接分析，通常需要使用专门的处理工具和技术，如自然语言处理（NLP）用于文本分析，图像识别用于图像数据处理，视频分析用于处理视频数据。
- 应用实例：医疗行业中，患者的健康数据包括电子病历（结构化数据）、医生的手写笔记（非结构化数据）、医学影像（非结构化数据）、基因测序数据（半结构化数据）。通过整合和分析这些多种形式的数据，医疗机构可以提供更加精准的诊断和个性化的治疗方案。

数据真实性（Veracity）

数据真实性指的是大数据中的数据质量和可信度。在大数据环境下，数据通常来源广泛且种类繁多，难免存在错误、不一致、缺失或噪声数据。这些低质量的数据会对分析结果造成偏差，甚至导致错误的决策。因此，数据的清洗、验证和管理在大数据分析中至关重要。

- 详细解释：数据真实性不仅包括数据的准确性（即数据是否正确），还包括数据的一致性(不同来源的数据是否相互匹配)、完整性(数据是否完整)和及时性(数据是否在需要的时间内可用)。例如,来自社交媒体的数据可能包含大量的虚假信息或噪声数据,这些数据在未经处理的情况下可能会误导分析结果。因此,企业在使用大数据进行分析时,通常需要先进行数据清洗,剔除错误或无关的数据,并对剩余的数据进行格式转换和标准化,以确保分析的准确性和可信度。

- 应用实例:一家金融公司在进行风险管理时,需要分析客户的信用评分、交易历史和社交媒体行为。如果社交媒体数据包含虚假信息,可能会影响公司的风险评估模型,导致错误的信用决策。因此,金融公司必须确保数据的真实性,以准确评估客户的信用风险。

数据价值(Value)

数据价值指的是从大数据中提取有价值的信息和洞察,并将其应用于实际的业务决策和战略规划中。大数据的最终目标是创造商业价值,帮助企业在激烈的市场竞争中占据优势。尽管大数据包含了大量的信息,但其真正的价值只有在经过分析处理后才能显现出来。

- 详细解释:数据本身并没有直接的价值,只有通过分析和挖掘,才能从中发现有意义的模式、趋势和关联,从而指导业务决策。大数据分析技术,如机器学习、数据挖掘、统计分析等,可以帮助企业从海量数据中提取出有用的信息。例如,通过分析消费者的购买行为数据,企业可以识别出最有可能进行复购的客户群体,并制定有针对性的营销策略,从而提高销售额。
- 应用实例:一家互联网公司通过大数据分析用户的行为数据,识别出不同用户群体的兴趣和需求,并基于这些洞察为用户提供个性化推荐服务。这种个性化的推荐不仅提高了用户的满意度和忠诚度,还显著提升了公司的广告收入和销售转化率。

3.1.4 大数据的应用

大数据在现代社会的各个领域中得到了广泛应用,从商业决策到医疗健康、从城市规划到金融风险管理,大数据正在改变我们生活和工作的方式。通过对海量数据的分析和挖掘,组织和企业能够获得深刻的洞察,制定更为科学的决策,并创造新的商业价值。以下将详细介绍大数据在不同领域的应用,并结合具体的案例进行说明。

市场营销

在商业领域,大数据的应用极大地改变了市场营销的方式。企业通过分析消费者的行为数据、购买记录、社交媒体互动等,能够更精准地了解消费者需求和偏好,从而制定个性化的营销策略,提升客户满意度和忠诚度。

案例:亚马逊的个性化推荐系统。亚马逊作为全球最大的电子商务平台之一,通过大数据分析用户的浏览和购买行为，构建了个性化推荐系统。当用户浏览商品时，亚马逊的系统会分析该用户的历史数据，以及其他具有相似行为的用户的购买记录，推荐相关的产品。这种个性化的推荐不仅增加了用户的购买意愿，还显著提高了亚马逊的销售额。数据显示，亚马逊的推荐系统为其贡献了 35% 以上的销售额，这正是大数据在商业领域成功应用的典型案例。

医疗健康

大数据在医疗健康领域的应用，正逐步改变传统的医疗模式。通过对病患数据、基因数据、医学影像等的分析，医疗机构能够更加精准地诊断疾病，并制定个性化的治疗方案。同时，大数据还在公共卫生管理、药物研发、远程医疗等方面发挥了重要作用。

案例：IBM Watson 在癌症治疗中的应用。IBM Watson 是一款基于人工智能和大数据分析的系统，能够快速处理海量的医学文献、临床试验数据和患者病历，帮助医生在癌症治疗中做出更为精准的决策。通过对患者的基因数据、病史、药物反应等数据的分析，Watson 可以为患者推荐最合适的治疗方案。2013 年，Memorial Sloan Kettering Cancer Center 与 IBM 合作，利用 Watson 帮助癌症医生选择个性化治疗方案，显著提高了治疗效果和患者生存率。

金融服务

金融行业是大数据技术应用最为成熟的领域之一。银行和金融机构利用大数据技术进行信用评分、风险管理、欺诈检测、投资决策等，为客户提供更加精准和个性化的金融服务。同时，大数据还帮助金融机构实时监控市场动态，及时应对风险。

案例：Ant Financial 的信用评分系统"芝麻信用"。阿里巴巴旗下的蚂蚁金服推出的"芝麻信用"，是一个基于大数据的信用评分系统。芝麻信用通过分析用户的消费记录、社交行为、还款历史等多维度数据，为用户生成一个信用评分。这个评分被广泛应用于贷款审批、租房、购物等场景中，帮助用户获得更优质的金融服务。芝麻信用通过大数据分析，极大地提高了金融服务的覆盖面，尤其是在传统金融体系中难以获得信用支持的人群中。

智慧城市与城市规划

随着城市化进程的加快，城市管理和规划面临着前所未有的挑战。大数据在智慧城市建设中扮演着关键角色，通过对交通流量、能源消耗、环境监测等数据的实时分析，城市管理者能够更有效地规划和管理城市资源，提升城市的宜居性和可持续发展能力。

案例：巴塞罗那的智慧城市项目。巴塞罗那是欧洲智慧城市的典范之一。该市通过安装在全城的传感器网络，实时收集交通、空气质量、噪音、能源使用等数据。通过分析这些数据，巴塞罗那能够优化交通流量管理，减少拥堵，并提高能源使用效率。例如，巴塞罗那的智能停车系统通过分析车流数据，实时引导驾驶者前往空闲车位，减少了寻找停车位所耗费的时间和燃油消耗。此外，该市还利用大数据进行环境监测，及时预警空气污染状况，从而采取有效的应对措施。

教育与学习分析

大数据在教育领域的应用也日益广泛。通过分析学生的学习行为、成绩数据、课程参与度等，教育机构能够更好地了解学生的学习需求，制定个性化的教育方案，提升教育质量。同时，大数据还可以用于教育资源的优化配置，改善教育公平性。

案例：美国佐治亚州立大学的学习分析系统。美国佐治亚州立大学利用大数据技术开发了一套学习分析系统，通过分析学生的学习记录、出勤率、考试成绩等数据，识别出学业风险较高的学生。这套系统能够在学生出现问题之前，向教育管理者发出预警，帮助教师及时采取干预措施，降低学生的辍学率。自系统上线以来，佐治亚州立大学的学生辍学率显著下降，毕业率则有所提升，这展示了大数据在提升教育质量和学生成功率方面的巨大潜力。

物流与供应链管理

大数据在物流和供应链管理中起到了优化流程、降低成本的重要作用。通过对运输数据、库存数据、市场需求等的分析，企业能够实现对供应链的全面监控和预测，从而提高运营效率和客户满意度。

案例：UPS 的路线优化系统"ORION"。全球物流巨头 UPS 利用大数据技术开发了名为"ORION"的优化路线系统，通过实时分析包裹运输、交通状况、天气等数据，帮助驾驶员规划最优送货路线。ORION 系统每天为超过 5 万名 UPS 驾驶员提供路线建议，减少了不必要的绕行和燃油消耗。据 UPS 估算，该系统每年能够为公司节省数千万美元的燃油成本，并减少碳排放量。通过大数据技术的应用，UPS 不仅提高了配送效率，还对环境保护作出了贡献。

3.2 数据采集方法

数据采集是数据分析的起点，也是数据生命周期中最基础、却至关重要的环节。数据的质量和完整性直接影响到后续分析的准确性和决策的可靠性。因此，选择正确的采集方法，不仅能确保数据的有效性和适用性，还能极大地提升分析工作的效率和结果的精确度。随着信息技术的发展，数据采集方法也在不断演进，从传统的人工采集方式逐步过渡到高度自动化、智能化的数据获取技术。这一过程涉及了从最初的简单手工记录到如今复杂的自动化系统采集，再到依赖于先进算法和机器学习技术的网络爬虫与大数据平台。在商业分析领域，数据采集的重要性不言而喻。无论是市场研究、客户行为分析，还是企业资源规划，数据都是不可或缺的基础资源。商业分析中涉及的数据种类繁多，来源广泛，包括但不限于企业内部的运营数据、客户关系管理系统中的客户数据、外部的市场动态数据、社交媒体上的用户生成内容等。针对不同类型的数据，必须采用相应的数据采集方法，以确保所获得的数据具有高质量、相关性和代表性。

　　传统的手工数据采集方法，如问卷调查、现场访谈，虽然操作简单且易于管理，但效率低下且易受人为因素的影响，数据质量难以保证。随着数据规模的扩大和实时性要求的提高，手工采集逐渐显得力不从心。相对而言，现代的自动化采集技术，如传感器数据采集、API 接口调用、网络爬虫等，不仅能大规模、高效地采集数据，还能最大程度地减少人为干预，提高数据的可靠性和时效性。不同的数据采集方法在实际应用中各有其优缺点，因此在选择具体方法时，必须结合数据源的特点、采集目标以及技术资源等因素进行综合考量。例如，针对小规模、特定需求的数据收集，可能依然需要依赖人工的主动采集方式；而在需要长期、实时监测的场景中，自动化和被动采集方法则更为适用。此外，网络爬虫技术在互联网数据的采集中具有独特的优势，但在使用时必须遵循相关法律法规，确保数据采集的合法性和道德性。

　　总的来说，数据采集方法的选择和实施，是数据分析过程中的关键步骤。一个良好的数据采集体系，不仅能够为企业提供高质量的数据支持，还能为后续的分析和决策奠定坚实的基础。随着大数据技术的不断发展，数据采集方法也将继续演进，为商业分析带来更多的可能性和创新机遇。

3.2.1　主动采集法

　　主动采集法是指通过人工或半人工的方式主动从数据源获取数据的过程。这种方法通常用于需要高精度和高度相关性的数据采集任务，尤其适用于小规模和特定需求的场景。主动采集法虽然在操作上较为直接且可控，但由于需要人工参与，其效率和适用规模在面对大数据场景时可能会受到限制。

　　主动采集法涉及研究人员或数据采集员直接与数据源进行交互，以获取所需的信息。典型的主动采集方法包括问卷调查、现场访谈和实验记录等。这些方法通常需要在数据采集前精心设计数据采集工具，如问卷、访谈提纲或实验方案，以确保所获取的数据能够准确反映研究目标。

　　(1) 问卷调查：是一种广泛应用的主动数据采集方式。研究者设计一份结构化的问卷，通过纸质或电子形式分发给受访者，以收集他们对某一主题的意见或行为数据。问卷可以包含定量和定性问题，既可以收集统计数据，也可以获取详细的个体观点。

　　(2) 现场访谈：则是通过直接与受访者面对面交谈的方式获取数据。现场访谈能够捕捉到受访者的非语言线索，如表情、语气等，提供了比问卷更丰富的背景信息。访谈通常用于需要深入了解受访者观点或行为背后动机的研究。

　　(3) 实验记录：是指在控制条件下进行实验，并对实验结果进行记录和分析。实验记录常用于科学研究中，通过严格控制实验变量，研究者能够更清楚地理解因果关系。这种方法尤其适用于验证理论假设或探索新现象的研究。

　　主动采集法的一个显著优点是其灵活性和针对性。研究者可以根据具体需求定制数据采集工具，确保所获取的数据高度相关且具有较高的解释力。这在研究需要细致分析或当市场动态变化较快时尤为重要。然而，主动采集法也有其局限性。首先，成本较高，因为需要大量人力资源，尤其是涉及大规模问卷调查或访谈时。其次，数据质量可能受到人为因素的影响，如调查者的主观偏见或受访者的不准确回答。此外，主动采集法通常耗时较长，不适合需要实时数据或大规模数据的场景。

☞ **案例分析**

某市场研究公司为了评估一款新产品的市场接受度，决定使用问卷调查的方式收集消费者反馈。该公司首先设计了一份详细的问卷，包含了关于产品使用体验、价格满意度、品牌认知等多个维度的问题。为了保证数据的广泛性和代表性，研究团队通过电话、电子邮件和在线平台等多种渠道主动联系目标客户，邀请他们参与调查。在数据收集完成后，研究人员对问卷数据进行了统计分析。结果显示，绝大多数客户对产品的使用体验持积极态度，但在价格方面有一定的顾虑。根据这些数据，公司决定在下一阶段推出产品的折扣促销活动，以提升市场接受度。通过这次主动数据采集，公司不仅成功获得了客户的直接反馈，还能够据此调整产品策略，以更好地满足市场需求。这一案例充分展示了主动采集法在市场研究中的重要性和有效性，尤其是在推出新产品或进入新市场时，它能够为企业提供关键的决策依据。

在商业分析中，主动采集法适用于以下几种场景：

（1）新市场进入：在进入一个新市场时，企业通常需要了解当地消费者的需求和偏好。通过主动采集法，企业可以收集到高质量的市场数据，为市场进入策略提供依据。

（2）产品开发与测试：在新产品开发阶段，企业可以通过主动采集用户需求和反馈的数据，来指导产品设计和功能优化，确保产品能够满足市场需求。

（3）客户满意度分析：定期通过问卷或访谈形式收集客户满意度数据，可以帮助企业及时发现服务或产品中的问题，并进行改进。

（4）内部流程改进：企业内部流程的改进也可以通过主动采集员工的意见和建议数据来进行。通过收集和分析这些数据，管理层能够识别瓶颈和问题，采取相应的改进措施。

总的来说，主动采集法虽然在大规模、实时数据需求的场景中存在一定局限性，但在需要高相关性、定制化数据的研究或分析中，仍然是不可或缺的工具。掌握并灵活运用主动采集法，能够为企业在动态市场环境中提供重要的竞争优势。

3.2.2 被动采集法

被动采集法是一种通过技术手段自动获取数据的方式，无需人为干预。这种方法尤其适用于需要持续、长时间、大规模监测的场景，例如环境监测、设备状态跟踪和用户行为分析等。被动采集法的出现和发展，得益于现代传感器技术、物联网（IoT）以及大数据技术的普及与进步，使得实时数据采集和处理成为可能。

被动采集法通常依赖于传感器、监控系统、日志文件和 GPS 定位等技术手段，这些设备可以全天候运行，并持续记录目标对象的状态或行为。以下是几种常见的被动采集方式：

（1）传感器数据采集：传感器可以部署在各种环境中，用于检测和记录物理或化学参数，如温度、湿度、光照、压力等。例如，在农业中，土壤传感器能够实时监测土壤湿度，帮助农民优化灌溉策略，从而节约水资源并提高作物产量。

（2）监控系统：视频监控系统和网络监控系统在安防、交通管理和企业运营中得到了广泛应用。这些系统可以不间断地记录现场情况，提供实时的监控数据，并通过图像处理和行为分析技术，实现自动化的异常检测和报警。

（3）日志文件记录：在信息系统中，日志文件是一种重要的数据源，能够记录系统运行中的各种事件，如用户登录信息、系统错误、数据访问情况等。日志数据的分析可以帮助企业识别潜在的安全威胁，优化系统性能，或进行用户行为分析。

（4）GPS 定位数据收集：GPS 设备和移动设备的普及，使得位置数据的采集变得非常容易。通过 GPS 定位，企业可以实时跟踪物流车辆的位置，优化运输路线，降低运输成本；同时，结合位置数据的客户行为分析，也可以帮助零售企业更好地理解客户行为模式，优化商店布局和产品摆放策略。

被动采集法具有诸多显著优点，使其在现代数据驱动的商业环境中占据了重要地位：

（1）高效性：被动采集法能够自动化地、连续地采集大量数据，这使得企业可以在不增加人工成本的情况下，获取丰富的实时数据，从而更及时地做出决策。

（2）可靠性：由于数据采集过程不受人为因素的影响，数据的准确性和一致性得到了保障。例如，温度传感器可以在全程无人值守的情况下精确记录温度变化，这在实验室环境监测和设备故障预测中尤为重要。

（3）实时性：被动采集法能够在数据产生的瞬间进行记录和处理，从而为企业提供实时的洞察。例如，在金融领域，股票交易系统通过被动采集市场数据，实现毫秒级的交易响应，以抓住市场机会。

☞ **案例分析**

以一家大型汽车制造厂为例，该厂在其生产线的关键设备上安装了数百个传感器，用于实时监测设备的运行状态。这些传感器能够持续记录设备的温度、压力、振动频率以及能耗等参数。通过将这些数据实时传输到中央控制系统，企业能够进行以下操作：

（1）设备状态监控：实时监控设备运行状态，识别潜在故障或异常情况。例如，当振动传感器检测到异常的振动频率时，系统可以自动生成报警，提醒维护人员进行设备检查，防止因设备故障导致的停工损失。

（2）预测性维护：通过分析设备运行数据，系统能够预测设备可能出现的故障，并提前安排维护。这种方法不仅减少了设备的意外停机时间，还延长了设备的使用寿命，降低了维护成本。

（3）生产效率优化：中央系统通过整合各个传感器的数据，可以对整个生产过程进行全面的分析和优化。例如，根据传感器提供的数据调整生产线速度和流程，确保各工序的协调一致，从而最大化生产效率。

被动采集法在该智能制造厂的成功应用，不仅提高了生产效率，还极大地降低了运营成本。通过这种自动化的数据采集和处理方式，企业能够更加精准地管理其生产资源，实现全方位的运营优化。

应用与挑战

尽管被动采集法有着显著的优点，但在实际应用中也面临一些挑战。例如，如何确保数据的准确性、如何处理海量数据的存储和分析，以及如何保护敏感数据的隐私等问题，都是企业在实施被动采集法时需要考虑的重要因素。

(1) 数据准确性：传感器和监控设备可能会因硬件故障或环境干扰导致数据失真，因此定期校准和维护这些设备至关重要。

(2) 数据存储与分析：随着数据量的增加，企业需要具备强大的数据存储和处理能力，以应对海量数据的管理和分析需求。

(3) 隐私与安全：在采集个人行为或位置信息时，必须严格遵守相关的隐私保护法律法规，确保数据的使用不侵犯个人隐私。

综上所述，被动采集法以其高效、可靠和实时的特点，在商业分析中得到了广泛应用。随着传感器技术和大数据分析能力的不断进步，被动采集法将在未来的智能商业环境中发挥更加重要的作用。

3.2.3 网络爬虫

网络爬虫(Web Crawler)，也称为蜘蛛(Spider)或机器人(Bot)，是一种通过自动化程序系统地浏览互联网并提取网页内容的工具。网络爬虫的出现极大地改变了我们从互联网上获取信息的方式，使得在广阔的网络世界中，海量数据的采集变得可行且高效。

网络爬虫是一种自动化的脚本或程序，设计用来按照预定的规则在互联网上浏览和下载网页内容。它的主要任务是从指定的种子 URL 开始，依次访问并抓取其他链接页面，从而形成一个巨大的信息网络。网络爬虫的应用范围非常广泛，包括但不限于搜索引擎的索引构建、数据挖掘、市场研究、网络监测、内容聚合等。通过网络爬虫，用户可以系统地收集特定领域的网页数据，为分析、研究和商业决策提供坚实的数据基础。网络爬虫通常运行在后台，自动执行数据抓取任务，这种自动化特性使其在需要处理大量数据的场景中尤为有效。然而，网络爬虫的使用也存在一定的挑战和法律约束。例如，过于频繁的抓取请求可能会对目标网站服务器造成负担，甚至被视为恶意行为。此外，网站通常会通过 robots.txt 文件来设置爬虫访问的权限和限制，爬虫程序必须遵循这些规则，以避免违反法律或道德规范。

网络爬虫的分类

网络爬虫根据其设计目的和爬取范围的不同，分为多个类型，每种类型的爬虫在不同的应用场景中发挥着重要作用。以下是几种主要的网络爬虫类型：

(1)通用爬虫(General Crawler)。

定义：通用爬虫是最广泛应用的一类爬虫，通常由搜索引擎使用，目的是遍历整个互联网，抓取尽可能多的网页。它们通过遍历网页之间的链接，形成庞大的网页索引数据库，为用户提供全面的搜索结果。

特点：通用爬虫的特点是爬取范围广、覆盖面大，但它们对数据的选择性较低，通常抓取所有可以访问的网页。

(2)聚焦爬虫(Focused Crawler)。

定义：聚焦爬虫也称为主题爬虫，它们只针对特定领域或主题进行数据抓取。与通用爬虫不同，聚焦爬虫通过关键词或主题识别技术，过滤不相关内容，只抓取与特定主题相关的网页。

特点：聚焦爬虫效率高、资源消耗低，特别适合用于需要特定领域数据的应用场景，如学术研究、行业分析等。

(3)增量爬虫(Incremental Crawler)。

定义：增量爬虫是指在初次抓取网页后，定期访问已抓取过的网页，仅更新自上次抓取以来发生变化的内容。它们可以有效减少重复抓取，优化爬虫的资源使用效率。

特点：增量爬虫适合用于需要定期更新数据的场景，如新闻网站的内容更新、定期的市场监测等。

(4)深度爬虫(Deep Web Crawler)。

定义：深度爬虫专门用于抓取普通搜索引擎难以访问的"深网"内容，包括动态生成的网页、数据库中的数据等。它们通常需要模拟用户操作，如表单提交、登录验证等，以获取深层次的数据。

特点：深度爬虫能够访问更隐蔽和有价值的数据，但其开发和维护难度较高，且需要特别关注隐私和安全问题。

网络爬虫的工作流程

网络爬虫的工作流程通常包括多个步骤，从初始的 URL 获取到数据的最终存储，每一步都至关重要。理解这一流程可以帮助我们更好地设计和优化爬虫程序。

(1)种子 URL 的选择：网络爬虫从一组初始的网页链接(即种子 URL)开始工作。这些链接通常是手动选择的目标网站主页或目录页面。种子 URL 的选择决定了爬虫的初始抓取范围，影响到最终数据的全面性和相关性。

(2)网页抓取(Fetching)：爬虫程序通过发送 HTTP 请求访问种子 URL，并获取网页的 HTML 内容。网页抓取是整个爬虫流程的核心步骤，决定了爬虫能够获取的原始数据的质量和数量。

(3)链接解析与提取：获取网页内容后，爬虫程序会解析 HTML 代码，提取其中的超链接(即<a>标签中的 href 属性)。这些链接会被加入待抓取 URL 列表中，确保爬虫能够在后续步骤中继续扩展抓取范围。

(4)内容解析与数据提取：爬虫根据预先定义的规则，从抓取到的网页内容中提取有用的信息。这些规则通常由开发者手动编写，并使用正则表达式、XPath 或 CSS 选择器等技术来识别和提取特定数据，例如文本、图片、链接等。

(5)数据存储：提取的数据需要被妥善存储，以供后续分析和使用。根据应用需求，数据可以被存储在结构化的数据库中，或以文本文件、JSON 等格式保存。数据存储的选择直接影响到后续数据处理的效率和便捷性。

(6)重复检测与过滤：为避免爬虫陷入死循环或反复抓取相同的内容，爬虫程序通常会使用哈希算法或其他重复检测机制来识别和过滤已抓取过的 URL 和内容。这一步骤有助于提高爬虫的效率和数据的独特性。

正则表达式

正则表达式(Regular Expression，Regex)是一种用来描述文本模式的强大工具，在网络爬虫的数据提取过程中得到了广泛应用。通过正则表达式，爬虫可以高效、准确地从网页内容中提取出符合特定格式的数据。

正则表达式的基本概念：正则表达式是一种文本模式的表示方法，用于匹配字符串中的特定字符序列。它由普通字符(如字母、数字)和特殊字符(如 * ，+，?，.)组成，能够灵活定义复杂的匹配规则。例如，正则表达式[0-9]{3}-[0-9]{2}-[0-9]{4}可以匹配一个格式为"XXX-XX-XXXX"的社会安全号码(SSN)。

常用的正则表达式符号：
- ➤ .(点号)：匹配任意单个字符，除换行符外。
- ➤ *(星号)：匹配前一个字符 0 次或多次。
- ➤ +(加号)：匹配前一个字符 1 次或多次。
- ➤ ?(问号)：匹配前一个字符 0 次或 1 次。
- ➤ [](方括号)：定义字符集，匹配方括号内的任意一个字符。
- ➤ ^(脱字符)：匹配字符串的开头。
- ➤ $(美元符号)：匹配字符串的结尾。

正则表达式在爬虫中的应用

在网络爬虫的内容解析过程中，正则表达式可以用于匹配和提取特定的文本数据。

实战案例 1：提取电话号码：某公司需要从一批网页中提取所有格式为"(XXX)XXX-XXXX"的电话号码，正则表达式\(\d{3}\)\d{3}-\d{4}即可实现高效提取。

实战案例 2：抓取商品价格：在电商网站的爬虫中，正则表达式\$[0-9,]+(\.[0-9]{2})?可以用于提取页面上的商品价格。

通过掌握正则表达式的使用，爬虫开发者能够更高效地从复杂的网页结构中提取所需信息，使得数据采集更加精准和高效。

3.3　数据采集工具

在当今数据驱动的商业环境中，数据已成为企业获取竞争优势的核心资源。然而，数据的价值不仅仅在于它的存在，而在于如何有效地收集、处理和利用它来支持业务决策。数据采集工具因此成为现代企业不可或缺的技术手段。这些工具不仅能够从各种渠道(如物联网设备、社交媒体、移动应用等)高效地获取数据，还能自动化地进行数据清洗、格式化和初步分析，从而极大地提高了数据处理的效率和准确性。通过使用这些工具，企业可以实时了解市场动态、深入洞察客户需求、优化业务流程，并及时应对市场变化和风险挑战。数据采集工具的广泛应用，推动了企业从数据中挖掘出更深层次的商业价值，进一步增强了企业的市场竞争力。

3.3.1　自主数据采集工具

自主数据采集工具是指由组织或个人自行开发或部署，用于特定数据收集任务的软件或平台。这些工具通常根据用户的特定需求和目标量身定制，具有高度的灵活性和控制性。随着大数据时代的到来，企业和研究机构越来越依赖自主数据采集工具来获取竞争优势，支持业务决策，并驱动创新。

自主数据采集工具之所以受到广泛应用，主要在于其所具备以下多个独特优势：

(1)定制化程度高：自主开发的数据采集工具可以根据特定的业务需求进行高度定制。这意味着工具可以针对目标数据源的结构、格式和内容进行优化，确保采集到的数据最符合业务分析需求。例如，一家电子商务公司可以开发专门针对竞争对手网站的价格监测工具，实时收集价格信息，以调整自己的定价策略。

(2)数据质量可控：自主数据采集工具允许用户对数据质量进行全面控制。通过设定特定的规则和过滤条件，可以确保只采集符合标准的数据，从而减少噪声和无关信息。对于金融行业的风险管理系统而言，自主采集工具可以精确地抓取与信用风险评估相关的财务数据，剔除不相关的市场信息。

(3)灵活性和扩展性：自主开发的数据采集工具通常具有较高的灵活性，可以根据业务需求的变化进行快速调整和扩展。这使得企业能够在市场环境快速变化时，及时更新数据采集策略，保持竞争力。例如，在快速发展的科技行业中，公司可以根据新技术的出现，及时更新数据采集工具的算法，以捕捉最新的行业趋势。

(4)数据安全性：在使用第三方工具时，数据安全性往往是一个关键问题。自主开发的数据采集工具能够保证数据的所有权和隐私性，避免敏感数据在采集和传输过程中泄露。尤其是在医疗行业，机构可以使用自主工具确保患者数据的采集和存储过程完全符合隐私保护法规，如《健康保险可携性和责任法案》(HIPAA)。

(5)降低长期成本：虽然自主开发数据采集工具的初始投入较高，但从长期来看，它可以显著降低持续使用第三方工具的成本。企业可以根据自身需求对工具进行升级和维护，避免了第三方供应商的订阅费用和限制性条款。对于资源有限的初创公司来说，自主工具的开发和维护可能是一种更具成本效益的选择,能够随着企业的成长逐步扩展和优化。

根据不同的应用场景和技术需求,自主数据采集工具可以分为以下几种主要类型:

(1)网页抓取工具:这些工具通过模拟用户的浏览行为,自动抓取网页上的数据。它们可以处理不同格式的网页内容,如 HTML、JSON、XML 等,提取所需的信息。例如,一家市场研究公司可能开发一个专门的工具来监测社交媒体平台上的用户评论,分析消费者的情感倾向和产品反馈。

(2)传感器数据采集工具:传感器数据采集工具主要用于物联网(IoT)领域,能够实时收集设备或环境中的物理参数,如温度、湿度、压力等。这类工具通常与硬件设备紧密集成,形成自动化的数据采集系统。在农业中,农场主可以使用自主开发的传感器网络工具来监控农作物的生长环境,从而优化水分和肥料的使用。

(3)日志数据采集工具:这类工具用于收集和分析计算机系统或应用程序产生的日志文件。通过监控系统日志,企业可以及时发现和解决潜在问题,如性能瓶颈或安全威胁。例如,网络安全公司可能会开发一套工具来实时分析服务器的访问日志,检测和阻止潜在的黑客攻击。

(4)移动应用数据采集工具:随着移动互联网的普及,移动应用的数据采集工具也越来越重要。这类工具能够实时收集来自用户移动设备的数据,如地理位置、使用习惯等,为企业的营销和服务决策提供支持。一家零售公司可能会开发一个移动应用,收集用户的购物行为数据,以优化其在线和线下的购物体验。

(5)大数据平台的数据采集工具:这些工具专门用于从大规模数据源中提取数据,并将其存储到企业的数据湖或数据仓库中。它们通常支持分布式计算和大数据处理框架,如 Hadoop、Spark 等。在电信行业,运营商可以使用自主开发的工具来收集和处理用户的通话记录和网络使用数据,进而提供个性化的服务建议。

自主数据采集工具的开发与实施开发和实施自主数据采集工具是一项复杂的任务,需要结合多种技术和业务知识。以下是开发和实施过程中需要考虑的几个关键因素:

(1)需求分析:开发自主数据采集工具的第一步是明确数据采集的具体需求。这包括确定要采集的数据类型、数据源、采集频率以及数据处理的方式。需求分析阶段的工作将直接影响工具的设计和功能实现。

(2)技术选择:在需求确定后,需要选择合适的技术栈来实现数据采集工具。这可能包括编程语言、数据库、数据处理框架等的选择。例如,Python 因其丰富的库支持和易用性,常被用于开发网页抓取工具。

(3)系统架构设计:根据工具的规模和复杂性,设计合理的系统架构非常重要。架构设计应考虑数据采集的效率、扩展性以及可靠性,确保系统能够处理大规模的数据采集任务并稳定运行。

(4)开发与测试:在开发过程中,应采用敏捷开发方法,分阶段实现工具的各个功能模块。同时，进行充分的单元测试和集成测试，确保工具在不同环境下的稳定性和功能完整性。

（5）部署与维护：工具开发完成后，需要将其部署到合适的运行环境中，并进行持续的维护和优化。随着业务需求的变化，可能需要对工具进行功能升级或调整，以保持其有效性和竞争力。

3.3.2　商业数据采集工具

商业数据采集工具是现代企业在数字化转型中不可或缺的利器。这些工具通常由专业公司开发，旨在帮助企业高效、精准地获取市场、客户、供应链等各类商业数据。通过这些工具，企业能够及时掌握市场动态、洞察客户需求、优化供应链流程，从而在竞争激烈的商业环境中占据优势。

商业数据采集工具之所以能够在企业中广泛应用，主要得益于其以下几个特点：

（1）专业性和成熟度：商业数据采集工具通常由拥有丰富行业经验的技术公司开发，经过长期的市场验证和技术积累，具备较高的成熟度和稳定性。这些工具往往涵盖了特定行业的数据需求，如零售、金融、制造等，能够满足企业的专业化需求。例如，金融行业的数据采集工具通常具备实时监控股市行情、新闻数据、财经报告等功能，为投资决策提供全面的数据支持。

（2）广泛的适用性：商业数据采集工具具备高度的通用性，能够适用于各种规模的企业和不同类型的数据需求。无论是小型初创企业还是大型跨国公司，都可以通过这些工具获取所需的市场和客户数据。例如，CRM（客户关系管理）系统通常配备了数据采集功能，能够自动收集客户的行为数据、反馈信息，帮助企业优化客户服务流程。

（3）数据集成与分析能力：现代商业数据采集工具不仅仅负责数据的采集，还具备强大的数据集成和分析能力。通过与大数据平台、AI 算法的结合，这些工具能够对采集到的数据进行实时处理和分析，生成有价值的商业洞察。在电子商务领域，数据采集工具可以整合来自多个渠道的销售数据、用户行为数据，并通过分析模型预测市场趋势和用户需求，帮助企业制定精准的营销策略。

（4）合规性与数据保护：商业数据采集工具通常内置了合规性和数据保护功能，以确保数据采集过程符合法律法规，并保护企业和用户的数据隐私。这对于运营跨国业务的企业尤为重要，特别是在遵守 GDPR（通用数据保护条例）等国际数据法规方面。例如，许多商业数据采集工具在采集用户数据时，都会提示用户同意数据使用条款，并提供数据加密和匿名化处理功能，确保数据安全。

根据不同的功能和应用场景，商业数据采集工具又可以分为以下几种主要类型：

（1）市场调研工具：市场调研工具用于收集市场动态、竞争对手行为、消费者需求等信息，帮助企业了解市场环境并制定相应的市场策略。这些工具通常配备了数据抓取、问卷调查、社交媒体分析等功能。例如，SurveyMonkey 等在线调研工具能够帮助企业快速设计和发布市场调研问卷，并自动收集和分析受访者的反馈数据。

（2）社交媒体数据采集工具：随着社交媒体在商业中的重要性日益增加，社交媒体数据采集工具成为企业了解客户声音、监测品牌声誉的关键工具。这类工具能够实时抓取并分析社交媒体平台上的帖子、评论、点赞等数据，生成用户情感分析、舆情报告等。Hootsuite 等工具能够帮助企业集中管理多个社交媒体账号，自动抓取和分析社交平台上的用户互动数据，助力品牌的在线声誉管理。

（3）销售与客户数据采集工具：销售与客户数据采集工具主要用于收集和分析销售数据、客户行为数据、客户反馈等，以优化销售流程和提升客户体验。这些工具通常与 CRM 系统紧密集成，提供从销售线索到售后服务的全流程数据支持。Salesforce 等 CRM 平台具备强大的数据采集和分析功能，能够实时跟踪客户的购买行为、售后反馈，帮助销售团队制定个性化的客户维护策略。

（4）供应链数据采集工具：供应链数据采集工具用于监控供应链各环节的数据流动，包括库存管理、物流跟踪、供应商绩效等。这类工具可以帮助企业提高供应链的透明度和响应速度，从而降低成本、提高运营效率。例如，SAP 的供应链管理解决方案能够实时采集并分析供应链各节点的数据，优化库存管理和订单履行，确保供应链的高效运作。

（5）财务与风险管理数据采集工具：财务与风险管理数据采集工具主要用于收集和分析企业的财务数据、市场风险数据、信用数据等，以支持财务决策和风险控制。这类工具通常具备自动化数据输入、财务报表生成、风险评估等功能。例如，Bloomberg Terminal 可以实时收集全球金融市场数据，并为用户提供强大的分析和风险管理工具，帮助企业和金融机构做出明智的投资和管理决策。

商业数据采集工具在企业中的应用日益广泛，包括市场趋势分析，企业可以使用市场调研工具和社交媒体数据采集工具来监测行业趋势、分析消费者偏好，并及时调整产品和服务策略；精准营销：通过采集和分析客户数据，企业可以实现精准营销，根据客户行为和需求定制个性化的营销方案，提升转化率；供应链优化：供应链数据采集工具帮助企业实时掌握供应链动态，优化库存管理、降低物流成本，确保供应链的高效和稳定；财务决策支持：财务与风险管理数据采集工具能够实时监控企业的财务状况，并评估市场和信用风险，支持财务管理和战略决策。

商业数据采集工具同时也面临着一些挑战。包括数据隐私与安全，随着数据隐私问题日益受到关注，企业在使用数据采集工具时需要确保合规性，防止数据泄露和滥用。如何在数据采集过程中保护客户隐私，遵守相关法律法规，是企业面临的一个重要挑战；数据质量管理：采集到的数据可能存在不完整、不准确等问题，这对数据分析的有效性构成了威胁。企业需要制定严格的数据质量管理流程，确保数据的可靠性和准确性；技术集成与成本：商业数据采集工具的选择和实施需要考虑与现有系统的集成问题，以及长期的维护和升级成本。如何在技术实施和成本控制之间找到平衡，是企业在部署数据采集工具时需要面对的挑战。

3.3.3 云端数据采集工具

云端数据采集工具是随着云计算技术的兴起而发展的一类工具，旨在通过云平台高效、灵活地收集、存储和处理数据。它们利用云计算的强大能力，不仅能处理海量数据，还能实现实时的数据分析和共享，使得企业能够更快速地响应市场变化，提升决策的准确性和效率。云端数据采集工具相比传统的数据采集方法，具有许多独特的优势：

(1)高效性与弹性：云端数据采集工具利用云计算平台的资源，能够高效处理大规模的数据采集任务。它们可以根据实际需求动态调整计算资源的使用，实现高效的数据处理和存储。例如，电商企业在促销期间可以迅速扩展云端数据采集工具的计算能力，以应对突增的用户访问和数据流量，从而避免系统崩溃和数据丢失。

(2)实时性与全球覆盖：云端数据采集工具通常支持全球范围内的数据采集和处理，企业可以实时获取全球各地的市场信息和用户数据。这对于跨国公司和需要快速响应的业务来说，具有极大的优势。举例来说，一家跨国零售公司可以通过云端数据采集工具实时监控全球各分店的销售数据和库存情况，从而及时做出供应链调整和市场策略优化。

(3)成本效益与可扩展性：云端数据采集工具的按需付费模式使企业可以灵活管理成本，无需为闲置的计算资源支付额外费用。此外，云平台的可扩展性使得企业能够随着业务的增长，逐步扩大数据采集能力，而无需进行大量的基础设施投资。对于初创企业来说，使用云端数据采集工具不仅降低了初期成本，还提供了可持续的扩展路径，支持业务的快速增长。

(4)数据整合与协作能力：云端数据采集工具通常具有强大的数据整合能力，能够将来自不同来源的数据汇集到一个统一的平台进行处理和分析。此外，云平台上的数据共享和协作功能，使得不同部门和团队可以在同一数据集上协同工作，提升企业的整体工作效率。例如，企业的市场部和销售部可以同时访问云平台上的数据采集工具，协作分析市场趋势和客户行为，制定更加一致的营销策略。

(5)安全性与合规性：尽管数据的存储和处理是在云端进行的，但云端数据采集工具通常具备高水平的安全措施，如数据加密、多因素身份验证等，确保数据的安全性。此外，许多云服务提供商都支持合规性要求，帮助企业遵守包括 GDPR 在内的各类数据保护法规。在医疗行业，使用云端数据采集工具不仅能够确保敏感患者数据的安全，还能帮助医疗机构满足各国的隐私保护要求。

云端数据采集工具根据功能和应用场景的不同，可以分为以下几类：

(1)物联网(IoT)数据采集工具：这些工具专门用于从各种物联网设备收集数据，包括传感器、智能家电、工业设备等。通过云端平台，这些工具能够实时采集和处理大量的物理世界数据，支持智能家居、智慧城市、工业 4.0 等应用。例如，某制造企业使用云端 IoT 数据采集工具监控其生产线上的传感器数据，实时分析设备的运行状况，提前预防故障发生。

(2)社交媒体数据采集工具：这些工具用于从社交媒体平台上抓取用户生成的内容，如帖子、评论、图片、视频等，并在云端进行情感分析、趋势预测等处理。这类工具帮助企业实时掌握用户舆情，及时调整市场策略。一家快消品公司可以使用云端社交媒体数据采集工具来监控新产品在各大社交平台上的反馈，分析用户的喜好和建议，以便优化产品设计和营销策略。

(3)移动应用数据采集工具：随着移动互联网的发展，云端数据采集工具越来越多地用于收集和分析来自移动应用的数据，包括用户行为、位置数据、使用习惯等。这些数据在云端平台上进行存储和处理，为企业提供深度的用户洞察。一家在线游戏公司可以通过云端移动应用数据采集工具跟踪全球玩家的游戏行为，分析玩家的偏好和游戏时间，优化游戏设计和推广策略。

(4)多渠道客户数据采集工具：这些工具通过云端平台从多个客户接触点(如网站、社交媒体、客服中心、线下门店等)收集客户数据，统一进行存储和分析，帮助企业构建完整的客户画像，提升客户体验。例如，银行业可以使用多渠道客户数据采集工具，通过整合线上银行、手机 App、ATM 机等数据来源，分析客户的金融行为，提供个性化的理财建议和服务。

(5)大数据处理与分析工具：这类工具集成了大数据处理框架，如 Hadoop、Spark 等，能够在云端平台上采集、存储和处理大规模的结构化和非结构化数据，支持复杂的数据分析和机器学习模型的训练。电信运营商可以利用这些工具来处理每天产生的大量通话记录和网络使用数据，分析用户行为，优化网络资源分配，并推出个性化的套餐服务。

云端数据采集工具的实施与挑战尽管云端数据采集工具为企业带来了许多便利，但在实施过程中，企业仍需面对一些挑战。例如企业在迁移到云端数据采集工具时，往往需要将已有的数据和系统进行迁移和集成。这一过程可能会涉及复杂的技术和业务调整，尤其是对于大型企业和涉及多个系统的数据集成项目。再比如虽然云端工具通常支持实时数据采集，但在实际应用中，网络延迟和数据传输瓶颈可能会影响实时性。企业需要根据实际需求优化数据采集流程，确保数据的及时性和有效性。

尽管云端数据采集工具提供了高水平的安全保障，但企业仍需根据自身业务特点制定更加严密的数据安全策略，防范潜在的安全威胁，尤其是在处理敏感数据时。云端环境中的数据量和种类繁多，如何确保采集数据的质量和一致性，并建立有效的数据治理框架，是企业面临的一个重要挑战。企业需要制定明确的数据质量标准和治理策略，以提升数据的价值。云端数据采集工具涉及的技术栈通常较为复杂，企业在选择和实施这些工具时，需要具备较高的技术能力和经验。企业可能需要投入更多的资源进行技术培训和团队建设，以确保工具的有效使用。成本控制与管理：虽然云端工具的按需付费模式具有一定的成本优势，但对于长期大规模使用的企业而言，云服务的费用可能随着数据量的增长而显著增加。企业需要合理规划和管理云资源，控制成本。

第 4 章　数据存储与管理

随着数据量的爆炸性增长，企业面临着如何有效地存储、管理和利用这些海量数据的重大挑战。数据不仅仅是企业的一项资源，它更是驱动决策、创新和业务增长的核心资产。为了在竞争激烈的市场中保持优势，企业必须采用先进的数据存储与管理技术，确保数据的安全性、可用性和高效性。本章将深入探讨这一主题，从多个角度阐述了企业如何通过现代技术手段来优化数据管理流程。这些技术手段不仅能够应对当前数据激增的压力，还为未来的业务扩展和数据分析提供了坚实的基础，从而助力企业在数字化转型中脱颖而出。

首先我们需要了解数据库和数据仓库的基本概念、结构和功能差异。数据库主要用于日常事务处理，提供高效的实时数据存取功能；而数据仓库则侧重于支持分析和决策，整合了历史数据，以支持企业的长期战略规划。同时对于数据仓库的构建原理和核心技术也要有基本的了解。特别是数据仓库的架构、数据抽取、转换与加载（ETL）过程，以及数据仓库如何通过维度建模支持多维分析。这一部分将帮助我们理解数据仓库在实际整合企业数据资源、支持商业智能工具和数据挖掘中的重要性。如何通过分布式系统实现大规模数据存储的扩展性与可靠性也是数据存储中的重要一环。分布式存储技术能够打破传统单点存储的限制，通过数据分片和复制技术实现数据的高可用性与一致性，为云计算、大数据处理提供了强有力的支持。最后，我们将重点理解数据清洗、数据转换、数据规约等数据预处理技术。这些技术将有效帮助企业从原始数据中提取有价值的信息，确保数据分析和建模的准确性与效率。

通过本章的学习，读者将全面了解数据存储与管理的核心概念和实际应用，掌握构建高效数据管理系统的基本方法与技术，为应对未来复杂的数据挑战奠定坚实基础。

4.1　数据库与数据仓库概述

在现代企业信息化进程中，数据的存储和管理已成为企业运营与决策的核心环节。数据库与数据仓库作为两种关键的数据管理系统，虽然都承担着存储和处理数据的职责，但它们的设计理念、架构和应用场景却大不相同。本节将深入探讨数据库与数据仓库的概念、功能、区别，并为理解它们在企业中的作用提供坚实的理论基础。

4.1.1　数据库的定义

数据库是以特定的数据模型为基础，对数据进行组织、存储和管理的系统。它的核心目标是高效地支持数据的存储、查询、更新和删除操作。数据库的类型丰富多样，涵盖了关系型数据库和非关系型数据库(NoSQL 数据库)，它们各自适应不同的数据结构和应用需求。

关系型数据库(RDBMS)：这是最常见的数据库类型，以表格形式组织数据，支持复杂的查询操作。SQL(结构化查询语言)是其主要的操作语言。关系型数据库擅长处理具有明确结构的数据，例如客户信息、订单记录等。它通过使用表与表之间的关系，确保数据的一致性和完整性。例如，银行系统使用关系型数据库来管理账户信息、交易记录，并确保每次交易的准确性和可靠性。

NoSQL 数据库：随着互联网应用的快速发展和大数据的崛起，传统关系型数据库在处理非结构化数据、海量数据和高并发访问时显得力不从心。NoSQL 数据库应运而生，提供了更为灵活的数据存储方式。NoSQL 数据库包括文档数据库(如 MongoDB)、键值数据库(如 Redis)、列族数据库(如 Cassandra)和图数据库(如 Neo4j)。这些数据库不依赖表格结构，可以处理多样化的数据格式，适用于社交媒体、物联网等数据量大、类型多样的应用场景。

数据库在企业中的应用非常广泛，从日常运营管理到实时数据处理，它们无处不在。例如，电子商务平台利用数据库管理商品库存、客户订单及支付信息；制造企业使用数据库跟踪生产线上的每一个环节，确保产品的质量和交付时间。

4.1.2 数据仓库的概念

数据仓库则是一种面向分析的存储系统，旨在为企业的战略决策提供支持。与数据库不同，数据仓库专注于整合、存储并分析来自多个数据源的历史数据。它不仅存储结构化数据，还能处理和整合多种不同格式的数据，适用于长时间跨度的大规模数据分析。

在理解数据仓库的概念时，主题性、集成性、不可变性和时变性这四个特征尤为重要。这些特征不仅定义了数据仓库的核心功能，还反映了它与传统数据库的本质区别。下面将详细解释每个特征及其在实际应用中的意义。

(1)主题性：与传统数据库不同，数据仓库的数据组织围绕着特定的业务主题，而不是企业的日常操作流程。这些主题通常与企业的关键业务领域紧密相关，如销售、财务、客户关系管理、供应链等。

主题性解释：在数据仓库中，数据按照特定主题进行整合和存储，而不是像在操作型数据库中那样，依据企业的日常交易和流程。每个主题都涵盖了企业在该领域内所需的所有数据，为战略决策提供支持。例如，销售主题可能包括销售额、客户信息、产品信息、时间维度等多个数据点，所有这些数据都整合在一起，便于进行统一的分析和报告。

实际应用：在一个大型零售企业中，数据仓库可能包含不同的主题数据集，如"客户行为""产品销售""库存管理"等。通过将这些主题数据集中管理，企业可以从不同的角度分析业务表现。例如，营销部门可以分析"客户行为"主题，了解不同客户群体的购买习惯，从而优化营销策略。而高层管理人员则可以通过"产品销售"主题，分析哪类产品在不同地区的销售情况，以调整产品策略。

（2）集成性：集成性强调将来自不同数据源的数据整合为统一的数据集。这种集成性确保了数据在不同来源之间的一致性和可比性，是实现全局性数据分析的基础。

集成性解释：数据仓库从企业内部和外部的多种来源收集数据，这些数据可能采用不同的格式、结构，甚至使用不同的命名标准。通过集成性，数据仓库对这些异构数据进行清洗、转换和标准化处理，确保它们能够在同一环境下进行整合和分析。例如，企业的销售数据可能来自 ERP 系统，客户数据可能来自 CRM 系统，市场数据可能来自第三方的数据供应商。数据仓库通过集成这些数据，消除冗余、解决命名冲突，使其在分析时具有一致性。

实际应用：在金融行业中，银行可能拥有来自多个系统的数据，如客户账户信息、交易记录、信用评分等。这些数据来源各异、格式不同，甚至可能存在数据冲突。通过数据仓库的集成性处理，所有数据都可以被转换为一致的格式，解决字段命名冲突、消除数据冗余，从而为复杂的客户分析、风险评估和监管报告提供一致可靠的数据基础。

（3）不可变性：数据仓库的数据一旦被加载，通常不会进行修改或删除，这就是不可变性的定义。这个特征保证了数据的历史准确性，使企业可以回顾和分析过去的业务行为而不受数据变更的影响。

不可变性解释：在操作型数据库中，数据可能频繁地被插入、更新和删除，反映企业的实时运营状态。而在数据仓库中，数据一旦加载，通常是不可变的。数据仓库的设计目的是保持数据的历史记录，便于长期趋势分析和历史数据查询。例如，数据仓库中的销售数据可能会按月、按季度进行加载，并且这些历史数据不会因为后续的操作而发生改变。这确保了企业能够基于真实的历史数据进行分析和预测。

实际应用：在医疗行业，医院使用数据仓库来保存病人的历史病历、治疗记录和检查结果。这些数据一旦存储，就不应被修改，以保证未来的医疗研究和分析的准确性。例如，医生可以通过查询病人过去的病史记录，来制定更精准的治疗方案，而这些记录的不可变性确保了诊疗信息的完整性和可靠性

（4）时变性：时变性反映了数据随时间推移的变化。在数据仓库中，数据不仅记录了当下的状态，还保留了历史上的各个时间点的数据快照，这对于分析时间序列数据和趋势预测至关重要。

时变性解释：在数据仓库中，数据通常附带时间戳或时间维度，记录了数据在某一特定时间点的状态。时变性使得数据仓库能够存储和管理随时间变化的数据，并允许用户在不同的时间点进行数据分析。例如，数据仓库可以记录某产品在不同年份的销售情况、市场占有率的变化，或是客户行为随时间的演变。

实际应用：在零售行业，企业可以利用数据仓库的时变性分析不同时间段的销售数据，了解季节性销售趋势，预测未来的需求。例如，通过分析过去五年的销售数据，企业可以识别出哪些产品在特定季节表现良好，从而调整库存策略和营销计划。此外，企

业还可以利用时变数据仓库跟踪竞争对手的市场份额变化，制定应对策略。

数据仓库是商业智能(BI)系统的核心，能够支持复杂的分析、报表生成和数据挖掘任务。通过数据仓库，企业能够从庞大的历史数据中提取有价值的商业洞察。例如，零售企业通过数据仓库分析客户的购买历史和行为模式，制定精准的营销策略和库存管理计划；金融机构利用数据仓库进行风险管理和合规监控，确保投资组合的安全性和合规性。数据仓库还广泛应用于供应链管理、市场分析和运营优化等领域。通过整合和分析来自不同部门的数据，企业可以优化资源配置、提高运营效率，并制定更具前瞻性的商业决策。

4.1.3 数据库与数据仓库对比

在现代企业的数字化转型过程中，数据库和数据仓库作为数据管理的核心技术，扮演着至关重要的角色。尽管两者都用于数据的存储和管理，但它们在设计目的、技术架构、数据类型、以及应用场景上存在显著差异。以下是对数据库和数据仓库的详细对比说明：

1. 结构

数据库(Database)：数据库通常设计用于支持在线事务处理(OLTP)系统，这类系统需要频繁地进行数据插入、更新和删除操作。数据库中的数据结构主要是表格形式，每张表由行和列组成，行代表记录，列代表字段，且各表格之间通过外键或其他关系进行连接。为了保证数据的一致性和完整性，数据库的操作遵循ACID(原子性、一致性、隔离性、持久性)原则。数据库的结构设计强调高效处理事务数据，以确保系统能够快速响应用户请求并保持数据的实时更新。例子：在银行系统中，数据库用于管理账户信息、交易记录和客户资料。每当客户进行存取款操作时，数据库立即更新相关记录，并确保所有数据在事务完成后保持一致且不可撤销。

数据仓库(Data Warehouse)：数据仓库则是为在线分析处理(OLAP)设计的。它的结构更加复杂，通常按维度(如时间、地域、产品)和度量(如销售额、利润)进行组织。数据仓库中的数据通常是从多个业务系统中提取、转换和加载(ETL)而来的，并且数据模型多采用星形或雪花形结构。这些模型使得数据仓库能够支持多维分析和复杂的查询操作，便于企业从多个角度深入分析业务数据。例子：在零售行业，数据仓库用于整合来自各个分店的销售数据，通过时间维度(如日、周、月)和地区维度(如不同省市)分析销售趋势，帮助企业进行库存管理和市场策略制定。

2. 用途

数据库：数据库的主要用途是支持企业的日常运营。它作为企业信息系统的核心组件，为各种事务性操作提供基础数据支持。例如，企业的客户关系管理系统(CRM)和企业资源计划系统(ERP)都依赖于数据库来记录和处理业务活动中的实时数据。由于数据库强调实时性和数据的完整性，因此它能够快速响应业务操作需求，确保数据的即时性和准确性。例子：在电子商务平台中，数据库记录并管理每一笔订单的信息，包括用户的购买记录、支付状态和物流信息。这些数据的实时更新对于保障订单的顺利处理和客户的满意度至关重要。

数据仓库：数据仓库的用途主要在于支持企业的战略决策。它通过收集和整合企业内外的历史数据，帮助企业高层管理人员分析过去的业务表现，并制定未来的战略规划。数据仓库中的数据通常是定期更新的，强调数据的历史性和全局性，适用于生成报表、进行趋势分析、以及支持商业智能（BI）工具。例子：大型连锁超市通过数据仓库分析客户的购物行为，识别出哪些产品在不同季节的需求量较高，从而优化进货策略和营销计划。这种基于历史数据的分析能够显著提升企业的市场竞争力。

3. 数据类型

数据库：数据库主要处理结构化数据，这些数据具有固定的格式和模式，通常以关系表的形式存在。关系型数据库使用 SQL（结构化查询语言）来管理和查询数据。结构化数据的特点是易于组织和检索，适合记录标准化的信息，如客户的姓名、地址、订单号等。例子：在银行的客户管理系统中，客户的个人信息（如姓名、身份证号、联系方式）和账户信息（如账号、余额、交易记录）都以结构化数据的形式存储在数据库中，这些数据有明确的字段和格式，便于快速查询和更新。

数据仓库：数据仓库需要处理多种类型的数据，包括结构化数据、半结构化数据（如 XML、JSON 文件）以及非结构化数据（如文本、图像、视频）。数据仓库的一个重要功能就是将这些不同来源和不同格式的数据进行整合，形成一个统一的分析平台。这种多样化的数据类型处理能力使得数据仓库能够适应复杂的业务需求。例子：社交媒体公司可能会将用户的互动数据（如点赞、评论）、使用日志（半结构化数据）以及用户生成的内容（如照片和视频）存储在数据仓库中，从而进行综合分析。这些分析结果可以帮助公司优化用户体验和广告投放策略。

4. 应用场景

数据库：数据库主要应用于需要实时数据处理的场景，特别是在那些需要高并发处理和即时反馈的业务环境中。例如，在线支付系统、库存管理系统和客户服务系统等都依赖数据库进行实时数据处理和存储。在这些应用场景中，数据的一致性和事务处理的效率是至关重要的。例子：在电信行业，数据库用于实时管理用户的账户信息、通话记录和账单生成。当用户拨打电话或发送短信时，数据库立即更新通话时长、费用和账户余额，以确保账单的准确性和即时性。

数据仓库：数据仓库则更适合于大规模数据分析的场景，例如市场趋势分析、客户行为预测、财务分析和商业智能应用。它为企业提供了一种在大数据背景下分析业务模式和市场变化的工具，帮助企业从宏观视角制定战略决策。例子：一家跨国公司通过数据仓库分析不同地区的销售数据，识别出各个市场的增长点和潜在的业务风险。这种基

于大数据的深度分析能够帮助公司在全球范围内优化资源配置,并制定针对性的市场
策略。

4.2 数据仓库原理

数据仓库作为企业级数据分析的核心技术,具备将来自不同来源的数据集成并转化
为可操作的商业智能的功能。其基础原理涵盖了体系结构设计、ETL 过程、数据建模技
术、性能优化及数据治理等方面。为了理解数据仓库的强大功能,需要深入探讨这些构
建模块的细节。

4.2.1 数据仓库的体系结构

数据仓库的体系结构设计影响着整个系统的性能、可扩展性和易用性。数据仓库通
常采用三层架构:数据源层、数据集成层和数据访问层。

数据源层(Data Source Layer):这一层涵盖所有进入数据仓库的数据来源。数据
源层的数据可以来自内部运营系统,如企业资源计划系统(ERP)、客户关系管理系统
(CRM),也可以来自外部数据供应商提供的市场数据或社交媒体平台生成的用户行为
数据。数据源的多样性和异构性要求数据仓库具备强大的数据提取和整合能力。

例:一家全球零售企业可能从多个不同的销售系统、库存管理系统和供应链管理系
统中提取数据。这些系统可能使用不同的数据库技术,如 SQL 数据库、NoSQL 数据库
或分布式存储系统。因此,数据仓库需要处理各种数据格式,如表格数据、日志文件和
XML/JSON 文档。

数据集成层(Data Integration Layer):这一层负责数据的清洗、转换和加载(即
ETL 过程),确保数据从源头到数据仓库的过程中得到充分的整理和标准化。数据集成
层通常包括数据湖(Data Lake)或操作型数据存储(ODS),用于临时存储和处理大规模
数据。数据集成层的设计决定了数据仓库的准确性和可靠性。

技术细节:在 ETL 过程中,数据集成层可能使用分布式计算框架(如 Apache
Hadoop、Apache Spark)来处理海量数据。为了确保数据的质量,数据清洗阶段可能涉
及异常值检测、数据格式转换、数据去重和一致性检查等步骤。

数据访问层(Data Access Layer):数据访问层提供了用户和应用程序访问数据仓
库中存储的数据的接口。这一层包括查询和报表工具、数据可视化工具和 OLAP(在线
分析处理)引擎。数据访问层的性能和灵活性直接影响到数据仓库的用户体验和查询
效率。

例:商业智能(BI)工具,如 Tableau、Power BI,通常用于数据访问层,以帮助企
业分析和可视化数据仓库中的信息。用户可以通过拖拽操作,轻松创建多维数据分析报
表,并从中获取商业洞察。

元数据管理层(Metadata Management Layer):元数据管理系统是数据仓库的中枢
神经,它记录和管理数据的来源、格式、结构、依赖关系和使用规则。元数据管理确保

了数据的可追溯性和一致性，并支持数据治理和合规性要求。

应用场景：在高度监管的行业，如金融服务或医疗保健，元数据管理系统用于确保数据仓库中的数据符合行业法规。例如，元数据管理系统可以记录哪些数据是来自敏感的客户信息库，并为这些数据应用适当的加密和访问控制策略。

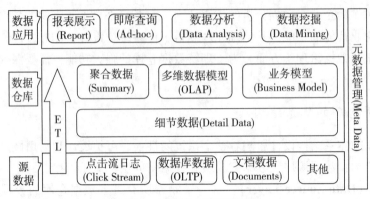

图 4-1　数据仓库架构图

4.2.2　ETL 过程

ETL 过程是数据仓库建设的关键环节。它不仅决定了数据的流入速度和质量，还直接影响数据仓库的性能和可靠性。深入了解 ETL 过程的各个阶段，可以更好地优化数据处理流程，确保数据仓库能够高效运行。

数据提取(Extract)：数据提取是从数据源中抽取原始数据的过程。数据提取的挑战在于需要处理不同的数据格式、数据类型以及数据源的异构性。提取过程中，需要确保数据的完整性和准确性。

案例：在跨国企业中，数据可能存储在不同地区的分布式数据库中，且格式各异。通过 ETL 工具(如 Informatica、Talend)，可以在数据提取阶段自动连接不同的数据源，确保所有相关数据都被成功提取，并同步到中央数据仓库。

技术方法：除了传统的批处理方式(Batch Processing)，现代 ETL 过程越来越多地采用实时数据流(Streaming Data)处理技术，如 Apache Kafka 和 Apache Flink，以处理高频率和低延迟的数据流。例如，在金融交易系统中，实时提取并分析交易数据对于风险控制和合规性检查至关重要。

数据转换(Transform)：数据转换是将提取的数据进行清洗、规范化和格式转换的过程。数据转换的目标是将来自不同数据源的数据整合为统一的格式，以便在数据仓库中存储和分析。转换过程可能涉及数据聚合、分组、排序、数据类型转换、数据加密等操作。

- 清洗与规范化：清洗过程包括识别并纠正数据中的错误，如拼写错误、不一致的日期格式或重复记录。规范化是指将数据转换为标准化的格式，以确保不同来源的数据能够无缝集成。例如，在医疗领域，患者信息可能存储在不同的系统中，如电子病历系统和实验室信息管理系统。在数据转换阶段，需要将不同系统中的患者信息规范化为统一的格式，并合并到患者主数据集中。

- 复杂转换：某些数据转换可能需要应用复杂的业务规则。例如，在零售行业中，不同地区可能使用不同的税率。在数据转换过程中，需要根据商品销售地自动应用不同的税率，并将结果存储在数据仓库中。

数据加载(Load)：数据加载是将转换后的数据导入数据仓库的过程。数据加载策略分为全量加载和增量加载。全量加载适用于初次数据加载或数据仓库的重大更新，而增量加载用于定期更新，确保新数据能够及时纳入数据仓库。

- 负载管理：大规模数据加载可能对系统性能造成压力，尤其是在高并发的环境下。因此，数据仓库通常会在系统负载较低的时间段进行数据加载，以平衡性能和数据的实时性。此外，数据加载过程中可能还会涉及数据索引的创建和更新，以优化查询性能。
- 数据一致性：在数据加载阶段，确保数据的一致性和完整性是至关重要的。大多数数据仓库系统会在加载过程中进行数据一致性检查，防止数据丢失或损坏。

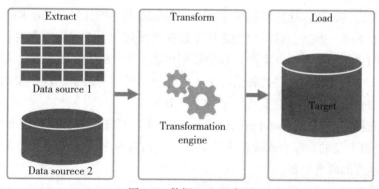

图 4-2　数据 ETL 示意图

大数据技术优化：随着数据规模的增长，ETL 过程中的性能优化变得越来越重要。可以通过并行处理、分布式计算、数据分区和增量加载等技术手段，提高 ETL 过程的效率和可靠性。

- 分布式处理：使用 Hadoop 或 Spark 等分布式计算框架，可以显著加快 ETL 过程中的数据处理速度。通过将数据分成多个小块并行处理，数据仓库可以在处理海量数据时保持高效的性能。

4.2.3　数据建模

数据建模是数据仓库设计中的关键步骤，它决定了数据如何存储、组织和访问。不同的数据建模技术各有优缺点，适用于不同的业务场景。深入理解这些模型及其应用场景，有助于优化数据仓库的性能和查询效率。

星形模型（Star Schema）：星形模型是数据仓库中最常见的建模方法，它通过将一个事实表与多个维度表连接起来，形成星形结构。这种模型简单、直观，且查询效率高，特别适用于 OLAP 系统中的多维数据分析。

- 维度表与事实表：在星形模型中，维度表存储的是描述业务事件的上下文信息，如时间、地点、产品类别等。而事实表则存储业务事件的度量数据，如销售额、数量、成本等。维度表通常较小，但字段较多，而事实表较大，但字段较少。
- 应用场景：星形模型广泛应用于零售业、金融服务业等领域，支持企业进行快速的业务分析。例如，一家零售公司可以通过星形模型的事实表存储销售数据，通过维度表存储时间、地点和产品信息，从而快速生成销售报表。

雪花模型（Snowflake Schema）：雪花模型是星形模型的扩展形式，旨在通过进一步规范化维度表来减少数据冗余。雪花模型虽然结构更为复杂，但更具灵活性，适合处理层次结构复杂的数据。

- 规范化：在雪花模型中，维度表被分解为多个子维度表。例如，时间维度表可能进一步分解为年表、月表和日表。这种设计减少了数据冗余，节省了存储空间。
- 性能与复杂性：尽管雪花模型减少了存储需求，但其复杂的结构可能导致查询性能下降。因此，雪花模型适用于数据规模较大、查询需求相对较少的场景。
- 案例：在制造业中，生产过程的数据可能涉及复杂的层次结构，如工厂、生产线、工艺流程等。在这种情况下，雪花模型可以有效组织这些层次结构，使得数据仓库能够更好地支持复杂的生产分析。

事实星座模型（Fact Constellation Schema）：事实星座模型，又称银河模型（Galaxy Schema），是最复杂的数据仓库建模方法之一。它通过多个事实表和共享的维度表，支持多个业务过程的联合分析。

- 共享维度：事实星座模型允许不同的事实表共享维度表，例如，一个企业的销售和库存事实表可能共享相同的时间维度和产品维度。这种设计不仅节省了存储空间，还能支持跨业务过程的联合分析。
- 高级应用：事实星座模型适用于大型企业的综合分析需求。例如，一家大型零售企业可能需要同时分析销售、库存、采购和财务数据。通过事实星座模型，企业可以在一个数据仓库中整合这些数据，实现全方位的业务分析。
- 技术挑战：由于事实星座模型的复杂性，其实现和维护需要较高的技术水平。数据仓库设计师需要仔细规划各个事实表和维度表之间的关系，确保数据的一致性和完整性。

4.2.4　数据仓库的性能优化

随着数据仓库中的数据量不断增长，性能优化成为数据仓库设计和管理中的关键环节。通过合理的设计和优化技术，可以显著提高数据仓库的查询性能和可扩展性。

索引与分区：数据仓库中的数据通常是以巨大的数据表形式存储的。为了加快查询速度，可以对关键字段创建索引。例如，对事实表中的时间字段或客户 ID 创建索引，可以显著提高查询的执行速度。此外，将大型数据表进行分区，可以有效减少查询时的扫描范围，从而提升查询性能。常见的分区策略包括按时间分区、按地理位置分区或按业务部门分区。例如，在零售数据仓库中，可以按季度或月份对销售数据进行分区，这样查询特定时间段的数据时，就可以大幅减少扫描的数据量。

物化视图：物化视图（Materialized View）是一个存储在数据库中的查询结果，用于预计算和存储复杂查询的结果，以提高查询性能。物化视图特别适合频繁使用的聚合查询和连接操作。例如，在财务数据仓库中，可以创建一个物化视图来预计算某个时间段内的总收入和支出。例如，在多维数据分析中，物化视图可以用于预计算和存储常用的聚合结果，如总销售额、平均订单价值等。这不仅减少了查询的计算开销，还能显著提高响应速度。

缓存机制：缓存是一种通过将常用数据存储在内存中，减少数据库访问次数的技术。通过使用内存缓存，如 Redis 或 Memcached，可以显著提高数据仓库的查询响应速度，特别是在处理高并发查询时。常见的缓存策略包括全局缓存和局部缓存。全局缓存存储常用的全局数据，如维度表的数据，而局部缓存则用于存储特定用户的查询结果。例如，在电商平台的数据仓库中，可以缓存热销产品的销售数据，以提高访问速度。

并行处理与分布式计算：随着数据量的增加，单一服务器可能无法满足数据仓库的性能需求。并行处理和分布式计算技术可以将数据处理任务分配到多个处理节点，从而加快数据处理速度。Hadoop、Spark 和 MPP（Massively Parallel Processing）数据库是常用的分布式计算框架。在数据仓库中，并行查询通过将一个大查询分解为多个小查询并行执行，可以显著减少查询的执行时间。例如，在处理 TB 级别的数据集时，使用并行查询可以将执行时间从数小时缩短到数分钟。分布式文件系统：在分布式计算中，分布式文件系统（如 HDFS）用于存储和管理大规模数据。分布式文件系统通过将数据分块存储在多个节点上，提高了数据存储的可扩展性和可靠性。

自动化与智能优化：随着人工智能和机器学习技术的发展，数据仓库的性能优化也开始引入智能化手段。例如，自动化查询优化器可以根据查询的历史模式自动调整索引和缓存策略，从而提高查询效率。自适应查询优化：自适应查询优化器可以实时分析查询的执行计划，并在发现潜在的优化机会时自动调整执行策略。例如，在某些情况下，查询优化器可能会选择全表扫描而不是索引扫描，以更高效地处理复杂查询。智能数据分布：通过机器学习算法，可以自动分析数据的分布模式，并调整数据的分区策略，以提高查询性能。例如，可以根据数据访问的频率和模式，自动将热点数据分配到高性能存储节点上。

4.3　分布式存储技术

4.3.1　分布式存储的概念

分布式存储是将数据分散存储在多个独立的服务器或节点上，以便实现数据的高可用性、可靠性和扩展性。这种存储方式相较于传统的集中式存储，能够更好地应对海量数据的存储需求，同时提高系统的容错能力。

在分布式存储系统中，数据被分为多个部分，分布在不同的存储节点上，每个节点存储一部分数据的副本。这种设计确保了即使某个节点出现故障，数据仍然可以从其他节点的副本中恢复。此外，分布式存储还可以通过增加节点的方式，轻松扩展存储容量和计算能力，适应数据量快速增长的需求。

优势：

(1)高可用性：分布式存储通过数据冗余和复制技术，确保在个别节点故障的情况下，系统仍然可以正常运行，避免数据丢失。

(2)可扩展性：可以通过增加存储节点，轻松扩展系统的存储能力和处理能力，从而满足海量数据的存储和处理需求。

(3)高性能：通过将数据和计算任务分布到多个节点上，分布式存储能够显著提升系统的并发处理能力和数据访问速度。

针对以上三个优势，我们做展开说明。

高可用性：是指分布式存储系统能够在部分系统组件或节点发生故障时，仍能保持系统的正常运行，并确保数据的持续可用性。具体实现高可用性的技术包括：

(1)数据冗余：在分布式存储系统中，数据通常会被复制到多个节点上。这种冗余机制确保了即使某个节点发生故障，其他节点上的数据副本仍然可以提供服务。例如，在 Hadoop 分布式文件系统(HDFS)中，每个数据块通常会被复制到三个不同的节点上，这样即使一个节点失效，数据依然可以从其他节点中恢复。

(2)故障检测与自动恢复：分布式存储系统通常会配备故障检测机制，能够实时监测系统中各个节点的健康状态。一旦检测到某个节点出现问题，系统会自动启动故障恢复机制，将数据重新分配到其他健康节点上。例如，Amazon S3 采用了数据分片和副本技术，当发现某个存储节点失效时，系统会自动从其他副本中恢复数据，并将新的副本分配到其他节点上。

(3)负载均衡：分布式存储系统通过负载均衡技术，将数据访问请求均匀分配到各个节点上，从而防止某个节点因过载而出现故障。负载均衡可以提高系统的稳定性和可靠性，减少单点故障的风险。

可扩展性：指的是分布式存储系统能够通过增加额外的存储节点或计算资源，轻松地扩展系统的存储能力和处理能力，从而满足不断增长的数据存储和处理需求。可扩展性主要体现在以下几个方面：

（1）水平扩展：分布式存储系统通常采用水平扩展的方式来增加存储能力。与传统的垂直扩展（通过增加单个服务器的硬件资源）不同，水平扩展是通过增加更多的存储节点来扩展系统容量。例如，Apache Cassandra 允许通过增加更多的节点来扩展集群的存储和处理能力，从而支持更大的数据量和更多的并发请求。

（2）弹性扩展：现代分布式存储系统通常具备弹性扩展能力，可以根据需求动态调整资源。例如，云存储服务（如 Amazon S3、Google Cloud Storage）允许用户根据需要自动增加或减少存储容量，无需人工干预。这种弹性扩展能力能够帮助企业有效应对数据量的波动，降低存储成本。

（3）自动负载均衡：在扩展过程中，分布式存储系统会自动重新分配数据和负载，以保持系统的平衡。数据分片和复制技术使得新加入的节点可以均匀地分担原有节点的负载，从而避免性能瓶颈。例如，Hadoop YARN（Yet Another Resource Negotiator）通过动态分配资源，确保集群在扩展时能够高效地利用新增的计算资源。

高性能：指分布式存储系统能够通过将数据和计算任务分布到多个节点上，显著提升系统的并发处理能力和数据访问速度。具体体现在以下几个方面：

（1）并行处理：分布式存储系统通过将数据划分为多个片段，并将这些片段分布到不同的节点上，实现数据的并行处理。每个节点可以同时处理其上的数据片段，从而提高整体的处理速度。例如，在 Apache Hadoop 中，MapReduce 框架将计算任务分解为多个并行的 Map 和 Reduce 任务，这种并行处理能力显著提升了大规模数据处理的效率。

（2）负载均衡：分布式存储系统通过负载均衡技术，将数据访问请求均匀分配到各个节点上，避免了单个节点的过载。负载均衡可以提高系统的响应速度和处理能力，减少因负载不均导致的性能瓶颈。例如，分布式缓存系统 Redis Cluster 使用数据分片和负载均衡技术来提高数据访问速度和系统性能。

（3）数据局部性：在分布式存储系统中，数据通常会被存储在离计算任务较近的节点上，从而减少数据传输的延迟和带宽消耗。数据局部性优化可以提高数据访问速度，提升系统的整体性能。例如，Hadoop 的 HDFS 通过将计算任务调度到数据存储节点附近，实现数据局部性优化，从而减少数据传输的开销。

随着大数据、云计算等技术的发展，分布式存储已经成为现代数据存储系统的主流选择。在企业的实际应用中，分布式存储不仅可以支持大规模数据的存储和处理，还能够满足企业对数据高可用性和高可靠性的要求。

4.3.2　分布式文件系统

分布式文件系统是分布式存储技术的重要组成部分，用于管理和存储分布在多个节点上的文件数据。它提供了一个统一的命名空间，使得用户可以像操作本地文件系统一样访问分布在多个节点上的文件。

HDFS（Hadoop Distributed File System）

HDFS 是最为典型和广泛应用的分布式文件系统之一（见图 4-3）。它是 Hadoop 生态系统的重要组成部分，专为大规模数据存储和处理设计。HDFS 具有以下关键特性：

- 大数据存储：HDFS 能够支持 PB 级别的大数据存储，并通过将文件分块（通常为 64MB 或 128MB）存储在不同的节点上，提高了数据的处理效率。
- 高容错性：HDFS 通过数据块的冗余存储（通常为三副本）确保数据的高可用性，即使某个数据块所在的节点故障，数据仍然可以从其他副本中恢复。
- 流式数据访问：HDFS 采用了一种写入一次、读多次的访问模型，适合大规模数据的批量处理，特别是在大数据分析和处理任务中。

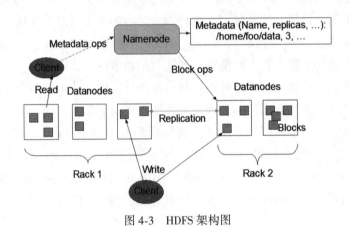

图 4-3　HDFS 架构图

GFS（Google File System）

GFS 是 Google 公司开发的分布式文件系统，具有高可用性、高扩展性和高吞吐量的特点。GFS 的设计目标是支持大规模数据的存储和处理，尤其是在搜索引擎、数据挖掘等高并发、高数据量的应用场景中。

- 主节点与从节点架构：GFS 采用主节点和从节点的架构，主节点负责管理文件系统的元数据，从节点则负责实际的数据存储。通过这种架构，GFS 能够实现高效的数据管理和快速的数据访问。
- 数据块管理：与 HDFS 类似，GFS 也将文件分块存储，并通过冗余存储提高系统的容错能力。每个数据块通常有三个副本，分布在不同的从节点上，以确保数据的高可用性。

4.3.3　分布式数据库

分布式数据库是在多个物理节点上分布存储和处理数据的数据库系统。与传统的集中式数据库不同，分布式数据库能够更好地应对大规模数据的存储和处理需求，同时提高系统的扩展性和容错能力。

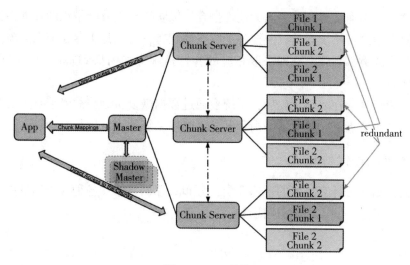

图 4-4　GFS 架构

分片 (Sharding)

分片是分布式数据库中的一种关键技术,它将数据水平切分为多个部分,每个部分称为一个分片(Shard)。每个分片可以独立存储在不同的数据库节点上,从而实现数据的分布式存储和处理。

- 水平分片:数据按照某个关键字段(如用户 ID)进行切分,将不同范围的数据存储在不同的分片上。这种方法能够平衡各个分片的存储和计算压力,提高系统的扩展性。
- 垂直分片:将表中的列分为不同的分片存储在不同的节点上。例如,用户信息表可以按姓名、地址、联系方式等字段进行垂直分片,分别存储在不同的节点上。

数据复制与容错

数据复制是为了提高分布式数据库的容错能力和数据可用性而进行的。通常,每个分片的数据都会有多个副本,这些副本分布在不同的节点上。当某个节点发生故障时,系统可以自动切换到其他节点上的副本,从而保证数据的可用性。

- 同步复制:在同步复制中,所有副本的数据必须保持一致,即当一个数据写入时,所有副本都必须立即更新。虽然这种方式保证了数据的一致性,但可能会带来较高的写入延迟。
- 异步复制:异步复制允许副本之间的数据存在一定的时延,即数据写入后,副本可以在稍后时间进行更新。这种方式能够提高系统的写入性能,但可能会导致数据在短时间内的不一致性。

容错机制是为了分布式数据库的容错机制包括数据副本的管理、故障检测和故障恢复等。

- 数据副本管理:分布式数据库通过创建多个数据副本来提高数据的容错能力。

这些副本通常分布在不同的地理位置，以防止单点故障带来的数据丢失风险。

- 故障检测：系统会持续监控各个节点的状态，检测是否存在节点故障。一旦检测到故障，系统会立即采取相应的容错措施，如切换到备用副本或重新分配任务。
- 故障恢复：在故障发生后，系统会通过数据恢复机制将故障节点上的数据恢复到健康节点上，并重新平衡负载，以确保系统的稳定运行。

4.3.4　分布式存储的应用场景

随着大数据和云计算技术的迅速发展，分布式存储技术在各种应用场景中得到了广泛的应用。以下是一些典型的应用场景：

大数据处理

大数据处理是分布式存储技术的主要应用领域之一。在大数据环境下，数据的存储和处理需求极为庞大，传统的集中式存储无法满足这一需求。分布式存储技术通过将数据分布在多个节点上，实现了海量数据的高效存储和快速处理。

- Hadoop 生态系统：Hadoop 是一个开源的大数据处理框架，广泛应用于各种大数据处理任务中。HDFS(Hadoop Distributed File System)作为 Hadoop 的分布式文件系统，为数据的高效存储和访问提供了基础支持。HDFS 通过将数据分块并复制到多个节点上，确保了数据的可靠性和可用性。Hadoop 的其他模块，如 MapReduce，用于执行大规模的数据处理任务，通过并行计算显著提高了处理速度。此外，YARN(Yet Another Resource Negotiator)负责资源管理和作业调度，进一步优化了资源的利用效率。
- Spark：Apache Spark 是另一种广泛应用的大数据处理框架，以其较高的处理速度和丰富的计算模型而闻名。Spark 通过内存计算提高了处理性能，并支持多种数据源和存储系统，如 HDFS 和 Amazon S3。Spark 的 RDD(Resilient Distributed Dataset)提供了弹性分布式数据集，使得在集群中进行复杂的数据计算变得更加高效。Spark 还包括 Spark SQL、Spark Streaming 等模块，支持各种数据处理和分析需求。

云计算

云计算是分布式存储技术的另一个重要应用场景。在云计算环境中，用户需要处理和存储大量数据，同时对系统的可扩展性和高可用性提出了更高的要求。

- Amazon S3：Amazon Simple Storage Service(S3)是亚马逊云服务中的分布式存储服务。它能够存储海量数据，并通过自动复制和分布式管理技术，确保数据的高可用性和安全性。S3 支持灵活的存储管理选项，如存储桶(Buckets)和对象(Objects)，并与其他 AWS 服务(如 EC2、Lambda)无缝集成，提供了强大的数据处理能力。S3 还提供了多种数据管理工具，如生命周期管理、版本控制和访问控制，满足不同的业务需求。

- Azure Blob Storage：Azure Blob Storage 是微软 Azure 云平台中的对象存储服务，专为存储大量非结构化数据而设计。Blob Storage 支持数据的高可用性和持久性，通过将数据分布在多个数据中心，确保数据的安全和可靠。用户可以通过 Blob 容器（Containers）和对象（Blobs）灵活管理存储数据，并与 Azure 的其他服务（如 Azure Virtual Machines、Azure Functions）无缝集成。Blob Storage 还提供了多种数据管理和保护工具，如访问控制、数据加密和备份选项，以满足不同的业务需求。

- Google Cloud Storage：Google Cloud Storage 是 Google Cloud Platform 中的对象存储服务，提供高性能和高度可用的数据存储解决方案。它支持大规模数据的存储和管理，通过全球分布的数据中心提供低延迟和高可靠性。用户可以利用存储桶（Buckets）和对象（Objects）进行数据管理，并且可以与 Google Cloud 的其他服务（如 BigQuery、Compute Engine）无缝集成。Cloud Storage 还提供了多种数据管理功能，如生命周期管理、访问控制和跨区域复制，以满足各种业务需求。

- 阿里云 OSS：阿里云对象存储服务（OSS）是阿里云提供的分布式存储解决方案，能够处理海量数据的存储和管理。OSS 通过多副本和数据分布技术，确保数据的高可用性和安全性。用户可以通过存储桶（Buckets）和对象（Objects）灵活管理数据，并与阿里云的其他服务（如 ECS、函数计算）无缝集成。OSS 还提供了丰富的数据管理工具，如数据生命周期管理、版本控制和数据加密，满足不同业务的需求。

- 腾讯云 COS：腾讯云对象存储（COS）是腾讯云提供的分布式存储服务，旨在高效地存储和管理大量数据。COS 通过数据冗余和分布式架构，确保数据的可靠性和高可用性。用户可以通过存储桶（Buckets）和对象（Objects）管理数据，并与腾讯云的其他服务（如 CVM、Serverless）无缝集成。COS 还提供了多种数据管理功能，如生命周期管理、访问控制和数据加密，以满足企业的不同需求。

- 华为云 OBS：华为云对象存储服务（OBS）是华为云提供的高性能分布式存储解决方案，适用于海量数据的存储和管理。OBS 通过多副本和分布式技术，确保数据的高可用性和安全性。用户可以通过存储桶（Buckets）和对象（Objects）灵活管理数据，并与华为云的其他服务（如 ECS、函数服务）无缝集成。OBS 还提供了丰富的数据管理工具，如数据生命周期管理、版本控制和访问控制，满足不同的业务需求。

这些应用场景展示了分布式存储技术在不同领域中的广泛应用和重要性。通过高可用性、可扩展性和高性能，分布式存储技术为大数据处理、云计算和高并发网络应用提供了强大的支持。

4.4　数据预处理

4.4.1　数据预处理概述

数据预处理是在数据分析和建模之前对数据进行清洗、转换和整理的过程。它的主要目的是提高数据的质量，确保数据的准确性和一致性，为后续的分析和建模提供可靠的基础。数据预处理包括多个步骤，如数据清洗、数据集成、数据转换和数据规约等，每个步骤都对数据的质量和分析结果产生重要影响。其必要性在于：

（1）提升数据质量：数据预处理的一个主要目标是提升数据的质量。原始数据常常包含错误、不一致性或缺失值，这些问题会影响数据分析的准确性和可靠性。通过数据清洗，识别并纠正错误和异常值，可以显著提高数据的准确性。例如：数据去重，消除数据中的重复记录，防止数据冗余导致分析结果的偏差；缺失值处理，填补缺失值或剔除包含缺失值的记录，避免因缺失数据导致的分析不完整；异常值检测，识别和处理异常值，避免因数据异常影响模型的预测性能。

（2）减少数据复杂性：数据预处理还旨在减少数据的复杂性。数据集通常具有复杂的结构和多种类型的数据，通过数据转换和规约，可以简化数据结构，降低数据处理的复杂度。具体包括：数据转换，将数据从一种格式转换为另一种格式，例如将日期时间格式转换为统一的标准格式；特征选择，选择对分析任务最有用的特征，去除不相关或冗余的特征，从而简化数据集；数据规约，通过聚合或抽样减少数据量，提高处理效率，同时保留数据的关键特征。

（3）提高分析效率：数据预处理的另一个重要目标是提高数据分析的效率。经过预处理的数据更符合分析需求，可以减少数据处理时间，并提高分析结果的可靠性。例如：数据标准化可以将不同特征的数据标准化到同一尺度，以确保算法对所有特征有均等的处理能力；数据集成可以将来自不同来源的数据合并到一个统一的数据集，消除数据分散带来的复杂性；数据清洗可以清除无关或错误的数据记录，确保分析模型在干净的数据上进行训练和测试，提高模型的准确性。

4.4.2　数据清洗

数据清洗是数据预处理的第一步，旨在去除数据中的噪声、错误和不一致性，确保数据的准确性和完整性。数据清洗包括以下几个方面：

处理缺失值

缺失值是数据中常见的问题之一，可能由于数据采集错误、数据丢失或其他原因导致。处理缺失值的方法包括：

- 删除缺失值：直接删除包含缺失值的记录。这种方法适用于缺失值较少且不影响分析结果的情况。

- 插补缺失值：使用其他记录中的数据或统计方法（如均值、中位数、众数等）填补缺失值。插补方法可以保持数据的完整性，但需要谨慎选择，以避免引入偏差。
- 预测缺失值：使用机器学习算法（如回归模型、KNN 等）预测缺失值。这种方法可以根据数据的其他特征预测缺失值，但需要额外的计算和建模工作。

处理异常值

异常值是指在数据集中与大多数数据点显著不同的值，可能由数据采集错误、数据录入错误或其他原因导致。处理异常值的方法包括：

- 识别异常值：通过统计方法（如箱线图、Z-score 等）识别数据中的异常值。异常值通常位于数据分布的尾部或远离主要数据群体。
- 处理异常值：根据实际情况决定是否删除或修正异常值。如果异常值是数据采集错误，可以进行修正；如果是有效的极端值，可能需要保留。

处理重复数据

重复数据是指数据集中存在的多条相同记录，可能由于数据合并、数据采集错误等原因产生。处理重复数据的方法包括：

- 去重：通过检查记录的唯一性，删除重复的数据条目。去重可以有效减少数据集的冗余，提高数据处理效率。
- 合并记录：对于重复但包含部分不同信息的记录，可以进行合并，将相关信息整合到一条记录中。

4.4.3 数据集成

数据集成是将来自不同数据源的数据合并到一个统一的数据集中，以便进行综合分析。它是数据预处理中的关键步骤，旨在确保来自多个数据源的数据可以以一致的方式进行分析和利用。数据集成过程的主要目标是创建一个综合的数据视图，使数据分析和决策过程更加高效和准确。

数据源整合

数据源整合是数据集成的第一步，涉及将不同来源的数据进行统一管理。整合过程包括以下几个方面：

（1）数据源识别：确定需要整合的数据源是数据源整合的首要步骤。数据源可以是多种多样的，例如：

内部数据库：如企业内部的关系数据库（RDBMS）或 NoSQL 数据库。

外部数据接口：如通过 API 从外部服务获取的数据。

第三方数据服务：如市场研究公司提供的行业数据。

案例：假设一家零售公司需要整合来自销售系统、客户关系管理系统（CRM）和库存管理系统的数据。这些数据源分别包含销售记录、客户信息和库存状态。

（2）数据提取：从不同数据源中提取数据是数据整合的关键环节。常用的工具包括 ETL（Extract，Transform，Load）工具，能够自动化数据提取和转换过程。案例：从销售系统提取销售记录数据，从 CRM 系统提取客户信息，从库存系统提取库存状态数据。使用 ETL 工具将这些数据提取到一个临时存储区域。

数据合并

数据合并是将提取的数据整合到一个统一的数据集。合并过程包括以下几个步骤：

（1）数据对齐：对齐不同数据源中的数据结构和格式，以确保数据能够正确合并。对齐过程包括：

数据格式标准化：将不同数据源中的数据格式统一。例如，将日期格式从 MM/DD/YYYY 统一为 YYYY-MM-DD。

数据结构匹配：将不同数据源中的数据字段进行映射。例如，将销售系统中的"销售日期"字段映射到 CRM 系统中的"订单日期"字段。

案例：销售记录中的日期字段格式为 MM/DD/YYYY，客户信息中的日期字段格式为 YYYY-MM-DD。将销售记录中的日期格式转换为 YYYY-MM-DD，以便与客户信息中的日期字段一致。

（2）数据匹配：通过匹配关键字段将不同数据源中的相关记录进行合并。常见的匹配字段包括用户 ID、产品 ID 等。

案例：销售数据中的每条记录都有一个"客户 ID"，客户信息数据中也有一个"客户 ID"。通过匹配这些"客户 ID"，可以将销售记录与客户信息关联起来，创建一个包含客户和销售数据的综合记录。

解决数据冲突

数据冲突是指在数据整合过程中，来自不同数据源的数据存在不一致或冲突的情况。解决数据冲突是确保数据准确性的关键步骤。解决方法包括：

（1）冲突检测：检测不同数据源中的数据冲突是解决数据冲突的第一步。冲突可能包括数据值不一致、记录重复等。

案例：在合并客户信息时，发现某些客户的联系方式在销售系统和 CRM 系统中不一致。例如，销售系统中记录的电话号码与 CRM 系统中的电话号码不同。

（2）冲突解决：根据数据的可信度和来源，选择合适的解决方案来处理数据冲突。常见的解决方法包括：

保留最新数据：如果数据冲突发生在时间序列数据中，可以选择保留最新的数据。

合并数据：对冲突数据进行合并，保留最全面的信息。例如，合并销售系统和 CRM 系统中的客户记录，将两者的联系方式整合为一个完整的记录。

人工审核：对于复杂或无法自动解决的冲突，可能需要人工审核以决定最终的数据记录。

实际应用示例

考虑一个电商平台的数据集成场景。该平台需要将来自不同系统的数据合并为一个综合的客户视图：

（1）数据源：销售系统、客户服务系统和网站日志。

（2）数据提取：使用 ETL 工具从销售系统提取订单数据，从客户服务系统提取客户支持记录，从网站日志中提取用户行为数据。

（3）数据对齐：统一订单日期、客户 ID 和用户行为时间的格式。

（4）数据合并：通过客户 ID 将订单数据、支持记录和用户行为数据合并，创建一个包含客户全面活动的数据记录。

（5）冲突解决：如果发现订单和客户支持记录中的客户联系方式不一致，选择保留最准确的联系方式或通过人工审核确认。

通过以上步骤，电商平台能够创建一个全面的客户数据视图，支持更深入的分析和决策，如个性化营销策略和客户服务优化。数据集成不仅提高了数据分析的效率，还增强了数据驱动决策的准确性。

4.4.4 数据规约

数据规约是数据预处理过程中不可或缺的一步，通过减少数据的维度、大小或复杂性来简化数据集，以提高数据处理的效率和效果。数据规约的过程包括特征选择、数据压缩和数据简化等步骤。每一步都有其特定的技术和方法，下面详细解释这些步骤。

特征选择

特征选择是从原始数据中挑选出对分析或建模最有用的特征，以减少数据的维度。这一过程有助于降低计算复杂度、减小模型的训练时间，并可能提高模型的性能。特征选择主要包括以下方法：

（1）过滤方法（Filter Methods）：过滤方法基于特征的统计属性进行选择，而不依赖于学习算法。这些方法通常计算特征与目标变量的相关性，然后选择相关性较高的特征。常见的过滤方法包括：

方差选择法：移除方差低于某一阈值的特征，认为这些特征对分类或回归模型贡献较小。

相关性分析：使用皮尔逊相关系数、斯皮尔曼等级相关系数等度量特征与目标变量的相关性，选择相关性较高的特征。

卡方检验：用于分类问题，计算每个特征与目标类别之间的卡方统计量，从而评估特征的重要性。

（2）包裹方法（Wrapper Methods）：包裹方法通过模型的性能评估进行特征选择。这些方法会评估特定特征子集对模型性能的影响。常见的包裹方法包括：

递归特征消除（RFE）：逐步构建模型，评估特征的贡献，剔除贡献最小的特征，直到达到预设的特征数量。

前向选择：从空特征集开始，逐步添加最能提高模型性能的特征。

后向消除：从全特征集开始，逐步去除对模型贡献最小的特征。

示例：在构建一个房价预测模型时，使用递归特征消除法可以在每轮迭代中评估特征对模型准确率的影响，从而选择出最重要的特征，比如"房间数量"可能比"花园面积"更有预测价值。

（3）嵌入方法(Embedded Methods)：嵌入方法将特征选择过程嵌入到模型训练过程中。这些方法通过训练模型来评估特征的重要性，并在模型训练的同时进行特征选择。常见的嵌入方法包括：

L1 正则化(Lasso 回归)：通过 L1 正则化项对回归模型进行特征选择，将不重要的特征的系数压缩为零。

决策树方法：如随机森林、梯度提升树，通过特征的重要性评分来选择特征。示例：在使用 Lasso 回归进行特征选择时，模型会自动选择出对预测最重要的特征，比如"房屋总面积"可能会被保留，而"墙壁颜色"则被剔除。

数据压缩

数据压缩是通过压缩算法减少数据的存储空间。数据压缩可以有效节省存储成本和带宽，提高数据传输效率。数据压缩主要包括：

- 无损压缩(Lossless Compression)：无损压缩技术在压缩和解压缩过程中不丢失任何数据，适用于需要保留数据完整性的应用。常见的无损压缩算法包括：gzip：一种常用的数据压缩工具，适用于文本数据，如日志文件的压缩。LZ77：一种滑动窗口压缩算法，适用于多种数据类型的压缩。bzip2：一种高压缩比的压缩工具，适用于需要高效压缩的场景。
- 有损压缩(Lossy Compression)：有损压缩技术在压缩过程中会丢失部分数据，从而获得更高的压缩比。适用于对数据完整性要求不高的应用。常见的有损压缩算法包括：JPEG：用于图像文件的压缩，能够有效减小图像文件大小，但可能会导致图像质量损失。MP3：用于音频文件的压缩，能够显著减小音频文件的大小，但会有一定的音质损失。

数据简化

数据简化是通过减少数据的复杂性来提高数据处理效率。数据简化包括以下方法：

- 数据整合(Data Integration)：数据整合是将来自多个数据表或文件的数据合并到一个统一的数据集。整合过程涉及数据的清洗、对齐和合并，以创建一个一致的数据视图。

  示例：在一个商业智能系统中，可能需要将来自销售、财务和库存管理系统的数据整合到一个综合的报告中。这需要对不同数据源的数据进行清洗和转换，以确保数据的一致性和准确性。

- 数据抽样（Data Sampling）：数据抽样是从数据集中选择一个代表性的子集进行分析，以减少数据量并提高处理效率。数据抽样的方法包括随机抽样、分层抽样和系统抽样。

  示例：在进行市场调查时，可以从大型消费者数据集中随机抽取 1000 个样本进行分析，而不是使用整个数据集，从而节省计算资源和时间。

数据规约是数据预处理的重要步骤，通过特征选择、数据压缩和数据简化来提升数据处理的效率和效果。每种规约方法都有其特定的应用场景和优缺点，选择合适的方法可以显著提高数据分析的准确性和效率。数据规约不仅帮助减少存储需求和计算负担，还能改善数据的质量和可用性，为后续的数据分析和建模打下坚实的基础。

第5章 数据合规

在数字经济时代，数据已成为继土地、劳动、资本和技术之后的又一关键生产要素。在此背景下，数据合规问题成为一个重要的时代课题。加强数据合规管理，对于保护个人隐私、降低企业经营风险、促进数字经济发展、维护国家主权和安全具有重要意义。然而，现实中部分企业及其员工的数据合规意识不足，非法采集、数据泄露与非法使用等问题频发，给个人、企业乃至社会带来了不容忽视的负面影响。本章主要聚焦于商业分析中的数据合规问题，5.1 节介绍数据合规的概念、意义与商业分析中的数据合规挑战；5.2 节梳理国内外数据保护的立法框架，并重点介绍我国关于数据保护的三部法律；5.3 节结合我国现有立法，探讨企业数据合规的具体要求；5.4 节简要分析了数据合规的典型案例。

5.1 商业分析与数据合规

5.1.1 数据合规概述

数据合规是指企业及其员工在收集、存储、处理、使用、共享、转让、跨境或非跨境传输、流动、销毁等数据活动中，必须遵守相关的国际条约、国内法律法规规章、其他规范性文件、行业准则、商业惯例、社会道德、企业章程、合同约定等的要求。

数据合规中的"规"字范围广泛，上到国际条约，下至企业章程与合同约定，表 5-1 对数据合规领域中的代表性规范进行了简要举例。

互联网的迅速发展带来巨大的数据增长，各国更加关注对数据的合法利用，自欧盟推出《通用数据保护条例》(General Data Protection Regulation，GDPR) 以来，已有100 多个国家和地区颁布或提出了数据保护或隐私保护法，我国也在过去的几年中加快了对于数据保护的各类立法。2016 年通过的《中华人民共和国网络安全法》(以下简称《网络安全法》) 是我国在网络空间治理领域的第一部基本大法；2021 年，我国又接连颁布了《中华人民共和国数据安全法》(以下简称《数据安全法》)、《中华人民共和国个人信息保护法》(以下简称《个人信息保护法》)，进一步补充和完善了数据保护和流动规则。

数据合规不仅涉及个人隐私保护，还包括数据安全、网络安全等多个方面问题，强化数据合规管理对个人、企业、社会、国家都具有重大意义。

表 5-1　　　　　　　　　　　　　　　数据合规的代表性规范

类型	主要规范列举	制定主体
国际条约	*General Data Protection Regulation*（GDPR）、*Cross-Border Privacy Rules*（CBPR）	各国际组织
法律	《中华人民共和国网络安全法》《中华人民共和国数据安全法》《中华人民共和国个人信息保护法》	全国人大及其常委会
行政法规	《关键信息基础设施安全保护条例》《网络数据安全管理条例》	国务院
部门规章	《儿童个人信息网络保护规定》《网络交易监督管理办法》《网络安全审查办法》	各部委
司法解释	《最高人民法院关于审理使用人脸识别技术处理个人信息相关民事案件适用法律若干问题的规定》	最高人民法院
国家标准	《数据安全技术　数据分类分级规则》（GB/T 43697—2024）、《信息安全技术　个人信息安全规范》（GB/T 35273—2020）	国家性机构
行业准则	《中国互联网行业自律公约》《金融数据安全　数据生命周期安全规范》（JR/T 0223—2021）	特定行业内相关组织或机构
企业制度	各个企业（如腾讯、百度等互联网公司）的公司章程	各相关企业

1. 个人

数据合规中的"数据"是无数普通人的饮食、作息、出行、爱好等所形成的数据集合体，强调数据合规，对社会中的每个人而言都意义重大。

第一，数据合规能够保护个人信息，避免其遭受泄露或者非法利用，进而维护个人尊严与个人安全。例如《个人信息保护法》规定，企业在收集和使用个人数据时必须获得用户的明确同意，并严格限制数据的使用范围。合规性还增强了个人对自己数据的控制能力，包括知情权、访问权、更正权、删除权等。通过强化数据保护措施，可以有效地预防个人信息被盗用、滥用，减少财产损失和个人信誉受损的风险。

第二，数据合规能够促进数据与传统行业相结合，便利个人生活。在线教育、在线医疗、网络购物等新业态与领域极大地便利了人们的生活，例如很多人为了节省时间而选择网络购物，2023 年我国网上零售额达 15.4 万亿元，同比增长 11.0%。只有确保数据的安全，人们才愿意在必要的范围内让渡自己的数据权利，以换取更为便利的生活服务。数据合规将会为数字经济保驾护航，实现大数据技术为人服务、便利生活的目的。

2. 企业

通常来讲，企业是最常见的数据和个人信息处理者，也是数据违规处理的重灾区，强化数据合规、保证数据安全与规范处理对企业有深刻的意义。

第一，数据合规能够预防和降低风险，确保企业安稳运行。数据合规是保证数据资产安全的重要手段，有助于降低数据泄露、篡改、损失等风险。尤其对信息密集型企业来说，强化数据合规管理是合规工作的重中之重，不合规的数据处理可能使企业面临法律诉讼、罚款甚至业务中断等严重后果。此外，当企业面临行政处罚或刑事指控时，良好的合规体系是构成减轻或免除企业行政处罚和刑事处罚的合理理由之一。

第二，强化数据合规能够增强企业竞争力。数据合规不仅能增强客户对企业的信任，预防法律风险，还提高了运营效率和决策质量，是企业社会责任和法律义务的重要体现，有助于在市场中建立起透明、负责的数据管理者的良好形象，进而增强企业的品牌价值和市场竞争力。

3. 社会

违法违规处理数据、侵犯个人隐私的行为屡禁不止，使得公众对数据处理者的社会信赖度降低，数据利用效率也随之下降。而加强数据合规，确保数据处理活动规范进行，能够大大激发数字活力，促进社会经济的繁荣发展。

第一，数据合规帮助维护社会和谐稳定。数据泄露和滥用不仅侵犯个人隐私，还可能引发社会恐慌和不安定因素。数据合规通过规范数据处理行为，可以减少因数据泄露和滥用而引发的一系列社会问题和矛盾（例如个人信息泄露可能导致身份盗窃、诈骗等犯罪行为的发生），维护社会稳定。

第二，数据合规促进社会经济的健康繁荣发展。数据合规通过确保数据处理的合法性和规范性，可以维护市场秩序，促进公平竞争，为数字经济的发展提供有力支撑。同时，数据合规还能推动数字经济与其他领域的深度融合，促进经济高质量发展。

4. 国家

数据合规是国家数据安全战略的重要组成部分，有助于构建国家数据治理体系，维护国家安全和社会稳定，促进数字经济的健康发展。

第一，数据合规推进国家治理体系和治理能力的现代化。自 2013 年"全球大数据元年"起，各国都在争抢互联网空间运行规则的制定权，我国将数据治理作为国家治理层面的重要议题；2015 年 8 月，国务院颁布了《促进大数据发展行动纲要》；2015 年 10 月首次提出推行国家大数据战略；2017 年 12 月，中共中央政治局就实施国家大数据战略进行了第二次集体学习；2022 年 12 月，《关于构建数据基础制度更好发挥数据要素作用的意见》强调构建政府、企业、社会多方协同的治理模式，形成有效市场和有为政府相结合的数据要素治理格局。《网络安全法》《数据安全法》《个人信息保护法》也为数据合规提供了更加详细的操作指南，极大地促进了数据治理体系的完善和相应治理能力的提升，进而推进了国家治理体系和治理能力的现代化。

第二，数据安全也是国家安全的一部分，强化数据合规就是在法治轨道上保护数据安全，从而维护国家安全。数据已成为国家竞争力的重要组成部分，数据合规有助于国家掌握关键数据资源，防范外部势力通过数据手段进行渗透和破坏，维护国家安全和利益。

5.1.2 商业分析中的数据合规挑战

商业分析依赖于大量数据的收集、处理和分析,以支持决策制定和业务优化。然而随着越来越多的企业开始依赖数据分析来推动决策和创新,数据合规成为了一个复杂而又重要的议题,企业正面临着多方面的挑战,包括法律法规遵循、数据质量、数据安全等。

1. 法律法规的遵循

一方面,不同国家和地区对于数据保护、隐私安全以及跨境数据流动等方面的法律法规存在差异,如欧盟的 GDPR、美国的 CCPA 以及中国的《网络安全法》《数据安全法》《个人信息保护法》等,企业在全球范围内开展业务时,需要遵守多个法律体系,增加了合规的复杂性。另一方面,数据保护法规经常随着技术的发展和社会环境的变化而更新,比如技术的不断发展和隐私保护意识的提高使得各国政府纷纷加强了对数据保护的立法工作,相关法律法规不断更新和变化,因此,企业需要持续关注法律动态,及时调整和优化合规策略,以确保商业活动始终符合最新的法律要求。

2. 数据来源与质量

在进行商业分析时,企业必须确保所使用数据的来源是合法的,包括企业自主收集的数据和从第三方获取的数据。对于自主收集的数据,企业需要遵守合法、正当及必要性原则,并获得信息主体的同意;对于第三方数据,企业需要核实数据来源的合法性,并确保数据在传输和使用过程中不违反相关法律法规。此外,企业还要确保其数据质量达标,即能够满足特定用户预期且能被正确使用、存储、传输。这需要企业完善控制数据质量的业务规则,对海量的数据进行筛选和清洗,数据录入错误、格式不一致、信息缺失或过时等问题,都可能导致误导性的分析结果,进而影响商业决策的可靠性。

3. 数据安全与技术挑战

随着大数据和人工智能技术的发展,商业分析涉及的数据量和技术复杂性不断增加。企业需要不断升级其技术系统,以确保能够高效、准确地处理和分析大量数据。而随着新的数据处理和分析工具的不断出现,新的安全威胁也随之产生,如数据泄露和黑客攻击。企业需要不断更新其安全措施,确保其数据免受未经授权的访问、泄露或破坏,比如企业可以通过数据加密和脱敏技术保护数据隐私和安全。然而,这些技术的应用不仅需要投入高昂的成本,还需要具备专业的技术能力和知识,甚至有可能影响数据的可用性和分析效果。因此,在隐私保护和数据利用之间找到平衡,不断探索更加高效的新技术,是保障数据安全和促进商业发展的重要挑战。

4. 跨境数据传输的合规性

随着全球化的发展,企业在商业分析中经常涉及跨境数据流动。然而,不同国家和地区对数据跨境传输有不同的监管要求，这增加了企业合规的难度。企业需要了解并遵守相关国家和地区的法律法规，确保跨境数据传输的合法性；在进行跨境数据传输前，进行充分的风险评估，并制订相应的合规计划；同时，企业还需要建立跨境数据传输的安全机制，防止数据在传输过程中被泄露或篡改。

5. 合规成本与资源投入

数据合规往往需要企业大量的时间和金钱投入，比如会产生聘请专业律师和合规顾问、升级技术系统、培训员工等费用。对于中小企业来说，高昂的合规成本可能成为一个沉重的负担。因此，企业在追求合规的同时，还需要考虑合规成本与业务效益之间的平衡。如何在确保合规的前提下，最大化地利用数据资源，提升业务竞争力，是企业需要面对的重要问题。

6. 企业内部管理

数据合规不仅需要技术等的支持，还需要企业内部管理的配合。企业需要建立完善的合规管理体系，包括制定合规政策、培训员工、建立监控和审计机制等。通过建立和完善合规流程，可以确保商业分析过程中的每一个环节都符合法律法规的要求，包括数据收集、存储、处理、传输、销毁等全生命周期的合规管理。此外，企业还需要在内部建立良好的合规文化，提高员工的合规意识和素养，确保各部门之间的协同合作，以确保合规要求能够得到有效执行。这需要长期的投入和持续的努力，包括制定合规政策、开展合规培训、建立合规考核机制等。

5.2 数据合规的法律框架

5.2.1 国内外数据立法概况

1. 国际重要数据立法

当前，全球重大数据安全事件频发，为保障数据安全，各个国家和地区基于不同的价值理念，形成了各具特色的数据安全保护路径。欧盟通过 GDPR 强化了个人数据保护，确立了数据主体的广泛权利；德国和法国在 GDPR 框架下进一步强化了本国的数据保护法规；俄罗斯通过《个人数据法》强调了数据的本地化存储和国家控制；美国强调了在数据控制权和跨境数据流动上的灵活性；日本的《个人信息保护法》适应了数字化转型的需求；澳大利亚的《隐私法》注重个人隐私保护并适应数字经济……

（1）欧盟。

欧盟的数据安全立法无论是在立法时间还是立法系统性上，都处于全球领先位置。一级法律层面上，1981 年的《关于自动化处理的个人数据保护公约》（*Convention for the Protection of Individuals with regard to Automatic Processing of Personal Data*），是世界上第一部关于数据保护的国际公约。二级法律层面上主要有 2016 年的《通用数据保护条例》（GDPR）等。

2016 年 4 月 14 日，欧洲议会和欧盟理事会通过了《通用数据保护条例》（GDPR），于 2018 年 5 月 25 日正式生效。GDPR 被称为"史上最严隐私法案"，将个人数据的保护及监管提升了到前所未有的高度。在数据主体的权利方面，GDPR 设立了"被遗忘权""携带权"两项新型权利；在数据处理主体的义务方面，GDPR 通过巨额的行政处罚以警示数据处理主体严格履行自身合规义务，罚款金额最高可达全球年营业额的 4% 或 2000 万欧元（以较高者为准）。此外，GDPR 具有域外效力管辖权；同时设立数据保护官等制度辅助企业义务的履行以及监督机构的监管。

GDPR 的实施对全球范围内的数据保护法规产生了深远影响，许多国家和地区纷纷借鉴 GDPR 制定或完善自己的数据保护法规。同时，GDPR 也推动了企业在数据处理活动中的合规意识和能力的提升。未来，随着数字技术的不断发展和跨境数据流动的增加，GDPR 的影响将继续扩大，并可能面临新的挑战和变革。

（2）美国。

美国政府长期秉持数据开放和数据自由流动相结合的数据治理理念，坚持以市场为主导、以行业自治为主要手段，实行中央和州两个层次的纵向分权，立法也相对分散多元化，至今仍没有全国性的统一数据保护法律，但各州和行业特定的法规提供了数据保护的框架。值得注意的是，近两年美国立法机关已正式将联邦层面的统一隐私保护提上议程，致力于为全美数据隐私权确立统一的标准，消除现有各州综合数据隐私法的混杂局面。

联邦层面上，2022 年 6 月 3 日，美国参、众两院联合发布了《美国数据隐私和保护法案（草案）》（*American Data Privacy and Protection Act*，ADPPA）。2024 年 4 月 7 日，美国发布了《美国隐私权法案（草案）》（*The American Privacy Rights Act*，APRA），这是自 2022 年的 ADPPA 之后，美国在联邦层面数据隐私立法的再次尝试。此外，与特定行业相关的联邦立法还包括计算机通信领域的《计算机欺诈和滥用法》（*Computer Fraud and Abuse Act*，CFAA）、金融领域的《金融消费者保护法》（*Consumer Financial Protection Act*，CFPA）、医疗健康领域的《健康保险隐私及责任法案》（*Health Insurance Portability and Accountability Act*，HIPAA）等。

州层面上，2018 年由州长签署并发布的《加利福尼亚州消费者隐私法案》（*California Consumer Privacy Act*，CCPA）被誉为美国"最严厉和最全面的个人隐私保护法案"，它作为专门针对加州消费者的隐私保护法律，对其他州的立法进程具有重要标杆作用和参考价值。2021 年 3 月弗吉尼亚州出台了《弗吉尼亚州消费者数据保护法》（*Virginia Consumer Data Protection Act*，VCDPA），它参考借鉴了 CCPA 以及欧盟 GDPR 的成果，在推进企业保护消费者数据隐私、赋予消费者相关权利等方面更为完善，成为美国第二个拥有全面数据隐私法的州。

（3）日本。

相较于欧美在个人信息保护方面的立法，日本个人信息保护的立法起步较晚，其在立法过程中，在广泛借鉴欧美先进立法经验的同时，也充分考虑了日本本国的实际情况，采取了较为中立的统分结合立法监管模式。通过采取统一综合立法和特定领域制定个别法的方式，实现了对个人信息使用的严格规制，同时也保证了数据流动性以激励企业创新。

日本的数据保护法规以《个人信息保护法》(*Act on the Protection of Personal Information*, APPI) 为核心，建立了全面的个人信息保护体系。2003 年 5 月，日本正式通过 APPI，于 2005 年 4 月 1 日正式施行，在日本个人信息保护法制体系中相当于基本法的重要地位。随着互联网技术的不断发展，该法历经多次修订，现行的《个人信息保护法》(2020 年)搭建了日本个人信息保护的立法制度体系；与之对应的《个人信息保护基本方针》《个人信息保护法施行令》《个人信息保护法施行规则》也同步修订发布。

《个人信息保护法》(2020 年)增强了用户权利，加重了数据处理者的义务，还重点关注人脸识别信息使用，引入了"假名加工信息"和"匿名加工信息"两类新的信息类型，细化了数据泄露报告制度，加强了数据跨境传输监管，扩大了域外适用范围，加重了惩罚措施。

不同国家和地区在立法理念、执法和监管方式等方面的差异反映了在数据保护方面的不同侧重点和法律文化，表 5-2 总结对比了欧盟、美国、日本的数据保护立法与实施概况。

表 5-2　　　　　　　　　　　　　不同国家/地区的数据保护法对比

国家/地区	欧　盟	美　国	日　本
主要法规	GDPR	CCPA	APPI
立法机构	欧洲议会、欧盟理事会	国会、各州议会	日本国会
执法机构	欧洲数据保护委员会、各成员国数据保护机构等	联邦贸易委员会等	个人信息保护委员会等
监管模式	统一立法，分散执法	联邦与州双重体系	统一立法，集中执法
立法侧重	强调个人隐私权的保护，将隐私权视为基本人权之一	追求经济发展与隐私权保护的平衡	强化个人信息保护，侧重于与国内特点和文化相适应
特点	全面且严格、高额罚款制度	分散灵活、有行业特色	行业自律与政府监管结合、合作与共享机制
跨境数据传输要求	充分性认定、BCR、SCC 等	行业自律、(敏感数据的)特定限制等	数据主体同意等

欧盟的 GDPR 具有高度的统一性和严格性，强调数据主体权利和高标准。美国因缺乏全面的联邦数据保护法，立法相对分散，呈现出了一定的灵活性和行业特色。日本则注重隐私权尊重和数据主体权利保护，建立了全面的个人信息保护体系，通过合作机制推动实践落实。

2. 我国数据立法框架体系

我国关于数据合规的现行法律架构可以概括为"1+3+N"体系。

"1"即指《中华人民共和国国家安全法》（以下简称《国家安全法》），是整个数据合规监管体系的基石。2015年7月1日《国家安全法》通过，它明确了国家"建设网络与信息安全保障体系，提升网络与信息安全保护能力，维护国家网络空间主权、安全和发展利益"的职责。《国家安全法》作为总体国家安全观的法治保障，在信息化时代的新变化新趋势之下，统领信息领域安全工作，维护我国网络空间主权和数据主权的利益和发展，为数据出境纳入国家监管指明了方向，是我国数据立法的基石，也是整个体系中占指导地位的"1"。

"3"即指为了落实《国家安全法》对网络安全和信息安全的规定，围绕网络安全、数据安全和个人信息保护三个领域提出原则性监管要求的三部重要法律：《网络安全法》《数据安全法》《个人信息保护法》。后续小节将会详细介绍这三部核心法律。

"N"是指为落实上述四部法律的监管要求而出台的相关法规、标准等（包括专门的数据出境立法）。四部法律共同搭建起国家安全观下数据合规的基本制度，但是在具体指导企业合规实践中仍需要相关部门法规以及标准、细则、指南等"软法"的详细补充。2024年1月1日正式施行的《未成年人网络保护条例》是我国第一部专门立法保护未成年人网络安全的综合性法律，其中第四章专门规定了未成年人"个人信息网络保护"，包括网络直播服务提供者应建立真实身份信息动态核验机制，个人信息处理者应采取措施保障未成年人或其监护人查阅、复制、更正、补充、删除未成年人个人信息的权利等。2024年3月22日，国家互联网信息办公室正式公布了《促进和规范数据跨境流动规定》，对于数据出境安全评估、个人信息出境标准合同、个人信息保护认证等数据出境制度进行了具体规定，旨在保障数据安全，保护个人信息权益，促进数据依法有序自由流动。2024年5月1日起正式实施的《生成式人工智能数据应用合规指南》（T/CECC 027—2024）是由国家工业信息安全发展研究中心立项牵头、其他相关组织联合编制的一项团体标准，它提供了生成式人工智能服务在数据应用各环节中应遵循的合规原则和要求，填补了AIGC数据应用合规标准的空白。此外，与数据合规相关的文件还有财政部2023年8月1日发布的《企业数据资源相关会计处理暂行规定》、国家金融监督管理总局2024年3月22日发布的《银行保险机构数据安全管理办法（征求意见稿）》等。

我国数据保护的立法体系近年来得到了快速发展和完善，形成了一套较为完备的法律框架。这一体系不仅体现了我国对数据安全的高度重视，也为保障国家安全、促进经济社会发展提供了有力的法律支撑。随着技术的不断发展和国际形势的变化，我国数据保护的立法体系还将继续完善和发展。

5.2.2 《网络安全法》

2016年11月7日，第十二届全国人民代表大会常务委员会第二十四次会议通过了《网络安全法》，于2017年6月1日起正式施行。作为我国网络安全领域的第一部法律，它在强调网络运行安全和网络信息安全的同时也囊括了诸多与数据保护、个人信息保护相关的要求，为后续《数据安全法》《个人信息保护法》等法律法规的出台做了良好铺垫。

1. 立法背景

在《网络安全法》正式出台之前，我国已经出台了相关文件来维护网络的安全运行，《网络安全法》可谓应运而生。

第一，数据经济时代的发展要求。伴随互联网和信息技术迅猛发展而来的是网络安全挑战的不断增加，网络攻击、个人隐私泄露、恶意软件传播等问题逐渐凸显。数据的不良管控既会滋生违法犯罪行为的发生，也会导致数据资源的浪费。在此背景下，明确网络安全界限能够保障数据经济的持续健康发展。

第二，网络安全战略的必要性。我国在数字化进程中取得了显著的成就，但同时也面临着严峻的网络安全威胁。党的十八大以来，以习近平同志为核心的党中央从总体国家安全观出发对加强国家网络安全工作做出了重要的部署，制定《网络安全法》是适应我国网络安全工作新形势、新任务的重大举措。

第三，全球网络安全法制水平的提高。在"没有网络安全就没有国家安全，没有信息化就没有现代化"越来越成为全球共识之际，从欧盟 GDPR 的制定到美国从中央到地方对网络安全保护的法案出台，我国也逐步开启了网络强国建设的一系列顶层设计和部署。

2. 规范对象

《网络安全法》牵涉主体较多，但其主要规制对象为网络运营者，具体包括一般的网络运营者和关键信息基础设施运营者。

《网络安全法》第 76 条规定："网络运营者，是指网络的所有者、管理者和网络服务提供者。"一般而言，网络运营者是一个较为宽泛的概念，包括局域网、社交媒体、自动化办公系统等各种网络的所有者，网络维护和内容编排管理者以及网络服务的提供者，故而从这一角度而言，企业只要存在"触网"要素，如开通了企业官方网站、电商网站或官方社交媒体账户，就可以被认为是网络运营者。

《网络安全法》第 31 条规定："国家对公共通信和信息服务、能源、交通、水利、金融、公共服务、电子政务等重要行业和领域，以及其他一旦遭到破坏、丧失功能或者数据泄露，可能严重危害国家安全、国计民生、公共利益的关键信息基础设施，在网络安全等级保护制度的基础上，实行重点保护。"由此可知，《网络安全法》主要通过领域和风险来识别关键信息基础设施，并对其运营者规定更为严格的合规运维和审查义务。

3. 适用范围

《网络安全法》第 2 条规定："在中华人民共和国境内建设、运营、维护和使用网络，以及网络安全的监督管理，适用本法。"因此，任何在我国境内运行的服务器或其他基础设施的运维主体都属于《网络安全法》的管辖范围。

此外,《网络安全法》第 5 条规定:"国家采取措施,监测、防御、处置来源于中华人民共和国境内外的网络安全风险和威胁,保护关键信息基础设施免受攻击、侵入、干扰和破坏,依法惩治网络违法犯罪活动,维护网络空间安全和秩序。"此外,第 50 条和第 75 条也有相关的规定。可见,《网络安全法》对于损害境内网络安全的境外机构、组织和个人也具有一定的域外管辖权,其管辖范围类似于刑法上的属地及保护原则并举。

5.2.3 《数据安全法》

2021 年 6 月 10 日,《数据安全法》经第十三届全国人民代表大会常务委员会第二十九次会议表决通过,于 2021 年 9 月 1 日正式施行。《数据安全法》是数据领域的基础性法律,也是国家安全领域的一部重要法律,其施行既有利于弥补我国数据安全保护领域的法律空白,又有利于推动以数据为核心的数字经济的发展,实现我国产业的数字化转型升级。

1. 立法背景

《数据安全法》是在数字经济发展的影响下,为解决数据安全问题而出台的专门性法律,体现了我国数据安全保护的决心。

第一,外力驱动。进入信息全球化时代以来,数据安全问题频发,世界重要国家与国际组织先后通过立法对数据安全问题进行规制。例如,2018 年美国的《澄清域外合法使用数据法》(*Clarify Lawful Overseas Use of Data Act*,CLOUD 法案),明确了美国执法机构在法定条件下调取美国公民存储在域外服务器中数据的规则。面对欧美国家将数据主权从物理边界转向技术边界,必须尽快完善我国相关法律法规,保护我国国家及公民利益。

第二,内部需求。我国产业的数字化转型升级加快,对数据安全保护提出了新的要求。2017 年,数据安全问题首次被纳入《网络安全法》进行规制,为实现网络安全领域内的数据安全奠定了基础。但《网络安全法》并非针对数据安全问题的专门立法,为弥补不足,各地围绕数据安全问题发布了一系列地方性文件,如《深圳经济特区数据条例(征求意见稿)》等,在一定程度上规范了当地的数据市场。但各地参差不齐的保护水平以及规制手段可能会使数据市场陷入混乱,阻碍数字经济的正常发展。在数字经济蓬勃发展的时代,应当建立起我国统一的数据安全法律体系,提升数据安全保护效力,为推动数字经济发展打下坚实的法律基础。

2. 规范对象

《数据安全法》第 3 条规定:"本法所称数据,是指任何以电子或者其他方式对信息的记录。数据处理,包括数据的收集、存储、使用、加工、传输、提供、公开等。数据安全,是指通过采取必要措施,确保数据处于有效保护和合法利用的状态,以及具备保障持续安全状态的能力。"《数据安全法》《国家安全法》《网络安全法》《个人信息保护法》等法律中对应的数据保护相衔接,但又有着不同的规范对象。

第一，《数据安全法》与《国家安全法》都立足于国家安全，数据安全是国家安全不可分割的部分。《国家安全法》以法律的形式确立了总体国家安全观的指导地位，界定了国家安全的内涵和外延，明确维护国家安全的各项任务，建立健全国家安全制度和国家安全保障措施。《数据安全法》第 1 条和第 4 条则明确了本法是以国家安全观为出发点，在此基础上切入数据治理中的安全问题，维护数据安全，应当坚持总体国家安全观。《国家安全法》为国家经济安全、网络安全、数据安全等各项国家安全相关的专门法律体系建设奠定了基础，《数据安全法》则细化了数据相关的制度安排。

第二，《数据安全法》相较于《网络安全法》而言，规范的对象更加聚焦于数据本身，对数据的保护范围也更广。根据《数据安全法》第 3 条的规定，数据是指任何以电子或者其他方式对信息的记录，其调整的数据包括网络数据也包括非网络数据，涵盖政务数据、企业数据、个人数据等，比《网络安全法》中的网络数据，即网络收集、存储、传输、处理和产生的电子数据范围要更广。

第三，《数据安全法》调整的数据范围大于《个人信息保护法》调整的数据范围。《个人信息保护法》中规定的个人信息是指以电子或者其他方式记录的与已识别或者可识别的自然人有关的各种信息，不包括匿名化处理后的信息，将个人信息的范围进行限定。而根据《数据安全法》中数据的规定，数据是任何以电子或者其他方式对信息的记录。因此，归属于个人信息(受《个人信息保护法》规制的信息记录)和非个人信息(包括匿名化处理后的信息等不受《个人信息保护法》规制的信息记录)均属于《数据安全法》规定数据的范畴。

3. 适用范围

《数据安全法》第 2 条规定："在中华人民共和国境内开展数据处理活动及其安全监管，适用本法。在中华人民共和国境外开展数据处理活动，损害中华人民共和国国家安全、公共利益或者公民、组织合法权益的，依法追究法律责任。"由此，《数据安全法》的域外效力被确立下来，不仅能适用于我国境内开展的数据处理活动及数据安全监管，也能适用于境外的数据处理活动。

5.2.4　《个人信息保护法》

2021 年 8 月 20 日，第十三届全国人大常委会第三十次会议审议通过《个人信息保护法》，于 2021 年 11 月 1 日起施行。《个人信息保护法》是我国个人信息保护领域的基础性法律，相较于此前散落于《民法典》《网络安全法》《消费者权益保护法》等法律的个人信息保护条款，它以集中立法的方式，确定了个人信息保护的核心与基本准则。

1. 立法背景

在国际和国内双重大环境的影响下，制定专门的法律法规强化保护个人信息已经刻不容缓。

一方面，国际上诸多国家和地区纷纷建立个人信息保护制度，相继完成个人信息保护相关立法。例如，欧盟的 GDPR、美国各州出台的《消费者数据保护法》等。数字经济全球化发展大背景下，个人信息保护专门立法是大势所趋，高水平个人信息保护立法的国家在国际数字经济发展合作中相对更易取得信任和建立紧密合作关系。

另一方面，我国一直以来高度重视网络空间领域的法治建设工作，党中央、国务院多次对加强个人信息保护工作提出明确要求。我国通过《民法典》《电子商务法》《刑事诉讼法》等法律，有针对性地制定了相应法律条款保护个人信息。然而由于个人信息的价值不断提升，企业对于个人信息保护没有统一规范化标准，保护能力参差不齐，问题频发。

2. 规范对象

《个人信息保护法》第 1 条明确了制定该法的目的："为了保护个人信息权益，规范个人信息处理活动，促进个人信息合理利用，根据宪法，制定本法。"第 4 条规定："个人信息是以电子或者其他方式记录的与已识别或者可识别的自然人有关的各种信息，不包括匿名化处理后的信息。个人信息的处理包括个人信息的收集、存储、使用、加工、传输、提供、公开、删除等。"由此，个人信息和个人信息处理的界定成为《个人信息保护法》规范对象和边界。

（1）个人信息的界定。

从学理上分析，我国对个人信息的界定主要存在"识别说"和"关联说"两种主要理论，"识别说"是将"是否可以识别个人身份"作为界定个人信息和非个人信息的标准；"关联说"则是判断相关性，即在已知特定个人的情况下，知道该特定个人进一步的相关信息。

2012 年《全国人民代表大会常务委员会关于加强网络信息保护的决定》采用的就是"识别说"的描述方式：国家保护能够识别公民个人身份和涉及公民个人隐私的电子信息。2016 年《网络安全法》在此基础上通过概括和列举的方式加强描述，但本质上也属于"识别说"的界定方式。但是，随着数据海量增长，个人信息的潜在范围不断延长，传统的"识别说"难以适应多元的保护场景，我国采取了"识别说"和"关联说"相结合的模式，在 2021 年《个人信息保护法》中加入了"与已识别或者可识别的自然人有关的各种信息"，进一步扩展了个人信息的范围边界。

（2）个人信息处理的界定。

《个人信息保护法》定义个人信息的处理包括个人信息的收集、存储、使用、加工、传输、提供、公开、删除等。这种开放式的列举方式，某种程度上是对欧盟 GDPR 的重要参考，且两部法律都将因个人或为家庭事务处理个人信息的一般个人信息处理排除在法律调整之外。

3. 适用范围

《个人信息保护法》第 3 条第 1 款规定："在中华人民共和国境内处理自然人个人信息的活动，适用本法。"即《个人信息保护法》以"属地管辖"为原则。

《个人信息保护法》第 3 条第 2 款规定："在中华人民共和国境外处理中华人民共和国境内自然人个人信息的活动，有下列情形之一的，也适用本法：（一）以向境内自然人提供产品或者服务为目的；（二）分析、评估境内自然人的行为；（三）法律、行政法规规定的其他情形。"故《个人信息保护法》也兼采"属人原则"。

5.3　数据合规的基本要求

5.3.1　数据收集

根据《数据安全法》第 3 条的规定，数据处理包括数据的收集、存储、使用、加工、传输、提供、公开等流程，数据合规应当体现在数据处理的各个环节，因此，企业在进行数据合规时，切忌采取单独、割裂的方式，而应当从系统化、体系化视角出发，做到数据全生命周期保护。

数据收集是数据合规的起点，要求企业在收集数据时遵守法律法规，确保数据的合法性、准确性和必要性，主要包括合法性、知情同意、最小必要原则等具体要求。

1. 合法性

《民法典》第 111 条规定："自然人的个人信息受法律保护。任何组织或者个人需要获取他人个人信息的，应当依法取得并确保信息安全，不得非法收集、使用、加工、传输他人个人信息，不得非法买卖、提供或者公开他人个人信息。"

企业收集数据，应当采取合法、正当的方式，不得窃取或者以其他非法方式获取数据。

2. 知情同意

"知情同意"原则适用于数据处理的全流程，实践中告知及寻求同意的行为多发于收集阶段，故在此处进行阐述。《个人信息保护法》的大量条文表明，处理个人信息以个人信息提供者知情同意为原则，如第 7 条规定："处理个人信息应当遵循公开、透明原则，公开个人信息处理规则，明示处理的目的、方式和范围。"第 13 条规定："符合下列情形之一的，个人信息处理者方可处理个人信息：（一）取得个人的同意……依照本法其他有关规定，处理个人信息应当取得个人同意，但是有前款第二项至第七项规定情形的，不需取得个人同意。"由此，根据《个人信息保护法》的相关规定（第 7 条，第 13 条），处理个人信息的，除法律、行政法规另有规定外需征得该自然人同意，公开处理信息的规则，明示处理信息的目的、方式和范围。

因此，企业在收集用户信息用于商业分析前，应确保公开收集数据的规则，明示收集数据的目的、用途、方式、范围、采集源、采集渠道、使用方式及可能的风险等内容，且应获得数据主体的同意和授权。

3. 最小必要原则

最小必要原则即只处理满足个人信息主体授权同意的目的所需的最少个人信息类型和数量。《网络安全法》第41条第2款规定："网络运营者不得收集与其提供的服务无关的个人信息，不得违反法律、行政法规的规定和双方的约定收集、使用个人信息，并应当依照法律、行政法规的规定和与用户的约定，处理其保存的个人信息。"《个人信息保护法》第5条也明确提及了个人信息收集之必要性是收集个人信息的基本原则之一，即"处理个人信息应当遵循合法、正当、必要和诚信原则，不得通过误导、欺诈、胁迫等方式处理个人信息。"

因此，企业在提供产品、服务过程中收集个人信息，应当符合最小必要原则，仅收集与实现产品或服务的业务功能直接相关的个人信息。不得因个人不同意提供非必要个人信息，而拒绝向其提供基本功能或服务。仅收集实现分析目的所必需的最少数据，避免过度收集无关数据，有助于减少数据泄露的风险，并提高数据处理效率。

5.3.2 数据存储

数据存储是数据合规的重点规制方面，目前我国的法律法规已对境内存储、保密存储、存储保存、容灾备份、委托存储问题进行了系统规定。

1. 境内存储与境外提供

根据相关法律法规，下列情形应当严格遵循境内存储的规定，将所处理信息及数据存储在境内：

(1)国家机关处理个人信息。国家机关作为收集数据的重要主体，其收集的数据具有全局性与广泛性，往往关系国家安全与民众的切身利益，因此法律对其存储位置有特别的要求。《个人信息保护法》第36条规定："国家机关处理的个人信息应当在中华人民共和国境内存储；确需向境外提供的，应当进行安全评估。安全评估可以要求有关部门提供支持与协助。"

(2)关键信息基础设施运营者处理个人信息与重要数据。基于关键信息基础设施运营者所收集数据的重要性以及遭到泄露等可能造成的严重危害，《个人信息保护法》第40条规定："关键信息基础设施运营者和处理个人信息达到国家网信部门规定数量的个人信息处理者，应当将在中华人民共和国境内收集和产生的个人信息存储在境内。确需向境外提供的，应当通过国家网信部门组织的安全评估；法律、行政法规和国家网信部门规定可以不进行安全评估的，从其规定。"《网络安全法》第37条也规定："关键信息基础设施的运营者在中华人民共和国境内运营中收集和产生的个人信息和重要数据应当在境内存储。因业务需要，确需向境外提供的，应当按照国家网信部门会同国务院有关部门制定的办法进行安全评估；法律、行政法规另有规定的，依照其规定。"

(3)处理个人信息达到一定数量的个人信息处理者。对于一般的个人信息处理者，原则上法律在"数据本地化存储"方面没有特殊要求。但是对于处理个人信息达到一定数量的个人信息处理者，法律有特别的规定，如《个人信息保护法》第 40 条的规定，处理个人信息达到国家网信部门规定数量的个人信息处理者，应当将在中华人民共和国境内收集和产生的个人信息存储在境内。对此，《数据出境安全评估办法》对其进行了具体规定，前者指的是处理 100 万人以上个人信息的数据处理者。

此外，根据《个人信息保护法》第 36 条、第 40 条的规定，以上三种情形下的信息处理者确有需要向境外提供的，除了特殊规定外，必须通过国家网信部门组织的安全评估。

2. 保密存储

数据作为形式载体往往承载着大量的信息，可能涉及个人隐私、商业秘密等，数据处理者存储数据应当从物理和技术层面做好双重保密工作，加强数据处理系统、数据传输网络、数据存储环境等安全防护，采取加密、访问控制等手段，以防止信息和数据泄露，侵害相关主体的合法权益，从而导致企业自身陷入违法违规的风险、损害企业的商誉。比如《数据安全法》第 38 条规定："……对在履行职责中知悉的个人隐私、个人信息、商业秘密、保密商务信息等数据应当依法予以保密，不得泄露或者非法向他人提供。"《网络安全法》第 40 条规定："网络运营者应当对其收集的用户信息严格保密，并建立健全用户信息保护制度。"

3. 完整保存

存储数据的机关、企业以及个人除了保证数据不遭受泄露以外，还应当保证数据的完整性，确保数据不被恶意篡改或者毁损。《网络安全法》第 42 条第 1 款规定："网络运营者不得泄露、篡改、毁损其收集的个人信息；未经被收集者同意，不得向他人提供个人信息。但是，经过处理无法识别特定个人且不能复原的除外。"在此基础上，《个人信息保护法》第 46 条还规定了信息主体的信息更正权，即"个人发现其个人信息不准确或者不完整的，有权请求个人信息处理者更正、补充"。

4. 容灾备份

企业应定期对数据进行备份，并测试备份数据的恢复能力，以确保在发生数据丢失或损坏时能够迅速恢复数据，保障业务的连续性和稳定性。《网络安全法》第 34 条第 3 项要求关键信息基础设施运营者应当对重要系统和数据库进行容灾备份。《工业和信息化领域数据安全管理办法(试行)》第 15 条规定："工业和信息化领域数据处理者应当按照法律、行政法规规定和用户约定的方式、期限进行数据存储。存储重要数据和核心数据的，应当采用校验技术、密码技术等措施进行安全存储，并实施数据容灾备份和存储介质安全管理，定期开展数据恢复测试。"

5. 委托存储

目前，我国并未禁止委托他人处理数据，《数据安全法》第 40 条规定："国家机关委托他人建设、维护电子政务系统，存储、加工政务数据，应当经过严格的批准程序，并应当监督受托方履行相应的数据安全保护义务。受托方应当依照法律、法规的规定和合同约定履行数据安全保护义务，不得擅自留存、使用、泄露或者向他人提供政务数据。"《个人信息保护法》第21条规定："个人信息处理者委托处理个人信息的，应当与受托人约定委托处理的目的、期限、处理方式、个人信息的种类、保护措施以及双方的权利和义务等，并对受托人的个人信息处理活动进行监督。受托人应当按照约定处理个人信息，不得超出约定的处理目的、处理方式等处理个人信息；委托合同不生效、无效、被撤销或者终止的，受托人应当将个人信息返还个人信息处理者或者予以删除，不得保留。未经个人信息处理者同意，受托人不得转委托他人处理个人信息。"

5.3.3 数据传输

数据传输是数据处理流程中的重要环节，合规要求涉及数据传输时的安全性和合法性。企业必须确保数据在传输过程中得到适当的加密和保护，并且传输行为符合相关法律法规，特别是跨境传输时。

1. 安全传输

《网络安全法》第41条等相关法律条文明确指出应当确保所收集数据的安全，在数据传输中也不例外。加密技术可以确保数据在公共网络或不受信任的环境中不被窃取或篡改，有助于保护数据的机密性和完整性。企业应当采取加密等安全保护措施确保数据传输介质和环境安全，保障重要数据和敏感个人信息传输过程的安全性，防范未经授权访问和数据泄露。

当企业需要向第三方提供或共享数据时，应当通过合同等形式明确双方的数据安全责任和义务，并对数据接收方的数据处理活动进行监督。特别是涉及重要数据和核心数据的处理，企业应核验受托方的数据安全保护能力和资质，并确保未经委托方同意，受托方不得将数据提供给第三方。

2. 跨境数据传输

当涉及数据跨境传输时，企业应严格遵守特定的法律要求，履行告知义务并征得个人的单独同意。《个人信息保护法》第39条规定："个人信息处理者向中华人民共和国境外提供个人信息的，应当向个人告知境外接收方的名称或者姓名、联系方式、处理目的、处理方式、个人信息的种类以及个人向境外接收方行使本法规定权利的方式和程序等事项，并取得个人的单独同意。"

此外，还需要满足"出境合法化"四项条件之一。《个人信息保护法》第38条规定："个人信息处理者因业务等需要，确需向中华人民共和国境外提供个人信息的，应当具备下列条件之一：（一）依照本法第四十条的规定通过国家网信部门组织的安全评估；(二)按照国家网信部门的规定经专业机构进行个人信息保护认证；（三）按照国家网信部门制定的标准合同与境外接收方订立合同，约定双方的权利和义务；（四）法律、行政法规或者国家网信部门规定的其他条件。"

我国的现行法律中，对于跨境数据传输的法律要求及判断顺序可以总结如下：

首先，数据处理者应判断是否涉及境内收集和产生的个人信息和重要数据，如果不涉及，无需履行数据出境路径。

其次，自贸区内的数据处理者，应关注所在的自贸区是否出台了负面清单。若已出台负面清单，出境数据属于负面清单上的数据，则按照负面清单选择相应的数据出境路径。自贸区内的数据处理者向境外提供负面清单之外的数据，可以免予履行数据出境路径。但在负面清单出台前，自贸区内数据处理者与自贸区外的数据处理者，按照同样的数据出境安全管理规定执行。

最后，数据处理者(除已出台负面清单的自贸区内数据处理者外)选择数据出境路径时，具体判断顺序如下(见表5-3)：

表 5-3　　　　　　　　　　　　数据出境路径的选择

	重要数据出境	个人信息出境		免予履行数据出境路径
		应当通过数据出境路径		
CIIO	安全评估	安 全 评 估		1. 个人跨境业务； 2. 跨境人力资源管理； 3. 紧急情况
非 CIIO	安全评估	自当年1月1日起累计向境外提供	100万人以上个人信息(不含敏感个人信息)或者1万人以上敏感个人信息	安全评估
			10万人以上、不满100万人个人信息(不含敏感个人信息)或者不满1万人敏感个人信息	标准合同/认证
			不满10万人个人信息且不含敏感个人信息	免予履行数据出境路径

(1)涉及重要数据的出境，任何主体(无论是"关键信息基础设施运营者"CIIO 还是非 CIIO)向境外提供重要数据，均应通过安全评估。

(2)涉及个人信息的出境，按如下顺序判断：

①判断是否存在三种免予履行数据出境路径的情形。任何数据处理者，无论是否为 CIIO，在"个人跨境业务""跨境人力资源管理""紧急情况"任一情形下，均免予履行数据出境路径。

②判断数据处理者类型。如果是 CIIO，应通过安全评估。如果是非 CIIO，应根据

出境个人信息的类型和数量来确定是否可以免予履行，以及应当通过何种数据出境路径。

对于违反数据出境安全管理要求的行为，将依据《网络安全法》《数据安全法》《个人信息保护法》等法律法规处理，并可能追究刑事责任。

5.3.4 数据使用

数据的使用与加工是实现数据价值的关键环节之一，是企业判断其是否做好数据合规工作的关键，具体要求包括目的与范围限制、访问控制、保持透明度等。

1. 目的与范围限制

《数据安全法》第32条规定："法律、行政法规对收集、使用数据的目的、范围有规定的，应当在法律、行政法规规定的目的和范围内收集、使用数据。"即使是已经公开的个人信息，也应当满足合目的与合范围的要求，《个人信息保护法》第27条规定："个人信息处理者可以在合理的范围内处理个人自行公开或者其他已经合法公开的个人信息；个人明确拒绝的除外。个人信息处理者处理已公开的个人信息，对个人权益有重大影响的，应当依照本法规定取得个人同意。"《网络数据安全管理条例》第21条规定："网络数据处理者在处理个人信息前，通过制定个人信息处理规则的方式依法向个人告知的，个人信息处理规则应当集中公开展示、易于访问并置于醒目位置，内容明确具体、清晰易懂，包括但不限于下列内容：（一）网络数据处理者的名称或者姓名和联系方式；（二）处理个人信息的目的、方式、种类，处理敏感个人信息的必要性以及对个人权益的影响……"

企业收集的个人信息必须用于明确、具体、合法的目的，并且使用时应与收集时的目的相符，不得超出原始目的范围与使用期限使用个人信息。即企业应确保数据的使用符合收集时的声明，不得用于其他未经授权的目的，除非获得新的同意或其他合法依据；同时，企业还应在内部文档中明确记录数据的使用目的和使用方式，以便进行合规审计。

2. 访问控制

《工业和信息化领域数据安全管理办法（试行）》第16条第1款规定："工业和信息化领域数据处理者利用数据进行自动化决策的，应当保证决策的透明度和结果公平合理。使用、加工重要数据和核心数据的，还应当加强访问控制。"加强访问控制可以避免不法分子接触到数据，从而不当地使用与加工数据。

3. 透明度与用户权利

《个人信息保护法》第7条、《工业和信息化领域数据安全管理办法（试行）》第16条等多处提到，在使用用户数据时，企业应保持透明度，告知用户数据的使用情况，并尊重用户的权利，如访问权、更正权、删除权等。此外，企业利用数据进行自动化决策的，也应当保证自动化决策的透明度，并以适当方式公示其自动化决策的基本原理、目的意图和主要运行机制等信息；其结果可能对个人权益造成显著影响的，应当对此种影响及可能产生的后果予以说明，并为个人提供拒绝自动化决策的选项。

5.3.5 数据删除与销毁

数据删除与销毁是数据处理流程的终点，也是确保数据不再被非法利用的重要环节，主要包括明确删除与销毁条件、制订销毁计划、进行记录与审计等。

1. 明确删除与销毁条件

《民法典》和《网络安全法》对删除权进行了基本规定，《个人信息保护法》第 47 条第 1 款在此基础上细化了行使删除权的情形，即："有下列情形之一的，个人信息处理者应当主动删除个人信息；个人信息处理者未删除的，个人有权请求删除：(一)处理目的已实现、无法实现或者为实现处理目的不再必要；(二)个人信息处理者停止提供产品或者服务，或者保存期限已届满；(三)个人撤回同意；(四)个人信息处理者违反法律、行政法规或者违反约定处理个人信息；(五)法律、行政法规规定的其他情形。"第 2 款则说明了例外情况，即使满足以上 5 种情形，只要"法律行政法规规定的保存期限未届满"或"删除个人信息从技术上难以实现"，信息处理者仍可不删除相关个人信息。

此外，《个人信息保护法》第 49 条对死者近亲属对死者个人信息的删除权进行了规定，即："自然人死亡的，其近亲属为了自身的合法、正当利益，可以对死者的相关个人信息行使本章规定的查阅、复制、更正、删除等权利；死者生前另有安排的除外。"

企业应当建立数据存储冗余管理策略，定期对存储数据进行盘点，对于对实现处理目的不再必要的数据，应当及时进行删除或匿名化处理；明确数据销毁的条件和程序，确保在不再需要数据时及时、彻底地销毁数据。

2. 建立数据删除和销毁机制

企业应当建立数据删除和销毁的操作规程和管理制度，明确删除和销毁的对象、权限、流程和技术等要求，确保被销毁数据不可恢复，并对相关活动进行记录和留存。企业还应建立销毁监察机制，严防数据销毁阶段可能出现的数据泄露问题。同时，建立数据删除与销毁的记录和审计机制，以便追溯和验证数据删除与销毁的过程和结果。这有助于证明企业的合规性，应对可能的监管审查和法律诉讼。

数据合规要求覆盖了数据的全生命周期，从数据收集到销毁的各个环节，企业都需遵循法律法规，确保数据处理活动的合法性和安全性。数据合规不仅是法律要求，更是企业战略的一部分。通过建立完善的数据合规管理体系，不仅可以保护个人隐私和数据安全，还可以帮助企业规避法律风险，从而增强用户信任，维护良好的客户关系和市场声誉，提升企业竞争力，促进业务的长期发展。

5.4 数据合规的典型案例

5.4.1 我国 cookie 隐私第一案

《第 53 次中国互联网络发展状况统计报告》显示，截至 2023 年 12 月，我国网民规模达 10.92 亿人，手机网民规模达 10.91 亿人。网民人数的不断增加，也意味着网络安全隐患不断增多。《第 52 次中国互联网络发展状况统计报告》称（见图 5-1），截至 2023 年 6 月，遭遇个人信息泄露的网民比例达到 23.2%，仅有 62.4% 的网民表示过去半年在上网过程中未遭遇过网络安全问题。由此可见，互联网个人信息与数据保护问题日趋严峻。

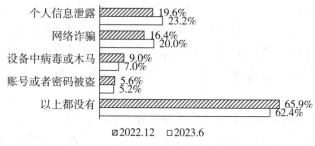

图 5-1 网民遭遇各类网络安全问题的比例

大数据时代下，网络服务提供者成为最重要的个人信息的收集者与利用者。网络服务者如何利用 Cookie 技术来收集互联网用户的个人信息，是现在争论激烈的互联网隐私问题之一。北京百度网讯科技有限公司（以下简称"百度"）与朱某隐私权纠纷案被称为"我国 Cookie 隐私第一案"，虽然该案经过二审已经尘埃落定，但是由该案引起的个人网络活动踪迹信息（Cookie 信息）的性质界定及保护问题，仍是一个有争议的议题。下文将通过对该案的案情梳理，回顾争议焦点与判决结果，讨论数据利用与隐私保护的平衡。

1. 案情介绍

江苏省南京市中级人民法院民事判决书内容显示，本案原告朱某利用家中和单位的网络上网浏览相关网站过程中，发现利用百度搜索相关关键词后，会在特定的网站上出现与关键词有关的广告。为了验证自己的怀疑，2013 年 4 月 17 日，在公证员的陪同下，朱某先通过百度搜索"减肥"，再在地址栏输入 www.4816.com 并进入该网站，这时网页顶部出现了"减肥瘦身、左旋咖啡"的广告，网页右侧则出现一个"增高必看"的广告，而点击"增高必看"广告左下面的"掌印"标识，会出现网址为 http：//wangmeng.baidu.com 的网页，该网址系"百度网盟推广官方网站"。同样，朱某在 4816 主页的地

125

址栏输入 www.paolove.com，点击后进入"泡爱网"时，网页的两边也会出现"减肥必看""左旋咖啡轻松甩脂"的广告。随后，朱某进行"删除浏览历史记录"操作，更换了"人工流产""隆胸"等关键词，再次访问 4816 等网站时，均出现了密切相关的广告。公证员依据公证过程的事实情况出具了公证书。

拿到公证书的朱某在 2013 年 5 月 6 日将百度告上法庭，控诉百度利用网络技术未经其知情和选择，记录和跟踪了所搜索的关键词，将其兴趣爱好和生活、学习、工作特点等显露在相关网站上，并利用记录的关键词对其浏览的网页进行广告投放，侵害了隐私权，使其感到恐惧，精神高度紧张，影响了正常的工作和生活。朱某请求法院判令百度立即停止侵权行为，赔偿精神损害抚慰金 10000 元，并承担公证费 1000 元。

2. 判决结果与争议焦点

一审判决中，南京市鼓楼区人民法院认为，百度利用 cookie 技术收集朱某信息，并在朱某不知情和不愿意的情形下进行商业利用，侵犯了朱某的隐私权。并做出如下处理：①对朱某要求百度停止侵权的诉讼请求予以支持；②10000 元的精神损害抚慰金由于朱某未能证明该侵权行为的严重后果，不予支持，百度可以通过赔礼道歉的方式向朱某承担侵权责任；③朱某主张的 1000 元公证费是其为制止侵权行为所支付的合理开支，予以支持。

百度不服原审判决，提起上诉，请求撤销原审判决，依法改判驳回朱某的原审全部诉讼请求。二审判决中，南京市中级人民法院认为，百度的个性化推荐行为不构成侵犯朱某的隐私权，cookie 信息虽具有隐私性质，但不属于个人信息，百度收集、利用的是匿名化的非可识别性信息，并未直接向第三方或公众展示，且已在《使用百度前必读》中进行了说明并提供了退出机制，用户默认许可，因此不构成侵权。最终，二审法院驳回了朱某的全部诉讼请求。

其中，二审争议焦点主要有以下两点：

(1)2013 年 4 月 17 日南京钟山公证处出具的案涉公证书应否采信。

二审法院认为，根据《最高人民法院关于适用〈中华人民共和国民事诉讼法〉的解释》第 93 条规定，已为有效公证文书所证明的事实，当事人无须举证证明，但有相反证据足以推翻的除外。本案中，百度仅以公证时操作速度快为由否认南京钟山公证处公证书的真实性，不符合上述司法解释的规定。

(2)百度的案涉行为是否侵犯朱某隐私权。

首先，本案中百度收集、利用的 cookie 不符合个人信息的可识别性。根据工信部《电信和互联网用户个人信息保护规定》对个人信息的界定，网络用户通过使用搜索引擎形成的检索关键词记录，虽然反映了网络用户的网络活动轨迹及上网偏好，具有隐私属性，但这种网络活动轨迹及上网偏好一旦与网络用户身份相分离，便无法确定具体的信息归属主体，不再属于个人信息范畴。经查，百度个性化推荐服务收集和推送信息的终端是浏览器，没有定向识别使用该浏览器的网络用户身份，原审法院认定的百度侵犯朱某隐私权与事实不符。

其次，本案中百度的行为既无"公开"也无"实质性损害"。《最高人民法院关于审理利用信息网络侵害人身权益民事纠纷案件适用法律若干问题的规定》（以下简称《规定》）第12条强调了利用网络公开个人隐私和个人信息的行为与造成他人损害是利用信息网络侵害个人隐私和个人信息的侵权构成要件。本案中，百度利用网络技术，通过百度联盟合作网站提供个性化推荐服务，其检索关键词海量数据库以及大数据算法均在计算机系统内部操作，并未直接将百度因提供搜索引擎服务而产生的海量数据库和cookie信息向第三方或公众展示，没有任何的公开行为。同时，百度也没有强制网络用户必须接受个性化推荐服务，而是提供了相应的退出机制，没有对网络用户的生活安宁产生实质性损害；朱某也没有提供证据证明百度的个性化推荐服务对其造成了事实上的实质性损害。

最后，本案中百度保障了朱某的选择权与知情权。百度在《使用百度前必读》中已经明确告知网络用户可以使用包括禁用cookie、清除cookie或者提供禁用按钮等方式阻止个性化推荐内容的展现，尊重了网络用户的选择权。根据《信息安全技术公共及商用服务信息系统个人信息保护指南》（GB/Z28828—2012）5.2.3条的规定，将个人信息区分为个人敏感信息和非个人敏感信息的一般个人信息而允许采用不同的知情同意模式，旨在在保护个人人格尊严与促进技术创新之间寻求最大公约数。举重以明轻，百度在对匿名信息进行收集、利用时采取明示告知和默认同意相结合的方式亦不违反国家对信息行业个人信息保护的公共政策导向，未侵犯网络用户的选择权和知情权。

综上所述，二审法院认为百度公司的个性化推荐行为不构成侵犯朱某的隐私权。

3. 讨论

本案的核心在于cookie技术收集的数据信息性质考辨，即隐私与个人信息的界定。二审法院推翻一审判决的重要观点就是百度利用cookie技术收集的用户网络行为数据不是隐私信息，第二个争议焦点针对此问题也给出了充分的理由。

随着互联网技术的快速发展，cookie等技术在个性化推荐服务中得到了广泛应用，如何在保障用户隐私权的同时，合理利用这些技术提升用户体验，是一个亟待解决的问题。尽管现有司法实践大多将cookie技术认定为个人信息范畴，但具体情况中对cookie信息的定性及其对个人信息保护的影响，仍然需要根据具体的cookie技术种类和适用场景、功能、收集的信息内容和与个人、其他信息之间的关联性等因素来综合判断，以避免过度拓展个人信息的范围，给企业带来过于沉重的合规负担。我们所要追求的是在数据利用与隐私保护之间找到平衡，引导技术向善，促进数字经济健康发展。

5.4.2　滴滴事件与数据安全

2022年7月21日，国家互联网信息办公室（网信办）依据《网络安全法》《数据安全法》《个人信息保护法》《行政处罚法》等法律法规，对滴滴全球股份有限公司处人民币80.26亿元罚款，并对该公司两位主要负责人各处人民币100万元罚款，引发公众关注。"滴滴事件"无疑成为交通领域数据合规最为典型的案例。

1. 案情介绍

2021 年 6 月 11 日，滴滴出行科技有限公司（以下简称"滴滴"）正式向美国证券交易委员会递交了 IPO 招股书，6 月 30 日，滴滴正式在纽约证券交易所挂牌上市，股票代码为"DIDI"，发行价 14 美元。至 7 月 1 日，滴滴股票大涨 17%，市值超过 700 亿美元。7 月 2 日，国家网信办宣布依据《国家安全法》《网络安全法》，按照《网络安全审查办法》对滴滴实施网络安全审查，审查期间"滴滴出行"App 停止新用户注册。7 月 4 日，网信办因"严重违法违规收集使用个人信息问题"对"滴滴出行"App 进行强制下架；同时，要求滴滴严格按照法律要求及有关标准认真整改，保障用户的个人信息安全。7 月 9 日，网信办继续发布了下架"滴滴企业版"等 25 款 App 的通报。7 月 16 日，国家网信办会同公安部、国家安全部、自然资源部、交通运输部、税务总局、市场监管总局等七部门联合进驻滴滴，开展网络安全审查。2021 年 12 月 3 日，滴滴启动在纽交所退市的工作。2022 年 6 月 10 日，滴滴在美股正式退市。2022 年 7 月 21 日，国家网信办公布对滴滴处人民币 80.26 亿元罚款，对公司两位主要负责人各处人民币 100 万元罚款的处罚规定。

2. 违法事实

经网信办查明，滴滴公司共存在 16 项违法事实，归纳起来主要是 8 个方面。一是违法收集用户手机相册中的截图信息 1196.39 万条；二是过度收集用户剪切板信息、应用列表信息 83.23 亿条；三是过度收集乘客人脸识别信息 1.07 亿条、年龄段信息 5350.92 万条、职业信息 1633.56 万条、亲情关系信息 138.29 万条、"家"和"公司"打车地址信息 1.53 亿条；四是过度收集乘客评价代驾服务时、App 后台运行时、手机连接桔视记录仪设备时的精准位置（经纬度）信息 1.67 亿条；五是过度收集司机学历信息 14.29 万条，以明文形式存储司机身份证号信息 5780.26 万条；六是在未明确告知乘客情况下分析乘客出行意图信息 539.76 亿条、常驻城市信息 15.38 亿条、异地商务/异地旅游信息 3.04 亿条；七是在乘客使用顺风车服务时频繁索取无关的"电话权限"；八是未准确、清晰说明用户设备信息等 19 项个人信息处理目的。

此前，网络安全审查还发现，滴滴公司存在严重影响国家安全的数据处理活动，以及拒不履行监管部门的明确要求，阳奉阴违、恶意逃避监管等其他违法违规问题。滴滴公司违法违规运营给国家关键信息基础设施安全和数据安全带来严重安全风险隐患。

3. 讨论

滴滴也因此事件成为自 2020 年 6 月 1 日《网络安全审查办法》开始实施后的第一个审查对象，根据网信办认定的滴滴违法违规行为，其主要在两个方面造成了影响。

一方面，滴滴所收集信息不符合《常见类型移动互联网应用程序必要个人信息范围规定》中的要求，严重违法违规收集、储存、使用个人信息，侵犯用户隐私。譬如，网络约车类的必要个人信息包括：（1）注册用户移动电话号码；（2）乘车人出发地、到达地、位置信息、行踪轨迹；（3）支付时间、支付金额、支付渠道等支付信息。但滴滴出行中的《隐私政策》包括对行程录音和录像、滴滴平台通话录音和短信、设备信息和日志信息等进行收集，已经超出了上述规定的必要个人信息范围，且不存在用户选择同意权。

另一方面，滴滴未经我国政府网络安全审查悄然上市涉嫌影响国家安全。2015 年，新华社和滴滴媒体研究院曾共同发布了一份各部委加班情况的统计报告，通过这份报告中的数据不仅能知道在特定时间段内哪些部门工作比较多，同时也能知道重要部门里面的人物住址、每天的工作行程等信息，此时的滴滴已经具备了大数据分析的能力。2017 年，女性安全事故频发，舆论之下的滴滴顺势上线"桔视"在行车途中进行全程录音录像，在这个过程中会记录下乘客的人脸、声纹等个人生物识别信息。在桔视上线 3 周年之后，滴滴地图基础数据准确率已经超过 95%，每天新增轨迹数据超 108TB。此外，5.5 亿乘客出行时，每天还会上报数十万量级的路况事件，也就是说，1000 多万滴滴车辆，每天都会通过桔视成为滴滴的街景实时测绘车。滴滴掌握的这些数据具有重大的军事战略价值，这些包含地理、道路、交通、人员出行、视频记录等数据如果流向境外，可能存在被国外政府影响、控制、恶意利用的风险，影响国家安全。

与 GDPR 等的侧重不同，我国的数据安全和个人信息保护更加重视国家安全和公共利益。数据已经成为关键生产要素决定企业的发展，但数据不仅仅是企业的，更是国家和人民的。滴滴在海外 IPO 进程中没有按照国家的要求进行充分的数据安全审查与合规性确认，不仅给企业带来巨大的业务影响，也给国家安全带来了不稳定因素。网信办的判罚理由不但囊括了滴滴公司对个人权益的损害，还考虑到了滴滴公司对国家安全和公共利益的严重影响。

滴滴数据安全事件体现出国家增强数据保护的决心，这应当引起企业合规人员的高度重视。首先，作为"数据处理者"的当务之急是尽快梳理业务相关数据，本着"应评尽评"的原则，开展安全风险评估工作，充分了解组织安全现状。其次，企业应高度重视数据安全治理工作，建立健全安全合规体系，充分考虑数据的使用场景，委派专业的人员承担企业的数据安全治理和管理职责，并确保安全策略得到落实。此外，在涉及海外 IPO 或数据跨境传输业务时，企业要充分考虑数据安全，尤其是涉及关键信息基础设施的核心数据、公民个人信息等重要数据时，需要通过相关部门的确认与审查。最后，数据安全不仅仅是技术问题，更是管理与治理的问题，企业需要自上而下推动数据安全治理工作，管理者需要有数据安全治理的基本能力，并定期开展数据安全培训与意识教育。

方法编

第6章 数据可视化

在当今信息化时代,数据可视化已成为商业分析与决策的重要工具。通过将复杂的数据转化为直观的图形和图表,数据可视化不仅使数据更容易理解,还能帮助发现隐藏在数据中的趋势和模式。它有效地填补了数据与洞察之间的鸿沟,使决策者能够迅速、准确地从海量数据中提取关键信息。数据可视化的历史可以追溯到数百年前,但随着现代技术的飞速发展,它的应用范围和影响力得到了极大扩展。如今,无论是传统的柱状图、折线图,还是复杂的互动式可视化工具,如 Tableau、Power BI 等,都在帮助企业和组织更好地理解数据,并利用数据驱动业务发展。此外,随着大数据、人工智能等技术的发展,数据可视化正向智能化方向发展,为用户提供更为深刻的洞察和决策支持。然而,数据可视化的挑战仍然存在,尤其是在处理复杂和大规模数据集时,如何选择合适的可视化方法,如何保证数据的准确性和安全性,都是亟待解决的问题。随着技术的不断进步,未来的数据可视化将更加智能、自动化,并将在商业和科学研究中发挥更大的作用。

6.1 数据可视化概述

数据可视化是指将复杂的、通常是大量的数据转化为直观的视觉形式,如图表、图形、地图和其他可视化元素,以便更容易地理解、分析和传达数据的意义。随着数据量的急剧增长,企业和研究人员面临的挑战不仅是如何存储和处理这些数据,更重要的是如何从中提取出有价值的见解。数据可视化在这一过程中扮演了关键角色,它将抽象的数据转化为更直观的形式,使人们能够识别趋势、模式和异常值,从而做出更明智的决策。在当今的信息驱动时代,数据可视化的重要性日益凸显。首先,它有助于提高数据的可读性。相比于原始的数字数据,通过图形化的方式呈现信息,可以让观众在短时间内抓住数据的核心内容。其次,数据可视化能够揭示隐藏在数据中的复杂关系。通过直观的图表,用户可以更容易地理解不同变量之间的相互关系,并发现隐藏的模式或趋势。此外,数据可视化还可以提升数据分析的效率,特别是在处理大数据时,良好的可视化可以帮助数据分析师和决策者更快地获得有用的洞察。

6.1.1 数据可视化的历史

(一)17 世纪以前

在 17 世纪以前,尽管现代意义上的数据可视化还未成形,但人类早已开始使用视觉符号和图形来传达信息。例如，古代文明通过壁画、雕刻和地图等方式来展示地理、天文和社会信息。古埃及人使用象形文字和图形来记录和解释农业、贸易等数据。

图 6-1　公元前 6 世纪巴比伦地图，世界已知最古老的地图　图 6-2　埃及人墓碑上的象形文字

中国的地图最早见于夏朝，《史记·夏本纪》记载了夏禹治水的事迹，地图绘制在鼎上，九鼎是见于文献记载的、刻绘有九州山川形势的原始实物地图。现代考古发现的我国最早的地图实物，是出土于甘肃天水放马滩战国墓地一号墓中的《放马滩地图》。

虽然这些图形和地图在现代视角下并不具备数据可视化的严格定义，但它们已经显示了人类通过视觉手段组织和传递复杂信息的早期尝试。早期的数学家和天文学家也利用简单的图形来描述天文现象。公元 150 年，托勒密绘制的球形地球的地图，是第一张通过天体观测来制定陆地位置的地图，同时还第一次采用了经纬线。托勒密详细揭示了如何采用两种方法将球体的地球绘制到平面上，探讨了地图投影和比例尺的问题，明确了地图应该"上北下南"，并且以扇形的方式将球形地图展开，直到今天，这些理论仍然是地形图和世界地图绘制的标杆。

1569 年 8 月，墨卡托出版了他的世界地图，这是真正意义上的第一张世界地图，它开创了地理学史上的新篇章。墨卡托发明圆柱投影用于在地图上描绘地球，以保持横线的直线性，地图上的直线在看着指南针时可以转换为恒定方位线，因此非常适合海上航行。它被证明很受欢迎，并且仍然是我们今天看到的最常见的世界地图投影。

(二)17 世纪

17 世纪理论上有了巨大的新发展：解析几何的兴起，测量误差的理论和概率论的诞生，以及人口统计学的开端和政治版图的发展。到 17 世纪末，数据可视化方法必不可少的要素已经具备了，一些具有重大意义的真实数据，有意义的理论及视觉表现方法出现，人类开始了可视化思考的新模式，可以将 17 世纪视为可视化的开端。

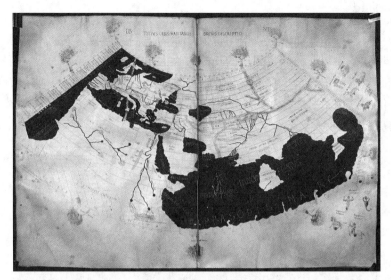

图 6-3　托勒密世界地图

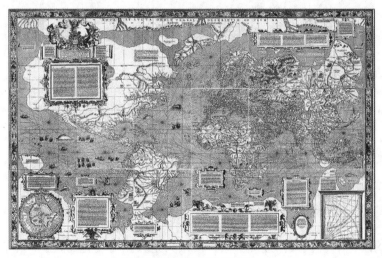

图 6-4　墨卡托世界地图

1644 年兰格伦描述了从托莱多到罗马的 12 种经度确定：很可能是统计数据的第一个视觉表示。这幅图现在被认为是已知的第一幅统计图形。这幅图以一维线图的形式绘制了在托莱多到罗马之间 12 个当时已知的经度差异。在经度上标注了观测的天文学家的名字。这幅图有效地安排了数据的表达方式，堪称里程碑之作。

1662 年葛兰特建立人口统计学是重要统计数据概念的发展。通过记录伦敦洗礼和葬礼的记录，得出伦敦的平均预期寿命为 27 岁，其中 16% 的人到 16 岁时死亡。1686年，哈雷绘制了第一个已知的气象图，在地球的地理地图上显示主流风场分布。这也是向量场可视化的鼻祖。

（三）18 世纪

社会和科技进步相伴随的是数据的价值开始为人们所重视，人们不满足只在地图上展示几何图形，抽象图形和函数图形的功能被大大扩展，许多崭新的数据可视化形式在这个世纪里诞生了。1701 年，哈雷绘制的《大西洋电磁图》。上面在坐标网格上用等值线表示了等值的磁偏角，这是第一个使用等值线发布的图表，它们是等值线等 50 多种命名类型的鼻祖。

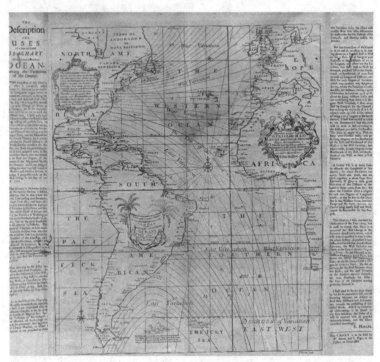

图 6-5　大西洋电磁图

普雷费尔，一位英国政治经济学家，被认为是数据可视化的先驱。他在 1786 年出版的《商业与政治图解》一书中首次引入了柱状图和折线图，这些图表为展示时间序列数据和类别数据提供了一种全新的方式。此外，他还发明了饼图和面积图，为可视化领域的进一步发展奠定了基础。

（四）19 世纪

随着工艺设计的完善，统计图形和主题制图呈爆炸性增长，包括柱状图、饼图、直方图、折线图、时间线、轮廓线等。在专题制图学中，制图从单一地图发展为全面的地图集，描绘了涉及各种主题，包括经济、社会、道德、医学、身体等方面的数据，同时演化出了可视化思考的新方式。

1801 年，英国地质学家史密斯绘制了第一幅地质图，这张描绘了英格兰地层信息的图于 1815 年出版后引起轰动，引领了一场在地图上表现量化信息的潮流。

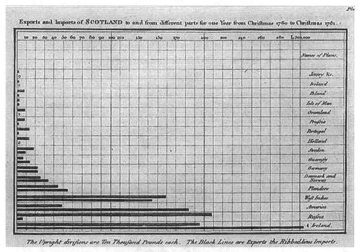

图 6-6　苏格兰与欧洲各地区贸易柱状图

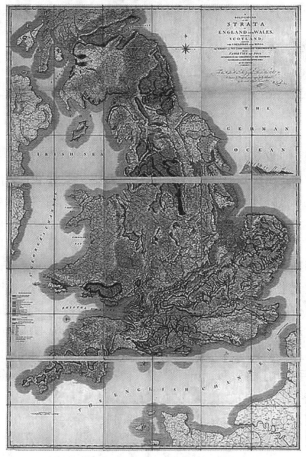

图 6-7　英格兰地层信息图

　　1826 年，杜品出版《法国总人口图鉴》，发明了在使用连续的黑白底纹来显示法国识字人口分布情况的方法，这可能是第一张现代形式的主题统计地图。

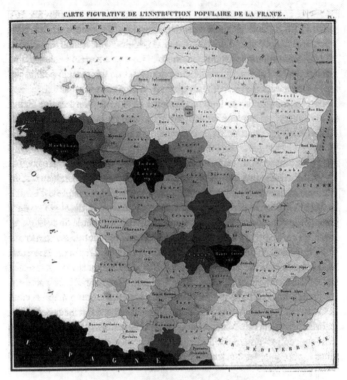

图 6-8　法国识字人口分布图

　　到 19 世纪中期，可视化快速发展的所有条件已经建立。认识到数字信息对社会计划、工业化、商业和运输的重要性日益提高，欧洲各地开始建立官方的国家统计局。由高斯和拉普拉斯发起的统计理论，再由盖瑞和克特莱特扩展到社会领域，提供了理解大量数据的手段。1854 年斯诺发布《伦敦暴发的霍乱病例群》，其中使用点图映射了 1854 年的宽街霍乱疫情，他还使用统计数据来说明水源质量与霍乱病例之间的联系，这表明该疾病是通过受污染的水传播的，而不是以前认为的空气传播的斯诺的研究是公共卫生和地理历史上的重大事件。它被认为是流行病学的创始事件。1857 年，南丁格尔作为现代护理界受人尊敬的创始人，也是一位才华横溢的数学家，她是统计学图形表示的先驱。在战争期间主动申请，自愿担任战地护士，率领 38 名护士抵达前线，在战地医院服务。她竭尽全力排除各种困难，仅仅半年左右的时间伤病员的死亡率就下降到 2.2%，战争结束后，南丁格尔回到英国，被人们推崇为民族英雄。她以普雷费尔的思想为基础，将图表并入她的许多出版物中，绘制了极地面积图。图 6-11 为东方军队中死亡原因图，该图表按月描绘了克里米亚战争期间关于士兵死伤原因，每个楔形物的面积代表了统计数据的大小。

　　1869 年门捷列夫提出元素周期表用于根据化学元素的性质对化学元素进行分类，并可以预测以后会发现的新元素。由于周期表能够准确地预测各种元素的特性及其之间的关系，因此它在化学及其他科学范畴中被广泛使用，作为分析化学行为时十分有用的框架。

图 6-9 士兵死亡原因图(又称南丁格尔玫瑰图)

THE PERIODICITY OF THE ELEMENTS

The Elements	Symbols and Atomic Weights (B)	(A)
Hydrogen	H	1
Lithium	Li	7
Beryllium	Be	9
Boron	B	11
Carbon	C	12
Nitrogen	N	14
Oxygen	O	16
Fluorine	F	19
Sodium	Na	23
Magnesium	Mg	24
Aluminium	Al	27
Silicon	Si	28
Phosphorus	P	31
Sulphur	S	32
Chlorine	Cl	35½
Potassium	K	39
Calcium	Ca	40
Scandium	Sc	44
Titanium	Ti	48
Vanadium	V	51
Chromium	Cr	52
Manganese	Mn	55
Iron	Fe	56
Cobalt	Co	58½
Nickel	Ni	59
Copper	Cu	63
Zinc	Zn	65
Gallium	Ga	70
Germanium	Ge	72
Arsenic	As	75
Selenium	Se	79
Bromine	Br	80
Rubidium	Rb	85
Strontium	Sr	87
Yttrium	Y	89
Zirconium	Zr	90
Niobium	Nb	94
Molybdenum	Mo	96
Ruthenium	Ru	103
Rhodium	Rh	104
Palladium	Pd	106
Silver	Ag	108
Cadmium	Cd	112
Indium	In	113
Tin	Sn	118
Antimony	Sb	120
Tellurium	Te	125
Iodine	I	127
Cæsium	Cs	133
Barium	Ba	137
Lanthanum	La	138
Cerium	Ce	140
Didymium	Di	142
Ytterbium	Yb	173
Tantalum	Ta	182
Tungsten	W	184
Osmium	Os	191
Iridium	Ir	193
Platinum	Pt	196
Gold	Au	198
Mercury	Hg	200
Thallium	Tl	204
Lead	Pb	206
Bismuth	Bi	208
Thorium	Th	232
Uranium	U	240

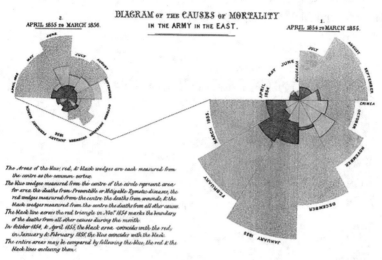

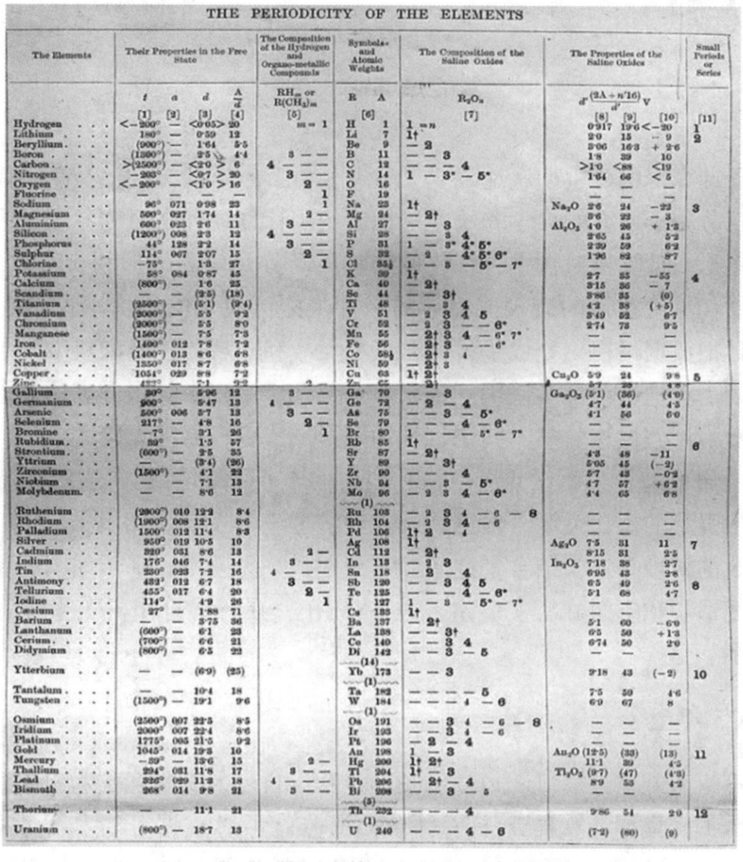

图 6-10 门捷列夫第一版英文元素周期表

（五）1900—1975 年

1917 年亨利·劳伦斯·甘特绘制甘特图，旨在显示项目的计划进度和实际进度。甘特图最初用于大型建筑项目，图 6-11 为甘特图。

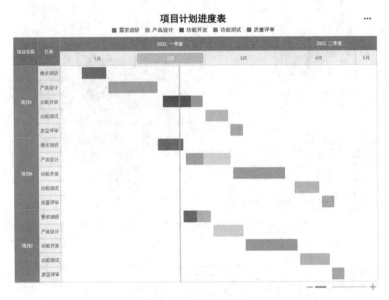

图 6-11　甘特图示意

现代电子计算机的诞生彻底地改变了数据分析工作。到 20 世纪 60 年代晚期，大型计算机已广泛分布于西方的大学和研究机构，使用计算机程序绘制数据可视化图形逐渐取代手绘的图形。计算机对数据可视化的影响：高分辨率的图形和交互式的图形分析，提供了手绘时代无法实现的表现能力。另一件唤醒可视化的历史事件是统计应用的发展，数理统计把数据可视化变成了科学，世界大战和随后的工业和科学发展导致的对数据处理的迫切需求把这门科学运用到各行各业。在应用当中，图形表达占据了重要的地位，比起参数估计假设检验来，明快直观的图形形式更容易被人接受。

1958 年，菲利普斯发明散点图"菲利普斯曲线"（见图 6-12），通货膨胀与失业之间的关系显示出强烈的反比关系，促进了宏观经济理论的发展。20 世纪 60 年代中期地理信息系统 GIS 的初步开发，结合了空间参考数据，空间模型和基于地图的可视化。哈佛大学计算机图形学和空间分析实验室开发 SYMAP，在行式打印机上生成等值线图、线形图和近端图。

（六）1975 年至今

各种计算机系统、计算机图形学、图形显示设备、人机交互技术发展激发了人们可视化热情。数据密集型计算器走上了舞台，也造就了对数据分析和呈现的更高需求。1975 年 William S. Cleveland 和 Beat Kleiner 制作的散点图的增强型，带有三条移动统计

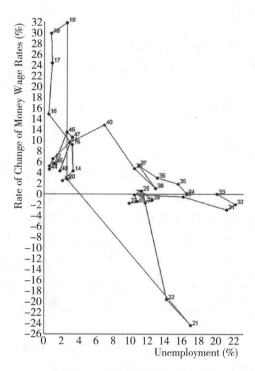

图 6-12　菲利普斯曲线图

的均线。1981 年，Xerox 8100 Star 引入了第一个商业图形用户界面(GUI)，并带有诸如电子表格之类的应用程序，它们能够从信息表中自动生成图形。只需单击几下鼠标，就可以完成曾经费时数小时的仔细刻蚀或绘制工作，并且可以更加轻松地进行编辑、格式化和更新。从那里开始，各种各样的制图技术和样式激增，无数软件包提供了一系列显示数据的方法。

　　交互式的可视化，它们必须具有与人类交互的方式，如单击按钮、移动滑块，以及足够快的响应时间以显示输入和输出之间的真实关系。1987 年，美国国家科学基金会召开首次有关科学可视化的会议，会议报告正式命名并定义了科学可视化，认为可视化有助于统一计算机图形学、图像处理、计算机视觉、计算机辅助设计、信息处理和人机界面的相关问题。1987 年理查德·贝克尔和威廉·克利夫兰用交互式统计图形等其他形式进行可视互动。

　　进入 21 世纪，随着计算机相关硬件升级，现有可视化已难以应对海量、高维、多源的动态数据的分析挑战，需要综合可视化、图形学、数据挖掘理论与方法，研究新的理论模型，辅助用户从大尺度、复杂、矛盾的数据中快速挖掘出有用的数据，作出有效决策，这门新兴学科称为可视分析学。数据分析的任务通常是定位、识别、区分、分类、聚类、分布、排列、比较、内外连接比较、关联、关系等。可视化分析降低了数据理解的难度，突破了常规统计分析的局限性。

6.1.2　数据可视化定义

数据可视化(Data Visualization)是指通过图形化的方式呈现数据,从而使数据更易于理解和分析的技术和方法。它将抽象的数据转换为易于解释的视觉形式,使用户能够从庞大的数据集中快速识别出有意义的模式、趋势和异常点。数据可视化在信息的传递、洞察的发现和决策的支持中起着至关重要的作用。

数据可视化的基本概念

数据可视化的核心在于将数据转化为视觉对象,这些对象可以是图表、地图、图形或其他类型的可视化元素。通过视觉化的方式,复杂的数据可以变得更加直观,帮助用户快速理解数据的内在含义。数据可视化不仅仅是简单的图表绘制,更涉及如何设计、选择合适的图表类型和布局,以确保信息被准确传达。例如,柱状图可以用于显示不同类别之间的比较;折线图常用于展示时间序列数据的变化趋势;饼图适用于显示各部分占整体的比例;散点图则常用于展示两个变量之间的关系。不同的可视化形式适用于不同类型的数据,因此在进行数据可视化时,选择合适的图表类型至关重要。

数据可视化的重要性

在现代商业环境中,数据可视化的重要性不言而喻。随着数据量的爆炸式增长,传统的基于文本和表格的分析方式已经无法满足分析和决策的需求。数据可视化通过提供更直观和生动的方式,使得数据的解读变得更加简单和高效。首先,数据可视化能够帮助用户更快地识别出数据中的模式和趋势。例如,在分析销售数据时,通过折线图可以直观地看到销售额随时间的变化趋势,从而帮助企业决策者及时调整营销策略。其次,数据可视化可以揭示隐藏在数据中的异常点和关系。例如,通过散点图可以识别出某些异常点,这些异常点可能代表着潜在的风险或机会。最后,数据可视化有助于增强数据传达的效果。相比于传统的文本报告,图形化的展示方式更加生动和易于理解,可以有效提升信息的传递效率。

数据可视化的应用领域

数据可视化广泛应用于多个领域,包括商业、科学研究、社会科学、公共卫生等。

- 商业领域:在商业领域,数据可视化被广泛用于财务分析、市场营销、客户分析等方面。例如,通过仪表盘(Dashboard),企业管理者可以实时查看关键业绩指标(KPI),从而及时作出决策。销售数据的可视化分析也能够帮助企业识别市场趋势、优化产品策略和提高客户满意度。

- 科学研究:在科学研究中,数据可视化是探索数据规律、发现科学现象的重要工具。天文学家通过星图和光谱图来研究宇宙现象;生物学家通过基因图谱分析基因组结构;气象学家通过天气图预测天气变化。数据可视化不仅使复杂的科学数据更加直观,也促进了科学发现的过程。

- 社会科学:社会科学研究中,数据可视化用于展示社会现象和趋势。例如,人口普查数据的可视化可以揭示人口分布、社会经济状况和移民模式。选举结果的数据可视化则可以帮助公众更好地理解选举过程和结果。通过数据的可视化展示，研究者和政策制定者能够更好地理解社会问题，并提出相应的解决方案。

- 公共卫生：在公共卫生领域，数据可视化起到了关键作用。流行病学家通过地图和曲线图分析疾病的传播模式，卫生部门通过可视化仪表盘监控疫情的动态变化。通过将复杂的公共卫生数据转化为直观的图形，卫生部门可以更有效地进行决策，及时采取防控措施。

数据可视化的类型与工具

数据可视化的形式多种多样，根据数据的类型和展示需求，可以选择不同的可视化类型。

- 静态图表：静态图表是最基础的数据可视化形式，常见的有柱状图、折线图、饼图、散点图等。这类图表适合展示简单的数据关系和趋势，易于制作和理解。
- 动态图表：动态图表能够随着时间或数据的变化动态更新，是展示时间序列数据或交互数据的理想选择。例如，动画折线图可以展示股票价格的变化过程，交互式地图可以实时显示各地的天气状况。
- 信息图表：信息图表通过将数据、图形和文本结合，形成一个完整的视觉叙事。这类图表适合展示复杂的数据故事，常用于报告、宣传材料中。
- 3D 可视化：三维数据可视化适用于展示空间数据和多维数据，如地理信息系统（GIS）中的地形图、医学图像中的人体结构等。3D 可视化提供了更加丰富的视觉体验，能够展现数据的深度和复杂性。
- 仪表盘：仪表盘是一种整合了多个图表的综合性数据可视化工具，常用于商业分析和决策支持系统中。通过仪表盘，用户可以在一个界面上查看多个关键指标，实现对业务的全面监控。

数据可视化的挑战与未来

尽管数据可视化在多个领域中得到了广泛应用，但其在实践中仍面临诸多挑战。首先，数据的准确性和完整性直接影响到可视化结果的可信度。因此，在进行数据可视化之前，确保数据的质量至关重要。其次，如何选择合适的可视化形式也是一个挑战。不同类型的数据适合不同的可视化形式，选择不当可能导致信息的误解或歧义。随着技术的不断进步，数据可视化的未来发展前景广阔。人工智能和机器学习技术的引入，将使得数据可视化更加智能化和自动化。例如，基于 AI 的自动化可视化工具可以根据数据特性自动选择最佳的可视化形式，并实时生成图表。此外，虚拟现实（VR）和增强现实（AR）技术的发展，也为数据可视化带来了新的可能性。未来，用户可以在三维虚拟环境中进行数据的探索和分析，获得更加沉浸式的体验。

综上所述，数据可视化是现代数据分析和决策支持中不可或缺的一部分。通过将复杂的数据转化为直观的视觉形式，数据可视化不仅帮助用户快速理解数据的含义，还为发现潜在的趋势和关系提供了有力的工具。随着数据量的不断增长和技术的进步，数据可视化将继续在各个领域中发挥重要作用。

6.1.3 数据可视化的原则

数据可视化不仅仅是将数据以图形的形式呈现出来，更是一门艺术和科学的结合。为了有效地传达信息、促进理解，数据可视化需要遵循一些核心原则。这些原则不仅帮助设计者创建出美观且有用的可视化作品，还确保了信息传递的准确性和有效性。以下是数据可视化的几个关键原则的详细说明：

（1）简洁性。简洁性是数据可视化的首要原则之一。有效的可视化应当尽量简化信息表达，避免不必要的复杂性和冗余信息。设计者应当专注于传达数据的关键要点，而不是让观众被过多的细节和装饰性元素所迷惑。在图表设计中，使用过多的颜色、线条或图形可能会导致视觉上的混乱，从而使得观众无法快速抓住核心信息。因此，图表应当保持简洁，颜色和样式的使用应具有明确的目的。比如，使用单一的色调或对比鲜明的配色方案，可以帮助观众更容易地聚焦于数据的主要趋势或异常值。此外，减少多余的视觉元素，如不必要的网格线、过多的标签或复杂的背景图案，可以帮助突出数据本身的重要性。设计者还应注意使用简洁的字体和适当的字号，以确保文字信息清晰易读。

（2）准确性。准确性是数据可视化最为关键的原则之一。图表必须准确地反映数据，不能通过夸大、缩小或歪曲某些部分来误导观众。为了确保准确性，设计者在创建图表时必须注意以下几个方面：首先，选择适当的比例和尺度非常重要。例如，在显示时间序列数据时，使用一致的时间间隔和比例可以避免误导性的解释。同样，在使用条形图或柱状图时，确保所有条形或柱形的宽度和高度都准确反映了数据的大小，而不受视觉误导的影响。其次，设计者应避免使用可能导致数据歪曲的图表类型。例如，3D图表可能会因为透视效果而使得数据的相对大小看起来不准确。尽管3D图表看起来更具视觉冲击力，但在大多数情况下，平面2D图表更能够准确地反映数据的真实关系。最后，设计者还应考虑数据的来源和完整性。在数据可视化过程中，确保所使用的数据是可靠的、无误的，并且已经经过适当的清理和验证。任何由于数据错误而导致的可视化失误都会严重影响观众对数据的信任度。

（3）适应性。在设计数据可视化时，考虑受众的背景知识和需求是至关重要的。不同背景的观众对数据的理解能力和信息需求各不相同，因此，设计者必须根据具体的受众群体来调整可视化的设计。例如，对于学术研究人员，详细的统计图表和精确的数据点可能是必要的，而对于普通公众，简单的图示或信息图表可能更为合适。在面向企业管理者的报告中，清晰、直接的图表设计能够帮助他们迅速作出商业决策，而不需要花费大量时间去解读复杂的数据。此外，使用受众熟悉的术语和符号也是适应受众的一个重要方面。例如，在金融领域，使用常见的 K 线图、烛台图等可以使得金融分析师更容易理解数据背后的市场趋势。而对于没有专业背景的观众，设计者应避免使用过多的技术术语，并应在适当的位置提供解释或注释。

(4)关联性。数据本身并没有意义，只有当它们被置于适当的上下文中时，才能被正确理解和解读。因此，数据可视化应提供足够的背景信息，使观众能够全面理解数据的来源、时间框架、地理位置以及数据收集的方法和条件。例如，在展示某个地区的经济数据时，图表应明确标出数据的时间范围(如过去十年)、地理范围(如全国或特定省份)以及数据收集的方式(如政府统计或问卷调查)。这些背景信息可以帮助观众更好地理解数据背后的故事，并做出更加明智的判断。此外，在进行跨地区或跨时间段的数据比较时，提供一致的基准和参照系非常重要。例如，在展示不同国家的 GDP 增长率时，应统一使用相同的货币单位和通胀调整，以确保观众可以直接比较不同国家之间的经济表现。数据的上下文还包括对异常值和数据噪声的解释。在可视化中，突出显示或标注数据中的异常点，并解释其可能的原因，可以帮助观众理解数据的完整性和潜在的局限性。

(5)一致性。在多个图表之间保持一致的设计风格有助于提高观众的理解能力。颜色、字体、符号等视觉元素的使用应保持一致，以避免混淆和误解。一致性不仅体现在单个图表内，还应贯穿于整个数据可视化项目或报告中。一致性的一个重要方面是颜色的使用。在多个图表中使用相同的颜色编码可以帮助观众建立视觉上的联系。例如，在一系列展示不同年份销售数据的图表中，始终使用相同的颜色来表示同一个产品，可以帮助观众轻松地在不同图表之间进行比较。此外，一致的字体和标签格式也很重要。在整个报告中使用统一的字体和字号，不仅可以提升可读性，还可以传达出专业和严谨的印象。同样，在多个图表中使用一致的标签格式(如日期格式、百分比表示等)可以避免观众在解读信息时产生困惑。符号和图标的使用也是需要保持一致的部分。例如，如果在一个图表中使用了特定的符号来表示某种数据点，那么在其他相关图表中也应保持相同的符号使用，以增强可视化的一致性和易读性。总之，数据可视化不仅仅是将数据展示出来，更是通过视觉设计帮助观众理解和分析数据的过程。通过遵循简洁明了、准确性、适应受众、数据上下文和一致性等核心原则，设计者可以创建出既美观又实用的可视化作品，从而有效地传递信息并支持决策。随着技术的不断进步，数据可视化的应用范围和影响力也将继续扩大。在这个过程中，遵循这些核心原则将帮助设计者应对不断变化的挑战，并为观众提供更好的数据解读体验。

6.2 数据可视化工具

数据可视化工具的选择直接影响到分析结果的呈现质量和效率。在众多数据可视化工具中，Microsoft Excel、Tableau 和 Power BI 是最具代表性的三款工具，各自拥有独特的功能与优势，适用于不同的应用场景。以下将详细介绍这三款工具，帮助读者更好地理解它们在数据可视化中的作用。

6.2.1 Microsoft Excel

(1)功能与特点。Microsoft Excel 是全球最为普及的电子表格软件，广泛应用于各个行业的日常数据处理和分析工作。Excel 的数据可视化功能虽然相对基础，但其丰富的图表类型和简单直观的操作界面使其成为许多用户的首选。Excel 提供了柱状图、折线图、饼图、散点图、面积图等多种图表类型，满足大多数基本的数据可视化需求。除了基础图表功能外，Excel 的数据透视表（PivotTable）功能尤其强大，用户可以通过透视表快速汇总、分析大规模数据，并生成动态、交互式的图表。

（2）适用场景。Excel 特别适合中小企业、非技术人员或个人的日常数据分析需求。其简单易用的特点，使其广泛用于财务分析、市场研究、销售报告等领域。在需要快速生成图表或进行简单数据分析时，Excel 无疑是一个高效的工具。此外，Excel 还支持与其他 Microsoft Office 软件的无缝集成，使得数据的导入、导出和共享更加便捷。

（3）优缺点。Excel 的优势在于其易用性和广泛的用户基础，使其成为入门级数据可视化工具的不二选择。用户无需具备编程知识，即可轻松创建图表并进行基础的数据分析。此外，Excel 的数据透视表功能使得它在处理多维度数据时表现出色。然而，Excel 的局限性也较为明显，主要表现在其处理大规模数据时的性能瓶颈和图表的交互性不足。在面对复杂数据可视化需求时，Excel 的功能可能显得捉襟见肘，无法与专业级数据可视化工具相比。

6.2.2　Tableau

（1）功能与特点。Tableau 是一款专业级的数据可视化工具，以其强大的数据连接能力和直观的拖放式界面而闻名。Tableau 支持与多种数据源的集成，如 Excel、SQL 数据库、Google Analytics、Salesforce 等，用户可以将多源数据无缝融合，并通过 Tableau 强大的可视化引擎创建丰富的交互式图表和仪表板。Tableau 提供了多样的可视化选项，用户可以自由组合各种图表类型，如折线图、饼图、热图、地理图、气泡图等，并通过参数和过滤器实现复杂的数据分析。

（2）适用场景。Tableau 广泛应用于商业智能（BI）领域，适合企业级用户，尤其是在需要处理和分析大量数据的场景中表现出色。它被广泛用于市场研究、销售分析、财务报表、客户行为分析等多个领域，特别适合那些需要频繁制作和更新可视化报告的团队。此外，Tableau 的灵活性使得它能够适应各种规模的企业，从初创公司到大型跨国企业均能受益。

（3）优缺点。Tableau 的主要优势在于其强大的数据处理和可视化能力，以及其高度的灵活性和可扩展性。用户无需具备编程技能，即可创建出专业级别的图表和仪表板，并通过 Tableau Server 或 Tableau Online 与团队成员共享和协作。然而，Tableau 的缺点在于其学习曲线较陡，初学者可能需要较长时间才能掌握其高级功能。此外，Tableau 的软件许可费用相对较高，可能不适合预算有限的小型企业或个人用户。

6.2.3　Power BI

（1）功能与特点。Power BI 是 Microsoft 推出的商业智能工具，集成了数据可视化、分析、数据共享和协作功能。与 Microsoft Excel 相比，Power BI 提供了更为丰富的图表类型和更强大的数据处理能力。Power BI 能够轻松连接多种数据源，如 SQL Server、Azure、Google Analytics、Excel 等，并通过其内置的高级分析功能，实现复杂的数据建模和计算。Power BI 的可视化功能支持生成各种图表和仪表板，用户可以通过其拖放式界面轻松创建交互式报告，并将这些报告发布到云端供团队成员实时查看和协作。

（2）适用场景。Power BI 非常适合企业环境，特别是那些已经使用 Microsoft 生态系统的公司。它广泛应用于财务分析、市场营销、运营管理等领域。由于其与 Office 365 的深度集成，用户可以在熟悉的环境中无缝处理数据，并与团队成员共享可视化结果。Power BI 还提供了强大的移动端支持，用户可以通过手机或平板电脑随时随地访问和分析数据，这在分布式团队或远程办公环境中尤其有用。

（3）优缺点。Power BI 的优势在于其与 Microsoft 产品的无缝集成，用户可以轻松将 Excel、SharePoint、OneDrive 等数据导入 Power BI 并进行可视化分析。此外，Power BI 提供了多种定价方案，包括免费的 Power BI Desktop 和适合企业用户的 Power BI Pro 和 Power BI Premium，使其在不同规模的企业中均具备竞争力。然而，Power BI 的复杂设置过程和部分高级功能的使用需要编写代码或使用第三方插件，这对某些用户来说可能是一个挑战。此外，虽然 Power BI 的基础功能易于使用，但要充分利用其高级分析和可视化功能，用户仍需一定的学习和实践。

6.3　数据图表创建

数据可视化的核心在于通过图表的形式呈现数据，使复杂的数据关系得以直观展现，从而帮助分析者和决策者快速洞察数据背后的信息。不同类型的图表适用于不同的数据特征和分析需求。本节以 Tableau 软件为例，以下将详细介绍多种常见的数据可视化图表类型，按照从基础到高级的顺序排列，帮助读者理解每种图表的适用场景和创建方法。

柱状图（Bar Chart）

概述：柱状图是最常见的数据可视化图表之一，用于显示各类目之间的数值差异。每个类目的数值由一个矩形条表示，条形的长度或高度与数值成正比。柱状图可以分为单一柱状图和分组柱状图，适合比较不同类别的数据。

适用场景：柱状图常用于销售数据分析、市场份额比较、财务报告等需要对比各类目数据的场景。

饼图（Pie Chart）

概述：饼图用于显示各部分占整体的比例。整个圆代表总量，切片的面积大小与部分数值成正比。饼图直观地显示了各部分之间的比例关系，但不适合展示过多类别的数据。

适用场景：饼图常用于预算分配、市场份额、人口构成等比例数据的展示。

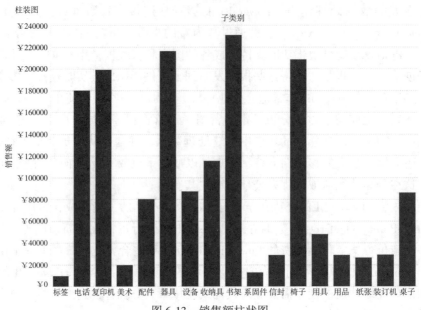

图 6-13　销售额柱状图

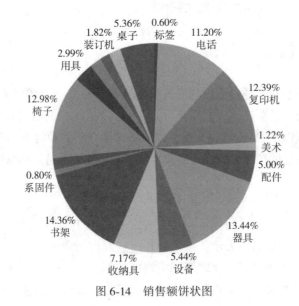

图 6-14　销售额饼状图

折线图（Line Chart）

概述：折线图用于显示数据随时间的变化趋势。数据点通过线段连接，适合展示连续数据的趋势和波动情况。折线图可以是单线，也可以是多线，后者适合比较多个数据系列的趋势。

适用场景：折线图常用于销售趋势分析、股市波动、气温变化等时间序列数据的展示。

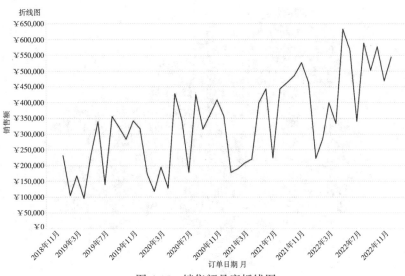

图 6-15　销售额月度折线图

箱线图（Box Plot）

概述：箱线图用于展示数据的分布特征，特别是数据的中位数、四分位数、极值和异常值。箱线图通过盒状框和须状线条展示数据的离散程度和对称性。

适用场景：箱线图常用于统计学研究、质量检测、金融分析等领域，特别适合比较多个数据集的分布。

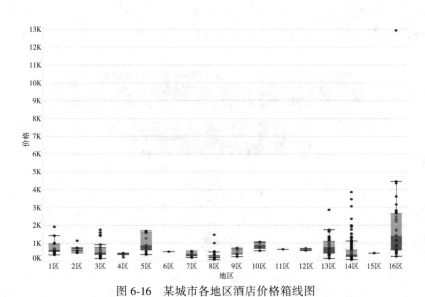

图 6-16　某城市各地区酒店价格箱线图

气泡图（Bubble Chart）

概述：气泡图是散点图的扩展，通过气泡的大小来表示第三个变量的值。在二维坐标系中，气泡的横纵位置代表两个变量，气泡的大小代表第三个变量的大小。

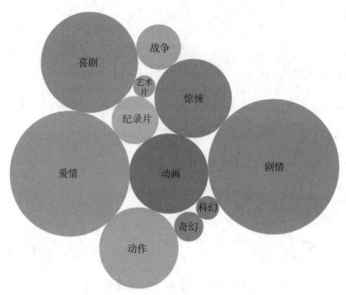

图 6-17　电影类型气泡图

适用场景：气泡图适合展示多变量数据，常用于市场定位、风险评估、资源分配等分析。

漏斗图（Funnel Chart）

概述：漏斗图用于展示逐级缩减的数据过程，通常用于分析转化率或流程中的损耗情况。漏斗的每个部分表示一个阶段，宽度代表该阶段的数量或比例。

适用场景：漏斗图广泛应用于销售漏斗分析、客户转化率、业务流程优化等领域。

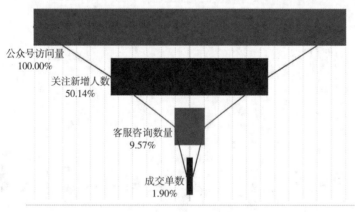

图 6-18　某公众号访问漏斗图

雷达图（Radar Chart）

概述：雷达图通过多条轴线展示多个变量的值，轴线的长度代表变量的大小，连接各个变量的点形成多边形。雷达图特别适合展示多变量的比较和总体特征。

适用场景：雷达图常用于绩效评估、竞争分析、产品特性比较等领域。

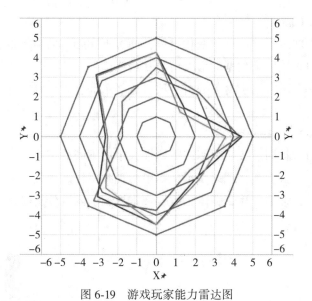

图 6-19 游戏玩家能力雷达图

桑基图（Sankey Diagram）

概述：桑基图用于展示流量的分布和转移，通过宽度不同的带状线条展示从一个节点到另一个节点的流动量。桑基图能够直观地展示复杂的流量分布和资源配置情况。

适用场景：桑基图常用于能源流动分析、供应链管理、资金流向分析等领域。

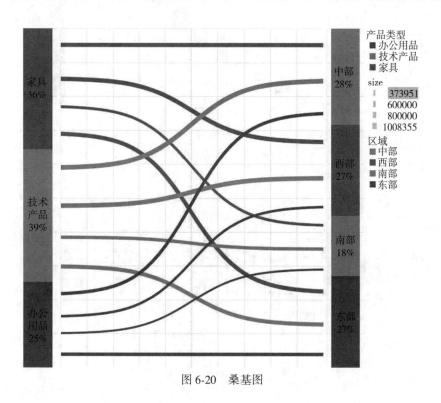

图 6-20 桑基图

瀑布图（Waterfall Chart）

概述：瀑布图展示累计数据的变化过程，通过不同颜色的矩形条表示增加或减少的量。瀑布图能够清晰地展示数据的增减情况和最终结果。

适用场景：瀑布图常用于财务分析、项目进展跟踪、预算调整等场景。

词云（Word Cloud）

概述：词云通过将词语按照频率或重要性大小用不同的字体和颜色展示，常用于文本数据的可视化。词云能够直观地展示文本中出现频率较高的关键词。

适用场景：词云常用于社交媒体分析、文本挖掘、内容分析等领域。

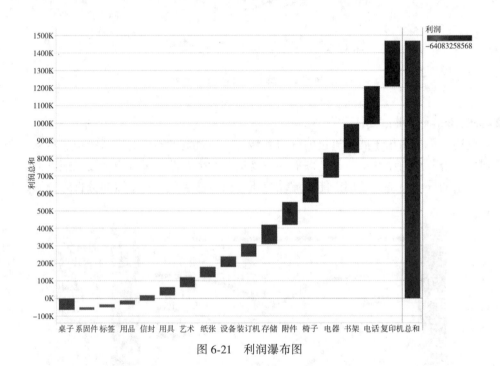

图 6-21   利润瀑布图

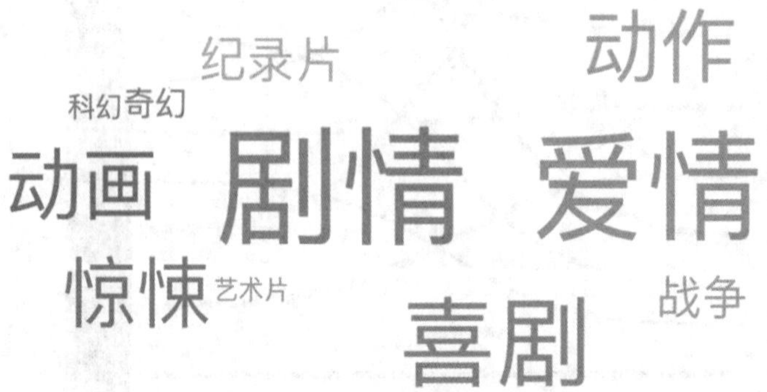

图 6-22   电影类型词云图

在数据分析和决策过程中，选择合适的图表类型至关重要。每种图表都有其独特的功能和应用场景，理解这些图表的特性和优势能够帮助分析者更有效地展示数据，提高分析的准确性和洞察力。通过以上详细介绍的 17 种常见数据可视化图表，读者可以根据不同的数据特征和分析需求，选择最合适的图表类型进行数据展示，从而更好地支持决策和行动。

第7章 回归分析

回归分析是统计学中的一个重要的方法，主要用于研究一个或多个自变量(解释变量、预测变量)与一个因变量(响应变量、被解释变量)之间的定量关系。回归分析可以帮助我们理解一个变量如何随着另一个或几个变量的变化而变化，以及这种变化的程度。回归分析是数据分析、市场调研、经济预测、医学研究等多个领域中的重要工具，通过揭示变量之间的定量关系，为决策提供科学依据。按照所使用的模型的不同，回归分析可以分为：简单回归分析、多元回归分析、线性回归分析以及非线性回归分析。相关理论模型可用于预测、解释、控制以及政策制定等方面。

本章主要包含五部分内容。第一，对回归分析涉及的基本概念、回归分析所使用的基本理论模型以及回归分析的基本步骤进行简要介绍；第二，讲解如何基于 Python 构建线性回归模型，并结合实际数据来训练线性回归模型，最后进行实际预测；第三，讲解多项式回归模型，说明如何基于 Python 构建多项式回归模型，结合实际数据对模型进行训练，并进行实际预测使用；第四，讲解逻辑回归模型，首先阐述逻辑回归模型的理论模型，然后讲解如何基于 Python 构建逻辑回归模型，并结合实际数据训练模型，最后通过实际案例讲解模型应用；第五，讲解如何使用随机森林处理非线性回归模型。

7.1 回归分析概述

回归分析(Regression Analysis)是一种统计分析方法，旨在确定两种或两种以上特征变量之间相互依赖的定量关系。它通过建立数学模型来描述自变量和因变量之间的关系，从而进行预测、解释或控制。回归分析根据涉及变量的数量、因变量的类型以及自变量和因变量之间的关系类型，可以分为多种类型。按变量数量分类可分为一元回归分析和多元回归分析。按因变量类型分类，可分为线性回归、非线性回归和逻辑回归。也可按照其他方法分类为多项式回归、岭回归、套索回归(Lasso Regression)、决策树回归、神经网络回归等，这些回归方法适用于处理更复杂的数据关系和预测问题。

进行回归分析的基本步骤如下：

(1)确定研究问题：明确需要研究的自变量和因变量，以及研究目的。

（2）收集数据：获取相关的观测数据，确保数据的准确性和完整性。

（3）建立模型：根据研究问题选择合适的回归模型，如线性回归、逻辑回归等。

（4）模型估计：使用统计方法（如最小二乘法）估计模型参数。

（5）模型检验：通过假设检验（如 t 检验、F 检验）评估模型的拟合优度和显著性。

（6）模型应用：利用模型进行预测、解释或控制，并评估模型的适用性和准确性。

接下来，本章节将阐述简单的线性回归模型和多元线性回归模型。

7.1.1 简单的线性回归

简单的线性回归模型的目的是针对单个特征（解释变量）和连续响应值（目标变量）之间的关系建模。具体模型如下：

$$y = w_0 + w_1 x \tag{7.1}$$

这里 w_0 代表 y 轴的截距，w_1 为解释变量的加权系数。根据前面的定义，线性回归可以理解为通过样本数据找到最佳的拟合直线，如图 7-1 所示。这条最佳的拟合线被称为回归线，从该线到样本点的垂直线是所谓的误差或残差。

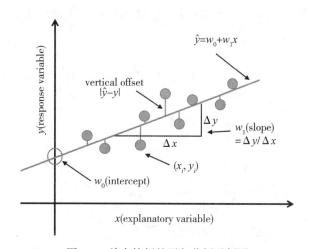

图 7-1　单个特征的回归分析示例图

7.1.2 多元线性回归

当有多个解释变量时，则回归方程为多元线性回归，具体方程式如下所示：

$$y = w_0 + w_1 x + \cdots + w_n x_n \tag{7.2}$$

其中，w_i 为解释变量 x_i 的加权系数，$i = 1, 2, \cdots, n$。图 7-2 展示了具有两个特征的多元线性回归模型的二维拟合超平面图。

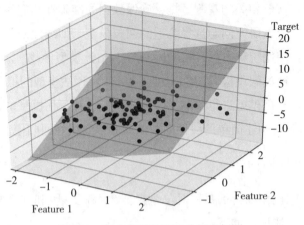

图 7.2 两个特征的回归分析示例图

7.2 线性回归

线性回归是一种预测数值型数据的统计方法,它试图找到一个最佳的线性方程(或直线),以尽可能准确地预测一个或多个自变量与因变量之间的关系。以下是线性回归的基本步骤

问题定义:

- 明确预测的目标是什么,即因变量 Y,明确需要使用哪些信息来预测,即自变量 X。
- 确定问题的背景,收集相关数据。

数据收集:

- 根据问题定义,收集相关的数据集。
- 数据可能来自实验、调查、数据库等。

数据预处理:

- 清洗数据:处理缺失值、异常值、重复值等。
- 数据转换:可能需要对数据进行标准化、归一化或编码(如将分类变量转换为数值型)。
- 特征选择:选择对预测目标有影响的自变量。

模型假设:

- 假设自变量与因变量之间存在线性关系。
- 假设误差项(即实际值与预测值之间的差异)是独立同分布的,且服从正态分布。

构建模型:

- 使用最小二乘法或其他优化算法来估计线性回归模型的参数(即斜率和截距)。
- 最小二乘法通过最小化误差的平方和来找到最佳拟合线。

模型评估：

- 使用训练集数据评估模型的拟合优度，如计算决定系数（R^2）、均方误差（MSE）等。

- 划分数据集为训练集和测试集，使用测试集评估模型的预测性能。

- 绘制残差图，检查模型假设是否成立（如误差项是否独立同分布）。

模型优化：

- 如果模型性能不佳，考虑使用特征工程、正则化（如岭回归、Lasso 回归）等技术来改进模型。

- 尝试不同的模型参数或算法。

模型应用：

- 使用训练好的模型对新数据进行预测。

- 解释模型结果，根据业务需求进行决策。

模型监控与维护：

- 定期检查模型性能，确保模型仍然有效。

- 随着新数据的收集，可能需要重新训练模型以适应数据的变化。

接下来，将使用住房数据集来构建一个线性回归模型来对房价进行预测。首先，对数据进行加载和介绍，并通过可视化方法得到影响房价的重要特征，通过皮尔森积矩相关系数来确定特征对房价的影响程度，并据此选择关键特征，即自变量 X；然后，通过普通最小二乘法来实现线性回归模型的构建；最后，查看、测试模型的性能，并通过可视化方法输出回归曲线。本章内容都将通过 python 实现。

7.2.1　加载住房数据集

该住房数据集是由 D. 哈里斯和慕·鲁宾菲尔德两位在 1978 年收集的关于波士顿郊区住房的信息。该数据集包含 506 条数据，具体包含如下特征信息：

（1）CRIM（人均犯罪率）：每个城镇的人均犯罪率，衡量了犯罪对房价的潜在影响。

（2）ZN（超过 25000 平方英尺的住宅用地比例）：住宅用地中超过 25000 平方英尺的用地比例，可能反映了土地使用的效率和大型住宅区的存在。

（3）INDUS（非零售商业用地比例）：每个城镇的非零售商业用地比例，这可能对房价有正面或负面影响，取决于商业活动的类型和密度。

（4）CHAS（查尔斯河虚拟变量）：如果房产位于查尔斯河附近，则为 1；否则为 0。这是一个二元变量，用于衡量地理位置（尤其是靠近河流）对房价的影响。

（5）NOX（一氧化氮浓度）：每 1000 万立方英尺的一氧化氮浓度，是空气质量的一个指标，可能对房价有负面影响。

（6）RM（平均每套住宅的房间数）：直接影响居住舒适度和房价的关键因素。

（7）AGE（1940 年之前建成的自用房屋比例）：反映了房产的老旧程度，可能对房价有负面影响。

（8）DIS（到波士顿五个就业中心的加权距离）：到波士顿五个就业中心的加权距离，

距离就业中心越近，房价可能越高。

（9）RAD（径向高速公路的可达性指数）：到径向高速公路的便利程度，数值越高表示越容易到达高速公路，可能对房价有正面影响。

（10）TAX（全值财产税率）：每 10000 美元的全值财产税率，税率越高，房价可能越低。

（11）PTRATIO（学生与教师比例）：城镇中每个学生对应教师的数量，反映了教育资源的丰富程度，可能对房价有正面影响。

（12）B（黑人比例）：黑人居民占总人口的比例，可能反映了社会和经济因素，对房价有复杂影响。

（13）LSTAT（低收入人群比例）：低收入人群占总人口的比例，是社会经济地位的一个指标，可能对房价有负面影响。

（14）MEDV（中位数房价）：这是目标变量，即我们要预测的每套房屋的中位数价格（以千美元为单位）。

首先，加载必要的数据分析处理库，并读取相关数据，查看数据的基本情况，如下所示。

```python
import numpy as np
import pandas as pd
import seaborn as sns
import matplotlib.pyplot as plt
from sklearn.linear_model import LinearRegression
from sklearn.linear_model import SGDRegressor
from sklearn.preprocessing import StandardScaler
from sklearn.model_selection import train_test_split
from sklearn.metrics import mean_squared_error
from sklearn.metrics import r2_score
from sklearn.preprocessing import PolynomialFeatures
from pylab import *
mpl.rcParams['font.sans-serif'] = ['SimHei']
#####绘制回归图#####
def lin_regplot(X, y, model, color):
    plt.scatter(X, y, c='steelblue', edgecolor='white', s=70)
    plt.plot(X, model.predict(X), color=color, lw=2)
    return None
#####读取数据#####
Boston_house = pd.read_csv('…/housing.data.txt', header=None, sep='\s+')
Boston_house.columns = ['CRIM', 'ZN', 'INDUS', 'CHAS', 'NOX', 'RM', 'AGE',
'DIS', 'RAD', 'TAX', 'PTRATIO', 'B', 'LSTAT', 'MEDV']
```

```
#变换数据表头
# Boston_house. columns = ['犯罪率', '面积超 25K 比例', '非零售营业面积占比',
'查尔斯河哑流量', '一氧化氮浓度', '房间数', '1940 以前自用房比例', '就业中心
加权距离', '辐射可达的公路的索引', '全额财产的税率', '城镇师生比例', '非裔
美国人的比例', '地位较低人口的百分比', '自住房的中位价']
Boston_house. head( )
```

数据查看的第二步是查看是否有缺失值和异常值，得到结果如图 7-3 所示。结果表明，该数据集的各个字段都没有缺失值，总数据条目为 506 条，除 CHAS 和 RAD 为整数型数据外，其他均为浮点数数据。

	CRIM	ZN	INDUS	CHAS	NOX	RM	AGE	DIS	RAD	TAX	PTRATIO	B	LSTAT	MEDV
0	0.00632	18.0	2.31	0	0.538	6.575	65.2	4.0900	1	296.0	15.3	396.90	4.98	24.0
1	0.02731	0.0	7.07	0	0.469	6.421	78.9	4.9671	2	242.0	17.8	396.90	9.14	21.6
2	0.02729	0.0	7.07	0	0.469	7.185	61.1	4.9671	2	242.0	17.8	392.83	4.03	34.7
3	0.03237	0.0	2.18	0	0.458	6.998	45.8	6.0622	3	222.0	18.7	394.63	2.94	33.4
4	0.06905	0.0	2.18	0	0.458	7.147	54.2	6.0622	3	222.0	18.7	396.90	5.33	36.2

图 7-3 波士顿房价前五行数据

```
#查看数据总体情况和缺失值
Boston_house. info( )
#无缺失值
<class 'pandas. core. frame. DataFrame'>
RangeIndex：506 entries，0 to 505
Data columns（total 14 columns）：
#    Column      Non-Null Count    Dtype
---  ------      --------------    -----
0    CRIM        506 non-null      float64
1    ZN          506 non-null      float64
2    INDUS       506 non-null      float64
3    CHAS        506 non-null      int64
4    NOX         506 non-null      float64
5    RM          506 non-null      float64
6    AGE         506 non-null      float64
7    DIS         506 non-null      float64
8    RAD         506 non-null      int64
9    TAX         506 non-null      float64
10   PTRATIO     506 non-null      float64
11   B           506 non-null      float64
```

12	LSTAT	506 non-null	float64
13	MEDV	506 non-null	float64

dtypes：float64(12)，int64(2)

memory usage：55.5 KB

7.2.2　探索性数据分析

探索性数据分析(Exploratory Data Analysis，EDA)是在进行机器学习模型构建与训练之前非常重要的一步。它是一种广泛使用的数据分析方法，其目的在于帮助人们更好地了解数据的总体特征、识别数据中的异常值和潜在变量，以及发现数据中的结构关系和模式。该方法是由美国统计学家 J. K. Tukey(也有说法为 John Wilder Tukey)在 20 世纪 70 年代提出的一种数据分析方法。它强调在尽量少的先验假设下，通过作图、制表、方程拟合、计算特征量等手段，探索数据的结构和规律。

EDA 的主要目的包含如下几点：第一，构建初始认知。通过可视化手段对数据构建初步的认知和理解。第二，提出假设。对数据集中的某些现象或原因提出假设。第三，选择统计方法。为后续的统计分析选择合适的统计推断方法。第四，提供支持。为后续使用合适的统计工具及技术提供支持，同时也为进一步的数据收集及调查奠定基础。

接下来，本章将使用可视化工具对波士顿房价数据进行 EDA 分析。首先，创建一个散点图矩阵，把数据集中不同特征之间的成对相关性直观的表示出来。该操作需要调用 Seaborn 库的 pairplot 函数来绘制散点图矩阵。具体代码如下：

```
####观察数据#####
cols = ['LSTAT', 'INDUS', 'NOX', 'RM', 'MEDV']
#地位较低人口的百分比 LSTAT，非零售营业面积占比 INDUS，一氧化氮浓度 NOX，
房间数量 RM，自住房的中位价 MEDV
sns. pairplot(Boston_house[cols]，size = 2.5)
plt. tight_layout()
plt. show()
```

其中，第三行明确了要绘制散点图矩阵的几个特征，包括：地位较低人口的百分比 LSTAT，非零售营业面积占比 INDUS，一氧化氮浓度 NOX，房间数量 RM 和自住房的中位价 MEDV。以上代码得到的结果如图 7-4 所示，从图中可以看出，LSTAT(地位较低人口的百分比)和 RM(房间数量)对房价(MEDV)有显著影响。且房价数据呈现正态分布。此外，数据中还存在一些离散样本。这些均为后续的回归分析提供了依据。

除了使用相关分布图来查看特征之间的关系外，还可以通过定量的方式来查看和概括变量之间的线性关系，关联矩阵便是量化方法之一。它是包含了皮尔森积矩相关系数(通常简称为皮尔森的 r)的正方形矩阵，该系数是统计学中用于度量两个变量 X 和 Y 之间线性相关程度的统计量。其值介于 -1 与 1 之间，绝对值越大表明相关性越强。以下是关于皮尔森积矩相关系数的详细解释：

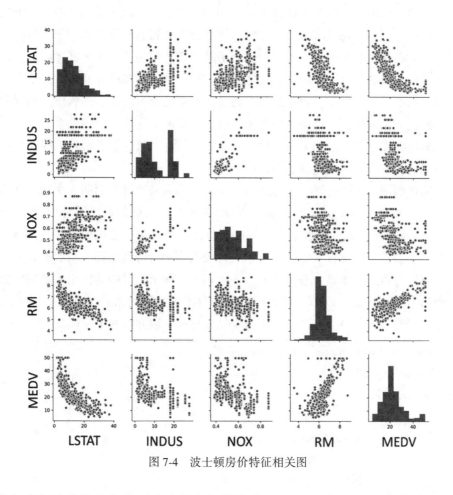

图 7-4 波士顿房价特征相关图

皮尔森相关系数定义为两个变量之间的协方差（Covariance）和它们各自标准差的商，即：

$$r = \frac{\sum_{i=1}^{n}(x_i - \bar{x})(y_i - \bar{y})}{\sqrt{\sum_{i=1}^{n}(x_i - \bar{x})^2}\sqrt{\sum_{i=1}^{n}(y_i - \bar{y})^2}} \tag{7.3}$$

其中，x_i 和 y_i 分别表示观测到的两个变量的值，$\bar{x}$ 和 $\bar{y}$ 分别表示这两个变量的均值，n 表示观测到的数据的数量。当 $r = 1$ 时，表示两个变量之间存在完全正相关关系，即一个变量随着另一个变量的增加而增加，且所有数据点都精确地落在一条直线上。当 $r = -1$ 时，表示两个变量之间存在完全负相关关系，即一个变量随着另一个变量的增加而减少，且所有数据点都精确地落在一条直线上。$r = 0$ 时，表示两个变量之间不存在线性相关关系。但请注意，这并不意味着两个变量之间完全没有关系，只是它们之间不存在线性关系而已。r 的绝对值越接近 1，表示两个变量之间的线性关系越强；r 的绝对值越接近 0，表示两个变量之间的线性关系越弱。皮尔森相关系数具有位置和尺度的不变性，即两个变量的位置和尺度的变化并不会改变它们之间的皮尔森相关系数。在自然科学、社会科学、经济学等多个领域，皮尔森相关系数都被广泛用于度量两个变量之间的线性相关程度。例如，在经济学中，它可以用来分析消费者价格指数（CPI）与不动产价格之间的关系；在生物学中，它可以用来分析基因表达量与蛋白质浓度之间的关系等。

皮尔森相关系数只能度量两个变量之间的线性关系，不能度量非线性关系。在使用皮尔森相关系数时，需要注意数据的分布特性，特别是数据的正态性假设。如果数据不满足正态性假设，可能需要使用其他相关系数来度量两个变量之间的关系。

综上所述，皮尔森积矩相关系数是一种重要的统计工具，它能够帮助我们理解和分析两个变量之间的线性关系及其强弱程度。

下面的代码展示了如何通过 NumPy 的 corrcoef 函数来获得前面的 5 个特征间的皮尔森相关系数，并调用 Seaborn 库的 heatmap 函数来展示关联矩阵。其中，第一行使用 Numpy 库的 corrcoef 函数计算数据集中 cols 所包含的特征值数据间的相关系数 r，第二行为即将绘制的热力图设置字体大小，第三行根据第一行得到的相关系数关联矩阵绘制热力图，第四行表示要加热力条，第五行表示要显示每个位置的具体相关系数数值，第六行明确热力图的形状为矩形，第七行明确热力图中数值的格式为浮点数保留两位小数，第八行定义字体大小，第九和第十行定义 x 轴和 y 轴方向的坐标标签。

```
cm = np. corrcoef( Boston_house[ cols]. values. T)
sns. set( font_scale = 1. 5)
hm = sns. heatmap( cm,
                  cbar = True,
                  annot = True,
                  square = True,
                  fmt = '. 2f',
                  annot_kws = {'size': 14},
                  yticklabels = cols,
                  xticklabels = cols)
```

按照以上代码，可以得到如图 7-5 所示的热力图结果。关联矩阵结果表明，只有 LSTAT 与 MEDV 的相关系数绝对值超过了 0.7，基于此，将对 LSTAT 与 MEDV 构建回归分析模型。

7.2.3 房价线性回归模型构建

基于以上分析，本章将构建线性回归模型，分析房价 MEDV（因变量 Y）与地位较低人口的百分比 LSTAT（自变量 X）之间的关系。具体代码如下，第二行和第三行分别取数据集中的 LSTAT 和 MEDV 的值作为自变量和因变量；第四行构建一个线性回归模型 slr，第五行通过数据 LSTAT 和 MEDV 来拟合该线性回归模型中的具体参数，具体包括 LSTAT 的相关系数和曲线的截距。

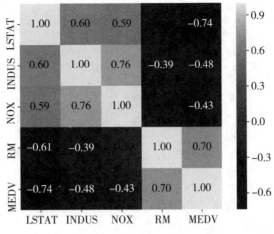

图 7-5 波士顿房价数据关联矩阵

```
#####线性回归模型构建#####
X = Boston_house[['LSTAT']].values
y = Boston_house['MEDV'].values
slr = LinearRegression()
slr.fit(X, y)
lin_regplot(X, y, slr, 'red')
plt.xlabel('LSTAT')
plt.ylabel('Price in $ 100')
plt.show()
print('Slope:%.3f'%slr.coef_[0])
print('Intercept:%.3f'% slr.intercept_)
print(mean_squared_error(slr.predict(X), y))
slr.score(X, y)
```

　　首先，以上代码将得到如图 7-6 所示的回归曲线图，此外，还将得到该回归曲线的斜率和截距分别为 −0.950 和 34.554。该模型与实际数据的均方误差为 38.48。在图 7-6 中可以发现，部分数据是偏离总体趋势的，例如 LSTAT 在 0 与 10 之间，MEDV 在 40 与 50 之间的数据，以及右下角的部分数据。这些数据均会导致预测曲线偏离总体趋势，从而带来误差。接下来，本章将介绍用随机抽样一致性算法来处理离散数据的问题。

　　随机抽样一致性（Random Sample Consensus，RANSAC）是一种数学和计算机科学中的算法，主要用于从一组包含大量噪声和异常值（离群点）的数据中估计出数学模型的参数。该算法由 Fischler 和 Bolles 在 1981 年首次提出，是一种非确定性算法，即它有一定的概率得出一个合理的结果，且通过增加迭代次数可以提高这一概率。

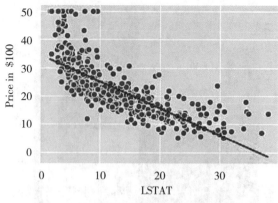

图 7-6 波士顿房价预测线性回归曲线图

RANSAC 算法的基本假设是数据由"内群"(inliers，即适合模型的数据点)和"离群"(outliers，即不适合模型的数据点)组成。算法通过迭代的方式，从数据中随机选择一部分点作为内群，并基于这些点计算出模型的参数。然后，将剩余的点代入模型，根据预设的阈值判断它们是否为内群。最终，选择内群数量最多的模型作为最优解。RANSAC 算法的基本步骤包含如下几步：

(1)随机选择样本：从数据集中随机选择 n 个点(n 是拟合模型所需的最小点数)，并假设这些点都是内群。

(2)拟合模型：使用这 n 个点来拟合一个模型，并计算出模型的参数。

(3)数据分类：将剩余的点代入模型，根据预设的阈值判断它们是否为内群。

(4)评估模型：记录当前模型的内群数量，并与之前的模型进行比较。

(5)迭代：重复上述步骤多次(迭代次数 k)，每次迭代都重新选择 n 个点并拟合模型。

(6)选择最优模型：在所有迭代中，选择内群数量最多的模型作为最终解。

使用随机抽样一致性算法预测 MEDV 关于 LSTAT 的曲线的代码如下所示。该过程使用了机器学习库中的 RANSACRegressor 函数，其参数包括：最大测试量为 max_trials = 100，最小样本为 min_samples = 50，损失函数为绝对误差 loss = 'absolute_loss'，残差阈值为 residual_threshold = 5.0，超过残差阈值的数据样本将会被舍弃。同样，该代码通过 LSTAT 数据和 MEDV 来拟合 ransac 函数，并绘制效果图且输出拟合函数信息和效果参数。

```
#######RANSAC 随机抽样一致性算法########
from sklearn. linear_model import RANSACRegressor
ransac = RANSACRegressor( LinearRegression( ) ,
                         max_trials = 100 ,
                         min_samples = 50 ,
                         loss = 'absolute_loss' ,
                         residual_threshold = 5. 0 ,
                         random_state = 0)
```

```
ransac.fit(X, y)
plt.xlabel('LSTAT')
plt.ylabel('Price in $ 100')
lin_regplot(X, y, ransac, color='blue')
plt.show()
print('Slope:%.3f'% ransac.estimator_.coef_[0])
print('Intercept:%.3f'% ransac.estimator_.intercept_)
print(mean_squared_error(ransac.predict(X), y))
ransac.score(X, y)
```

预测曲线结果如图 7-7 所示，结果表明，相比于图 7-6 中的线性回归曲线，使用随机抽样一致性后，预测曲线明显下移了。为更清晰地凸显随机抽样一致性的效果，接下来将该算法使用到的内点和外点分开绘制，使用如下所示的代码，并得到如图 7-8 所示的结果。结果表明，Ransac 算法可以有效地摒除离异数据对于预测曲线的影响，从而得到更为符合大体趋势的线性回归预测曲线。

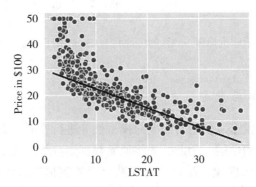

图 7.7 基于随机抽样一致性的房价关于 LSTAT 的需求预测模型

```
##绘图查看 RANSAC 预测模型的效果
inlier_mask=ransac.inlier_mask_
outlier_mask=np.logical_not(inlier_mask)
line_X=np.arange(3, 40, 1)
line_y_ransac=ransac.predict(line_X[:, np.newaxis])
plt.scatter(X[inlier_mask], y[inlier_mask],
            c='steelblue', edgecolor='white',
            marker='o', label='Inliers')
plt.scatter(X[outlier_mask], y[outlier_mask],
            c='limegreen', edgecolor='white',
            marker='s', label='Outliers')
plt.plot(line_X, line_y_ransac, color='black', lw=2)
```

```
plt. xlabel('LSTAT')
plt. ylabel('Price in $ 1000s [MEDV]')
plt. legend(loc='upper left')
plt. show()
print(mean_squared_error(slr. predict(X), y))
slr. score(X, y)
```

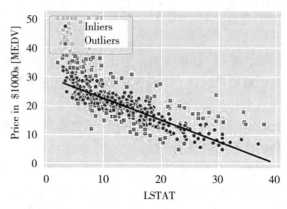

图 7-8　基于随机抽样一致性的房价关于 LSTAT 的预测曲线与内点图

7.2.4　模型性能测试与查看

在构建完线性回归模型后，通常需要对模型性能进行查看。首先，本章通过可视化方式查看线性回归模型的性能，为此，先将原始数据划分为训练集和测试集，然后，再将数据进行特征工程的标准化，最后，将标准化后的数据输入给线性回归模型进行预测，得到预测结果，并将预测结果与实际结果之间的误差绘制分布图，查看误差是否均匀分布在零点水平线两侧。以下为上述操作的代码，并将得到如图 7-9 所示的结果。结果表明，房价预测结果的误差较为均匀地分布在零点水平线的两侧，说明线性回归模型较为准确地预测了 LSTAT 对于房价 MEDV 的影响。

```
#####评估线性回归模型的性能#######
from sklearn. model_selection import train_test_split
X = Boston_house. iloc[:,: -1]. values
y = Boston_house['MEDV']. values
X_train, X_test, y_train, y_test = train_test_split(
    X, y, test_size = 0.3, random_state = 0)


##特征工程-标准化
transfer = StandardScaler()
```

```
X_train = transfer. fit_transform(X_train)
X_test = transfer. fit_transform(X_test)
##线性回归-正规方程
slr = LinearRegression()
slr. fit(X_train, y_train)
y_train_pred = slr. predict(X_train)
y_test_pred = slr. predict(X_test)

plt. scatter(y_train_pred, y_train_pred-y_train,
            c = 'steelblue',
            marker = 'o',
            edgecolor = 'white',
            label = 'Training data')
plt. scatter(y_test_pred, y_test_pred-y_test,
            c = 'limegreen',
            marker = 's',
            edgecolor = 'white',
            label = 'Test data')

plt. xlabel('Predicted values', fontsize = 12)
plt. ylabel('Residuals', fontsize = 12)
plt. legend(loc = 'upper left', fontsize = 12)
plt. hlines(y = 0, xmin = -10, xmax = 50, color = 'black', lw = 3)
plt. xlim([-10, 50])
plt. show()
```

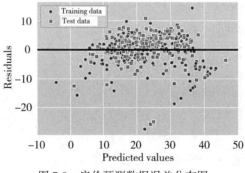

图 7-9 房价预测数据误差分布图

此外，还可以通过量化的方式查看线性回归模型的性能，包括均方误差和皮尔森系数（r 方），具体代码如下。需要从机器学习库的 metrics 包中导入 mean_squared_error 函数和 r2_score 函数。对于两种函数而言，都只需要将预测数据和实际数据输入进去即可。最终，得到训练数据的 MSE 为 19.95，测试数据的 MSE 为 28.38，训练数据的皮尔森系数为 0.76，测试数据的皮尔森系数为 0.66。

```
####计算均方误差和报告决定系数#####
from sklearn.metrics import mean_squared_error
from sklearn.metrics import r2_score
MSE_train_data=mean_squared_error(y_train, y_train_pred)
MSE_test_data=mean_squared_error(y_test, y_test_pred)
print(MSE_train_data, MSE_test_data)
r2_score_train_data=r2_score(y_train, y_train_pred)
r2_score_test_data=r2_score(y_test, y_test_pred)
print(r2_score_train_data, r2_score_test_data)
```

7.2.5　对多个影响因素进行回归分析

在本章中，将使用多个影响因素作为独立变量来构建预测模型，分析它们对房价的影响效果，具体使用的影响因素包括：'LSTAT'、'INDUS'、'NOX'、'RM'、'CRIM'、'AGE'、'INDUS'。首先，将这些变量的数据给到 X，并将房价均值的数据给到 y；然后，构建线性回归模型 slr，并使用 X 和 y 数据进行模型拟合；最后，输出模型的拟合效果结果，并可视化展示误差分布情况。具体代码如下所示：

```
###构建正规方程
X = Boston _ house [['LSTAT', 'INDUS', 'NOX', 'RM', 'CRIM', 'AGE',
'INDUS']].values
y=Boston_house['MEDV'].values
slr=LinearRegression()
slr.fit(X, y)
plt.xlabel('Average number of rooms')
plt.ylabel('Price in $ 100')
plt.show()
print(slr.coef_)
print('Intercept:%.3f'% slr.intercept_)

###评估模型效果
X_train, X_test, y_train, y_test=train_test_split(
    X, y, test_size=0.3, random_state=0)

##特征工程-标准化
transfer=StandardScaler()
```

```
X_train = transfer.fit_transform(X_train)
X_test = transfer.fit_transform(X_test)

##线性回归-正规方程
slr = LinearRegression()
slr.fit(X_train, y_train)
y_train_pred = slr.predict(X_train)
y_test_pred = slr.predict(X_test)
plt.scatter(y_train_pred, y_train_pred-y_train,
            c='steelblue',
            marker='o',
            edgecolor='white',
            label='Training data')
plt.scatter(y_test_pred, y_test_pred-y_test,
            c='limegreen',
            marker='s',
            edgecolor='white',
            label='Test data')
plt.xlabel('Predicted values', fontsize=12)
plt.ylabel('Residuals', fontsize=12)
plt.legend(loc='upper left', fontsize=12)
plt.hlines(y=0, xmin=-10, xmax=50, color='black', lw=3)
plt.xlim([-10, 50])
plt.show()

###计算评估系数
MSE_train_data = mean_squared_error(y_train, y_train_pred)
MSE_test_data = mean_squared_error(y_test, y_test_pred)
print(MSE_train_data, MSE_test_data)
r2_score_train_data = r2_score(y_train, y_train_pred)
r2_score_test_data = r2_score(y_test, y_test_pred)
print(r2_score_train_data, r2_score_test_data)
```

该预测模型的具体结果参数为：[-0.59855433, -0.0366607, -0.41462956, 5.01295388, -0.09791038, 0.02168799, -0.0366607]。截距(Intercept)：-1.485。训练数据和测试数据的 r 方分别为：0.6655689797985891 和 0.596708221088387。

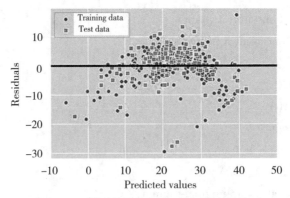

图 7-10　预测误差分布图(多个影响因素)

7.3　多项式回归

本章将为房价关于 LSTAT 的数据构建多项式回归模型来进行房价的预测。从图 7-8
可以看出,房价中位数 MEDV 关于 LSTAT 更倾向于呈现非线性关系,为更好地拟合
MEDV 和 LSTAT 之间的关系,本节将使用二次方回归曲线和三次方回归曲线。为此,
将使用机器学习库中的 PolynomialFeatures 函数来构建多项式回归曲线。首先,构建一
个二次方回归曲线 quadratic 和一个三次方曲线 cubic;然后,利用 fit_transform 函数将原
始 LSTAT 数据转换为可以输入 quadratic 和 cubic 函数中的数据。

```
######为波士顿房价预测构建非线性关系模型######3
X = Boston_house[['LSTAT']].values
y = Boston_house['MEDV'].values
regr = LinearRegression()
quadratic = PolynomialFeatures(degree = 2)
cubic = PolynomialFeatures(degree = 3)
X_quad = quadratic.fit_transform(X)
X_cubic = cubic.fit_transform(X)
X_fit = np.arange(X.min(), X.max(), 1)[:, np.newaxis]
regr = regr.fit(X, y)
y_lin_fit = regr.predict(X_fit)
linear_r2 = r2_score(y, regr.predict(X))
print('linear_r2', linear_r2)
regr = regr.fit(X_quad, y)
y_quad_fit = regr.predict(quadratic.fit_transform(X_fit))
quadratic_r2 = r2_score(y, regr.predict(X_quad))
```

```
print('quadratic_r2', quadratic_r2)
regr = regr.fit(X_cubic, y)
y_cubic_fit = regr.predict(cubic.fit_transform(X_fit))
cubic_r2 = r2_score(y, regr.predict(X_cubic))
print('cubic_r2', cubic_r2)
###plot results
plt.scatter(X, y, c='steelblue',
            edgecolor='white',
            label='training points')
plt.plot(X_fit, y_lin_fit,
         label='linear(d=1), $ R^2=%.2f $ ' % linear_r2,
         color='blue',
         lw=2,
         linestyle=':')
plt.plot(X_fit, y_quad_fit,
         label='quadratic(d=2), $ R^2=%.2f $ ' % quadratic_r2,
         color='red',
         lw=2,
         linestyle='-')
plt.plot(X_fit, y_cubic_fit,
         label='cubic(d=3), $ R^2=%.2f $ ' % cubic_r2,
         color='green',
         lw=2,
         linestyle='--')
plt.xlabel('lower status of the populatoin')
plt.ylabel('Price in $ 1000s')
plt.legend(loc='upper right', fontsize=10)
plt.show()
```

　　接下来,将自变量数据 LSTAT 增加一个维度,使用的语言为 X_fit = np.arange(X.min(), X.max(), 1)[:, np.newaxis]。在此基础上,将该数据输入线性回归模型、二次项回归曲线和三次方回归曲线中,得到拟合的预测模型,并通过 r2_score 函数计算三个预测模型的皮尔森系数。具体代码如下,并得到如下皮尔森系数:线性回归模型 0.54,二次项回归曲线 0.64,三次方回归曲线 0.66。该结果说明,三次方回归曲线能够更好地拟合 MEDV 和 LSTAT 数据间的关系。

　　最后,通过可视化方式查看 3 个回归曲线的拟合效果,代码如下,并得到如图7.11 所示的结果。

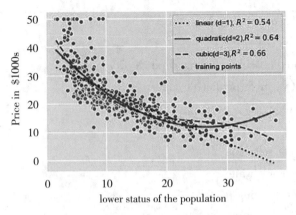

图 7-11　房价数据的多项式回归预测曲线

第8章　经典机器学习方法

机器学习模型是人工智能领域的重要组成部分，它们通过学习和优化数据中的模式来执行各种任务。机器学习模型可以视为一种数学函数，通过训练数据来调整模型参数，以最小化预测输出与真实标签之间的误差。这些模型可以处理不同类型的数据和问题，包括分类、回归、聚类、降维等(见图8-1)。根据模型的不同特性和工作原理，可以将机器学习模型分为多个大类，如联结主义类模型(如神经网络)、决策树模型、概率模型、近邻类模型以及集成学习模型等。

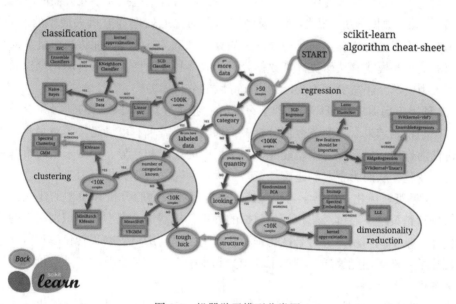

图 8-1　机器学习模型分类图

当前，机器学习模型在多个领域都有广泛的应用。第一个重要的应用场景是图像和语音识别方面。首先，可以通过训练深度学习模型(如卷积神经网络 CNN)，自动从原始图像中提取特征并进行分类，将图像中的主体识别并归类到预定义的类别中。例如，区分照片中的猫、狗、汽车、花朵等。其次，机器学习模型能够在图像中检测和定位特定目标，如行人、车辆、交通信号灯等，并确定它们在图像中的位置。这通常通过使用如 YOLO(You Only Look Once)或 Faster R-CNN 等算法来实现。此外，机器学习模型能够准确地识别和验证个人的面部特征，用于安全监控、身份验证等场景。面部识别技术已经广泛应用于手机解锁、门禁系统、支付验证等领域。在语音识别方面，机器学习模型通过深度学习算法对大量语音数据进行训练，将人类语音信号转换为文本或命令，实现与计算机的交互。这极大地提高了语音识别的准确性和可靠性。机器学习模型还能够根据文本生成自然的语音，实现语音合成。这在语音助手、有声读物、虚拟角色配音等领域具有广泛应用。

机器学习模型的第二个重要应用场景是自然语音处理（NLP），包括文本分析、情感分析、机器翻译、问答系统等。最典型的应用案例是聊天机器人和虚拟助手利用机器学习模型来理解和生成自然语言，以提供个性化的服务。此外，与大众接触较多的还有推荐系统，例如，电商平台、音乐和视频流媒体服务等使用机器学习来推荐用户可能感兴趣的产品或内容，这些系统通过分析用户的行为和兴趣，提供个性化的推荐，提高用户满意度和平台收入。当前，自动驾驶应用前景广阔，该技术依赖于机器学习模型来实现图像识别、路径规划和决策控制等功能。这些模型需要处理复杂的道路环境和交通状况，以确保车辆的安全和高效运行。

除以上应用外，机器学习模型在商务数据分析中也有重要的作用，其强大的数据处理和预测能力为商务决策提供了有力的支持。具体而言，包括如下几方面的应用：

（1）自动化数据分析。机器学习模型能够自动化地处理和分析大规模的商业数据，减少了对人工干预的依赖。通过构建复杂的算法模型，机器学习能够从海量数据中提取有价值的信息和模式，从而提高了数据分析的效率和准确性。这种自动化分析能力不仅节省了人力资源，还避免了人为因素可能导致的分析偏差。

（2）预测市场需求和趋势。机器学习模型能够通过对历史数据的学习和挖掘，提供高效准确的预测结果。在商务数据分析中，预测客户需求、市场趋势等对企业的决策具有关键性的作用。机器学习模型能够识别数据中的规律和趋势，预测未来的市场走向和客户需求变化，从而为企业制定市场策略、优化库存管理等提供有力支持。

（3）营销策略优化。机器学习模型能够通过市场数据的分析和模型的建立，提供精准的市场营销策略。通过对用户行为数据的分析，机器学习模型能够识别用户的购买习惯和偏好，基于此向用户进行个性化推荐和营销，提高用户的购买转化率和留存率。同时，机器学习模型还能够通过分析市场趋势和竞争态势，为企业的产品定价、渠道选择等决策提供参考。

（4）运营优化。机器学习模型在商务数据分析中还可以应用于运营优化。通过对业务流程数据的分析，机器学习模型能够发现潜在的问题和瓶颈，提出改进建议。例如，在供应链管理中，机器学习模型可以预测库存需求、优化物流路线等，从而降低运营成本、提高运营效率。

本章将从商务数据分析作为切入点，重点讲述如下几类机器学习模型和方法在商务数据分析中的应用：首先，讲解分类算法的应用，包括逻辑回归、决策树、随机森林、支持向量机（SVM）等。本章将借助鸢尾花案例结合讲解分类模型的构建和使用；然后，讲解聚类算法在商务数据分析中的应用，包括 K-均值聚类、DBSCAN、层次聚类等。

8.1 机器学习模型的构建方法

机器学习模型的基本构建方法通常涉及多个关键步骤，这些步骤旨在从数据中提取有用信息，并通过算法建立能够准确预测或分类新数据的模型。以下是一个概括性的构建流程：

1. 确定问题类型和数据集

- 明确问题：首先，需要明确你想要解决的问题类型，比如是分类问题、回归问题还是其他类型的机器学习问题。
- 收集数据集：根据问题类型，收集相应的数据集。数据集应包含足够的样本以支持模型的训练和验证。

2. 数据预处理

- 数据清洗：对数据进行重新审查和校验，检查数据一致性，处理无效值和缺失值等。
- 特征提取与选择：从原始数据中提取有用的特征，并筛选出对模型性能有重要贡献的特征。这有助于降低数据维度，提高模型的表达能力和泛化能力。
- 数据转换：将非数字列转换为数字，因为机器学习算法通常只能处理数字数据。转换方法包括标签编码、one-hot 编码等。

3. 选择算法

- 根据问题的性质和数据集的特点，选择合适的机器学习算法。常见的算法包括线性回归、逻辑回归、决策树、随机森林、支持向量机、神经网络等。

4. 模型训练

- 使用选定的算法和数据集进行模型训练。在训练过程中，模型会根据输入数据进行调整，以优化其性能。
- 交叉验证：使用交叉验证的方法来评估模型性能，并防止过拟合。交叉验证将数据集分为多个部分，轮流作为训练集和测试集进行训练和评估。

5. 模型评估

- 使用测试数据集来评估模型的性能。评估指标根据问题的类型而定，例如分类问题常用准确率、召回率、F1 分数等，回归问题常用均方误差（MSE）等。
- 评估模型的拟合能力和泛化能力，确保模型既能在已知数据上表现良好，也能在未知数据上作出准确预测。

6. 调整与优化

- 如果模型的性能不够理想，可以通过调整算法参数、优化特征选择、增加数据量等方式来改进模型性能。

7. 部署与应用

- 一旦模型经过充分训练和验证，可以将其部署到生产环境中，用于实际应用场景。

此外，在机器学习模式的构建过程中，有如下注意事项：

- 在构建机器学习模型时，需要具备一定的编程和数学知识基础。
- 数据质量和数量对模型性能有重要影响，因此应确保数据集的完整性和准确性。
- 模型的选择和调整需要基于实验和验证结果，避免仅凭主观判断进行决策。

总之，机器学习模型的构建是一个复杂且需要细致操作的过程，涉及多个关键步骤和环节。通过遵循上述基本构建方法，并结合实际问题和数据集的特点进行调整和优化，可以构建出性能优良的机器学习模型。

8.2　分类模型

8.2.1　逻辑回归

逻辑回归（Logistic Regression）是一种广泛应用于分类问题的统计方法，尽管名字中包含"回归"，但它实际上是一种分类算法，主要用于二分类问题，也可以扩展到多分类问题（通过一对多或 softmax 等方法）。逻辑回归通过拟合一个逻辑函数（通常是 sigmoid 函数）来预测一个事件发生的概率。

1. 用途

逻辑回归的主要用途是预测一个二元结果（即，是/否，0/1）发生的概率。例如：预测邮件是否为垃圾邮件、判断一个客户是否会购买某个产品、评估病人是否患有某种疾病、预测金融交易是否为欺诈行为。

2. 基本逻辑

逻辑回归的基本逻辑包括以下几个步骤：

（1）选择 sigmoid 函数：逻辑回归使用 sigmoid 函数（也称为逻辑函数）将线性回归模型的输出（一个连续值）映射到（0，1）区间，从而得到一个概率值。Sigmoid 函数的公式为：

$$\text{sigma}(z) = \frac{1}{1 + e^{-z}} \tag{8.1}$$

其中，z 是线性回归模型的输出，$z = \beta_0 + \beta_1 x_1 + \cdots + \beta_n x_n$，其中 β_i 是模型参数，x_i 是特征值。

（2）模型训练：通过最大化似然函数（或最小化负对数似然函数）来训练模型，即找到最优的 β 参数值，使得模型预测的概率分布与真实数据的概率分布尽可能接近。

（3）预测：给定新的输入数据，使用训练好的模型计算其属于某一类别的概率，通常将概率大于 0.5 的预测为正类，否则为负类。

3. 适用场景

逻辑回归适用于以下场景：

（1）二分类问题：当目标变量是二元的（如，是/否，0/1），逻辑回归是一个很好的选择。

（2）线性关系：尽管逻辑回归可以处理非线性关系（通过特征转换或引入多项式项），但它最适合于特征与目标变量之间存在线性关系的场景。

（3）解释性强：逻辑回归的模型参数（即，系数）可以直接解释，表示每个特征对预测结果的影响方向和程度。

（4）计算效率高：逻辑回归的计算相对简单，训练速度快，适合处理大规模数据集。

（5）不需要严格的假设：与一些其他分类算法相比，逻辑回归不需要假设数据服从特定的分布（尽管在某些情况下，如特征间相互独立，模型性能会更好）。

然而，当数据中存在严重的非线性关系或特征间存在复杂的交互作用时，可能需要考虑使用更复杂的模型，如决策树、随机森林、梯度提升树或神经网络等。

4. 算法流程

逻辑回归算法流程如图 8-2 所示。

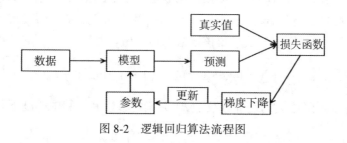

图 8-2 逻辑回归算法流程图

5. 算法步骤

逻辑回归算法是一种广泛使用的分类算法，特别适用于二分类问题。以下是逻辑回归算法的主要步骤：

(1)数据准备。

①收集数据：从相关数据源获取数据。

②数据清洗：处理缺失值(如填充、删除或插值)、异常值检测与处理、数据类型转换等。

③特征选择：从原始数据中选择对预测目标有显著影响的特征。

④特征缩放(可选)：对于某些算法(虽然逻辑回归不总是需要)，特征缩放(如归一化或标准化)可以加快收敛速度。

(2)数据预处理，生成多项式特征。

在处理复杂的二分类问题时，基础线性模型(适用于一阶特征)往往不足以描述数据间的非线性关系。因此，我们需要进行多项式特征转换，将样本空间映射到能够表示曲线(如圆形、椭圆形等不规则图形)的新空间。这一过程通过多项式拟合实现，增强了模型捕捉复杂边界的能力，从而提高了分类准确性。

(3)初始化参数 θ，构建代价函数 $J(\theta)$。

最大似然估计法是逻辑回归算法的主要学习方法，因此单个样本的后验概率为：

$$P(y \mid x; \theta) = (h_\theta(x))^y (1 - h_\theta(x))^{(1-y)} \tag{8.2}$$

则整个样本的后验概率为：

$$L(\theta) = \prod_{i=1}^{m} p(y_i \mid x_i; \theta) = \prod_{i=1}^{m} (h_\theta(x_i))^{y_i} (1 - h_\theta(x_i))^{1-y_i} \tag{8.3}$$

其中：

$$P(y = 1 \mid x; \theta) = h_\theta(x)$$
$$P(y = 0 \mid x; \theta) = 1 - h_\theta(x) \tag{8.4}$$

为了简便计算，我们将对 $L(\theta)$ 取对数从而更加简便地计算：

$$\log L(\theta) = \sum_{i=1}^{m} \left[y_i \log h_\theta(x_i) + (1 - y_i) \log(1 - h_\theta(x_i)) \right] \tag{8.5}$$

式(8.5)为逻辑回归算法的损失函数，我们的目标是求解当函数 $L(\theta)$ 最大时的 θ 值，通过对函数的简单分析易得，该损失函数是一个上凸函数，我们可以利用梯度上升法求得该函数的最大值；当该方法求解不可行时我们可以将整个函数值乘以 -1，使其变成下凸函数并利用梯度上升法求得该函数的最小值：

$$J(\theta) = -\frac{1}{m} \left[\sum_{i=1}^{m} y_i \log(h_\theta(x_i)) + (1 - y_i) \log(1 - h_\theta(x_i)) \right] \tag{8.6}$$

(4)使用梯度下降法优化代价函数 $J(\theta)$ 并确定参数 θ。其中梯度下降法的公式为：

$$\frac{\partial}{\partial \theta_j} J(\theta) = -\frac{1}{m} \left(\sum_{i=1}^{m} y_i \frac{1}{g(\theta^T x_i)} - (1 - y_i) \frac{1}{1 - g(\theta^T x_i)} \right) \frac{\partial}{\partial \theta_j} h_\theta(x_i)$$

$$= -\frac{1}{m} \sum_{i=1}^{m} (y_i (1 - g(\theta^T x_i)) - (1 - y_i) g(\theta^T x_i)) x_i^j$$

$$= -\frac{1}{m} \sum_{i=1}^{m} (y_i - g(\theta^T x_i)) x_i^j$$

$$= -\frac{1}{m} \sum_{i=1}^{m} (h_\theta(x_i) - y_i) x_i^j \tag{8.7}$$

θ 更新过程可以写成:

$$\theta_j := \theta_j - \alpha \frac{1}{m} \sum_{i=1}^{m} (h_\theta(x_i) - y_i) x_i^j \tag{8.8}$$

(5)构建预测函数 $h_\theta(x)$,求概率值。

逻辑回归算法的原理是拟合一个逻辑函数(即 sigmoid 函数),将任意的输入映射到 $[0,1]$ 中。Sigmoid 函数的定义如下:

$$g(z) = \frac{1}{1 + e^{-z}} \tag{8.9}$$

它的函数图像如图 8-3 所示。

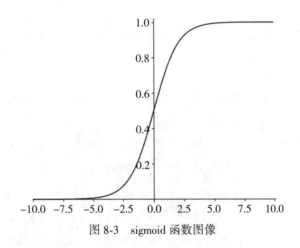

图 8-3 sigmoid 函数图像

逻辑回归算法中应用 sigmoid 函数的形式为:

$$z = \theta^T x = \theta_0 + \theta_1 x_1 + \cdots + \theta_n x_n = \sum_{i=0}^{n} \theta_i x_i \tag{8.10}$$

综合式(8.9)与式(8.10),易得:

$$h_\theta(x) = g(\theta^T x) = \frac{1}{1 + e^{-\theta^T x}} \tag{8.11}$$

在这里,我们需要注意 $h_\theta(x)$ 的输出值的特殊含义为 $y=1$ 的预测概率。

(6)根据概率值描绘决策边界。

决策边界可以将样本正确分类,它主要有两种类型:线性决策边界和非线性决策边界,构建决策边界可以更加直观地表达出分类结果。

6. 案例介绍

现在来学习如何使用更优化的 scikit-learn 的逻辑回归实现,该实现也支持多元分类场景(默认 OvR)。下面的代码示例将 sklearn. linear_model. LogisticRegression 类以及熟悉

的 fit 方法在三种花的标准化训练集上训练模型:

```
from sklearn. linear_model import LogisticRegression
lr = LogisticRegression( C = 100. 0, random_state = 1 )
lr. fit( X_train_std, y_train)
plot_decision_regions( X_combined_std, y_combined,
classifier = lr, test_idx = range( 105, 150))
plt. xlabel( 'petal length[ standardized] ')
plt. ylabel( 'petal width[ standardized] ')
plt. legend( loc = 'upper left')
plt. tight_layout()
plt. savefig( 'images/03_06. png', dpi = 300)
plt.  show()
```

在训练数据上拟合模型后,把决策区域、训练样本和测试样本绘制出来(见图 8-4):

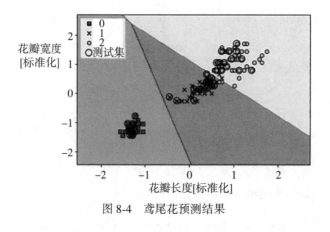

图 8-4　鸢尾花预测结果

属于训练集中某个特定类的概率可以用 predict proba 计算。例如,可以预测测试集中前三类的概率如下:

```
"lr. predict proba( X test std[ : 3,:])"
```

运行这段代码会返回如图 8-5 所示阵列:

```
array([[3.20136878e-08, 1.46953648e-01, 8.53046320e-01],
       [8.34428069e-01, 1.65571931e-01, 4.57896429e-12],
       [8.49182775e-01, 1.50817225e-01, 4.65678779e-13]])
```

图 8-5　返回阵列

第一行对应第一种花类成员的概率,第二行对应第三种花类成员的概率,以此类推。注意,如所预见的那样,列数据之和为 1(可以执行 lr. predict_proba(X_test_ sec(:

$3,:$])·sin($axis=1$)来确认)。第一行的最大值约为0.853,这意味若预测第一个样本属于第三类(Iris-virginica)的概率为85.7%。所以,你可能已经注意到,可以识别每行中最大列值得到预测的分类标签,例如,可以用NumPy的argmax函数实现:

```
>>>1r. predictproba( X_(test_std[ : 3,:]), argmax( axis=1))
```

执行该调用返回分别对应于Iris-virginica,Iris-setosa,Iris-setosa的分类结果:
$axray([2,0,0])$

手工直接调用predict方法可以获得前面的条件概率分类标签,并快速验证如下:

```
>>>1r. predict( X_(test_st)⊣std[ : 3,:])
array([2,0,0])
```

最后提醒一句,如果想单独预测花样本的分类标签,scikit-learn期望输入一个二维阵列。因此,必须先把单行转换成这种格式。调用NumPy的reshape方法增加一个新维度可以将一行数据转换成为二维阵列,代码如下:

```
>>>1r. predict( X_test atd[0,:]. reshape(1, -1))array([2])
```

8.2.2 决策树

1. 算法介绍

决策树算法是一种广泛应用的机器学习算法,决策树算法主要用于分类和回归问题,通过将数据集划分为若干个子集来构建决策树模型,进而对新数据进行分类或预测。具体来说,决策树算法可以用于分类问题(疾病诊断、客户分类、信用评估等)与回归问题(预测数值型数据,如房价预测、销售预测等)。

决策树算法的基本逻辑是通过一系列"if-then"决策规则的集合,将特征空间划分成有限个不相交的子区域,每个子区域对应决策树的一个叶节点。对于落在相同子区域的样本,决策树模型给出相同的预测值。具体过程包括:

(1)特征选择:选择最优特征进行划分,常用的划分标准包括信息增益、信息增益率、基尼不纯度等。

(2)决策树构建:通过递归地选择最优特征和划分点,构建决策树模型,直到满足停止条件(如所有样本属于同一类别、特征已用完等)。

(3)剪枝处理:为了防止过拟合,通常需要对决策树进行剪枝处理,包括预剪枝和后剪枝两种策略。

2. 算法案例

决策树的生成算法有ID3、C4.5、和C5.0等,图8-6为决策树的简单实例与原理。

3. 算法步骤

构建一棵决策树非常关键的一步是选择属性。被选择的属性会成为决策树的一个节点，并且不断递归地选择最优的属性就可以最终构建决策树。

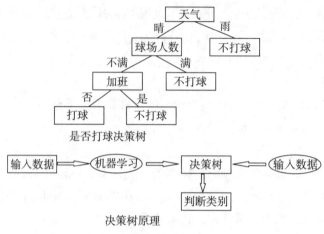

图 8-6　决策树算法的简单案例

（1）两个重要概念。

①熵。

熵是衡量随机变量不确定性的度量，如果信息的不确定性越大，熵的值也就越大。在决策树中，熵用来衡量当前节点的纯度或不纯度。

波尔兹曼 H 定理（Boltzmann's H-theorem）中的熵值 $H(X)$ 的定义如下，其值域为 $\{x_1, \cdots, x_n\}$。

$$H(X) = E[I(X)] = E[-\text{In}(P(X))] \tag{8.12}$$

其中，P 是关于 X 的概率质量函数（Probability Mass Function），E 表示为求期望，而 $I(X)$ 是 X 的信息量，它本身是一个随机变量。

当样本来自于一个有数量限制的样本集时，其熵的数学表达式为：

$$H(X) = \sum_i P(x_i)I(x_i) = -\sum_i P(x_i)\log_b P(x_i) \tag{8.13}$$

其中，b 是取对数时所用的底，一般在 $\{2, e, 10\}$ 中取值（e 为自然对数），当 b 的取值不同时，熵的单位也有所不同，分别用 bit、nat、Hart 表示。

如果有一个系统 S 内包含不止一个事件，$S = \{E_1, E_2, \cdots, E_n\}$，且每个事件对应的概率分布 $P = \{p_1, p_2, \cdots, p_n\}$，则每个事件所携带的信息量为：

$$I_e = -\log_2 P_i$$

如在摇单个骰子时，假如出现 1~6 的次数平均时，则每种情况的信息量为：

$$I_e = -\log_2 \frac{1}{6} = 2.5854$$

②信息增益。

信息增益（Information Gain）是决策树算法中用于选择最佳划分属性（或特征）的一个关键概念。它衡量了一个属性对于数据集分类能力的好坏。具体来说，信息增益是通过比较划分数据集前后信息熵(Entropy)的变化来计算的。信息熵是度量样本集合纯度最常用的一种指标，它表示了信息的不确定性程度。信息增益是信息熵 H 的变形，其定义如下：

$$
\begin{aligned}
\mathrm{IG}(T,\ a) &= H(T) - H(T \mid a) \\
&= H(T) - \sum_{v \in \mathrm{vals}(a)} P_a(v) H(S_a(v)) \\
&= H(T) - \sum_{v \in \mathrm{vals}(a)} \frac{\mid S_a(v) \mid}{\mid T \mid} H(S_a(v))
\end{aligned}
\tag{8.14}
$$

其中 T 代表所有样本集，$S_a = \{x_a \in T \mid x_a = v\}$，$S_a$ 是 T 中属性 a 值等于 v 的样本集合。

(2)实现步骤。

决策树算法的实现步骤如下：

- 计算数据集 S 中每个属性的熵值 $H(x_i)$；
- 选取数据集 S 中熵值最小(或者信息增益最大，两者等价)的属性；
- 在决策树上生成该属性节点；
- 使用剩余节点重复以上步骤生成决策树的属性节点。

4. 案例介绍

下面我们将构建决策树，用 scikit-learn 来训练决策树模型。虽然为了可视化的目的可能需要调整样本特征数据的比例，但这并不是决策树算法的要求，代码如下：

```
from sklearn. tree import DecisionTreeClassifier
tree = DecisionTreeClassifier( criterion = 'gini',
                                max_depth = 4,
                                random_state = 1)
tree. fit( X_train, y_train)
X_combined = np. vstack( ( X_train, X_test) )
y_combined = np. hstack( ( y_train, y_test) )
plot_decision_regions( X_combined, y_combined,
                       classifier = tree, test_idx = range( 105, 150) )
plt. xlabel( 'petal length [ cm ]')
plt. ylabel( 'petal width [ cm ]')
plt. legend( loc = 'upper left')
plt. tight_layout( )
plt. savefig( 'images/03_20. png', dpi = 300)
plt. show( )
```

执行代码后，通常我们会得到决策树与坐标轴平行的决策边界(见图 8-7)：

scikit-learn 有一个不错的功能，允许在模型训练后，把决策树以 .dot 文件的格式导

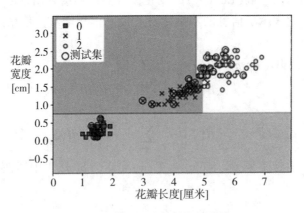

图 8-7　鸢尾花决策树分析结果

出。然后调用 Graphviz 程序完成可视化。

可以从 http：//www. graphviz. org 免费下载该程序，它支持 Linux、Windows 和 MacOS。除了 GraphViz 以外，还将用被称为 pydotplus 的 Python 库，其功能与 GraphViz 类似，允许把 . dot 数据文件转换成决策树的图像。在安装 GraphV 后，可以直接通过 pip 程序安装 pydotplus（http：//ww. graphviz. org/Download. php 上有详细的指令），例 如，在你自己的计算机上执行下面的命令：

```
>pip3 install pydotplus
```

8.2.3　支持向量机

1. 算法介绍

支持向量机(Support Vector Machine，SVM)是一种强大的机器学习算法，可以分类 为线性可分支持向量机和非线性支持向量机，主要用于分类和回归分析。支持向量机 由 Corinna Cortes 和 Vapnik 等于 1995 年首先提出是一种基于统计学习理论的监督学习模型，它通过寻找一个最优的超平面，将不同类别的样本分开，并最大化两个类别之间的边界(即间隔)。如今，支持向量机算法被广泛应用于文本分类、图像识别、生物信息学、金融预测等多个领域。

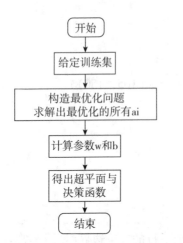

图 8-8　线性可分支持向量机的算法流程图

2. 算法流程

图 8-8 为线性可分支持向量机的流程图。

3. 算法步骤

(1)线性分类。

掌握 SVM 的一个前提是了解一个概念——线性分类器。线性分类器是一种基于线性组合的函数来预测类别标签的分类器。在机器学习和统计学中，线性分类器通常用于二分类或多分类问题，通过计算输入特征的线性组合(即加权和)加上一个偏置项(或称为截距)，然后将结果通过一个激活函数(对于二分类问题，通常是符号函数或逻辑斯蒂克函数；对于多分类问题，可能是 softmax 函数)来输出分类结果。

线性分类器的核心思想在于找到一个超平面(在二维空间中是一条直线，在三维空间中是一个平面，以此类推)，这个超平面能够将不同类别的样本分隔开。这个超平面的方程可以表示为(其中的 w^T 代表转置，x 代表数据点，y 表示类别，y 可以取 -1 或 1 从而表示不同的类别)：

$$w^T x + b = 0 \tag{8.15}$$

为了更简单地理解，如图 8-9 所示为线性分类分别在二维平面与三维平面上的应用，该平面上有"□"与"+"两种不同的数据。由于这些数据是线性可分的，我们可以用一条直线将这两类数据分开，这条直线就代表一个超平面，-1 与 1 则对应超平面分隔的两种不同的数据点。

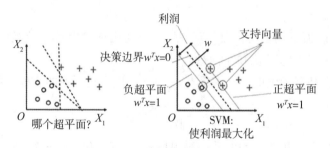

图 8-9　线性分类的应用

(2)函数间隔与几何间隔。

函数间隔在支持向量机(SVM)中是一个重要的概念，它用于表示一个点距离分离超平面的远近，从而反映分类预测的确信程度。对于给定的训练数据集 T 和超平面(w, b)，定义超平面(w, b)关于样本点(x, y)的函数间隔(用 $\hat{r}$ 表示)为：

$$\hat{r} = y(w^T x + b) = yf(x) \tag{8.16}$$

超平面(w, b)关于 T 中所有样本点 (x_i, y_i) 的函数间隔最小值(其中，x 是特征，y 是结果标签，i 表示第 i 个样本)为超平面(w, b)关于训练数据集 T 的函数间隔：

$$\hat{r} = \min i(i = 1, 2, \cdots, n) \tag{8.17}$$

然而，单纯依据这样的函数间隔定义存在局限性。具体来说，当法向量 w 和截距 b 同时按比例调整(例如，都变为原来的两倍)，尽管超平面本身的位置和形状并未发生改变，但函数间隔的值 $f(x)$ 却会相应地放大相同的倍数。这种性质表明，仅依赖函数间隔作为衡量标准是不充分的，因为它无法稳定地反映点到超平面的真实距离。

为了克服这一缺陷，我们需要对法向量 w 施加一些约束条件，以此来定义一个更加稳定和准确的距离度量，即点到超平面的几何距离。这一改进后的定义能够更加精确地反映样本点到超平面的实际距离，为后续的模型训练和评估提供更为可靠的依据。这就引出真正定义点到超平面的距离—几何间隔(Geometrical Margin)的概念。

假定对于点 x，令其垂直投影到超平面上的对应点为 x_0，w 是垂直于超平面的一个向量，r 为样本到超平面的距离，如图 8-10 所示。

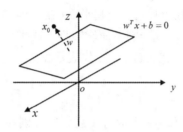

图 8-10 x 到超平面距离

根据平面几何知识，有：

$$x = x_0 + r \frac{w}{\|w\|} \tag{8.18}$$

其中，$\|w\|$ 为 w 的二阶范数(范数是一个类似于模的表示长度的概念)，是单位向量(一个向量除以它的模称为单位向量)。

又由于 x_0 是超平面上的点，满足 $f(x_0) = 0$，代入超平面的方程，可得：

$$r = \frac{w^{\mathrm{T}}x + b}{\|w\|} = \frac{f(x)}{\|w\|} \tag{8.19}$$

让第一个式子两边同时乘以 w^{T}，再根据 $w^{\mathrm{T}}x_0 = -b$ 和 $w^{\mathrm{T}}w = \|w\|^2$，即可算出，为了得到 r 的绝对值，令 r 乘上对应的类别 y，即可得出几何间隔(用 $\bar{r}$ 表示)的定义：

$$\bar{r} = yr = \frac{\hat{r}}{\|w\|} \tag{8.20}$$

从上述定义可以看出，几何间隔就是函数间隔除以 $\|w\|$，而且函数间隔 $y(wx + b) = yf(x)$ 实际上就是 $|f(x)|$，只是人为定义的一个间隔度量，而几何间隔 $|f(x)| / \|w\|$ 才是直观上的点到超平面的距离。

(3)对偶方法求解。

为了提升分类的确信度，我们希望选定的超平面能够尽可能远离两类数据点。"远离"的程度由超平面到最近数据点(即支持向量)的"间隔"(Margin)决定。间隔越大，表示分类决策边界的鲁棒性越强，分类的确信度也越高。在图 8-11 中，两条虚线分别表示离超平面最近的正负样本边界，这两条虚线之间的距离(Gap)即为两倍间隔，而"间隔"则是这个距离的一半。因此，优化目标即为寻找能够最大化这个间隔的超平面。

之前的讨论揭示了直接使用函数间隔作为最大化目标存在局限性，因为即便在超平面位置固定的情况下，通过简单地按比例调整权重向量 w 和偏置项 b，函数间隔 $f(x) = w^\mathrm{T}x + b$ 的值可以无限制地增大。这意味着函数间隔 r 并不是一个稳定的度量标准，无法准确反映分类的确信度。相比之下，几何间隔通过引入权重向量 w 的范数 $\|w\|$ 作为除数，确保了即便在 w 和 b 缩放时，几何间隔的值也保持不变。这一特性使得几何间隔成为了一个更加可靠和合适的度量，它仅随超平面位置的变化而变化，能够真实反映样本点到超平面的距离。因此，在寻找最大间隔分类超平面的过程中，我们实际上是在寻找能够最大化几何间隔的超平面。这里的"间隔"特指几何间隔，它为我们提供了一个稳定且有效的标准来评估分类的确信度和超平面的优劣。

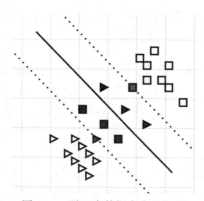

图 8-11　平面中数据点中的间隔

①构造拉格朗日函数。

求解间隔最大化问题时，可以构造拉格朗日函数，间隔最大化可以写为：

$$\min_{w,\ b} \frac{\|w\|^2}{2} y_i(w \cdot x_i + b) \geqslant 1, \quad i = 1,\ 2,\ 3,\ \cdots,\ N \tag{8.21}$$

构造拉格朗日函数，需要引进拉格朗日乘子，将原约束最优问题转化为求解拉格朗日最优问题：

$$L(w,\ b,\ \alpha) = \frac{\|w\|^2}{2} - \sum_{i=1}^{N} \alpha_i y_i(w \cdot x_i + b) + \sum_{i=1}^{N} \alpha_i \tag{8.22}$$

在处理优化问题时，特别是当涉及大规模数据集时，直接求解原始问题(如上式所示)的计算复杂度往往较高。这是因为原始问题中，涉及每个样本点 x_i 对应的系数 a_i，其数量与样本量成正比，而样本量通常远大于解释变量(即特征)的数量。相比之下，原始问题中的参数 w 和 b 的数量仅与解释变量的数量相当，这导致了计算资源的不均衡利用。

为了降低计算复杂度并提高求解效率，一个有效的方法是通过引入对偶性(Duality)将原始问题转化为对偶问题。在对偶问题中，我们不再直接求解 w 和 b，而是转而求解与样本点相关的系数(在对偶形式中通常称为拉格朗日乘子或支持向量系数)。由于这些系数的数量虽然与样本量相等，但在求解过程中可以利用核技巧(如 SVM 中的核函数)和样本间的内积关系，从而在某些情况下大大简化计算。

②求解拉格朗日函数的对偶问题。

引入拉格朗日的对偶问题，即：

$$\min_{w,b} \max_s L(w,b,\alpha) \Rightarrow \max_a \min_{w,b} L(w,b,\alpha) \tag{8.23}$$

可证明，将原始优化问题转化为对偶问题进行求解，不仅简化了求解过程，提高了便利性，还自然地支持了该方法的引入，从而有效解决了非线性可分问题。

（1）求 $\min_{w,b} L(w,b,\alpha)$，对 $L(w,b,\alpha)$ 分别求 w，b 的偏导，并令其为 0，得：

$$\frac{\partial L}{w} = 0 \Rightarrow w = \sum_{i=1}^{N} \alpha_i y_i x_i \tag{8.24}$$

$$\frac{\partial L}{w} = 0 \Rightarrow \sum_{i=1}^{N} \alpha_i y_i x_i = 0 \tag{8.25}$$

（2）代入 $L(w,b,\alpha)$ 得到对偶函数 $\varphi(\alpha) = \min_{w,b} L(w,b,\alpha)$。原问题转化为对对偶函数 $\varphi(\alpha)$ 的极值问题的求解，如下所示：

$$\max_a \varphi(\alpha) = -\frac{1}{2} \sum_{i=1}^{N} \sum_{j=1}^{N} \alpha_i \alpha_j y_i y_j (x_i \cdot x_j) + \sum_{i=1}^{N} \alpha_i \Rightarrow$$

$$\max_a \varphi(\alpha) = \frac{1}{2} \sum_{i=1}^{N} \sum_{j=1}^{N} \alpha_i \alpha_j y_i y_j (x_i \cdot x_j) + \sum_{i=1}^{N} \alpha_i \tag{8.26}$$

其中：

$$\sum_{N}^{i=1} \alpha_i y_i = 0, \quad i = 1, 2, 3, \cdots, N_{\hookleftarrow} \tag{8.27}$$

求解出此问题对应的 α，那么 w 和 b 就可以被解出，超平面也就随之被确定了。得出超平面与决策函数：

$$w \cdot x + b = 0 \tag{8.28}$$

分类决策函数如下所示：

$$f(x) = \text{sign}(w \cdot x + b) \tag{8.29}$$

综上所述，线性可分支持向量机的算法步骤如下。

（1）给定训练集 $T = \{(x_1,y_1),(x_2,y_2),\cdots,(x_n,y_n)\}$，$y = \{-1,1\}$。

（2）构造最优化问题：

其中：

$$\sum_{i=1}^{N} \alpha_i y_i = 0, \quad i = 1, 2, 3, \cdots, N \tag{8.30}$$

求解出最优化的所有 α_i。

（3）计算参数 w 和 b：

$$w = \sum_{i=1}^{N} a_i y_i x_i$$

$$b = y_i - x_i \cdot \sum_{i=1}^{N} a_i y_i x_i \tag{8.31}$$

（4）得出超平面与决策函数：

$$w \cdot x + b = 0 \tag{8.32}$$

分类决策函数如下所示：

$$f(x) = \text{sign}(w \cdot x + b)_k \tag{8.33}$$

4. 案例分析

已经了解了线性支持向量机背后的基本概念，现在可以训练一个支持向量机模型来对鸢尾花数据集中的不同种花进行分类：

```
from sklearn. svm import SVC
svm = SVC( kernel = 'rbf', random_state = 1, gamma = 0. 2, C = 1. 0)
svm. fit( X_train_std, y_train)
plot_decision_regions( X_combined_std, y_combined,
                        classifier = svm, test_idx = range( 105, 150))
plt. xlabel( 'petal length [ standardized ]')
plt. ylabel( 'petal width [ standardized ]')
plt. legend( loc = 'upper left')
plt. tight_layout( )
#plt. savefig( 'images/03_15. png', dpi = 300)
plt. show( )
```

执行前面的代码示例，在鸢尾花数据集上训练分类器之后得到 SVM 的三个决策区域如下：

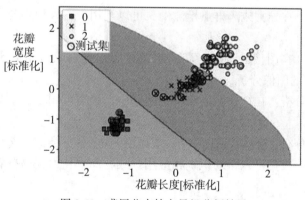

图 8-12　鸢尾花支持向量机分析结果

8.3　聚类模型

聚类算法是数据挖掘和机器学习领域中的一种重要技术，它旨在将数据集中的样本按照某种相似性度量标准划分为若干个类或簇，使得同一簇内的样本相似度尽可能高，而不同簇之间的样本相似度尽可能低。聚类算法可以根据不同的标准进行分类，常见的分类方式包括：

（1）基于划分的聚类算法：如 K-Means 算法，首先随机选择 k 个样本作为初始聚类中心，然后计算每个样本到各个聚类中心的距离，将样本分配到最近的聚类中心所在的簇中，之后重新计算每个簇的聚类中心，并重复上述过程直到满足某种收敛条件。

（2）基于密度的聚类算法：如 DBSCAN（Density-Based Spatial Clustering of Applications with Noise）算法，它根据样本的密度进行聚类，能够识别出任意形状的簇，并且能够处理噪声数据。

（3）基于层次的聚类算法：如凝聚层次聚类，首先将每个样本看作一个单独的簇，然后逐步合并最相似的簇，直到所有样本都在一个簇中或满足某种停止条件。

（4）基于网格的聚类算法：如 STING（Statistical Information Grid）算法，它将数据空间划分为有限个单元组成的网格结构，然后在网格结构上进行聚类操作。

（5）基于模型的聚类算法：如高斯混合模型（Gaussian Mixture Model，GMM）聚类，它假设数据是由有限个高斯分布的混合生成的，通过最大期望（Expectation Maximization，EM）算法来估计模型参数，从而得到聚类结果。

聚类算法在多个领域都有广泛的应用，包括但不限于：

（1）探索性数据分析：在数据集不够了解时，聚类可以帮助识别数据中的模式或组，从而获得初步的见解。

（2）预处理步骤：在更复杂的分析或预测模型之前，聚类可用于数据的分段或降维，帮助提高后续步骤的效率和准确性。

（3）市场细分：在营销和商业智能中，通过聚类算法将客户分组，可以更有效地针对特定的客户群体设计产品或营销策略。

（4）异常检测：在异常或离群点检测中，可以利用聚类来识别与主要群体显著不同的数据点。

（5）图像分割：在图像处理中，聚类用于将图像分割成由相似像素组成的多个区域，以便于进一步的图像分析。

（6）社交网络分析：在社交网络和关系网络中，聚类可用于识别具有相似属性或连接的社区或群组。

（7）基因数据分析：在生物信息学中，聚类用于分析和分类基因或蛋白质的表达模式。

（8）推荐系统：聚类可以帮助识别相似用户或物品，从而提高推荐系统的准确性和相关性。

接下来，本章将对三类典型的聚类算法进行介绍，包括 K-means 聚类算法、DBSCAN 聚类算法和层次聚类算法。

8.3.1　K-means 聚类算法

本章将首先对 K-means 聚类算法进行简要的介绍。然后，具体阐述 K-means 算法的具体逻辑和操作步骤。最后，通过一个简单的案例展示该算法的实际使用结果。K-means 聚类算法是一种广泛使用的聚类算法，旨在将 n 个数据点分配到 k 个簇中，每个簇由其中心点（或称为质心）表示。这个算法通过迭代的方式寻找最优的簇划分，使得每个数据点到其所属簇的中心点的距离之和最小。K-means 聚类算法广泛应用于数据挖掘、图像处理、市场分析等领域。该算法简单、易于实现，对于大数据集相对高效，计算复杂度接近于线性。但是，该算法需要预先指定簇的数量 k，且该值的选择对聚类结果影响较大；可能陷入局部最优解；对初始簇中心的选择敏感；对噪声和异常值敏感。

K-means 算法的具体逻辑和操作步骤包括如下几点：

1. 初始化

选择初始中心点：随机从数据集中选择 k 个样本作为初始簇中心，记为 μ_1，μ_2，…，μ_k。

2. 分配数据点到簇

计算距离：对于数据集中的每个样本 x_i，计算其与所有簇中心 μ_j 的距离 $d(x_i, \mu_j)$。

分配样本：将每个样本 x_i 分配到距离其最近的簇中心 μ_j 所代表的簇中，即 $c_i = \mathrm{argmin}_j d(x_i, \mu_j)$。

3. 更新簇中心

计算新簇中心：对于每个簇，重新计算其中心点 μ'_j，即簇内所有样本的均值：$\mu'_j = \left(\dfrac{1}{n_j}\right)\sum_{x_i \in C_i} x_i$，其中 n_j 是簇 C_j 中的样本数。

4. 迭代优化

重复分配与更新：重复步骤 2 和步骤 3，直到簇中心不再发生变化或达到预设的迭代次数 T。

5. 代价函数

k-means 算法的优化目标是使得聚类结果对应的代价函数最小。代价函数通常定义为所有样本到其所属簇中心的距离平方和：

$$J(c, \mu) = \sum_{i=1}^{N} \|x_i - \mu(c_i)\|^2$$

其中 N 是样本总数，c_i 是样本 x_i 所属的簇，μ_{c_i} 是簇 c_i 的中心点。

在以上步骤中，存在如下数学概念：

距离度量：常用欧氏距离，即 $d(x_i, \mu_j) = \|x_i - \mu_j\|$。

簇中心更新：$\mu'_j = \left(\dfrac{1}{n_j}\right)\sum_{x_i \in C_i} x_i$，其中 C_j 是第 j 个簇的样本集合。

代价函数：$J(c, \mu) = \sum_{i=1}^{N} \|x_i - \mu\{c_i\}\|^2$，用于评估聚类效果的好坏。

接下来，将使用 K-means 算法对啤酒数据进行聚类分析。该数据集包含 20 个样本数据，5 个特征值，包括品牌、热量、含钠量、酒精量和成本，在聚类时只使用后 4 个特征。首先，使用 pandas 库读取啤酒数据集 data. txt 并读取前几行进行查看。

```
import pandas as pd
beer＝pd. read_csv("./data. txt", sep=" ")
```

	name	calories	sodium	alcohol	cost
0	Budweiser	144	15	4. 7	0. 43
1	Schlitz	151	19	4. 9	0. 43
2	Lowenbrau	157	15	0. 9	0. 48
3	Kronenbourg	170	7	5. 2	0. 73
4	Heineken	152	11	5. 0	0. 77

然后，使用 K-means 算法对数据进行聚类分析，分别选择聚类值 $k=2$ 和聚类值 $k=$ 3 两种选择，代码如下：

```
import matplotlib. pyplot as plt
from sklearn. datasets. samples_generator import make_blobs
from sklearn. cluster import KMeans

X=beer[["calories","sodium","alcohol","cost"]]
#机器学习(K-Means 聚类)
km2=KMeans(n_clusters=2). fit(X)    # 取值 k=2
km3=KMeans(n_clusters=3). fit(X)    # 取值 k=3
print("当 k=2 时聚类结果:", km2. labels_)
print("当 k=3 时聚类结果:", km3. labels_)
```

分类结果如下所示：

当 $k=2$ 时聚类结果：[1 1 1 1 1 1 1 1 0 0 1 0 1 1 1 0 1 1 0 0]

当 $k=3$ 时聚类结果：[1 1 1 1 1 1 1 1 2 2 1 2 1 1 1 0 1 1 0 2]

接下来，图形化展示 $k=3$ 时的分类结果，采用如下代码：

```
#图形化展示聚类效果(k=3)
from pandas. tools. plotting import scatter_matrix
import matplotlib. pyplot as plt
import numpy as np
plt. rcParams['font. size'] = 14
colors=np. array(['red', 'green', 'blue', 'yellow'])
plt. scatter(beer["calories"], beer["alcohol"], c=colors[beer["cluster3"]])

plt. scatter(centers. calories, centers. alcohol, linewidths = 3, marker = '+', s = 300, c =
'black')

plt. xlabel("Calories")
plt. ylabel("Alcohol")
```

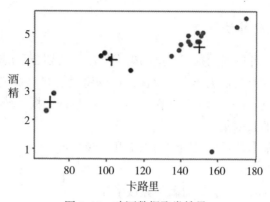

图 8.13 啤酒数据聚类结果

接下来,对 4 类特征均进行两两聚类分析,具体代码如下,并得到如图 8-14 所示的聚类分析结果。

```
scatter_matrix(beer[["calories","sodium","alcohol","cost"]],
               s = 100,
               alpha = 1,
               c = colors[beer["cluster3"]],
               figsize = (10, 10))
plt.suptitle("With 3 centroids initialized")
```

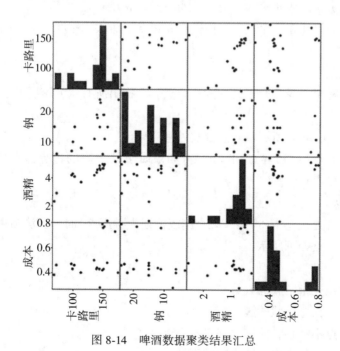

图 8-14 啤酒数据聚类结果汇总

8.3.2　DBSCAN 聚类算法

DBSCAN 算法是一种典型的基于密度的聚类算法，与划分和层次聚类方法不同，它将簇定义为密度相连的点的最大集合。该算法能够将具有足够高密度的区域划分为簇，并能够有效处理噪声点。DBSCAN 算法在机器学习和数据挖掘领域有广泛的应用，特别适用于处理复杂形状的数据集。

DBSCAN 算法的基本逻辑可以归纳为以下几个步骤：

（1）定义参数：

ε（epsilon）：邻域的大小，即对象的邻域半径。

MinPts：形成核心点所需的最小邻域点数。

（2）核心点、边界点和噪声点的定义：

核心点：如果一个点的 ε-邻域内至少包含 MinPts 个其他点（包括该点本身），则该点为核心点。

边界点：如果一个点不是核心点，但它位于某个核心点的 ε-邻域内，则该点为边界点。

噪声点：既不是核心点也不是边界点的点被视为噪声点。

（3）密度直达、密度可达和密度相连：

密度直达：如果点 q 在点 p 的 ε-邻域内，且 p 是核心点，则称 q 从 p 密度直达。

密度可达：如果存在一个点链 p_1，p_2，$\cdots$，p_n，其中 $p_1 = p$，$p_n = q$，且对于任意 $p_i(1 \leqslant i < n)$，$p_i + 1$ 从 p_i 密度直达，则称 q 从 p 密度可达。

密度相连：如果存在一个点 o，使得点 p 和点 q 都从 o 密度可达，则称 p 和 q 密度相连。

（4）聚类过程：

从数据集中随机选择一个未处理的核心点 p，找出所有从 p 密度可达的点，形成一个簇。

重复上述过程，直到所有核心点都被处理完毕。

剩下的非核心点（即边界点和噪声点）如果属于某个簇的边界，则将其归入该簇；否则，将其视为噪声点。

（5）算法结束：

当所有点都被处理完毕（即归入某个簇或标记为噪声点）时，算法结束。

该算法的优缺点如下所示：

优点：

- 不需要预先指定簇的数量。
- 能够发现任意形状的簇。
- 对噪声点不敏感，能够识别出噪声点。
- 聚类结果对数据集的输入顺序不敏感。

缺点：

- 对参数 ε 和 MinPts 的选择非常敏感，不同的参数组合可能导致截然不同的聚类结果。
- 对于高维数据集，选择合适的 ε 值可能变得非常困难，因为维度灾难可能导致距离度量失效。
- 如果数据集的密度差异很大，DBSCAN 的聚类效果可能会受到影响。

接下来，使用 DBSCAN 算法同样对啤酒数据集进行聚类分析，具体代码如下。包括如下几块内容：首先，导入所需的库，从机器学习库 sklearn. cluster 导入 DBSCAN 算法。然后，使用 DBSCAN 函数来训练模型，其中选择参数 $\varepsilon = 10$，最小抽样为 2；最后，将数据加上标签，并进行可视化展示，验证模型的效果为 0.49530955296776086。

```
import pandas as pd
from sklearn. cluster import DBSCAN
from pandas. plotting import scatter_matrix
import matplotlib. pyplot as plt
import numpy as np
from sklearn. preprocessing import StandardScaler
from sklearn import metrics
#读取数据源
beer = pd. read_csv('E：/file/data. txt', sep=' ')
X = beer[["calories","sodium","alcohol","cost"]]


#训练数据源
db = DBSCAN(eps=10, min_samples=2). fit(X)


#加上标签
labels = db. labels_
beer['cluster_db'] = labels
beer. sort_values('cluster_db')


#画图
colors = np. array(['red', 'green', 'blue', 'yellow'])
pd. scatter_matrix(X, c=colors[beer. cluster_db], figsize=(10, 10), s=100)
plt. show()


#验证模型效果
score_scaled = metrics. silhouette_score(X, beer. cluster_db)
print("使用 DBSCAN 的模型效果：")
print(score_scaled)
```

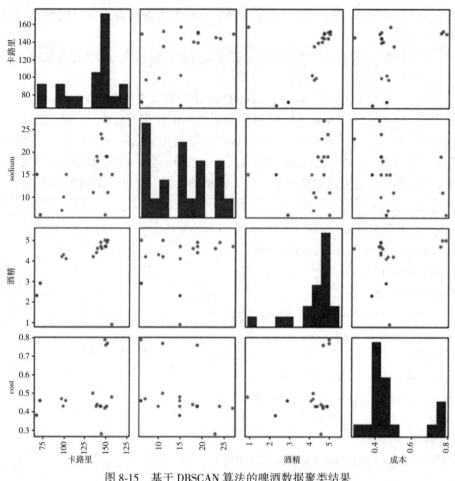

图 8-15　基于 DBSCAN 算法的啤酒数据聚类结果

第9章 文本挖掘

9.1 文本挖掘概述

文本挖掘(Text Mining)是一项从大量文本数据中提取有价值信息的技术，重点是从非结构化数据中发现知识和模式。作为数据挖掘的一个分支，文本挖掘处理的主要对象包括文本文档、电子邮件、新闻报道、论文、网页内容以及社交媒体帖子等。通过对这些数据的处理与分析，文本挖掘为决策支持、趋势预测和业务优化提供有力支撑。

9.1.1 文本挖掘的作用

文本挖掘在多个领域中都有广泛的应用，以下是其主要作用：

(1)文本分类：根据内容特征和语义，将文本自动归类到不同类别中，常见于新闻分类、垃圾邮件过滤以及情感分析等任务。例如，在新闻分类中，系统可以将新闻自动分配到体育、政治或娱乐等不同版块；垃圾邮件过滤则可以自动识别并隔离垃圾邮件；情感分析则用来判断文本的情感倾向(如积极、消极或中性)，帮助企业了解客户情绪与反馈。

(2)文本聚类：将内容相似的文本分成组，便于发现数据中潜在的主题或模式。这种方法通常用于处理未标记的文档，帮助组织信息并识别隐藏的主题，支持知识发现。

(3)文本摘要：自动生成简短的摘要，概括长文本的主要内容。这在新闻、学术论文等长篇文本处理中尤为实用，能够有效提高阅读效率。

(4)文本检索：通过用户输入的查询，从文档集中筛选出相关内容。它是信息检索和搜索引擎的核心技术，能够帮助用户快速找到所需的信息。

(5)文本生成：根据已有数据自动生成自然语言文本，广泛应用于内容创作、文章生成、对话系统和翻译等领域，实现自动化内容生成和人机交互。

文本挖掘的这些功能主要依赖于自然语言处理(NLP)、数据挖掘、统计分析、机器学习和深度学习等技术的结合。通过这些技术，文本挖掘能够在大量的非结构化数据中找到有价值的信息，助力决策优化与业务提升。例如，在商业场景中，文本挖掘能帮助企业分析客户反馈、优化服务、监控市场变化，从而改善业务表现。

9.1.2 文本挖掘的流程

文本挖掘一般分为以下几个步骤：

(1)文本预处理：这一阶段的主要任务是对原始数据进行清理和准备，以便后续分析。常见的步骤包括：去除噪声(如 HTML 标签、特殊字符)、纠正拼写错误和分词(将文本拆解为词或短语)。还包括去除停用词(如"的""是"等无意义词汇)，词干提取(将词语简化为词根)，以及词性标注(为每个词赋予名词、动词等词性标签)。

(2)特征提取：将文本转换为机器可处理的数值格式。常用方法包括：词袋模型(将文本表示为词频矩阵)、TF-IDF(突出关键词的重要性)以及词向量技术(如 Word2Vec、GloVe)，这些技术能够捕捉词汇的语义信息。

(3)模型构建：根据特定任务，选择适合的算法分析文本数据。文本分类模型(如逻辑回归、支持向量机)用于将文本归类；文本聚类算法(如 K-means)可以分组相似的文本；情感分析用于检测文本中的情感倾向，而主题建模(如 LDA)则能发现文档中的潜在主题。

(4)结果分析与解释：对模型输出的结果进行评估与应用。通过词云、主题分布图等可视化工具展示分析结果，并评估模型性能(如准确率、召回率等)，以便优化模型。分析结果可以应用于实际业务，例如产品优化、用户反馈分析等。

9.1.3 文本挖掘模型

文本挖掘中常用的模型和算法可分为以下几类：

1. 传统模型：基于统计和特征提取

词袋模型(Bag of Words，BOW)：将文本简化为词语的无序集合，用词频表示文档特征，尽管不考虑词序和上下文，仍广泛用于文本分类和相似度分析。

TF-IDF(词频-逆文档频率)：结合词频和词在整个文档集中的稀有性来衡量词的重要性，常用于信息检索和文本分类。

2. 传统机器学习模型

朴素贝叶斯(Naive Bayes)：基于贝叶斯定理的分类算法，假设特征独立，在垃圾邮件过滤、情感分析等文本分类任务中表现良好。

k 均值聚类算法(k-means Clustering Algorithm)：是基于样本集合划分的聚类算法。它将样本集合划分为 k 个子集，构成了 k 个类，并将 n 个样本分到 k 个类中去，每个样本到其所属类的中心的距离最小。

DBSCAN(Density-Based Spatial Clustering of Applications with Noise)：是一种基于密度的聚类算法，适用于具有噪声的空间数据集。它不需要指定聚类的数量，而是通过设定样本的密度阈值来自动找到不同形状的聚类。DBSCAN 对处理具有复杂形状的数据和检测噪声点非常有效。

3. 深度学习模型

卷积神经网络(CNN)：常用于图像处理，也能用于文本挖掘，尤其是短文本分类和情感分析。

循环神经网络(RNN)及其变种(LSTM、GRU)：专为处理序列数据设计，适合文本生成与情感分析。LSTM 和 GRU 能有效解决普通 RNN 的长距离依赖问题。

9.2 文本表示

文本表示是自然语言处理和文本挖掘的核心步骤，旨在将文本转化为机器可理解的数值形式，便于后续分析和建模。常见的文本表示方法有词袋模型（Bag of Words，BOW）、TF-IDF、词嵌入（Word Embedding）等。

9.2.1 词袋模型（Bag of Words，BOW）

词袋模型是一种最简单的文本表示方法，它把文档看作一个由词汇构成的集合，不考虑词语的顺序和语法。每个文档被表示为一个固定长度的向量，长度等于词汇表的大小，向量中的每个值代表对应词在文档中出现的次数。

（1）特点。

词顺无关：词袋模型忽略词的顺序和上下文，仅记录出现次数。

高维稀疏性：由于大多数文档只包含少部分词汇表中的词，因此生成的向量大部分是零，形成稀疏矩阵。

（2）底层逻辑。词袋模型将每篇文本视为一个"词袋"，词袋中的每个单词都是独立的、不考虑顺序的。通过构建一个词汇表，将文本中的每个词映射到词汇表中的一个维度，最终形成一个词频向量，来表示这篇文本。

（3）步骤。

建立词汇表：通过扫描整个语料库，提取所有出现的单词，构成一个词汇表。词汇表中的每个词都是一个特征。通常，常见的停用词（如"的""是"等）会被移除。

文本表示为向量：对每篇文本，通过统计每个词在该文本中出现的次数，将文本表示为一个向量。向量的每个元素对应词汇表中的一个词，其值为该词在文本中的出现次数（词频）。例如，假设词汇表为"cat""dog""mouse"，某篇文本为"cat and dog"，则该文本的词频向量为$[1, 1, 0]$。

稀疏矩阵：如果词汇表很大（如数十万词汇），那么文本的词频向量通常非常稀疏，大多数元素为零，因为大部分词不会出现在某篇具体文本中。因此，词袋模型通常表现为一个稀疏矩阵。

（4）数学公式。

给定文档集 $D = \{d_1, d_2, \cdots, d_N\}$，词汇表 $V = \{w_1, w_2, \cdots, w_M\}$，每个文档 d_i 可以被表示为一个长度为 M 向量 $v(d_i)$，其中第 j 个元素表示词 w_j 在文档 d_i 中的出现次数：

$$v(d_i) = [tf(w_1, d_i), tf(w_2, d_i), \cdots, tf(w_M, d_i)] \tag{9.1}$$

其中 $tf(w_j, d_i)$ 表示词 w_j 在文档 d_i 中的出现次数。

例子：词袋构建。

以下是三个句子及其对应的词袋模型表示：

句子 1：小孩喜欢吃零食。

句子 2：小孩喜欢玩游戏，不喜欢运动。

句子 3：大人不喜欢吃零食，喜欢运动。

从语料库中提取的词汇表为：

{"小孩"：1，"喜欢"：2，"吃"：3，"零食"：4，"玩"：5，"游戏"：6，"大人"：7，"不"：8，"运动"：9}

每个句子可以使用一个 9 维的向量来表示：

句子 1：[1, 1, 1, 1, 0, 0, 0, 0, 0]

句子 2：[1, 2, 0, 0, 1, 1, 0, 1, 1]

句子 3：[0, 2, 1, 1, 0, 0, 1, 1, 1]

（5）适用范围。

词袋模型广泛用于文本分类和相似性分析等任务，尤其在垃圾邮件过滤、情感分析等领域表现良好。尽管简单，词袋模型在基础任务中有效，但它无法捕捉上下文语义关系，在更复杂的任务中存在局限性。

9.2.2　TF-IDF(Term Frequency-Inverse Document Frequency)

1. 基本概念

TF-IDF 是一种常用的文本表示方法，旨在衡量词语在文档集中的重要性。它通过结合词频(Term Frequency，TF)和逆文档频率(Inverse Document Frequency，IDF)来突出那些在某个文档中频繁出现、但在整个文档集中较为稀有的词语，从而减少常见词(如"的""是"等)的干扰。

词频(TF)：表示某个词在文档中出现的次数，词频越高，通常表明它对该文档的重要性较大。

逆文档频率(IDF)：衡量一个词在文档集中的稀有性，出现在多数文档中的词会被赋予较低的权重，而只出现在少数文档中的词的权重则较高。

结合词频和逆文档频率，TF-IDF 能够在文档中识别出那些重要的词汇，而降低无关词汇的干扰。

2. 底层逻辑

TF-IDF 的核心思想是通过衡量一个词在文档中出现的频率以及该词在整个语料库中的普遍性来评估其重要性。分为以下部分：

词频(TF)：表示词 w 在文档 d 中的出现频率：

$$\text{TF}(w,\ d) = \frac{\text{词 } w \text{ 在文档 } d \text{ 中得出现的次数}}{\text{文档 } d \text{ 中总词数}} \tag{9.2}$$

词频值 $\text{TF}(w,\ d)$ 越大，表示该词在文档中的相对重要性越高，但仅仅依靠词频并不能区分那些在整个文档集中频繁出现的常见词，因此需要结合 IDF。

逆文档频率(IDF)：衡量词在整个文档集中出现的稀有性：

$$\mathrm{IDF}(w,\ D) = \log\left(\frac{N}{1 + df(w)}\right) \tag{9.3}$$

其中，D 是语料库（所有文档的集合），N 是语料库中文档的总数，$df(w)$ 是包含词 w 的文档数，1 是为了避免出现分母为 0。词出现在越多文档中，IDF 越低。

出现在多数文档中的词（如停用词）往往对区分文档没有帮助，因此赋予较低的权重；而那些只在少数文档中出现的词则能更好地反映文档的独特性，因而权重较高。

TF-IDF 权重：通过组合词频和逆文档频率，可以衡量一个词在某个文档中的重要性，同时减少常见词的影响。公式为：

$$\mathrm{TF\text{-}IDF}(w,\ d,\ D) = \mathrm{TF}(w,\ d) \times \mathrm{IDF}(w,\ D) \tag{9.4}$$

这能帮助筛选出那些在文档集中更有意义的词语。

如果某个词频繁出现在某一文档中，但很少出现在其他文档中，它的 TF-IDF 值较高，表明该词在区分这篇文档时是重要的。

3. 例子

假设我们有以下三个句子作为示例语料库：

句子 1：猫喜欢鱼。

句子 2：狗喜欢骨头。

句子 3：鱼喜欢水。

我们将基于这些句子计算 TF-IDF。整个过程可以分为以下几个步骤：

第一步：分词与构建词汇表

首先对三个句子进行分词，得到如下词汇表：

{"猫""喜欢""鱼""狗""骨头""水"}

第二步：计算词频（TF），对每个句子计算各词的词频。

句子 1：猫喜欢鱼。

词汇表中的词语及其在句子中的词频：{"猫" = 1/3，"喜欢" = 1/3，"鱼" = 1/3}

句子 2：狗喜欢骨头。

{"狗" = 1/3，"喜欢" = 1/3，"骨头" = 1/3}

句子 3：鱼喜欢水。

{"鱼" = 1/3，"喜欢" = 1/3，"水" = 1/3}

第三步：计算逆文档频率（IDF）

将 $N = 3$，对每个词计算 IDF：

- "猫" 只出现在句子 1：$\mathrm{IDF}("猫") = \log\left(\dfrac{3}{1+1}\right) = 0.176$

- "喜欢" 出现在所有三个句子：$\mathrm{IDF}("喜欢") = \log\left(\dfrac{3}{1+3}\right) = 0$

- "鱼" 出现在句子 1 和句子 3：$\mathrm{IDF}("鱼") = \log\left(\dfrac{3}{1+1}\right) = 0.176$

- "狗"只出现在句子 2：$IDF("狗") = \log\left(\dfrac{3}{1+1}\right) = 0.176$

- "骨头"只出现在句子 2：$IDF("骨头") = \log\left(\dfrac{3}{1+1}\right) = 0.176$

- "水"只出现在句子 3：$IDF("水") = \log\left(\dfrac{3}{1+1}\right) = 0.176$

第四步：计算 TF-IDF：

通过将词频和逆文档频率相乘，得到每个词的 TF-IDF 值。

句子 1 的 TF-IDF 向量为：$[0.059, 0, 0.059, 0, 0, 0]$

句子 2 的 TF-IDF 向量为：$[0, 0, 0, 0.059, 0.059, 0]$

句子 3 的 TF-IDF 向量为：$[0, 0, 0.059, 0, 0, 0.059]$

通过 TF-IDF 的计算，"喜欢"由于出现在每个句子中，它的权重较低；而"猫""狗""骨头"等词由于只在部分句子中出现，因此它们在各自句子中的权重较高。

4. 适用范围

TF-IDF 广泛用于信息检索、关键词提取、文本分类等任务。与简单的词袋模型相比，TF-IDF 更擅长突出有区分度的关键词，因此特别适合搜索引擎、文档分类等场景。不过，由于它是基于统计信息，无法捕捉到词语的语义关系。

9.2.3 词嵌入(Word Embedding)

1. 基本概念

词嵌入是一种将词汇表示为低维稠密向量的技术，能够捕捉词与词之间的语义关系。与词袋模型和 TF-IDF 生成的高维稀疏向量不同，词嵌入通过训练在大规模语料中学习到词的共现关系。经过训练，语义相似的词在向量空间中会相互靠近。比如"国王"和"女王"的词向量接近，并且可以通过简单的运算来推测类似的关系，如"国王－男＋女 ≈ 女王"。

常见的词嵌入模型包括 Word2Vec、GloVe 和 FastText。

Word2Vec：通过两种架构(Skip-Gram 和连续词袋模型 CBOW)来学习词语的上下文关系。Skip-Gram 通过预测上下文词训练中心词，而 CBOW 则通过上下文预测中心词。

GloVe：基于词的全局共现矩阵，利用矩阵分解来生成词向量。

FastText：将词分解为字符 n-gram，能够更好地处理未见词(OOV)，如拼写错误或复合词。

2. 底层逻辑

词嵌入依赖于词的上下文信息来捕捉语义，类似的词在语料中的共现频率较高，因此向量距离较近。稠密向量比稀疏向量更容易处理大规模数据，计算效率更高，且能更好地反映词语之间的语义相似性。

Word2Vec(Skip-Gram 模型)：给定一个词 w_t，通过最大化给定词 w_t 时预测其上下文词的条件概率。具体公式如下：

$$\prod_{t=1}^{T} \prod_{-k \leq j \leq k,\ j \neq 0} P(w_{t+j} \mid w_t) \tag{9.5}$$

这里，T 是语料库中的总词数。k 是上下文窗口大小，w_{t+j} 是中心词 w_t 的上下文词。$P(w_{t+j} \mid_t)$ 是给定中心词 w_t 预测上下文词 w_{t+j} 的条件概率。

这个概率通过 softmax 函数对预测进行归一化：

$$P(w_{t+j} \mid w_t) = \frac{\exp(v_{w_{t+j}}^T v_{w_t})}{\sum_{w \in V} \exp(v_w^T v_{w_t})} \tag{9.6}$$

其中，$v_{w_{t+j}}^T$ 是上下文词的词向量；v_{w_t} 是中心词的词向量；V 是词汇表中所有词的集合；$\exp(\cdot)$ 是指数函数。

该公式的核心思想是，中心词和上下文词的词向量如果语义上接近，它们的内积 $v_w^T v_{w_t}$ 会较大，从而使得条件概率 $P(w_{t+j} \mid w_t)$ 增大。

GloVe：通过最小化词共现概率的差异来生成词嵌入，其损失函数为：

$$J = \sum_{i,\ j=1}^{V} f(X_{ij})(w_i^T \widetilde{w}_j + b_i + \widetilde{b}_j - \log(X)_{ij})^2 \tag{9.7}$$

其中，X_{ij} 是词 i 和 j 的共现次数，w_i 和 $\widetilde{w}_j$ 是词嵌入向量，b_i 和 $\widetilde{b}_j$ 是偏置项。

模型训练方法：

Skip-Gram 模型通过最大化对数似然进行训练。过程通常分为两个阶段：

初始化阶段：随机初始化词向量矩阵和模型参数。

迭代训练阶段：通过多次迭代来更新词向量矩阵和模型参数，直到达到收敛。每次迭代时，都会随机选择一批训练样本进行训练，并更新参数。

优化算法：

为了训练 Skip-Gram 模型，通常采用随机梯度下降(SGD)或其变种(如 Adam)作为优化算法。在训练过程中，模型会随机选择一批训练样本，通过前向传播计算预测值，然后计算损失函数，并通过反向传播更新模型参数。

为了提高 Skip-Gram 模型的训练效率，引入了负采样技术。该技术利用负例样本来近似计算概率，有效降低了计算成本。具体做法是，对于每个正例样本(即训练数据中真实出现的中心词与上下文单词对)，模型不仅优化该正例样本的似然度，还随机选择一定数量的负例样本(即中心词与未在训练数据中共同出现的单词对)，并尝试降低这些负例样本的似然度。当词表规模庞大，如包含 100 万个单词时，直接使用 softmax 函数计算每个单词作为上下文单词的概率会变得极为耗时和计算密集。负采样技术正是为了解决这一问题，它避免了计算整个词汇表所有单词的概率，转而仅聚焦于少量的负例样本，从而显著提升了训练效率。

3. 优势

词语语义表达：词嵌入能够捕捉词语的语义关系，使得相似的词在向量空间中靠近。

处理稀有词：尤其是 Skip-Gram 对小数据集和稀有词效果较好。

效率高：相比于高维稀疏向量，低维稠密向量能够有效降低计算成本。

4. 适用范围

词嵌入广泛用于需要语义理解的任务，如文本分类、情感分析、信息检索和机器翻译等。相比于词袋模型和 TF-IDF，它更擅长处理复杂的语义关系，因此在现代自然语言处理任务中得到了广泛应用。

9.3　文本分类

文本分类是指将文本数据根据其内容或特征自动分配到预定义类别的过程，通常涉及特征提取、模型训练和分类预测等步骤。文本分类可以应用于情感分析、主题分类、问答系统和意图识别等多个场景。常见的文本分类算法包括朴素贝叶斯、支持向量机、随机森林、深度学习模型(如 CNN、RNN、BERT 等)。在实际应用中，文本分类的效果会受到数据集质量、特征工程和模型选择等因素的影响。在本节中，主要介绍朴素贝叶斯和随机森林两种算法。

9.3.1　朴素贝叶斯

朴素贝叶斯(Naive Bayes)算法是一种基于贝叶斯定理与特征条件独立假设的分类方法，也叫朴素贝叶斯分类器。对于给定的训练数据集，首先基于特征条件独立假设学习每个类别下特征的联合概率分布(先验概率以及条件概率)，然后利用贝叶斯定理计算给定特征值的样本属于各个类别的后验概率。在分类时，算法选择具有最高后验概率的类别作为样本的预测类别。朴素贝叶斯是一种基于概率理论的分类算法。

朴素贝叶斯在文本分类领域非常流行，尤其是在垃圾邮件检测和情感分析中。它能够处理文本数据中的不确定性和模糊性，通过分析邮件内容或评论的文本特征来预测其类别。情感分析是另一个流行的应用场景，尤其是在自然语言处理领域。朴素贝叶斯可以用来分析客户评论、产品评价或社交媒体帖子的情绪倾向，判断它们是积极的、消极的还是中性的。在这个过程中，算法会考虑文本中的特征，如特定的词汇、短语的使用频率以及标点符号等。情感分析在市场分析、客户服务和品牌管理等领域有着重要的应用价值。

9.3.1.1　贝叶斯公式

朴素贝叶斯的核心是贝叶斯定理，亦即贝叶斯公式。它描述了在已知其他条件的概率的情况下另一个事件发生的概率，其实质是用后验信息对先验信息进行修正。贝叶斯定理数学表达式如下：

$$P(A \mid B) = \frac{P(B \mid A) \cdot P(A)}{P(B)} \tag{9.8}$$

$P(A)$ 是事件 A 的先验概率/边缘概率，即在不考虑任何其他条件的情况下事件 A 发生的概率。是根据训练集可以经过统计初步得到的概率。

$P(A \mid B)$ 是后验概率，在给定事件 B 的条件下事件 A 发生的条件概率。是我们要求解的概率。其中，事件 B 是某种收集的新信息或证据。

$P(B \mid A)$ 是似然概率，在事件 A 发生的条件下事件 B 发生的条件概率，即在事件 A 发生的条件下事件 B 发生的"可能性"或"似然"程度。

$P(B)$ 是事件 B 发生的边缘概率，也就是在不考虑任何事件的情况下，事件 B 发生的概率，也称为证据概率或总概率。

对于离散型变量，设 $A_j(j = 1, 2, \cdots, n)$ 是样本空间 S 的一个划分，则对任一事件 B，有全概率公式：

$$P(B) = \sum_{j=1}^{n} P(B \mid A) P(A_j) \tag{9.9}$$

则公式(9.9)可以变形为：

$$P(A_k \mid B) = \frac{P(B \mid A_k) \cdot P(A_k)}{P(B)} = \frac{P(B \mid A_k) \cdot P(A_k)}{\sum\limits_{j=1}^{n} P(B \mid A) P(A_j)} \tag{9.10}$$

其中，B 是随机试验结果的结果或者观测值；$P(A_1)$，$\cdots$，$P(A_n)$ 是先验概率；$P(A_1 \mid B)$，$\cdots$，$P(A_n \mid B)$ 是后验概率。

对于连续型变量 θ，需要使用概率密度来计算贝叶斯公式：

$$P(\theta \mid x) = \frac{f(x \mid \theta) P(\theta)}{m(x)} \tag{9.11}$$

其中，$P(\theta)$ 是 θ 的先验概率密度函数；$f(x \mid \theta)$ 是 θ 出现时 x 的条件概率密度，即似然函数；$m(x)$ 是 x 的边缘密度，

$$m(x) = \int_{\theta \in \Theta} f(x \mid \theta) P(\theta) \mathrm{d}\theta \tag{9.12}$$

9.3.1.2 朴素贝叶斯的特征条件独立性

朴素贝叶斯之所以被称为"朴素"，是因为它假设了特征之间的条件独立性，即在给定目标变量(例如，一个文本的类别)的条件下，所有特征(例如，文本中的单词)都相互独立。假设我们有一个特征集 $X = \{X_1, X_2, \cdots, X_n\}$ 和一个目标分类变量 Y，朴素贝叶斯的特征条件独立假设可以表示为：

$$P(X \mid Y = k) = \prod_{i=1}^{n} P(X_i \mid Y = k) \tag{9.13}$$

这个假设允许我们将复杂的多特征联合概率分布简化为单个特征条件概率的乘积，从而简化了概率计算。在文本挖掘中，这意味着当我们计算一个文档属于某个类别的概率时，我们可以独立地考虑每个单词对这一概率的贡献。

例如，如果我们正在处理一个情感分析任务，我们的目标变量 Y 可能是"正面"或"负面"情感，而特征 X 可能是文档中出现的单词。根据特征条件独立假设，我们可以将文档属于"正面"情感的后验概率表示为：

$$P(Y ="正面" \mid X) \propto P("喜欢" \mid Y ="正面") \cdot P("推荐" \mid Y ="正面") \cdot \cdots$$

此时，我们假设"喜欢"和"推荐"在给定文档情感为"正面"的条件下是独立的。

尽管特征条件独立假设在现实世界中往往不成立（因为特征之间可能存在关联），但朴素贝叶斯在许多实际应用中仍然表现出色，这是因为它能够捕捉到特征与类别之间的强关联，并且对于特征之间可能存在的轻微依赖关系不敏感。

9.3.1.3　朴素贝叶斯算法的基本原理

假设对于某样本集 $T = \{(x_1, y_1), (x_2, y_2), \cdots, (x_n, y_n)\}$，其中 $x_i = (x_i^{(1)}, x_i^{(2)}, \cdots x_i^{(n)})^T$，$x_i^{(j)}$ 是第 i 个样本的第 j 个特征，$x_i^{(j)} \in \{a_{j1}, a_{j2}, \cdots, a_{js_j}\}$，$a_{jl}$ 是第 j 个特征可能取的第 l 个值，$j = 1, 2, \cdots, n$；$l = 1, 2, \cdots, S_j$；$y_i \in \{c_1, c_2, \cdots, c_K\}$。

朴素贝叶斯通过训练数据集学习模型的联合分布，实际上就是先验概率分布和条件概率分布：

$$P(Y = c_k), \quad k = 1, 2, \cdots, K \tag{9.14}$$

$$P(X = x \mid Y = c_k) = P(X^{(1)} = x^{(1)}, \cdots, X^{(n)} = x^{(n)} \mid Y = c_k), \quad k = 1,2,\cdots,K \tag{9.15}$$

根据朴素贝叶斯的特征条件独立性假设，可以知道存在多个特征时，条件概率分布如下：

$$P(X = x \mid Y = c_k) = P(X^{(1)} = x^{(1)}, \cdots, X^{(n)} = x^{(n)} \mid Y = c_k)$$
$$= \prod_{j=1}^{n} P(X^{(j)} = x^{(j)} \mid Y = c_k) \tag{9.16}$$

对于给定的输入 x，朴素贝叶斯基于测试学习到的模型代入式(9.17)、式(9.18)，计算后验概率分布 $P(Y = C_k \mid X = x)$：

$$P(Y = c_k \mid X = x) = \frac{P(X = x \mid Y = c_k)P(Y = c_k)}{\sum_k P(X = x \mid Y = c_k)P(Y = c_k)} \tag{9.17}$$

将式(9.16)代入分母中，可得朴素贝叶斯分类的基本公式：

$$P(Y = C_k \mid X = x) = \frac{P(X = x \mid Y = C_k)P(Y = C_k)}{\sum_k \left(\prod_{j=1}^{n} P(X^{(j)} = x^{(j)} \mid Y = C_k)\right)P(Y = C_k)} \tag{9.18}$$

下一步，将后验概率最大的类作为 x 的类别输出：

$$y = f(x) = \text{argmax}_{C_k} \frac{P(Y = C_k) \prod_j P(X^{(j)} = x^{(j)} \mid Y = c_k)}{\sum_k P(Y = C_k) \prod_j P(X^{(j)} = x^{(j)} \mid Y = c_k)} \tag{9.19}$$

式(9.19)中的分母对于所有类别来说都是一样的,对最终结果判断不会产生影响,因此对朴素贝叶斯分类器进一步进行简化,形成最终的贝叶斯判定准则:

$$y = f(x) = \text{argmax}_{C_k} P(Y = C_k) \prod_i P(X^{(j)} = x^{(j)} \mid Y = c_k) \tag{9.20}$$

(1)拉普拉斯修正。

如果遇到 $x^{(j)}$ 特征的频率为 0 的情况,则有似然概率为 0,从而导致计算后验概率时分子为 0,最终后验概率为 0。为了避免出现这种情况,可以使用拉普拉斯修正,对每个类别下所有划分的计数加 1。这样如果样本数量充分大时并不会对结果产生影响,并解决了特征频率为 0 导致的后验概率为 0 的问题。引入拉普拉斯平滑后的条件概率和先验概率的贝叶斯估计公式分别如下:

$$P(X^{(j)} = x^{(j)} \mid Y = C_k) = \frac{n_{x^{(j)}, c_k} + \alpha}{n_{C_k} + \alpha \times S_j} \tag{9.21}$$

$$P(Y = C_k) = \frac{n_{C_k} + \alpha}{n + \alpha \times K} \tag{9.22}$$

其中,$n_{x^{(j)}, c_k}$ 是在类别 C_k 中特征 $X^{(j)}$ 取值为 $x^{(j)}$ 的次数;n_{C_k} 是类别 C_k 在训练数据集中的总样本数;S_j 是特征 $X^{(j)}$ 可能取值的总数;α 是拉普拉斯平滑参数,通常取值为 1,既能避免出现概率为 0 的情况,又保证了每个值都在 0~1 的范围之内,还保留了最终概率和为 1 的性质。

(2)解决"下溢出"问题。

在实际操作中,在计算非常小的概率值时,这些值可能小于计算机浮点数能表示的最小值,导致数值被舍入为零。这通常发生在计算多个小概率值的乘积时,如在朴素贝叶斯算法中计算后验概率。可以对乘积取自然对数解决这个问题。

假设我们有一组概率值 P_1, P_2, $\cdots$, P_n,我们需要计算它们的乘积:

$$P = P_1 \times P_2 \times \cdots \times P_n \tag{9.23}$$

直接计算这个乘积可能会导致下溢出。取对数后,乘法转换为加法:

$$\log(P) = \log(P_1) + \log(P_2) + \cdots + \log(P_n) \tag{9.24}$$

由于对数函数是单调递增的,它不会改变乘积中各因子的相对大小,因此可以有效地比较不同类别的后验概率。图 9-1 给出了函数 $F(x)$ 与 $\ln(F(x))$ 的曲线。可以看出,它们在相同区域内同时增加或者减少,并且在相同点上取到极值。它们的取值虽然不同,但不影响最终结果。

因此,改写朴素贝叶斯分类器,得到其对数形式:

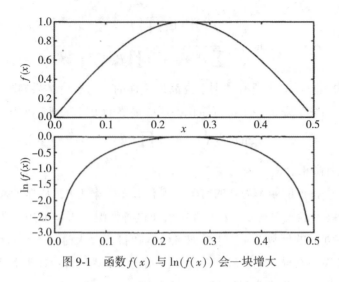

图 9-1 函数 $f(x)$ 与 $\ln(f(x))$ 会一块增大

$$y = f(x) = \operatorname*{argmax}_{C_k} \log\left(P(Y = C_k) \prod_i P(X^{(j)} = x^{(j)} \mid Y = c_k) \right)$$

$$= \operatorname*{argmax}_{C_k} \left[\log(P(Y = C_k)) + \log(P(X^{(1)} = x^{(1)} \mid Y = c_k)) \right.$$

$$\left. + \log(P(X^{(2)} = x^{(2)} \mid Y = c_k)) + \cdots + (P(X^{(n)} = x^{(n)} \mid Y = c_k)) \right]$$

$$(9.25)$$

(3)常见朴素贝叶斯模型。

根据特征的分布和数据的性质不同,对朴素贝叶斯进行分类。以下是一些常见的朴素贝叶斯模型:

多项式朴素贝叶斯(Multinomial Naive Bayes):假设特征值服从多项式分布。适用于具有离散特征的分类问题,特别是文本数据。特征通常表示为词频或 TF-IDF 值。

伯努利朴素贝叶斯(Bernoulli Naive Bayes):假设特征值是独立同分布的二元变量。适用于特征为二值(0 或 1)的情况,例如文本数据中的词是否存在。

高斯朴素贝叶斯(Gaussian Naive Bayes):假设特征值服从高斯分布(正态分布)。适用于连续数据。

9.3.2 随机森林算法

随机森林(Random Forest,RF)是一种基于 CART 决策树的集成学习算法,属于 Bagging 类型。随机森林通过从数据集中随机抽取样本(自助采样)和随机选择特征子集来训练每棵决策树,最终通过投票(分类)或平均(回归)的方式得出预测结果。可以这样比喻随机森林算法:在随机森林的构建过程中,每棵决策树均扮演着某一特定狭窄领域专家的角色,这是由于我们从全局的 M 个特征集中挑选出 m 个特征子集供每棵树进行专门学习。此举造就了一个多元化的精通各领域的专家群体。面对新的问题(即新的输入数据),这一专家群体能够从多方面给出建议,通过整合所有专家的独立判断与投票,共同决定最终的输出结果。

随机森林的主要优点是通过集成多个模型，有效处理过拟合问题，减少模型的方差，提高模型的泛化能力。另外，随机森林可以很方便地进行并行训练，在当下大数据大样本盛行的时代下展现出极强的吸引力和实用性。

9.3.2.1 集成学习

集成学习（Ensemble Learning）是一种强大的机器学习方法，它通过组合多个学习器的预测结果来提升整体模型的性能。集成学习的核心思想是"博采众长"，即利用多个模型的优势来提高预测的准确性和鲁棒性。集成学习在机器学习的多个领域内都得到了广泛的应用，包括但不限于分类问题、回归分析、特征选择以及异常点的检测等。

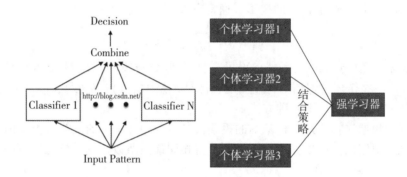

在集成学习的过程中，针对训练集数据，我们首先独立地训练多个个体学习器，这些学习器可以是同质的（即同一类型的模型）或异质的（不同类型的模型）。随后，通过特定的结合策略（如投票、平均或加权平均等方法），将这些个体学习器的预测结果整合起来，从而形成一个性能更优的强学习器。这个强学习器的预测性能通常优于任何一个独立的个体学习器，因为它减少了模型的偏差和方差。因此，集成学习过程中需要解决两个核心问题：首先，是如何生成一组个体学习器；其次，是如何确定合适的结合策略，使得这些个体学习器能够协同工作，形成一个性能更优的强学习器。

（1）如何生成一组个体学习器？

个体学习器可以按照其同质性或异质性进行分类。如果它们是同质的，即所有学习器都是同一类型的模型，如都是决策树个体学习器或都是神经网络个体学习器；如果它们是异质的，即所有的个体学习器由不同类型的模型组成，如在分类问题中对训练集同时使用支持向量机、逻辑回归和朴素贝叶斯进行学习，再通过某种结合策略来确定最终的分类强学习器。

目前来说，同质个体学习器的应用是最广泛的，一般我们常说的集成学习的方法都是指的同质个体学习器。同质个体学习器中使用最多的模型是 CART 决策树和神经网络。根据个体学习器之间的相互依赖性，同质集成学习器可分为两种主要类型：一种是学习器之间存在显著的序列依赖关系，这种情况下，学习器通常需要依次串行训练，以 Boosting 系列算法为代表；另一种是学习器之间相互独立，可以同时并行训练，以 Bagging 和随机森林算法为典型。

（2）如何确定合适的结合策略？

假定我们已经得到了 N 个弱学习器 $\{h_1, h_2, \cdots, h_N\}$，需要求解最终的预测输出。

针对数值类的回归预测问题，通常使用平均法作为结合策略，即对弱学习器的输出进行平均得到最终的预测输出。

算术平均法：

$$H(x) = \frac{1}{T} \sum_{1}^{N} h_i(x) \tag{9.26}$$

加权平均法：假设为每个个体学习器分配一个权重 w，则：

$$H(x) = \sum_{i=1}^{N} w_i h_i(x) \tag{9.27}$$

其中，w_i 是个体学习器 h_i 的权重，通常有：

$$w_i \geq 0, \sum_{i=1}^{N} w_i = 1 \tag{9.28}$$

针对分类的预测问题，通常使用投票法作为结合策略。假设预测类别是 $\{C_1, C_2, \cdots, C_K\}$，$N$ 个弱学习器对样本 x 的预测结果是 $\{h_1(x), h_2(x), \cdots, h_N(x)\}$。那么投票法的实施可以有以下几种方式：

相对多数投票法：这是一种基本的投票机制，其中样本 x 的最终分类是由获得最多票数的类别 c_i 决定的。如果存在多个类别获得相同最高票数，则随机选择其中一个作为最终结果。

绝对多数投票法：这种方法要求某个类别 c_i 不仅要获得最高票数，而且票数必须超过一半，即所谓的"过半数"规则。如果没有任何类别达到这一要求，模型可能选择不做出预测。

加权投票法：在这种方法中，每个弱学习器的投票权重可能不同，根据它们的重要性或准确性进行加权。每个类别的最终得票是通过对所有弱学习器的预测结果进行加权求和得到的，最终选择得票最多的类别作为预测结果。

9.3.2.2　Bagging

Bagging，即自举汇聚法（Bootstrap Aggregating），是一种训练分类器的集成技术。它通过在原始数据集上有放回地抽样生成多个新数据集，并对每个数据集训练一个分类器，然后通过多数投票或平均值计算来决定新样本的最终分类。这种方法不仅减少了模型的偏差，还能有效降低方差。

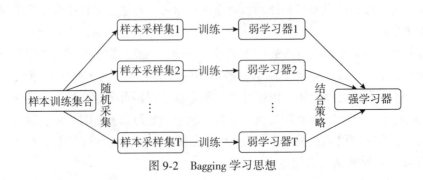

图 9-2　Bagging 学习思想

Bagging 中，弱学习器之间的特点是"随机采样"。随机采样（Bootstrap Sampling）是一种有放回的抽样方法，每次从训练集中随机选择样本，选中后放回，同一个样本有可能被重复选中。在 Bagging 算法中，通常会随机采集与原始训练集的样本数量相同的采样集。通过进行 N 次这样的随机采样，我们可以得到 N 个不同的采样集，这些采样集和训练集样本的个数相同，但每个集合的具体样本是随机的。

对于一个样本，在进行一次包含 m 个样本的随机采样时，该样本每次被采集到的概率是 $\frac{1}{m}$，不被采集到的概率为 $1 - \frac{1}{m}$，m 次采样都没有被采集中的概率是 $\left(1 - \frac{1}{m}\right)^m$。$m \to \infty$ 时，$\left(1 - \frac{1}{m}\right)^m \to \frac{1}{e} \simeq 0.368$。这意味着在使用 Bagging 算法时，大约有 36.8% 的样本在每次随机采样中不会被选中。这部分没有被采样到的数据称为袋外样本（Out of Bag，OOB）。袋外样本可以用来验证对应树的预测准确性，因为它们没有参与到树的训练过程中。通过对所有树的袋外样本预测误差取平均，可以得到一个对模型泛化能力的评价，这个评价是无偏的，因为它不依赖于单独划分的验证集或测试集。

Bagging 对弱学习器的类型没有特定限制，可以是决策树、神经网络等，但最常用的是决策树。在分类任务中，Bagging 通常采用多数投票法来决定最终预测，即选择获得最多票数的类别；而在回归任务中，则通过计算弱学习器预测结果的平均值来得出最终模型输出。

由于 Bagging 通过随机采样训练每个模型，它能有效降低模型的方差，提高泛化能力。不过，这种方法可能会增加模型的偏差，因为它在每次采样时都可能遗漏一部分数据。尽管如此，Bagging 仍然是一种强大的方法，尤其适用于减少高方差模型的预测不确定性。

Bagging 的算法流程：

（1）输入样本集：$D = \{(x_1, y_1), (x_2, y_2), \cdots, (x_m, y_m)\}$，其中 x_i 是特征向量，y_i 是对应的标签。

（2）确定弱学习器算法和迭代次数 N。

（3）迭代训练弱学习器：

（a）对训练集 D 进行第 n 次随机采样，共采集 m 次，每次采样都有放回地从 D 中抽取 m 个样本，形成采样集 D_n。

（b）使用采样集 D_n 训练第 n 个弱学习器 $G_n(x)$。

（4）输出最终的强分类器 $f(x)$。

对于分类问题，将 N 个弱学习器 $G_n(x)$ 的预测结果进行投票，获得最多票数的类别或之一作为最终的分类结果。

对于回归问题，将 N 个弱学习器 $G_n(x)$ 的预测结果进行算术平均，得到的值作为最终的回归预测结果。

9.3.2.3 CART 决策树

分类与回归决策树(Classification and Regression Tree,CART),是决策树算法中的一种。它主要用于处理分类和回归问题,并相应地生成分类树或是回归树。

1. CART 分类树

CART 分类树使用基尼系数来选择特征。基尼系数代表了模型的不纯度。基尼系数越小,则不纯度越低,特征越好;基尼系数越大,则不纯度越高,特征越差。对于二类分类问题,如果样本属于第一个类别的概率是 p,则基尼系数的表达式为:

$$\text{Gini}(p) = 2p(1-p) \tag{9.29}$$

对于多类分类问题,给定样本集 D,假设有 K 个类别,第 k 个类别的数量为 C_k,则样本 D 的基尼系数表达式为:

$$\text{Gini}(D) = 1 - \sum_{k=1}^{K} \left(\frac{|C_k|}{|D|} \right)^2 \tag{9.30}$$

对于 CART 分类树,我们将遍历这棵树的特征子集的所有可能的分割点,寻找基尼系数最小的特征的分割点,最终将数据集 D 分割成两部分:D_1(满足 $A=a$ 的样本集合)和 D_2(不满足 $A=a$ 的样本集合),直至满足停止条件为止。特别的,在特征 $A=a$ 的条件下 D 的基尼系数表达式为:

$$\text{Gini}(D, A) = \frac{|D_1|}{|D|}\text{Gini}(D_1) + \frac{|D_2|}{|D|}\text{Gini}(D_2) \tag{9.31}$$

其中,$|D_1|$($|D_2|$)是满足(不满足)特征"A=a"的样本数量;$|D|$ 是数据集 D 的样本总数量;$\text{Gini}(D_1)$($\text{Gini}(D_2)$)是分割后满足(不满足)条件的子集 D_1(D_2)的基尼系数。

针对离散型特征,CART 分类树通过二分法进行处理,每次选择基尼系数最小的划分方式。例如,某个特征 A 被选取建立决策树节点,具有 $\{A_1, A_2, A_3\}$ 三种类别。CART 分类树将 A 分成 $\{A_1\}$ 和 $\{A_2, A_3\}$、$\{A_2\}$ 和 $\{A_1, A_3\}$、$\{A_3\}$ 和 $\{A_1, A_2\}$ 三种情况,并选择使基尼系数最小的组合,创建二叉树节点。假设选择了 $\{A_2\}$ 和 $\{A_1, A_3\}$ 这种组合,则一个节点是 $\{A_2\}$,另一个节点是 $\{A_1, A_3\}$ 对应的节点。由于存在 $\{A_1, A_3\}$,特征 A 的取值未完全分开,后续子节点中将进一步区分 A_1 和 A_3。

针对连续型特征,CART 分类树将连续特征离散化,通过计算相邻两样本值的平均数作为划分点,选择基尼系数最小的点作为分类点。例如,对于连续特征 A,将所有样本的该特征值从小到大排序。假设有 m 个样本,这些样本的特征 A 值被排序为 a_1,a_2,$\cdots$,a_m。取相邻两样本值的平均数,一共取得 $(m-1)$ 个划分点,其中第 i 个划分点 T_i 表示为:$T_i = \dfrac{a_i + a_{i+1}}{2}$。对于这 $(m-1)$ 个点,分别计算以该点作为二元分类点时的基尼系数。选择基尼系数最小的点作为该连续特征的二元离散分类点。假设取到的基尼系数最小的点为 a_t,则小于 a_t 的值为类别 1,大于 a_t 的值为类别 2。

CART 分类树生成算法的流程如下:

(1)初始化：输入训练数据集 D 和特征集 F。

(2)终止条件判断：如果样本数量小于设定阈值或特征集为空，结束并输出当前节点的主导类别。

(3)计算基尼系数：如果当前节点的基尼系数小于预设阈值，结束并输出当前节点的主导类别。

(4)特征和分割点选择：遍历所有特征及其可能的分割点；每个分割点的基尼系数；选择基尼系数最小的特征及其分割点。

(5)分割数据集：根据选择的特征和分割点将数据集 D 分割为 D_1 和 D_2。

(6)构建子树：对分割后的子集 D_1 和 D_2 递归执行步骤 2-5，构建左子树和右子树。

(7)生成 CART 分类决策树。

2. CRAT 回归树

CART 回归树和 CART 分类树的生成算法大致相同，我们仅需关注两者不同的地方。

在样本输出方面，样本输出是离散值的是 CART 分类树，是连续值的是 CART 回归树。

在连续型特征处理方面，CART 分类树使用基尼系数的大小来衡量特征的各划分点的优劣情况，CART 回归树采用均方差最小化的划分点选择法。对于任意划分特征 A，对应的任意划分点 s 两边划分成的数据集 D_1 和 D_2，求出使 D_1 和 D_2 各自集合的均方差最小且 D_1 和 D_2 的均方差之和最小所对应的特征和特征值划分点。表达式为：

$$\underbrace{\min}_{A, s}\left[\underbrace{\min}_{c_1} \sum_{x_i \in D_1(A, s)} (y_i - c_1)^2 + \underbrace{\min}_{c_2} \sum_{x_i \in D_2(A, s)} (y_i - c_2)^2\right] \tag{9.32}$$

其中，c_1 为 D_1 数据集的样本输出均值，c_2 为 D_2 数据集的样本输出均值。

在预测方式方面，CART 分类树采用叶子节点里概率最大的类别作为当前节点的预测类别，CART 回归树使用叶子节点的均值或中位数来预测输出结果。

9.3.2.4 随机森林算法

随机森林算法(以下简称 RF)是 Bagging 算法的进阶版，在 Bagging 算法的基础上进行了独有的改进：

(1)RF 选择了 CART 决策树作为弱学习器。

(2)RF 针对 CART 决策树的生成进行改进。在 CART 决策树中，基于基尼系数或均方差最小化的方法选择最优的特征以划分左右子树。但是 RF 在每个决策节点并不是考虑所有可用的特征，而是随机挑选一个特征子集 n_{sub}(大小小于总特征数 n)，从这个子集中选择最佳的特征来分割节点，从而构建决策树的左右分支。这种方法有助于提升模型对未知数据的泛化能力。

当 RF 中的 n_{sub} 等于总特征数 n 时，它构建的 CART 决策树与标准 CART 树无异。降低 n_{sub} 的值能提升模型的健壮性，但可能会牺牲对训练数据的拟合度。简而言之，降低 n_{sub} 会减少模型的方差，但可能增加偏差。在实际应用中，通常通过交叉验证来确定

最佳的 n_{sub} 值。

RF 的算法流程：

(1) 输入样本集：$D = \{(x_1, y_1), (x_2, y_2), \cdots, (x_m, y_m)\}$，其中 x_i 是特征向量，y_i 是对应的标签。

(2) 确定迭代次数 N (决策树数量)。

(3) 迭代生成 CART 决策树：

(a) 对训练集 D 进行第 n 次随机采样，共采集 m 次，每次采样都有放回地从 D 中抽取 m 个样本，形成采样集 D_n。

(b) 使用采样集 D_n 训练第 n 个 CART 决策树模型 $G_n(x)$。在训练模型节点时，随机挑选一部分特征。然后，从这些随机挑选的特征中选出最佳的一个，用以分割节点，形成决策树的左右子树。

(4) 输出最终的强分类器 $f(x)$。

对于分类问题，将 N 个弱学习器 $G_n(x)$ 的预测结果进行投票，获得最多票数的类别或之一作为最终的分类结果。

对于回归问题，将 N 个弱学习器 $G_n(x)$ 的预测结果进行算术平均，得到的值作为最终的回归预测结果。

RF 的一大优势在于其出色的抗过拟合能力。通过以下两个机制实现：

集成学习：RF 结合了多个弱学习器(决策树)的预测，通过投票或平均的方式得出最终结果，有效降低了模型的方差。

随机性：随机森林算法通过引入样本和特征的随机选择，增强了模型的泛化能力：样本随机性，通过自助采样为每棵决策树提供独特的数据子集；特征随机性，仅在决策树的节点分裂时从全部特征中随机选取一部分，以提升模型的多样性。

尽管 RF 设计上具有抗过拟合的特性，但在某些情况下，如树的数量不足或树的深度过大时，仍可能发生过拟合。为避免这种情况，可以采取以下措施：

增加树的数量：通过增加树的数量来提高模型的稳定性。

限制树的深度：设置树的最大深度，防止模型过度拟合训练数据。

调整叶节点的最小样本数：确保叶节点包含足够多的样本，以提高模型的泛化能力。

9.4 文本聚类

文本聚类是一种无监督学习方法，指将文本数据根据其内在特征自动划分为多个类别或簇的过程，而不依赖于预先定义的类别标签。簇内成员间具有高度相似性，而簇间成员表现出强烈差异性。文本聚类通常涉及特征提取、相似度计算、聚类算法选择和模型训练等步骤。文本聚类广泛应用于主题发现、文档组织、社交网络分析和信息检索等领域。常见的文本聚类算法包括 K-means 聚类、层次聚类和 DBSCAN 聚类等。在实际应用中，文本聚类效果受特征表示、相似度度量和算法参数等因素影响。在本节中，主要介绍 K-means 聚类和 DBSCAN 聚类两种算法。

9.4.1 K-means 聚类

K-Means 聚类(以下简称 K-Means)是一种基于划分的聚类方法，其核心思想在于通过最小化簇内样本点与簇中心之间的距离之和，以实现对给定数据集的有效分组。K-Means 起源于 20 世纪 50—60 年代，该算法因其简单有效而被广泛应用于各种领域，包括图像处理、市场细分、社交网络分析等。

9.4.1.1 K-Means 的基本原理

K-Means 首先随机选择 K 个数据点作为初始簇中心，然后迭代执行以下步骤，直至簇中心的变化小于某个预设的阈值或达到预定的迭代次数，此时算法收敛，得到最终的簇划分：

分配：将每个样本点分配给距离最近的簇中心，形成 K 个簇。

更新：重新计算每个簇的中心点，通常是取簇内所有点的均值。

K-Means 的目标是最小化簇内样本点到簇中心的距离平方和，从而使得簇内的样本点尽可能地接近彼此，同时簇与簇之间的距离尽可能地远。

假设簇划分为 $(C_1, C_2, \cdots, C_k)$，数据对象 x 与聚类中心 μ_j 的欧氏距离为：

$$d_j = \| x - \mu_j \|_2^2 \tag{9.33}$$

聚类中心 μ_j 是该簇内所有数据点的均值向量，也称为质心：

$$\mu_i = \frac{1}{|C_i|} \sum_{x \in C_i} x \tag{9.34}$$

其中，C_i 是第 i 个簇的数据点集合，$|C_i|$ 是该簇中数据点的数量。

我们的目标是最小化数据集的误差平方和 SSE：

$$\min \text{SSE} = \sum_{i=1}^{k} \sum_{x \in C_i} \| x_i - \mu_j \|_2^2 \tag{9.35}$$

直接求解(9.34)并不容易。对于包含 n 个数据点的数据集，可能的簇分配数量为组合数 $\binom{2^n}{k}$，这个数字随着 n 的增加而呈指数级增长，导致计算量极为庞大。因此，该问题被归类为 NP-hard。直接求解 NP-hard 极为困难，K-Means 算法使用迭代的启发式方法来逼近最优解：首先初始化随机质心，并在此基础上进行迭代优化。在每次迭代中，数据点根据其与质心的距离被分配到最近的簇，随后每个簇的质心更新为簇内所有数据点的均值。不断重复此过程，直至质心的变化小于预设的阈值或迭代次数达到上限，最终获得一个局部最小化的 SSE 解。以下用一组图形象地描述这个过程(见图 9-3)。

初始化阶段(图 a)：研究始于含有多个数据点的集合，假定类别数 k 为 2，数据点在二维空间的分布通过图 a 展示。

质心选择与分配(图 b)：图 b 展示了通过随机选择初始化的两个质心，分别以红色和蓝色标识，代表两个类别。计算每个数据点到两质心的欧氏距离，并将其分配至最近质心，形成初始簇。

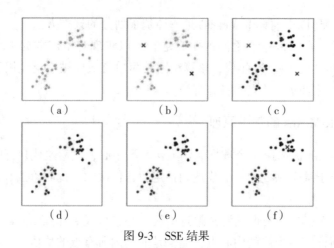

图 9-3　SSE 结果

第一轮迭代(图 c)：样本根据距离赋予对应质心的类别标签，完成簇的初步分配。

质心更新(图 d)：基于当前簇成员，重新计算并更新每个簇的质心，以反映簇内数据点的中心位置。

后续迭代(图 e 和图 f)：继续执行分配和更新步骤，直至质心变化微小或迭代次数达标，这标志着算法的收敛。

收敛与结果(图 f)：算法最终收敛，质心和簇分配稳定，得到局部最优的簇划分结果。

在 K-means 实际应用中，选择合适的簇数量 k 是一个关键的预处理步骤。通常，k 值的确定基于对数据集的先验知识；若缺乏此类知识，则可通过交叉验证的方法来识别最优的 k 值。质心的初始化对聚类结果和算法的收敛速度有着显著影响。在启发式方法中，初始质心的选择至关重要，因为它们决定了算法迭代的起点。因此，选取的初始质心应当尽量避免彼此过于接近，以减少算法陷入不良局部最小值的风险，并提高聚类结果的质量和算法的总体效率。

传统 K-Means 的算法流程：

(1)输入样本集 $D = \{x_1, x_2, \cdots, x_m\}$，指定聚类的簇数 k，以及最大迭代次数 N。

(2)从数据集 D 中随机选择 k 个样本作为初始的 k 个质心向量：$\{\mu_1, \mu_2, \cdots, \mu_k\}$。

(3)对 $n = 1, 2, \cdots, N$ 进行迭代：

(a)将簇划分 C 初始化为 $C_t = \phi$，$t = 1, 2, \cdots, k$。

(b)对于 $i = 1, 2, \cdots, m$，计算样本 x_i 与各个质心向量 $\mu_j (j = 1, 2, \cdots, k)$ 的距离：$d_{ij} = \|x_i - \mu_j\|_2^2$，并将 x_i 标记为距离最小的 d_{ij} 所对应的类别 λ_i。更新 $C_{\lambda_i} = C_{\lambda_i} \cup$

$\{x_i\}$。

(c)对于$j = 1$，2，$\cdots$，k，对C_j中所有的样本点重新计算新的质心$\mu_j = \dfrac{1}{|C_j|}\displaystyle\sum_{x \in C_j} x$。

(d)如果所有的k个质心向量都没有发生变化，则算法结束。

(4)输出最终的簇划分$C = \{C_1，C_2，\cdots，C_k\}$。

9.4.1.2　基于K-Means初始化的优化——K-Means++

在先前的讨论中，我们强调了在K-Means算法中，初始质心的选择对于最终聚类结果的质量和算法的收敛速度具有显著影响。完全随机选择的初始质心可能导致算法收敛过程缓慢，甚至可能陷入次优的局部最小值。K-Means++算法针对这一问题对K-Means算法进行优化。K-Means++通过一种概率方法选择初始质心，以减少算法收敛到较差解的风险，并提高找到全局最优解的可能性。

K-Means++对初始化质心的优化策略：

(1)初始质心的选择：首先从给定的数据点集合中随机选取一个点，标记为第一个聚类中心μ_1。

(2)距离计算：对于数据集中的每一个点x_i，计算其与已选择的聚类中心中距离最近的一个的欧几里得距离，并记录该最小距离$D(x_i)$。数学表达为：

$$D(x_i) = \mathrm{argmin}\, \|x_i - \mu_r\|_2^2，\quad r = 1，2，\cdots，k_{\text{selected}}$$

(3)新质心的选择：基于计算得到的距离$D(x_i)$，选择一个新的数据点作为新的聚类中心。选择概率与点到最近聚类中心的距离的平方成正比，确保距离较远的点有更高的概率被洗为新的聚类中心。

(4)重复选择：重复步骤2和3，直到选择出k个聚类中心。每次选择都基于当前所有已选择的聚类中心计算距离，并按距离的概率分布进行。

(5)算法执行：一旦k个聚类中心被确定，使用这些中心作为初始化质心，执行标准的K-Means进行迭代聚类。

9.4.1.3　基于K-Means初始化的优化——Elkan K-Means

在传统的K-Means算法中，每次迭代都需要计算数据集中每个样本点到所有质心的距离，这在大规模数据集上会导致显著的计算成本。为了提高计算效率，Elkan K-Means利用了两边之和大于等于第三边、两边之差小于第三边的三角形性质来优化距离计算过程：

规则一：对于任意样本点x和两个质心μ_{j_1}与μ_{j_2}，预先计算二者之间的距离$D(j_1，j_2)$。如果发现$2D(x，j_1) \leqslant D(j_1，j_2)$，则可以推断出$D(x，j_1) \leqslant D(x，j_2)$。这意味着在该情况下，无需计算$x$到$\mu_{j_2}$的距离，因为已知$x$与$\mu_{j_1}$更近。

规则二：对于同样的样本点x和质心μ_{j_1}与μ_{j_2}，可以得到$D(x，j_2) \geqslant \max\{0，D(x，j_1) - D(j_1，j_2)\}$。这一不等式表明了$x$到$\mu_{j_2}$的距离至少是$x$到$\mu_{j_1}$距离与两质心距离之差的非负部分。

通过这两种规则，EIkan K-Means 算法避免了一些不必要的距离计算，从而加快了迭代速度并提高了算法的总体效率。然而，这种方法在处理稀疏数据或存在缺失值的情况下可能不适用，因为这些情况下距离的计算可能无法进行，限制了算法的应用范围。

9.4.1.4　基于大样本的优化——Mini Batch K-Means

在处理大规模数据集时，传统的 K-Means 由于需要计算所有样本点到所有质心的距离，其计算复杂度随着样本量的增加而显著提高，导致算法效率大幅下降。特别是在样本量达到十万以上且特征维度超过一百的情况下，算法的运行时间会大幅度增加，即便采用 Elkan K-Means 进行优化，也难以满足大数据时代的需求。为了解决这一问题，Mini Batch K-Means 被提出。

Mini Batch K-Means 的核心思想是采用抽样的方法，每次迭代仅使用数据集中的一个子样本集(Mini Batch)来近似整体样本集，从而减少计算量并加快算法的收敛速度。具体步骤如下：

(1)抽样策略：从整个数据集中通过无放回抽样的方式选取一个包含固定数量(batch size)样本的子集。这一子集将代表整个数据集参与到该轮迭代的计算中。

(2)聚类过程：使用该子样本集进行 K-Means 聚类，计算子样本集中每个样本到质心的距离，并更新质心的位置。

(3)重复迭代：重复上述抽样和聚类过程，直到满足一定的迭代次数或质心变化小于预设阈值。

(4)多次运行：为了提高聚类的准确性，算法可能需要多次运行，每次使用不同的随机子样本集进行聚类，最终选择表现最优的聚类结果。

Mini Batch K-Means 通过减少每次迭代中参与计算的样本数量，显著降低了算法的计算复杂度，使得算法能够更快地收敛。然而，这种近似方法可能会牺牲一定的聚类精度。在很多实际应用中，特别是重视效率和速度的大规模数据处理应用中，这种精度的损失是可接受的。

9.4.2　DBSCAN 聚类

DBSCAN(Density-Based Spatial Clustering of Applications with Noise，具有噪声的基于密度的聚类方法)是一种基于密度的聚类算法，它能够在具有噪声的空间数据库中发现任意形状的高密度区域，并将其划分为簇。DBSCAN 算法的主要特点是不需要事先指定簇的数量，能够识别出异常值(噪声)，并且对输入数据的分布没有假设。和 K-Means 这种只适用于凸样本集的聚类算法相比，DBSCAN 既可以适用于凸样本集，也可以适用于非凸样本集。DBSCAN 适用于图像分割、社交网络分析、生物信息学、地理信息系统以及异常检测等领域。

9.4.2.1　BSCAN 相关定义

在 DBSCAN 中，聚类是通过分析数据点在空间中的密度分布来识别的，其中密度

由参数 ϵ 和 MinPts 来描述，其中 ϵ 表示一个数据点的邻域距离阈值，MinPts 表示该邻域中数据点个数的最小阈值。

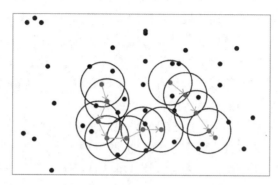

图 9-4　DBSCAN 算法领域距离

基于图 9-4，对 DBSCAN 中与密度聚类相关的定义进行阐述，假设样本集为 $D = \{x_1, x_2, \cdots, x_m\}$：

- ϵ-邻域：对于 D 中的任意数据点 x_j，其 ϵ-邻域包含样本集 D 中与 x_j 的距离不大于 ϵ 的所有数据点，即 $N_\epsilon(x_j) = \{x_i \in D \mid \text{distance}(x_i, x_j) \le \epsilon\}$，其中 $|N_\epsilon(x_j)|$ 表示邻域内的数据点个数。核心对象：如果数据点 $x_j \in D$ 的 ϵ-邻域 $N_\epsilon(x_j)$ 至少包含 MinPts 个样本，即 $|N_\epsilon(x_j)| \ge \text{MinPts}$，则 x_j 是核心对象。

图中以灰色表示的点是核心对象。这些点在其 ϵ-邻域内拥有至少 MinPts（图中为 5）个样本点，包括它们自己。图中黑色点代表非核心对象，这些点在其 ϵ-邻域内的样本数量少于 MinPts，因此不满足成为核心对象的条件。

- 密度直达：如果数据点 x_i 位于数据点 x_j 的 ϵ-邻域中，并且 x_j 是核心对象，则称 x_i 由 x_j 密度直达。需要注意的是，密度直达不具有对称性，即 x_j 未必由 x_i 密度直达，除非 x_i 也是核心对象。

图中所有位于灰色核心对象的超球体内（即 ϵ-邻域）的样本点，都与核心对象存在密度直达的关系。

- 密度可达：对于 D 中的任意两个数据点 x_i 和 x_j，如果存在一个数据点序列 $p_1, p_2, \cdots, p_T$，使得 $p_1 = x_i$，$p_T = x_j$，对于所有 $t \in \{1, 2, \cdots, T-1\}$，$p_{t+1}$ 由 p_i 密度直达，则称 x_j 由 x_i 密度可达。密度可达具有传递性，但不具备对称性。

通过图中箭头连接的核心对象，展示了一个可能的密度可达序列。这些序列中的样本点通过核心对象相互连接，表明它们之间存在可达性。

- 密度相连：如果存在核心对象 x_k 得数据点 x_i 和 x_j 都由 x_k 密度可达，则称 x_i 和 x_j 密度相连。密度相连关系是对称的。

图中所有在核心对象的 ϵ-邻域内相互连接的样本点，包括通过箭头连接的核心对象，都被认为是密度相连的。

9.4.2.2　DBSCAN 基本原理

在 DBSCAN 中，聚类是通过识别密度可达关系来定义的，即通过这些关系能够确定数据点集合中的最大密度相连子集。这样的子集构成了一个簇，它是聚类过程中的一个独立类别。一个簇可能包含单一的核心对象或多个核心对象。若簇中只包含一个核心对象，则该簇内的所有非核心对象均位于此核心对象的 ϵ-邻域内；若簇中包含多个核心对象，则任一核心对象的 ϵ-邻域至少包含另一个核心对象，以确保核心对象间的密度可达性。簇由所有核心对象的 ϵ-邻域内的样本点组成。

为了发现这样的簇样本集合，DBSCAN 采用一种迭代方法：首先随机选择一个未被分类的核心对象作为起始点或"种子"，然后扩展该种子点以包含所有从该种子点密度可达的样本点，形成一个新的簇。随后，算法继续选择下一个未分类的核心对象，并重复上述过程，直至所有核心对象均被分配到某个簇中。通过这种方式，DBSCAN 能够有效地识别出数据集中的聚类结构，同时将孤立的、不满足核心对象条件的样本点视为噪声。

DBSCAN 在处理聚类问题时，虽然概念上简洁明了，但在实际应用过程中需要细致考虑几个关键问题，这些问题对于算法的准确性和鲁棒性至关重要：

噪声点的识别：既不满足核心对象条件也不位于任何核心对象的 ϵ-邻域内的样本点被标记为噪声点。这些点在聚类过程中通常被视为异常值，因而被排除在聚类簇之外。在现实世界的数据集中，噪声点可能代表真实的离群现象，或者来源于数据的自然变异或数据收集和处理的错误。

距离度量的选择：距离度量的选取直接影响 DBSCAN 的运行时间和准确性。在 DBSCAN 中，一般采用最近邻思想，采用某一种距离度量来衡量样本距离，比如欧式距离。对于小规模数据集，可以直接计算所有点对的距离；面对大规模数据集，通常采用 KD 树或球树等数据结构来加速最近邻搜索。

边界点的分类：在某些情况下，一个样本点可能位于两个核心对象的 ϵ-邻域内，但这两个核心对象并不直接密度相连，导致该样本点的聚类归属存在歧义。DBSCAN 通过"先来先服务"的策略来解决这一问题，即先被访问的核心对象将该点归入其聚类簇中。这种策略虽然简单，但可能导致算法的非确定性，即算法的输出可能依赖于样本点的访问顺序。

DBSCAN 的算法流程：

（1）初始化：核心对象集合 $\Omega = \phi$；聚类簇数 $k = 0$；未访问样本集合 $\Gamma = D$；簇划分 $C = \phi$。

（2）核心对象识别：对于 $j = 1, 2, \cdots, m$，通过距离度量方式确定样本 x_j 的 ϵ-邻域子样本集 $N_\epsilon(x_j)$；若 $N_\epsilon(x_j)$ 中的样本数 $|N_\epsilon(x_j)| \geq \mathrm{MinPts}$，则将 x_j 添加到核心对象集合 Ω 中。

（3）生成聚类簇：若核心对象集合 Ω 为空，则算法结束；否则，从 Ω 中随机选择一个核心对象 o，初始化当前簇核心对象队列 $\Omega_{\mathrm{cur}} = \{o\}$、聚类簇数 $k = k + 1$、当前簇样

本集合 $C_k = \{o\}$，更新未访问样本集合 $\Gamma = \Gamma - \{o\}$。

(4)聚类簇扩展：当前簇核心对象队列 $\Omega_{cur} \neq \varnothing$：从 Ω_{cur} 中取出一个核心对象 o'，找出其 ϵ-邻域子样本集 $N_\epsilon(o')$。令 $\Delta = N_\epsilon(o') \cap \Gamma$，将 Δ 添加到当前簇样本集合 C_k 中，更新未访问样本集合 $\Gamma = \Gamma - \Delta$，更新 $\Omega_{cur} = \Omega_{cur} \cup (\Delta \cap \Omega) - \{o'\}$。

(5)迭代：重复步骤4直到 $\Omega_{cur} = \varnothing$，则当前聚类簇 C_k 生成完毕。更新簇划分 $C = \{C_1, C_2, \cdots, C_k\}$，更新核心对象集合 $\Omega = \Omega - C_k$；重复步骤3和4直到所有核心对象都被访问并分类。

(6)输出结果：簇划分 $C = \{C_1, C_2, \cdots, C_k\}$。

9.5 文本检索

文本检索是自然语言处理的重要任务之一，涉及从大量的文本数据中检索到与查询相关的文档或信息。本章将分为两部分内容：信息检索和问答系统。我们将分别探讨它们的作用、适用场景和技术原理。

9.5.1 信息检索(Information Retrieval，IR)

1. 主要作用

信息检索的核心任务是从大量的非结构化或半结构化文本数据中，根据用户的查询，找到最相关的文档或信息。通过匹配和排序算法，系统会对查询和文档的相关性进行评分，确保用户能在最短时间内找到最有用的内容。

典型应用场景包括搜索引擎(如 Google、Bing)和学术文献检索(如 Google Scholar、PubMed)。除了文本，信息检索还应用于图像、视频等多媒体内容。个性化推荐和基于用户历史行为的检索也是现代信息检索的重要功能。

信息检索的目标：
- 高效性：能够在庞大的数据集中快速定位相关内容。
- 相关性：确保返回的内容与用户查询高度匹配。
- 多样性：提供不同方面的内容以满足用户多样化的需求。
- 用户体验：通过优化排序算法和界面设计提升用户的检索体验。

2. 适用场景

信息检索的应用非常广泛，以下是一些典型的适用场景：

搜索引擎：如 Google、Bing，从互联网上的大量网页中找到与查询最相关的内容。

文献检索系统：如 Google Scholar、PubMed、IEEE Xplore)，帮助研究者查找高质量的论文和技术文献。

电子商务：如亚马逊、淘宝、京东，通过用户查询找到符合条件的商品，并基于用户历史提供个性化推荐。

数字图书馆和知识管理系统：如 Project Gutenberg、国家图书馆的在线数据库，企业或图书馆通过信息检索快速找到内部知识或资料。

社交媒体内容检索：如 Twitter、Facebook，支持通过关键词、标签或用户信息查找相关内容。

多语言检索：由于全球化的需求，信息检索系统必须支持多种语言的查询和文档。通过翻译或跨语言技术在不同语言的文档中找到相关信息。

3. 底层逻辑

信息检索背后涉及一系列模型和算法，用于表示、匹配和评分文档与查询的相关性。

- 向量空间模型（VSM）

文档和查询都被表示为向量，通过计算它们之间的相似度（如余弦相似度）来评估相关性。余弦相似度的公式如下：

$$\text{Cos}(\theta) = \frac{d \cdot q}{\| d \| \, \| q \|} \tag{9.36}$$

其中 d 和 q 分别为文档和查询的向量表示，值越接近 1，表示两者越相似。

余弦相似度衡量文档和查询向量之间的夹角，夹角越小，表示文档和查询的相似性越高。当两个向量平行时，余弦相似度为 1，表示文档与查询完全匹配。

- TF-IDF（词频-逆文档频率）

通过衡量词频（TF）与逆文档频率（IDF）的组合，TF-IDF 赋予常见词较低的权重，稀有词较高的权重，进而突出关键性词汇，提高检索的准确性。

公式为：

$$\text{TF} - \text{IDF}(w, d, D) = \text{TF}(w, d) \times \text{IDF}(w, D) \tag{9.37}$$

- BM25

BM25 是一种改进的概率检索模型，考虑了文档长度和词频的饱和问题。它通过调整参数 k_1 和 b，可以更灵活地处理不同长度的文档和词频。

公式为：

$$\text{BM25}(d, q) = \sum_{w \in q} \text{IDF}(w) \cdot \frac{f(w, d) \cdot (k_1 + 1)}{f(w, d) + k_1 \cdot \left(1 - b + b \cdot \dfrac{|d|}{\text{avgdl}}\right)} \tag{9.38}$$

其中：

$f(w, d)$ 是词 w 在文档 d 中出现的频率。

$|d|$ 是文档的 d 长度（词的总数）。

avgdl 是文档集中所有文档的平均长度。

k_1 和 b 是调节参数，通常 $k_1 \approx 1.2$，$b \approx 0.75$。

- 语言模型（Language Model，LM）

通过计算查询在文档中生成的概率来评估相关性。近年来，预训练模型（如 BERT、

T5)极大提升了检索的准确性。

- 深度学习模型

基于深度学习的模型(如 BERT)通过自注意力机制能够更好地理解查询和文档之间的复杂语义关系,不再依赖于简单的词频或向量相似度,从而提供更精确的文档检索。

9.5.2 问答系统(Question Answering,QA)

1. 主要作用

问答系统的主要作用是通过理解用户的自然语言问题,从结构化或非结构化的数据源中直接找到答案,避免用户自己查找相关文档或片段。其在智能助手(如 Siri、Alexa)、在线客服、医疗问答等方面的应用尤为广泛。

2. 适用场景

智能助手:如 Siri、Google Assistant,能够帮助用户回答日常问题、完成任务或提供建议。

在线客服:在电子商务、银行、技术支持等场景中,自动化问答系统能够回答常见问题,降低人力成本,提高客户体验。

专业领域的问答:如法律、医疗领域的知识库问答系统,帮助用户快速获取可靠的专业答案。

客户支持:通过自动化的问答系统处理客户的咨询问题,提供即时响应,提升用户满意度。

3. 底层逻辑

问答系统的工作流程可以概括为三个步骤:问题理解、信息检索或答案抽取、答案生成或提取。

(1)问题理解:

问答系统首先需要理解用户的自然语言问题,通常会进行以下几步:

实体识别:识别问题中的重要实体,如人名、地名、时间、事件等。

问题分类:将问题归类,如事实性问题、定义性问题、原因性问题等,以便选择合适的检索或生成策略。

语义分析:通过语义和句法分析,理解问题的语义结构和意图。例如,对于问题"2024 年奥运会在哪里举办?"系统需要识别出"2024 年"作为时间实体,"奥运会"作为事件实体,"在哪里"表示查询地点,问题的核心目标是找到举办地。

(2)信息检索或答案抽取:

对于基于检索的问答系统,常使用信息检索技术(如 TF-IDF 或 BM25)从文档或知识库中找到与问题相关的段落或答案片段。同时,近年来深度学习模型(如 BERT)能够进行更精确的语义匹配,找到更相关的答案片段。

（3）答案生成或提取：

答案抽取型：如 BERT 模型，从文档中提取与问题相关的片段作为答案。

答案生成型：基于生成式模型（如 GPT、T5），系统根据问题和上下文生成完整的自然语言答案，而非直接从文档中提取。

常用的生成模型的公式：

$$P(A \mid Q, C) = \prod_{t=1}^{T} P(A_t \mid A_{1: t-1}, Q, C) \tag{9.39}$$

其中，Q 是用户提出的问题；C 是提供的上下文信息；A 是生成的答案序列；A_t 表示生成的第 t 个词；T 是答案的长度。这个公式表示模型根据问题和上下文递归生成每个答案词。

4. 高级模型的应用

BERT 利用双向编码器，BERT 能够深入理解问题和文本的上下文语义，尤其适合从文档中抽取答案。

GPT 作为生成模型，GPT 在大规模语料上预训练，能够根据问题生成连贯、自然的语言答案，尤其适用于开放性问题。

第10章 规范性分析方法

从分析的类型看，商业分析可分为三类：描述性分析、预测性分析与规范性分析。描述性分析，其核心在于剖析业务的当前运营状态；预测性分析，则着眼于未来，通过统计分析、机器学习算法等预测业务发展的潜在趋势；规范性分析则聚焦于制定最优行动方案，为商业决策提供重要参考。本章介绍规范性分析方法，首先概述规范性分析相关概念与原理，随后分节介绍三类常用规范性分析方法：最优化方法、模拟方法和不确定条件下的决策分析方法。最优化方法旨在求解给定条件下的最佳解决方案；模拟方法通过管理系统模型在计算机上的试验获得对系统行为的认识；决策分析方法为不确定环境下的决策提供分析方法。

10.1 规范性分析概述

10.1.1 什么是规范性分析

在介绍规范性分析的概念之前，先看一个案例：

某互联网公司计划为新 App 推广制定广告投放策略，其面临的重要决策问题在于如何在有限的预算内最大化用户下载量。为此，公司决定采用优化模型进行定量决策分析。首先，公司进行了深入的数据收集与分析工作。这包括从历史广告投放数据中提取关键指标，如不同平台的点击率、转化率与用户下载量，并构建它们与广告投放预算之间的初步关系模型。同时，公司还进行了详细的目标用户画像分析，明确了用户的兴趣偏好和活跃平台，以便更精准地定位广告投放。在建模分析阶段，公司考虑了多个变量和约束条件。决策变量为各平台的广告投放预算，目标函数则是最大化用户下载量。为了构建这一目标函数，公司采用了数据拟合方法，将历史投放数据与用户下载量之间的关系量化为数学模型。此外，公司还设置了总预算作为约束条件，确保所有平台的广告投放预算之和不超过公司的总预算限制。由于用户下载量与广告投放预算之间的关系可能是非线性的，且预算分配需要精确到具体金额，公司选择了混合整数非线性规划作为建模方法。这种方法能够处理既包含连续变量又包含整数变量的复杂优化问题，非常适合于本案例中的广告投放决策场景。通过求解该优化模型，公司得到了各平台的最优广告投放预算分配方案。这一方案不仅充分考虑了各平台的用户基础、广告效果等因素，还确保了总预算的有效利用和用户下载量的最大化。随后，公司根据此方案实施了广告投放，并通过持续监控和调整来确保广告效果的持续优化。

我们可以从这个案例中得到一些启示。企业和组织经常面临从多个选项中进行选择的决策问题，其中每个选项都有相关的成本和绩效表现。这些模型的目标是选择满足所有需求并优化目标的选项组合。规范性分析特别适用于此类决策的问题。同时，诸如Excel 的内置工具以及优化、仿真之类的软件工具使应用这些技术变得很容易。正如上述案例描述的情形，规范性分析（Prescriptive Analytics）就是使用优化或模拟等手段寻找最佳的商业决策方案。

在商业数据分析流程中，当完成描述性分析与预测性分析之后，分析工作进行到最后一步就是规范性分析。这类决策问题在商业领域经常出现，例如：企业可能需要选择供应商的决策，以确保满足所有的需求并将成本降至最低；根据要在不同地点交付的产品数量、交付成本和车辆可用性来设置每日交付路线；决定为不同的付费搜索关键词支付多少，以使广告预算投资回报最大化；决定哪些潜在客户应该收到什么样的促销活动材料，以确保促销成本不会太高，并且在预算之内管理的同时，还能最大限度地提高回复率；研究客户到达模式的历史，使用这些信息来预测未来的到达率，并将其应用于安排适当数量的商店员工，以最大限度地提高客户响应和优化劳动成本。我们可以找到数百个例子来证明基于数据和模型的决策（即规范性分析）是有价值的。

对于快速发展的商业分析行业而言，其最显著的机遇在于运用描述性和预测性的深刻洞察力，助力决策者制定出更高质量的决策。不可否认，在某些情境下，经验和直觉对商业决策仍然重要，但相比之下，基于模型支持的决策方法更有可能指导决策者达成更优的决策结果。此外，这种方法还能为决策者的建议提供坚实可靠的依据。规范性分析的核心，正是通过运用分析模型来指导决策，使得模型能够提供建议或进行决策，从而提升决策的科学性。因为规范性分析的重点是做出决定或提出建议，所以有些人把这类分析称为决策分析。

10.1.2　基于模型的决策分析过程

如上所述，规范性分析主要通过模型构建及求解来确定最优决策方案。规范性分析高度依赖基于模型的决策分析过程，这个过程如图 10-1 所示。

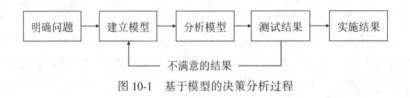

图 10-1　基于模型的决策分析过程

分析过程的第一步是明确需要解决的决策问题。如果我们不能明确商业机会所呈现出来的正确的决策问题，那么接下来的所有工作就等于浪费精力、时间和金钱。遗憾的是，明确要解决的问题并非看上去那么简单。当现实情况与期望的结果之间存在分歧或不一致时，问题就出现了。但是，通常我们面对的问题不是有条理的、良定义的。相反，我们总是发现面临的问题是一片混乱。真正明确一个问题，需要收集大量信息，需要与很多人交谈以增加我们对"乱"问题的理解。然后必须筛选所有的信息，从而明确问题的根源或者造成混乱的原因。因此，明确问题的本质(不仅仅是问题的表面)需要洞察力、想象力、时间和必要的调查工作。"明确问题"这一步骤的最终结果是给出对决策问题的良定义陈述。

在明确问题后，分析过程转移到建立模型。根据决策问题的性质和特点，我们可以使用思维模型、类比模型或数学模型。尽管规范性分析的重点是数学模型，但并不代表数学模型总是适用的或最好的。在大多数情况下，最好的模型是最简单的模型，它能准确反映所研究问题的相关特性或本质。管理者面对的问题可能存在显著的差异。管理者有时能控制影响问题的自变量的取值，但有时不能。因变量关于自变量的函数有时是良定义的，但有时并不是。我们应该根据问题的基本特征选择合适的规范性分析建模方法。模型构建阶段的目标是选择一个适合问题的建模方法，而不是让问题去适合现有的建模方法。

模型构建完成以后，下一步是分析模型。利用这个模型去分析它所表示的意义，这一步的重点是给出和评估可能解决问题的可选方案。对于优化类模型，就是要采取有效的求解方法找到优化模型的最优解或满意解；对于模拟模型，就是要评估和分析不同方案或不同情形下系统的性能表现；对于不确定型决策模型，就是要分析不同备选方案的优劣。在分析过程中，经常涉及提出多种不同的场景，或者问一些"如果……将会……"的问题。电子表格对分析这种方式的数学模型大有帮助。在一个设计良好的电子表格模型中，改变模型中的一些假设会很容易地观察到不同情况下的结果。对于复杂的数学模型的分析，如复杂的优化模型，通常需要有效的求解算法和专业软件工具的支持。

分析模型的最终结果并非总是可以提供所研究的实际问题的解。当我们通过询问各种"如果……将会……"的问题来分析模型时，测试每一个潜在解的可行性和质量就变得十分重要。测试过程可以给出对问题本质的新洞见，它之所以重要，是因为测试过程提供了再次测试模型有效性的机会。有时，我们可能发现一个方案好到不像是真的，这可以使我们发现一些重要的假设并未包含在模型中。根据测试模型的结果和已知结果相悖，有助于保证模型的结构完整性和有效性。在分析模型后，或许会发现我们需要返回去修改模型。

分析过程的最后一步是结果实施，这个步骤通常是最困难的。"实施"开始于在实际问题建模过程中获得的管理启示，以及传达这些管理启示以影响商业行为。这要求我们制作一个组织中的利益相关者容易理解的信息表，并说服他们采取特定的行动。管理者宁愿忍受他们无法解决的问题，也不愿意接受他们无法理解的解决方案。因此，制定出可被理解和接受的解决方案是实施过程的核心。

需要强调的是，规范性分析通常比较关注模型构建、模型分析和结果测试等步骤，但这并不代表其他步骤不重要。如果没有正确地明确问题，建立模型的最好结果只是"错误问题的正确答案"，并不能解决实际问题。类似地，即使正确地明确了问题并且设计了一个可以求出完美解的模型，如果这个解不能被实现或实施，那么问题仍然没有得到解决。

10.1.3 规范性分析模型及其应用

规范性分析是商业分析的重要类型，它以决策为导向，关注决策问题最优解决方案的分析与选择。在这一过程中，规范性分析主要采用了管理科学研究方法和模型，这些方法和模型旨在通过系统化的分析和决策工具来优化资源配置和策略实施。管理科学领域为规范性分析提供了丰富的模型与方法库。表 10-1 给出了常用的规范性分析模型及其可能应用场景。

表 10-1　　　　　　　　　　　　规范性分析模型及其应用

模型/方法	可能的应用
线性规划	主要用于解决在多种资源限制下，如何最大化利润或最小化成本的问题。例如，在供应链管理中，线性规划可以帮助企业优化生产计划，确保在满足市场需求的同时，成本最低；在资源分配方面，线性规划能指导企业如何合理分配有限资源，如资金、人力等，以实现效益最大化；在投资决策中，线性规划可用于优化投资组合，确保在控制风险的前提下，实现收益最大化
整数规划	用于解决需要决策变量为整数的优化问题，如生产计划、库存管理、人员调度等。在商业分析中，整数规划可以帮助企业制定精确的生产计划，确保产品数量符合市场需求且成本最低；在库存管理上，它能优化库存水平，减少资金占用和浪费；在人员调度上，整数规划能确保人员配置合理，提升工作效率
非线性规划	用于解决目标函数或约束条件中包含非线性关系的优化问题。例如，在定价策略中，非线性规划可帮助确定最优价格以最大化利润，考虑价格与销量之间的非线性关系。在资源分配和生产规划中，非线性规划也能处理复杂的成本结构和生产函数，确保资源得到高效利用
模拟分析	这类方法可以运用于某些情况下的规范性分析，这些情况包括参数是概率性的、非线性的，或者问题太过于复杂以至于不适合采用确定型最优化模型。例如，一家银行想要通过模拟当前处理贷款申请的交易过程，来确定该过程中的改进是否能够节省时间、提高效率。这类模拟分析可用于测试备选方案
决策分析	决策者在各种不同决策条件下（例如风险和不确定性）面临着多种选择时，运用一系列方法、型及原则来分析和指导决策过程。例如，在自然状态不确定环境下寻求最优投资方案
其他方法	运筹学、决策科学和管理科学将数学、工程学和计算机科学整合运用，以此提出一系列的规范性数据方法。其他分析方法包括网络分析模型、项目计划、动态规划法、排队模型、决策支持系统、启发性方法、人工智能专家系统、马氏过程、决策树、博弈论、目标规划法、可靠性分析以及数据包络分析等。事实上，对这些方法的整合运用是没有限制的

本章主要介绍最优化方法、模拟方法和决策分析方法等。最优化模型通过数学规划

技术，如线性规划、整数规划、非线性规划等，来寻找给定条件下的最优解，确保决策在资源限制下达到最大效益。模拟模型则通过构建系统运行的虚拟环境，预测不同决策方案的可能结果，帮助决策者评估风险与机会。决策分析方法，如不确定型决策分析方法和风险型决策分析方法，为不确定环境下的决策问题提供了分析思路和决策框架。

10.2　最优化方法

10.2.1　最优化问题及其数学表达

1. 最优化问题及特点

世界上的资源是有限的。石油的可开采量是有限的；用于处理垃圾与有害废弃物的土地资源也是有限的；每个人的时间与可支配的金钱是有限的；用于完成各项活动的资源是有限的。在商业领域，资源同样稀缺，比如餐馆的座位容量是有限的，生产企业的员工数量是有限的，广告预算费用也是有限的。因此，如何最优地配置这些有限的企业资源，成为了一个普遍关注的议题。在当下竞争激烈的商业环境中，如何确保公司有限的资源得以高效利用，其重要性日益凸显。这往往涉及如何在最大化利润或最小化成本的前提下，合理分配这些资源。最优化模型正是商业分析中用于求解最优化问题，即如何最有效地利用有限资源来实现商业目标的模型。线性规划、整数规划、非线性规划、多目标规划等数学规划（Mathematical Programming，MP）模型是最常见的最优化模型。

为了理解最优化的目的及其要解决的问题类型，我们先看几个数学规划在决策制定中的应用实例。

（1）产品组合优化。在多元化的生产环境中，企业面临着产品组合的复杂决策。每种产品对原材料、劳动资源的消耗各异，且其盈利能力也不尽相同。管理者需合理安排，确定各类产品的最佳生产量，旨在实现利润的最大化，或是在确保满足市场需求的前提下，将成本压缩至最低限度。

（2）制造业中的效率提升。以印刷电路板的生产为例，其制造过程高度依赖于精确而高效的钻孔作业。成千上万的钻孔位置需由计算机控制的钻孔机精确完成，每一次移动都需精心规划。制造商致力于寻找最优钻孔序列，以最小化钻头的总移动距离，从而提升生产效率，降低成本。

（3）路径规划与物流优化。在零售供应链管理中，仓库与商店之间的物流配送是关键环节。面对各地仓库库存的波动、各商店需求量的差异以及运输成本的变动，通过计算与规划，确定从仓库到商店的最低成本运输路径，成为节省巨额开支、提升运营效率的重要手段。

（4）财政与税务筹划。在个人财务规划领域，特别是涉及退休账户提款时，合理避税成为重要考量。以某国政策为例，个人需在达到一定年龄后开始从 IRA 等免税退休账户中取款，同时需遵循严格的税法规定以避免滞纳金。在此情境下，个体需精心策划提款策略，力求在遵守法律的前提下，最大限度地减少税负。

这几个例子只代表数学规划可以成功应用的一些场景，它们能够让读者对优化涉及的实际问题有所了解。通过这几个例子，我们可以归纳出最优化问题的三个基本构成要素：

（1）决策。每个示例都涉及一个或多个决策：每种产品应该生产多少？下一步应该钻哪个孔？应该从每个仓库到各零售点运送多少产品？一个人每年应从不同的退休账户中提取多少钱？

（2）约束。在每个例子中，决策者会根据可能的限制或约束采取不同的方案。在第一个例子中，当确定产品数量时，生产经理可能面对有限的原材料和劳动力；在第二个例子中，钻头不应该返回已经钻过孔的位置；在第三个例子中，卡车能够装载的货物数量存在限制；在第四个例子中，法律要给出在不引起罚款的情况下可以从退休账户中提取的最低和最高金额。这些例子还可以有许多其他约束条件。事实上，现实世界中优化问题有上百或上千个限制条件是常见的。

（3）目标。决策者是在一些目标指导下决定哪种行动方案是最好的。在第一个例子中，生产经理可以根据现有资源决定生产几种不同组合的产品，但经理可能会选择使利润最大化的那一种。在第二个例子中，可以使用大量可能的钻孔方案，但是最理想的方案可能是使钻头移动总距离最短的。在第三个例子中，商品可以通过多种方式从仓库运送到供应商店，但是公司可能希望选择使运输总成本最小的路线。在第四个例子中，个人可有多种方式从退休账户中提取资金而不违反相关法律，但他们可能想找到最小化其纳税义务的方法。

2. 最优化问题的数学表达

综上分析，一个优化问题包含三个基本要素：决策、约束和目标。如果要建立一个优化问题的数学模型，那么就需要用数学符号表达这些要素。

（1）决策变量。

在数学模型中，优化问题的决策通常用符号 x_1，x_2，$\cdots$，x_n 表示。我们称 x_1，x_2，$\cdots$，x_n 为决策变量（简称为变量）。这些变量可能代表生产经理会选择生产的不同产品的数量，也可能代表从仓库运送到某个商店的不同商品的数量，或者代表从不同的退休账户中提取的金额。用来表示决策变量的确切符号并不那么重要。也可以使用 z_1，z_2，$\cdots$，z_n 等符号来表示模型中的决策变量。选择使用哪种符号取决于个人偏好，并且可以因决策问题而异，但符号不能引起混淆且其含义必须明确。

（2）约束条件。

在数学模型中，优化问题的约束条件可以通过多种方式来表示。表达优化问题中可能的约束关系的三种形式如下：

$$小于等于约束：c(x_1, x_2, \cdots, x_n) \leqslant b$$
$$大于等于约束：c(x_1, x_2, \cdots, x_n) \geqslant b$$
$$等于约束：c(x_1, x_2, \cdots, x_n) = b$$

在每种情况下，约束必须是决策变量的函数，且小于等于、大于等于或等于某个特定的值(由字母 b 表示)。我们将 $c(x_1, x_2, \cdots, x_n)$ 作为约束条件的左侧表达式(LHS),将 b 作为约束的右侧值(RHS)。

例如,可以使用一个小于等于约束来确保生产给定数量产品所使用的总人工不超过可用人工数量,也可以使用一个大于等于约束来确保从退休账户中所提取的总金额至少是税务局所要求的最低金额。我们可以根据实际情况使用任意数量的约束条件来表示优化问题。

(3)目标函数。

优化问题在数学上用目标函数表示,其一般形式为

$$\text{Max(或 Min)}: f(x_1, x_2, \cdots, x_n)$$

目标函数是决策者希望最大化或最小化目标的决策变量的函数。在之前的例子中,这个函数可能用来描述与产品组合相关的总利润、钻头必须移动的总距离、运输商品的总成本或者退休人员的总纳税额。

基于以上符号和数学表达,最优化模型的一般形式表示为:

$$\text{Max(或 Min)}: f(x_1, x_2, \cdots, x_n) \tag{10.1}$$

约束:

$$c_1(x_1, x_2, \cdots, x_n) \leqslant b_1 \tag{10.2}$$

$$c_k(x_1, x_2, \cdots, x_n) \geqslant b_k \tag{10.3}$$

$$c_m(x_1, x_2, \cdots, x_n) = b_m \tag{10.4}$$

这种表达方式明确了最大化(或最小化)的目标函数——式(10.1),和必须满足的约束条件——式(10.2)到式(10.4)。每一个等式中 f 和 b 的下标表示目标和约束函数是不同的,并且可以有多个不同类型的约束,每个类型的约束可以包含多个约束条件。优化目标是在满足所有约束条件下找到使目标函数最大化(或最小化)的决策变量的取值。

上述数学规划表示的最优化模型只是一般表达式。我们可以使用多种函数来表示目标函数和约束条件。当然,我们应该选择能准确描述问题的目标和约束方程的函数。有时模型中的函数是线性的(即直线或平面),有时是非线性的(即曲线或曲面);有时模型中决策变量的最优解必须取整数值(整数),而有时决策变量可以取分数值。尽管人们遇到的数学规划问题是形形色色的,但已经开发了许多方法来求解不同类型的数学规划问题。

10.2.2 最优化方法的应用举例

线性规划模型是数学规划中理论最成熟、应用最广泛的一类最优化模型,可以应用在许多商业环境中。本小节以收益管理为背景,介绍线性规划的应用要点,包括模型构建、求解及其应用分析。

1. 收益管理

收益管理是对固定易腐品库存短期需求的管理,以最大化组织可能的收益。这一方法源自美国航空业的创新实践,最初用于策略性地规划航班座位的销售结构,即平衡提

前预订的优惠票价座位与全价票座位的数量分配。通过精准制定每趟航班上不同价格策略座位的最佳配比，航空公司成功提升了单架次航班的平均载客率，并最大化了因混合销售策略而带来的总体收益增长。随着航空业应用收益优化策略的显著成效显现，该模式迅速跨越行业界限，被众多领域广泛采纳。现代收益管理系统已发展成为一个综合性的管理工具，涵盖了价格策略设计、超额预订策略实施、短期资源调配决策，以及非易腐资产的管理等多个方面。其应用范围已扩展至酒店住宿预订、汽车租赁服务、游轮旅游乃至高尔夫球场管理等多个行业。尽管构建一套高效的收益管理系统需要投入不菲的资金与时间成本，但其为企业带来的潜在经济回报却极为可观。以美国航空业为例，采用先进的收益管理系统后，实现了年收益近十亿美元的显著提升，充分证明了收益管理的巨大商业价值。

2. 模型构建

为了说明收益管理的基本原理，下面用线性规划模型为休闲航空公司建立一个收益管理计划。休闲航空公司是一家为匹兹堡、纽瓦克、夏洛特、默特尔比奇和奥兰多提供航空服务的美国地区航空公司。休闲航空公司有两架波音飞机，一架于匹兹堡出发，另一架于纽瓦克出发。两架机都有一个容量为 132 个座位的经济舱。每天早上，由匹兹堡出发的飞机在夏洛特中途停留后飞往奥兰多，由纽瓦克出发的飞机也在夏洛特中途停留后飞往默特尔比奇。当天，两架飞机再回其出发地。为了把问题的规模控制在合理的范围内，只考虑早上匹兹堡到夏洛特、夏洛特到奥兰多、纽瓦克到夏洛特以及夏洛特到默特尔比奇的航程，如图 10-2 所示。

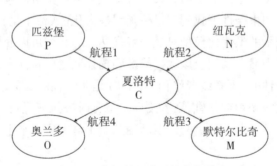

图 10-2　休闲航空公司的航程线路

休闲航空公司的机票有两个价位等级：折扣票 Q 等级以及全票 Y 等级。预订折扣票 Q 等级必须提前 14 天并且要在目的地城市停留一晚。预订全价 Y 等级可以在任何时间进行，而且日后改变预订也没有任何损失。为了确定休闲航空能为其顾客提供的航线和费用选择，我们不仅必须考虑每次航班的起飞地和目的地，还得考虑费用等级。例如，可能的客户选择有 Q 等级的匹兹堡到夏洛特、Q 等级的纽瓦克到奥兰多、Y 等级的夏洛特到默特尔比奇等。把每个客户选择记做：起飞地-目的地-旅程费（ODIF）。在 5 月 5 日，休闲航空为其 16 个 ODIF 确定了费用并预测了顾客需求。这些数据如表 10-2 所示。

表 10-2　　　　　　　　**16 个起飞地–目的地–旅程费（ODIF）的费用和需求数据**

ODIF	起飞地	目的地	费用等级	ODIF 码	费用（美元）	预测需求量
1	匹兹堡	夏洛特	Q	PCQ	178	33
2	匹兹堡	默特尔比奇	Q	PMQ	268	44
3	匹兹堡	奥兰多	Q	POQ	228	45
4	匹兹堡	夏洛特	Y	PCY	380	16
5	匹兹堡	默特尔比奇	Y	PMY	456	6
6	匹兹堡	奥兰多	Y	POY	560	11
7	纽瓦克	夏洛特	Q	NCQ	199	26
8	纽瓦克	默特尔比奇	Q	NMQ	249	56
9	纽瓦克	奥兰多	Q	NOQ	349	39
10	纽瓦克	夏洛特	Y	NCY	385	15
11	纽瓦克	默特尔比奇	Y	NMY	444	7
12	纽瓦克	奥兰多	Y	NOY	580	9
13	夏洛特	默特尔比奇	Q	CMQ	179	64
14	夏洛特	默特尔比奇	Y	CMY	380	8
15	夏洛特	奥兰多	Q	COQ	224	46
16	夏洛特	奥兰多	Y	COY	582	10

假定在 4 月 4 日，一位顾客打电话到休闲航空的预订处，要求预订 5 月 5 日从匹兹堡到默特尔比奇 Q 等级座位的航班。休闲航空应该接受这个预订吗？制定这个决策的困难之处在于即使休闲航空可能有剩余的座位，但休闲航空可能不愿意接受只有 268 美元的 Q 等级费用的预订，尤其是了解到或许有可能在之后能以 456 美元的 Y 等级费用销售此预订。因此，为了运行其预订系统，确定有多少个 Q 等级座位和 Y 等级座位是休闲航空需要做出的重要决策。

为了建立一个线性规划模型，来确定休闲航空应为每种费用等级分配多少个座位，需要定义 16 个决策变量，即为每个 ODIF 选择定义一个变量。用 P 代表匹兹堡，N 代表纽瓦克，C 代表夏洛特，M 代表默特尔比奇以及 O 代表奥兰多，决策变量采用下面的形式：

PCQ＝分配给匹兹堡–夏洛特 Q 等级的座位数；

PMQ＝分配给匹兹堡–默特尔比奇 Q 等级的座位数；

POQ＝分配给匹兹堡–奥兰多 O 等级的座位数；

PCY＝分配给匹兹堡–夏洛特 Y 等级的座位数；

……

NCQ=分配给纽瓦克–夏洛特 Q 等级的座位数；

……

COY=分配给夏洛特–奥兰多 Y 等级的座位数。

休闲航空公司的决策目标是最大化总收益。使用表 10-2 中的数据，可以写出线性规划模型的目标函数，具体如下：

Max 178PCQ+268PMQ+228POQ+380PCY+456PMY+560POY
　　+199NCQ+249NMQ+349NOQ+385NCY+444NMY
　　+580NOY+179CMQ+380CMY+224COQ+582COY

接下来，需要写出最优化模型的约束条件。根据决策问题的实际情况，需要从容量和需求两方面写出模型的约束条件。

首先，写容量的约束条件。考虑图 10-2 中匹兹堡-夏洛特的航班。波音飞机有 132 个座位的容量。在这架飞机上的顾客有 3 个可能的目的地（夏洛特、默特尔比奇、奥兰多）和两种费用等级（Q 和 Y），提供了 6 种可能的 ODIF 选择：①匹兹堡-夏洛特 Q 等级；②匹兹堡-默特尔比奇 Q 等级；③匹兹堡-奥兰多 Q 等级；④匹兹堡-夏洛特 Y 等级；⑤匹兹堡-默特尔比奇 Y 等级；⑥匹兹堡-奥兰多 Y 等级。因此，分配给匹兹堡-夏洛特航程的座位数为 PCQ+PMQ+POQ+PCY+PMY+POY。纽瓦克-夏洛特、夏洛特-默特尔比奇以及夏洛特-奥兰多航程的座位数也用同样的方法写出。由于有 132 个座位的容量，容量的约束条件如下：

　　　　PCQ+PMQ+POQ+PCY+PMY+POY≤132 匹兹堡-夏洛特

　　　　NCQ+NMQ+NOQ+NCY+NMY+NOY≤132 纽瓦克-夏洛特

　　　　PMQ+PMY+NMQ+NMY+CMQ+CMY≤132 夏洛特-默特尔比奇

　　　　POQ+POY+NOQ+NOY+COQ+COY≤132 夏洛特-奥兰多

需求约束条件基于预测需求量限制每个 ODIF 的座位数目。使用表 10-2 中的预测需求量，加 16 个需求约束条件到模型中。前 4 个需求约束条件如下所示：

　　　　PCQ≤33 匹兹堡-夏洛特 Q 等级

　　　　PMQ≤44 匹兹堡-默特尔比奇 Q 等级

　　　　POQ≤45 匹兹堡-奥兰多 Q 等级

　　　　PCY≤16 匹兹堡-夏洛特 Y 等级

完整的线性规划模型有 16 个决策变量、4 个容量约束条件以及 16 个需求约束条件，具体模型如下所示：

Max 178PCQ+268PMQ+228POQ+380PCY+456PMY+560POY
　　+199NCQ+249NMQ+349NOQ+385NCY+444NMY
　　+580NOY+179CMQ+380CMY+224COQ+582COY

s. t.

　　容量约束条件：

　　PCQ+PMQ+POQ+PCY+PMY+POY≤132 匹兹堡-夏洛特

NCQ+NMQ+NOQ+NCY+NMY+NOY≤132 纽瓦克-夏洛特

PMQ+PMY+NMQ+NMY+CMQ+CMY≤132 夏洛特-默特尔比奇

POQ+POY+NOQ+NOY+COQ+COY≤132 夏洛特-奥兰多

需求约束条件：

PCQ≤33，PMQ≤44，POQ≤45，PCY≤16，…，COY≤10

PCQ，PMY，POQ，PCY，…，COY≥0

3. 模型求解与分析

上面的线性规划模型可以在电子表格软件(如 Excel)中调用"规划求解"工具进行求解，求解报告如图 10-3 所示。由求解报告可知，该问题最优解的值是 103103 美元，最优解为：PCQ=33，PMQ=44，POQ=22，PCY=16，…，COY=10。因此，为了最大化收益，休闲航空应该分配 33 个 Q 等级座位给匹兹堡-夏洛特，44 个 Q 等级座位给匹兹堡-默特尔比奇，22 个 Q 等级座位给匹兹堡—奥兰多，16 个 Y 等级座位给匹兹堡-夏洛特等，……，10 个 Y 等级座位给夏洛特-奥兰多。

目标单元格(最大值)

名称	初值	终值
目标函数值	0	103103

可变单元格

名称	终值	递减成本	目标式系数	允许的增量	允许的减量
PCQ	33	0	178	1E+30	174
PMQ	44	0	268	1E+30	85
POQ	22	0	228	85	4
PCY	16	0	380	1E+30	376
PMY	6	0	456	1E+30	273
POY	11	0	560	1E+30	332
NCQ	26	0	199	1E+30	129
NMQ	36	0	249	55	70
NOQ	39	0	349	1E+30	55
NCY	15	0	385	1E+30	315
NMY	7	0	444	1E+30	195
NOY	9	0	580	1E+30	286
CMQ	31	0	179	70	55
CMY	8	0	380	1E+30	201
COQ	41	0	224	4	85
COY	10	0	582	1E+30	358

约束

名称	终值	阴影价格	约束限制值	允许的增量	允许的减量
匹兹堡-夏洛特	132	4	132	23	5
纽瓦克-夏洛特	132	70	132	20	33
夏洛特-默特尔比奇	132	179	132	33	31
夏洛特-奥兰多	132	224	132	5	41
需求约束1	33	174	33	5	23
需求约束2	44	85	44	5	23
需求约束3	22	0	45	1E+30	23
需求约束4	16	376	16	5	16
需求约束5	6	273	6	5	6
需求约束6	11	332	11	22	11
需求约束7	26	129	26	33	20
需求约束8	36	0	56	1E+30	20
需求约束9	39	55	39	33	5
需求约束10	15	315	15	33	15
需求约束11	7	195	7	36	7
需求约束12	9	286	9	33	5
需求约束13	31	0	64	1E+30	33
需求约束14	8	201	8	31	8
需求约束15	41	0	46	1E+30	5
需求约束16	10	358	10	41	5

图 10-3 休闲航空公司收益管理问题的求解结果报告

随着预订不断产生，每个 ODIF 余下的可用座位数目也不断减少。例如，最优解分配了 44 个 Q 等级座位给匹兹堡-默特尔比奇。假定在 5 月 5 日出发日前两周，所有座位已售罄。现在，假定一个新的顾客打电话到休闲航空预订处，要求预订匹兹堡-默特尔比奇的 Q 等级座位。在超过了初始分配的 44 个座位的情况下，休闲航空应该接受这个新的预订吗？匹兹堡-默特尔比奇 Q 等级座位的需求约束条件的阴影价格，能提供有用的信息来帮助休闲航空预订主管制定这个决策。需求约束条件 PMQ≤44 限制了可以分配给匹兹堡-默特尔比奇的 Q 等级座位数目为 44。在图 10-3 中我们看到，需求约束条件 PMQ≤44 的阴影价格为 85 美元。阴影价格告诉我们如果再多增加一个 Q 等级座位给匹兹堡-默特尔比奇，收益将增加 85 美元。收益的增量被称为这个 ODIF 的出价。一般来说，一个 ODIF 的出价会告诉休闲航空预订主管，当这个 ODIF 售后再增加一个额外预订的价值。

通过观察图 10-3 中需求约束条件的阴影价格，我们看到最高的阴影价格（出价）为需求约束条件 PCY≤16 对应的 376 美元。这个约束条件对应匹兹堡-夏洛特 Y 等级座位的航班。因而，如果分配给这个航班的所有 16 个座位售罄后，接受额外的预订将增加额外收益 376 美元。给定这个收益贡献，预订主管将最可能接受此额外预订，尽管这样会导致航班的超量预订。其他需求约束条件的阴影价格显示需求约束条件 COY≤10 有 358 美元的出价，以及需求约束条件 POY≤11 有 332 美元的出价。因此，接受夏洛特-奥兰多 Y 等级座位的额外预订和匹兹堡-奥兰多 Y 等级座位的额外预订是增加收益的正确选择。

像休闲航空所使用的收益管理系统必须是灵活的，而且能够适应不断变化的预订情形。理论上，每次在一个 ODIF 的预测需求量内接受一个预订，线性规划模型就应该更新一次，进行重新求解以得到新的座位分配和出价信息。在实践中，因为涉及大量航班，所以实时更新分配是不实际的。然而，当前解中的出价信息和一些简单的决策规则也能使预订主管做出改进公司收益的决策。

10.3　模拟方法

10.3.1　模拟分析概述

1. 模拟的基本概念

模拟（Simulation），也称为仿真，它是建立系统行为或决策问题的数学模型或逻辑模型，并对该模型进行试验，以获得对系统行为的认识或帮助解决决策问题的过程。从定义看，模拟包含两个要素：模型与试验。模拟中的模型包含数学表达式和逻辑表达式，逻辑表达式告诉我们在给定输入值前提下如何算出输出值。模拟模型都有两种输入：可控输入量和概率输入量。图 10-4 是模拟模型的概念图。

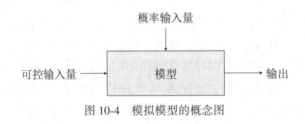

图 10-4　模拟模型的概念图

在实施一个模拟试验时，由分析人员选择可控输入量的值，概率输入量的值通常是随机产生的。模拟模型通过可控输入量的值和概率输入量的值算出输出量的值。通过改变可控输入量的取值并进行多次试验，分析员发现可控输入量的取值影响或者改变了模拟模型的输出。分析检查模拟结果后，分析员往往能够就可控输入量提出决策建议，建议方案能够为现实系统提供期望的输出量。

当问题表现出在分析上一般不易处理的不确定性时，模拟特别有用。模拟已经被成功地应用于不同的领域，下面是一些典型的应用。

(1)新产品盈利潜力评估模拟。此模拟的目的是为了确定新产品能够盈利的可能性。通过构建模型，将盈利潜力(输出变量)与一系列不确定因素(如市场需求、零部件成本、人工成本等，作为概率输入变量)相关联，其中唯一可控输入量是是否引入产品。利用随机生成的概率输入值，模拟计算不同情境下的预期利润，以评估新产品的盈利可能性。

(2)航空机票超售策略优化模拟。此模拟旨在优化特定航班的机票超售策略，以最大化航班盈利。模型将航班盈利与两个核心变量相联结：一是概率输入变量，即已预订并实际登机的乘客数；二是可控输入变量，即航班接受的预订量上限。通过模拟不同预订量上限下的乘客到达情况，评估最佳超售策略，确保座位利用率与乘客满意度之间的平衡。类似逻辑可应用于酒店预订及出租车调度系统。

(3)库存策略优化模拟。此模拟关注制定成本效益最优且能满足客户服务需求的库存策略。模型中，总库存成本与客户服务水平作为关键输出指标，受多个概率输入变量(如产品需求波动、供应商交货延迟等)和可控输入变量(如订货批量、再订货点等)的共同影响。通过模拟不同库存策略下的运营情况，评估其对成本与服务水平的综合影响，从而选出最优策略。

(4)交通信号控制效率模拟。此模拟旨在评估在繁忙交叉路口设置信号灯对交通流畅度的影响。模型将车辆等待时间作为核心输出指标，与多种概率输入变量(如到达车辆总数、左转车辆比例等)及可控输入变量(如左转信号灯时长)相关联。通过模拟不同信号灯配置下的交通状况，计算车辆平均等待时间，以科学指导信号灯设置，提升交通效率。

(5)ATM 等候线模拟。此模拟聚焦于评估客户在银行 ATM 机前的平均等待时长。模型构建时，将客户等待时间作为核心输出，同时考虑概率输入变量(如客户到达率、服务所需时间)与可控输入变量(ATM 机数量)的交互作用。对于每一个 ATM 机数量的设定，系统都会模拟各种可能的客户到达与服务时间组合，从而计算出相应的等待时间。

值得注意的是，模拟并非一种直接优化技术，主要用于描述和预测在给定可控输入变量的取值范围及概率输入变量的随机变化下系统如何运作。商业分析常借助模拟手段，通过调整可控输入变量的值，来探究如何最大化期望的系统输出(如最小化等待时间)，从而作为设计高效运作系统的有效辅助工具。

2. 模拟过程的基本步骤

要建立正确和有效的模拟模型，一般要经过 5 个步骤，如图 10-5 所示。

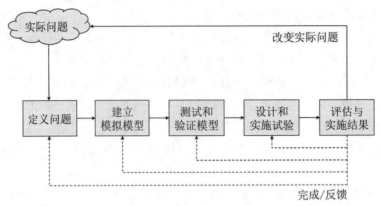

图 10-5　模拟过程的基本步骤

（1）定义问题。在模拟分析的初始阶段，要明确定义需要解决的问题。这包括识别系统边界、确定研究目标、明确各类输入变量和输出变量。通过问题定义，将复杂现实转化为可模拟的数学或逻辑框架，为后续建模奠定基础。

（2）建立模拟模型。建立实现模拟必需的一些公式或方程，收集所有必需的数据，确定概率输入变量及其分布，确定依概率分布的输出变量，构造输出结果的格式。这一过程的实现通常有两种方法：在电子表格（如 Excel）中建立模拟模型，或使用专用计算机模拟语言来开发模拟模型。

（3）测试和验证模型。模型构建完成后，需进行测试和验证以确保其准确性和可靠性。通过逻辑检查、数据对比和敏感性分析等方法，评估模型在不同条件下的表现。发现并修正模型中的错误和偏差，确保模型能够真实反映系统行为。

（4）设计和实施试验。在验证模型无误后，设计并实施模拟试验以探索系统响应。这包括设定不同的输入变量组合，模拟多种场景下的系统行为。通过试验观察系统输出，分析其行为模式和潜在问题。

（5）评估与实施结果。根据模拟结果进行评估，并提出决策建议。评估过程中需分析试验结果的实际意义和对实际系统运行的启示，确保决策建议具有可操作性。同时，制订详细的实施计划，包括资源分配、时间表和风险控制措施等。在实施过程中，持续收集反馈并调整策略，以确保模拟结果的有效应用。

模拟过程的五个步骤常需循环往复，因新信息或模拟反馈需反复调整。分析人员需不断修正模型，而结果使用者亦应介入，提供反馈与需求，共同推动模拟精准度提升。这一过程是渐进式的，旨在通过持续迭代，使模型更贴近实际，为现实问题的决策提供有力支持。

10.3.2　蒙特卡洛模拟

1. 蒙特卡洛模拟的概念

蒙特卡洛模拟（Monte Carlo Simulation）本质上是一种基于随机抽样的试验方法，其核心目的是通过大量随机样本的生成，来估算由多个概率输入变量所决定的输出结果的分布形态。这一术语的起源可追溯至研制原子弹的历史时期，当时它被用作核裂变计算机模拟的专有代码名。由于该方法在原理上与蒙特卡洛赌场中"轮盘赌"等赌博游戏的随机选择过程相类似，研究者们便借用了这一地名来命名，既形象又富有象征意义。

蒙特卡洛模拟广泛应用于多个领域，特别是在金融、工程、物理科学以及决策分析中，成为评估策略变动预期影响及量化决策风险的重要工具。在风险管理领域，风险常被定义为结果的不确定性，特别是那些可能产生不利后果的不确定性。蒙特卡洛模拟通过构建大量随机场景，模拟不同条件下的可能结果，帮助决策者更好地理解风险分布，评估潜在损失或收益的概率，从而制定出更加稳健和科学的决策方案。

2. 蒙特卡洛模拟模型的基本框架

尽管蒙特卡洛模拟广泛应用于各类问题，模型构建复杂多变，但通过实践探索后发现构建这些模型时遵循一些共同规律。这里以电子表格软件（如 Excel）中建立模拟模型为例，给出蒙特卡洛模型的一般框架，如图 10-6 所示。这个框架包括五个核心操作步骤，并细化为六个关键表区（输入区、生成区、输出区、试验区、统计区和图形区）。这些表区各司其职，同时在计算逻辑上紧密相连。下面具体说明这六大表区中应输入的主要内容，以及各表区之间的相互关系。

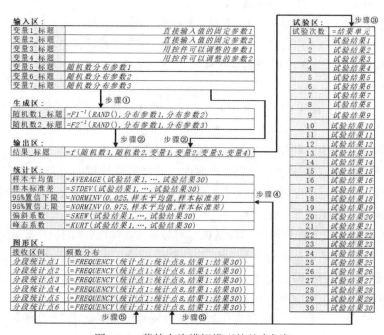

图 10-6 蒙特卡洛模拟模型的基本框架

（1）建立输入区。输入区通常放在工作表左上角，便于用户调整控制参数。输入区的内容是模拟分析中需要用到的全部参数，通常包含三类参数：固定参数（如初始库存、成本），少变动，直接输入；可调参数（如利率、价格），需重点分析，通过控件（如微调按钮）调整，调整范围预设；随机分布参数，如正态分布的均值、标准差，依据需求确定。

（2）建立生成区。鉴于现实随机分布生成的复杂性，特设生成区以集中公式，便于分析和研究。此区域内容虽属输入性质，常设输入区旁便于管理。生成随机数的方法有三种：Excel 内置函数、逆变换公式自定义、查表法适配离散或经验分布。三者方法本质上均为逆变换，差异在于实现方式。相同之处在于，RAND（）作为关键参数驱动随机性，其余则源自输入区的具体分布参数。此步骤旨在高效组织随机数生成逻辑，为模型构建奠定基础。

（3）建立输出区。输出区用于存储模型计算结果的目标公式。复杂公式常分解为中间结果与最终结果的组合，因此工作表中设有中间与最终输出区。目标公式可单一或多样，依据分析需求定制，它们反映问题不同侧面的数量特征。其参数源自生成区的随机数及输入区的固定与可控参数。与确定性模型不同，蒙特卡洛模拟的目标公式必含随机变量，此乃其关键特征。

（4）建立试验区。蒙特卡洛模拟在 Excel 中通过"数据"选项卡下的"模拟分析"功能构建试验区。为模拟多个试验结果，引入虚自变量 i 于目标公式中，利用"模拟运算表"的单变量功能实现。此虚自变量 i 在输入区无实际对应，可指定任意空白单元格。若目标公式含随机变量（如 RAND（）），则每次 i 值变化均触发公式重算，生成不同 y 值，模拟随机性。该技术将单次随机结果扩展至多单元格展示，便于无编程进行模拟试验。步骤③聚焦于选定需模拟的目标公式及试验次数。在试验区，通过输入"＝C20"（假设 C20 为目标公式单元格）并设定试验次数，利用"模拟运算表"对话框指定虚自变量单元格，完成设置。每次按 F9 重算，即得新抽样样本。此技术简化了模拟模型构建，无需额外编程或宏调用。

（5）建立统计区。在统计区，利用 Excel 内置统计函数可分析试验区结果的变异性。首要计算样本均值与方差（或标准差），随后基于林德贝格-勒维定理，估算不同置信水平的样本均值置信区间，利用 NORMINV 函数结合无偏样本标准差 STDEV（）实现。此外，通过 SKEW（）函数评估结果分布的对称性，偏度值反映偏斜方向；KURT（）函数则衡量峰度，即均值附近密度的尖锐程度。步骤④聚焦于统计区内统计函数的正确选择与输入，以全面解析模拟结果的统计特性。

（6）建立图形区。为直观展现随机结果，可以绘制输出结果的概率密度曲线图。首先，构建均匀间隔的动态接收区，依据试验结果范围设定最小、最大值及分段间隔 H，考虑试验次数 N，可用经验公式 $K=1+3.322 \mathrm{Log} N$ 确定行数。计算分段间隔，填充接收列。随后，利用 FREQUENCY（）生成频数分布，转换为频率分布，近似为概率分布。基于这些数据，绘制 X-Y 散点图或直方图展示概率密度。图形区支持其他决策图与可调图形的数据准备与计算，便于深入分析。

3. 蒙特卡洛模拟在风险分析中的应用

风险分析领域的发展得益于计算机技术的进步与高灵敏度测量仪器的性能提升，这些进步极大地促进了复杂问题中风险量化评估的可行性，进而促使社会各界能够更精准、高效地调配有限资源。风险的普遍存在是一个不争的事实。风险分析的重要性在于，它能够在不直接介入实际运作过程的前提下，通过模拟手段预先评估不同方案潜在的风险因素，解析这些风险的影响，并据此制定最优策略，确保资源的最优配置，实现以最小成本获取最大收益。

蒙特卡洛模拟作为一种灵活且强大的工具，在风险分析领域内展现出了其多样性和广泛的适用性，尤其在商业决策领域，其应用范围涵盖了经营管理、财务评估及市场营销等多个核心方面。以《财富》杂志的一则报道为例，蒙特卡洛模拟在默克公司（Merck）决定是否斥巨资收购梅特可（Medco）这一重大决策中扮演了决定性角色。该模拟模型综合考量了美国医疗健康体系的未来走向、非专利与专利药物市场的潜在波动、各类药品盈利能力的概率预测，以及竞争对手可能采取的策略等多种复杂因素，为默克公司管理层提供了全面而深入的风险洞察。最终，模型的分析结果支持了管理层的决策，即无论医疗改革如何演进，收购梅特可均是一项具有战略意义的行动。

以下针对一个投资决策项目，采用蒙特卡洛模拟方法对其进行风险分析，整个分析过程在 Excel 电子表格软件中完成。

案例背景如下：针对拟开发的新产品投资项目，现需要综合考量其初始投资、运营期间的销量变化、成本结构、价格分布及贴现率等因素，以全面评估项目的风险性，为投资决策提供参考。已知该新产品投资项目的初始投资额为 200 万元，有效期为三年。该项目一旦投入运营后，第一年产品的销量服从均值为 200 万件且标准差为 60 万件的正态分布，根据这种产品的生命周期规律，第二年销量将在第一年的基础上增长 20%，而第三年销量将在第二年基础上增长 -50%。三年内每年还需投入固定成本 100 万元。新产品的单位变动成本在 $2\sim4$ 元均匀分布。委托咨询机构对产品销价的市场调研结果见表 10-3。如果此投资项目的贴现率定为 10%，试分析此投资项目的风险。

表 10-3 产品单价的先验概率

单价	2	3	4	5	6	7	8
概率	5%	10%	20%	30%	20%	10%	5%

这个投资决策问题中包含三个关键随机变量：销售量（受消费者驱动）、产品单价（受市场供需与竞争影响）及单位变动成本（体现厂商管理与技术水平）。在投资项目风险评估中，模型将未来预期利润通过贴现率转化为当前净现值。由于销售量、产品单价和变动成本具有不确定性，故利润存在不确定性，进而导致净现值也呈现不确定性。因此，风险分析的核心转向净现值的风险分析。下面按照蒙特卡洛模拟的一般框架建立模拟模型。为此，需要建立六个工作表区和实施其中操作步骤，模拟模型框架如图 10-7 所示。

基于蒙特卡洛模拟的投资项目风险分析

1. 输入区—初始参数

初始投资额(百万元)	2
初始销量均值(百万件)	2
初始销量标准差(百万件)	0.6
销量第2年增长率	20%
销量第3年增长率	-50%
年固定成本(百万元)	1
单位可变成本最小值	2
单位可变成本最大值	4
贴现率	10%

2. 生成区

初始销量(百万件)	2.94
价格(元)	4.00
单位变动成本(元)	3.71

3. 输出区—中间结果

	第1年	第2年	第3年
销量	2.94	3.53	1.77
收益	11.78	14.13	7.07
总成本	11.92	14.11	7.55
利润(现金收入)	-0.15	0.02	-0.49

3. 输出区—最终结果

净现值	-2.48

5. 统计区

1000次模拟净现值均值(百万元)	4.87
1000次模拟净现值标准差(百万元)	8.33
1000次模拟净现值最大值(百万元)	38.10
1000次模拟净现值最小值(百万元)	-17.0

6. 图形区—控制面板参数表

项目	X坐标	Y坐标
微调控件参数	19	
指定的净现值X	16.1	
大于净值概率Y	10.5%	
区间刻度步长	1.8355	
垂直线坐标	X坐标	Y坐标
最低点坐标	16.1	0
曲线交点坐标	16.1	11%
最高点坐标	16.1	1
净现值大	16.1	
概率值为	10.5	

4. 试验区

次数	净现值
	-2.48
1	0.19
2	7.44
3	6.20
4	3.01
5	-6.45
6	-1.25
7	1.78
8	6.15
9	6.36
10	1.21
11	2.12
12	2.97
13	13.06
14	7.38
15	0.56
16	20.69
17	-7.49
18	4.97
19	11.39
20	1.68
21	-1.49
22	2.69
23	-6.96
24	4.54
25	10.15
26	21.32
27	3.74
28	13.36
29	-10.44
30	3.42
31	4.21
32	2.07
33	9.22
34	8.72
35	7.34
36	2.96
37	-5.93
38	-0.76
39	2.26
40	1.48
41	5.12
42	2.64
43	4.63

1. 输入区—反函数变换表

价格	先验	累计
		0.00
2	5%	0.05
3	10%	0.15
4	20%	0.35
5	30%	0.65
6	20%	0.85
7	10%	0.95
8	5%	1.00

6. 图形区—频数分布统计表

区号	刻度	频次	频率	累计	>某净值
1	-17.0	1	0.1%	0.1%	99.9%
2	-15.1	2	0.2%	0.3%	99.7%
3	-13.3	5	0.5%	0.8%	99.2%
4	-11.5	6	0.6%	1.4%	98.6%
5	-9.6	13	1.3%	2.7%	97.3%
6	-7.8	19	1.9%	4.6%	95.4%
7	-5.9	40	4.0%	8.6%	91.4%
8	-4.1	35	3.5%	12.1%	87.9%
9	-2.3	60	6.0%	18.1%	81.9%
10	-0.4	82	8.2%	26.3%	73.7%
11	1.4	85	8.5%	34.8%	65.2%
12	3.2	115	11.5%	46.3%	53.7%
13	5.1	88	8.8%	55.1%	44.9%
14	6.9	96	9.6%	64.7%	35.3%
15	8.7	66	6.6%	71.3%	28.7%
16	10.6	60	6.0%	77.3%	22.7%
17	12.4	55	5.5%	82.8%	17.2%
18	14.2	32	3.2%	86.0%	14.0%
19	16.1	35	3.5%	89.5%	10.5%
20	17.9	26	2.6%	92.1%	7.9%
21	19.7	23	2.3%	94.4%	5.6%
22	21.6	16	1.6%	96.0%	4.0%
23	23.4	22	2.2%	98.2%	1.8%
24	25.3	5	0.5%	98.7%	1.3%
25	27.1	4	0.4%	99.1%	0.9%
26	28.9	3	0.3%	99.4%	0.6%
27	30.8	3	0.3%	99.7%	0.3%
28	32.6	1	0.1%	99.8%	0.1%
29	34.4	1	0.1%	99.9%	0.1%
30	36.3	0	0.0%	99.9%	0.1%
31	38.1	1	0.1%	100.0%	0.0%
32	39.9	0	0.0%	100%	0.0%
累计求和		1000	100%		

图 10-7 投资项目风险分析的蒙特卡洛模拟模型

主要操作步骤如下:

第一步:录入基础数据和参数,建立输入区。

工作表左上角的单元格 B4:E12 为输入区的初始参数区,工作表右上角的单元格 J4:L12 为反函数变换表。当模型存在先验概率或经验分布表时,输入区最好分成两个部分,把先验概率表和经验分布表单独作为一部分。

在模型表格的输入区设计中,为了提升整体美观性及实用性,需要做好布局。首先，初始参数区被限制在两列内，第一列简明扼要地列出基础数据和参数的说明(含单位)，而第二列则直接填入具体数据。根据已知条件的数量灵活调整行数，并将相似数据邻近排列。若说明文字较长，则空出后续列以保持第一列宽适中，避免下方区域过于宽阔影响美观。对于数据的处理，建议将部分金额转换为百万单位以提高可读性，并在说明中明确标注单位。对于特定参数如贴现率，可考虑使用 Excel 控件实现微调功能，增加用户交互的便捷性。

在反函数变换表的构造上，可以结合 MATCH( )和 INDEX( )函数实现灵活的查表操作。该区域三列多行：第一行是标题，第二行是初始行，第二行第一、第二列应是空白，第三列(L5)填入数字 0，作为概率盒子的一个顶端；第三行开始的第一、第二列按照本例给出的先验概率表填入。最后需要在单元格 L6 输入公式" =K6"，在 L7 中输入公式" =L6+K7"，再将单元格 L7 中公式复制到单元格 L8：L12 中去。上述操作的目的是要在单元格 L5：L12 中构造一个划有格子的 0-1 概率盒子。输入区单元格 E5：E6，E10：E11，J6：K12 中的值是随机分布参数，其他单元格中的值作为固定参数，也可以改为可调参数。

第二步：在生成区生成符合概率分布的输入随机数。

本例的输入随机数有三个：正态分布的初始销售量，离散分布的销售价格，均匀分布的单位变动成本。单元格 E15：E17 分别需要写一个公式，用于生成上述三个随机数。为了生成服从特定分布的随机数，通常先由 RAND( )产生一个随机数种子(服从区间(0，1)上的均匀分布)，再通过某种变换得到。在本例中，正态分布的随机数由 NORMINV( )函数生成；离散分布的随机数通过组合运用 MATCH( )函数和 INDEX( )函数可在上面的概率盒子中查找得到；指定区间上均匀分布的随机数只需要把区间(0，1)上的均匀分布随机数变换到指定区间即可。E15：E17 需要输入的公式如图 10-8 所示。

	A	B	E
14		2. 生成区	
15		初始销量(百万件)	=NORMINV(RAND(),E5,E6)
16		价格(元)	=INDEX(J5:J12,MATCH(RAND(),L5:L12)+1)
17		单位变动成本(元)	=ROUND(E10+(E11-E10)*RAND(),2)

图 10-8　生成区的计算公式

其中，NORMINV( )是 Excel 内建的生成正态分布随机数函数，ROUND( )指定保留随机数两位小数。

第三步：整理输出变量的数学表达式，建立输出区。

本例的输出变量为净现值，其计算过程比较复杂，可分成两个步骤计算。为此，分别建立中间结果输出区单元格 B20：E24 和最终结果输出区单元格 B27：E27。首先，求出每一年的利润。需要用到一些简单的变量关系：利润=收益-总成本，收益=销量×价格，总成本=固定成本+可变成本，可变成本=销量×单位可变成本。第一年的销量、每一年的价格和可变成本已经在生成区单元格 E15、E16、E17 中生成好了，第二年、第三年的销量的增长率已在单元格 E7、E8 中给出，因此每一年的利润（单元格 C24：E24）不难求出。将三年的利润折现即可得到最终的净现值，其中净现值计算需要用 NPV( ) 函数。输出区的计算公式如图 10-9 所示。

	A	B	C	D	E
19		3. 输出区—中间结果			
20			第1年	第2年	第3年
21		销量	=E15	=C21*(1+E7)	=D21*(1+E8)
22		收益	=C21*$E$16	=D21*$E$16	=E21*$E$16
23		总成本	=$E$9+C21*$E$17	=$E$9+D21*$E$17	=$E$9+E21*$E$17
24		利润(现金收入)	=C22-C23	=D22-D23	=E22-E23
25					
26		3. 输出区—最终结果			
27		净现值			=-E4+NPV(E12,C24:E24)

图 10-9　输出区的计算公式

第四步：设计并实施模拟试验。

模拟试验就是对单元格 E27 中的随机结果进行重复试验，并将试验结果记录下来为统计分析提供样本数据。首先，需要确定如何进行试验和试验次数。这里采用的技术是借用模拟运算表对虚自变量进行分析而间接实现记录多次试验的结果。通常选择 1000 次试验，生成一个统计上可称之为大样本的试验结果。其次，要考虑对模型哪一个参数进行灵敏度分析。同样可借助模拟运算表，进行虚自变量和参数变量的模拟运算。本例的试验区设计安排在单元格 G4：H1005 中。具体操作如下：在单元格 G4：H4 中输入标题，单元格 H5 中输入公式 " =E27"，单元格 G6：G7 中输入模拟次数 1 和 2，选中单元格 G6：G7，复制到单元格 G8：G1005 中，在单元格 G6：G1005 中将出现 1~1000 的模拟次数，最后选定单元格 G5：H1005，选择菜单 "数据" → "模拟分析" → "模拟运算表" 命令，将出现 "模拟运算表" 对话框，在 "输入引用列的单元格" 的输入框中单击一下，再单击工作表中的任一空白单元格，例如单元格 G2，单击 "确定" 按钮后，就可在试验区完成指定目标变量和试验次数的模拟试验。

第五步：选择计算统计量，建立统计区。

本例中仅计算均值和标准差，以及后面绘制图形所要用到的当前试验结果中的最大值和最小值。设计安排单元格 B30：E33 为统计区，在单元格 B30：B33 中输入标题，在单元格 E30：E33 中输入统计函数如图 10-10 所示。

	A	B	C	E
29		5. 统计区		
30		1000次模拟净现值均值(百万元)		=AVERAGE($H$6:$H$1005)
31		1000次模拟净现值标准差(百万元)		=STDEV($H$6:$H$1005)
32		1000次模拟净现值最大值(百万元)		=MAX($H$6:$H$1005)
33		1000次模拟净现值最小值(百万元)		=MIN($H$6:$H$1005)

图 10-10　统计区的计算公式

第六步：生成图形数据，绘制图形。

为了给投资决策提供直观的数据支持，本例将绘制净现值的概率密度函数直方图和累积概率分布 X–Y 图，以及净现值大于某个 x 值的概率分布可调图形。

$$F(x) = \int_x^\infty p(t)\,\mathrm{d}t = 1 - \int_{-\infty}^x p(t)\,\mathrm{d}t \tag{10.5}$$

图形区包括两大区域：图形数据区与控制数据区。图形数据区位于 J15：O48，包含三张图的基础数据，相关计算公式如图 10-11 所示。

I	J	K	L	M	N	O
14	**6. 图形区**					
15	区号	刻度	频次	频率	累计	>某净值
16	1	=E33	=FREQUENCY(H6:H1005,K16:K47)	=L16/$L$48	=M16	=1-N16
17	2	=K16+$C$39	=FREQUENCY(H6:H1005,K16:K47)	=L17/$L$48	=N16+M17	=1-N17
18	3	=K17+$C$39	=FREQUENCY(H6:H1005,K16:K47)	=L18/$L$48	=N17+M18	=1-N18
19	4	=K18+$C$39	=FREQUENCY(H6:H1005,K16:K47)	=L19/$L$48	=N18+M19	=1-N19
20	5	=K19+$C$39	=FREQUENCY(H6:H1005,K16:K47)	=L20/$L$48	=N19+M20	=1-N20
21	6	=K20+$C$39	=FREQUENCY(H6:H1005,K16:K47)	=L21/$L$48	=N20+M21	=1-N21
22	7	=K21+$C$39	=FREQUENCY(H6:H1005,K16:K47)	=L22/$L$48	=N21+M22	=1-N22
23	8	=K22+$C$39	=FREQUENCY(H6:H1005,K16:K47)	=L23/$L$48	=N22+M23	=1-N23
24	9	=K23+$C$39	=FREQUENCY(H6:H1005,K16:K47)	=L24/$L$48	=N23+M24	=1-N24
25	10	=K24+$C$39	=FREQUENCY(H6:H1005,K16:K47)	=L25/$L$48	=N24+M25	=1-N25
26	11	=K25+$C$39	=FREQUENCY(H6:H1005,K16:K47)	=L26/$L$48	=N25+M26	=1-N26
27	12	=K26+$C$39	=FREQUENCY(H6:H1005,K16:K47)	=L27/$L$48	=N26+M27	=1-N27
28	13	=K27+$C$39	=FREQUENCY(H6:H1005,K16:K47)	=L28/$L$48	=N27+M28	=1-N28
29	14	=K28+$C$39	=FREQUENCY(H6:H1005,K16:K47)	=L29/$L$48	=N28+M29	=1-N29
30	15	=K29+$C$39	=FREQUENCY(H6:H1005,K16:K47)	=L30/$L$48	=N29+M30	=1-N30
31	16	=K30+$C$39	=FREQUENCY(H6:H1005,K16:K47)	=L31/$L$48	=N30+M31	=1-N31
32	17	=K31+$C$39	=FREQUENCY(H6:H1005,K16:K47)	=L32/$L$48	=N31+M32	=1-N32
33	18	=K32+$C$39	=FREQUENCY(H6:H1005,K16:K47)	=L33/$L$48	=N32+M33	=1-N33
34	19	=K33+$C$39	=FREQUENCY(H6:H1005,K16:K47)	=L34/$L$48	=N33+M34	=1-N34
35	20	=K34+$C$39	=FREQUENCY(H6:H1005,K16:K47)	=L35/$L$48	=N34+M35	=1-N35
36	21	=K35+$C$39	=FREQUENCY(H6:H1005,K16:K47)	=L36/$L$48	=N35+M36	=1-N36
37	22	=K36+$C$39	=FREQUENCY(H6:H1005,K16:K47)	=L37/$L$48	=N36+M37	=1-N37
38	23	=K37+$C$39	=FREQUENCY(H6:H1005,K16:K47)	=L38/$L$48	=N37+M38	=1-N38
39	24	=K38+$C$39	=FREQUENCY(H6:H1005,K16:K47)	=L39/$L$48	=N38+M39	=1-N39
40	25	=K39+$C$39	=FREQUENCY(H6:H1005,K16:K47)	=L40/$L$48	=N39+M40	=1-N40
41	26	=K40+$C$39	=FREQUENCY(H6:H1005,K16:K47)	=L41/$L$48	=N40+M41	=1-N41
42	27	=K41+$C$39	=FREQUENCY(H6:H1005,K16:K47)	=L42/$L$48	=N41+M42	=1-N42
43	28	=K42+$C$39	=FREQUENCY(H6:H1005,K16:K47)	=L43/$L$48	=N42+M43	=1-N43
44	29	=K43+$C$39	=FREQUENCY(H6:H1005,K16:K47)	=L44/$L$48	=N43+M44	=1-N44
45	30	=K44+$C$39	=FREQUENCY(H6:H1005,K16:K47)	=L45/$L$48	=N44+M45	=1-N45
46	31	=K45+$C$39	=FREQUENCY(H6:H1005,K16:K47)	=L46/$L$48	=N45+M46	=1-N46
47	32	=K46+$C$39	=FREQUENCY(H6:H1005,K16:K47)	=L47/$L$48	=N46+M47	=1-N47
48	累计求和		=SUM(L16:L47)		=SUM(M16:M47)	

图 10-11　图形数据区的计算公式

基于图形数据区的数据，可以绘制投资项目净现值概率分布直方图，如图 10-12 所示。绘制的主要参数为，X 轴数据为单元格 K16：K47，Y 轴数据为单元格 M16：M47。

此外，还可以绘制投资项目净现值累积概率分布曲线图，如图 10-13 所示。绘制的主要参数为：X 轴数据为单元格 K16：K47，Y 轴数据为单元格 N16：N47。

为了便于投资决策，可将图 10-13 改进为图 10-14 的可调图形。改进措施包括在图内增设一条可水平微调的垂直参考线，其交点 Y 值实时显示在图表上，并同步在控件文本框中展现 X 与 Y 的具体数值。这一功能的实现依赖于在单元格 B36：D43 区域内新生成的控制数据，该区域的公式设计如图 10-15 所示。

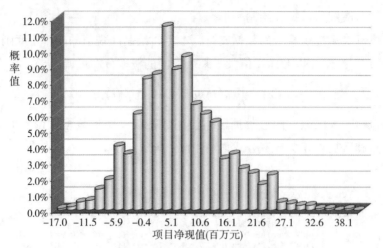

图 10-12 模拟 1000 次的投资项目净现值概率分布图

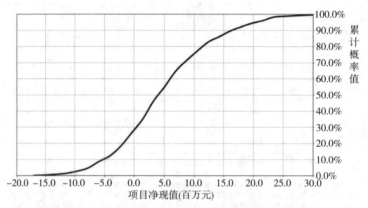

图 10-13 模拟 1000 次的投资项目净现值的累积概率分布

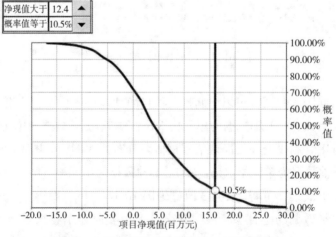

图 10-14 投资项目净现值大于 X 的概率分布

	A	B	C	D
35		**6. 图形区—控制面板参数表**		
36		微调控件参数	17	
37		指定的净现值X	=INDEX(K16:K47,C36)	
38		大于净值概率Y	=INDEX(O16:O47,MATCH(C37,K16:K47,0))	
39		区间刻度步长	=(E32-E33)/30	
40		垂直线坐标	X坐标	Y坐标
41		最低点坐标	=C37	0
42		曲线交点坐标	=C37	=C38
43		最高点坐标	=C37	1

图 10-15 图形控制区的计算公式

绘制本可调图形的基本思路如下：首先，创建一个微调按钮控件，其属性设置为最小值为 1，最大值为 32，步长为 1，并将此控件的单元格链接指向 C36。这样，通过操作微调按钮，可以动态地改变 C36 单元格中的值，范围从 1 到 32。接着，在 C37 单元格中设置公式，用于根据 C36 中的值(作为行数索引)，在 K16：K47 范围内查找对应的净现值。同时，C38 单元格中的公式则基于 C36 的值，在 O16：O47 范围内查找一个大于 C37 中净现值的概率。这两个公式共同确定了一个随 C36 值变化而变动的 *XY* 坐标点，该点与分布曲线相交。为了绘制垂直参考线，我们在 C41：D43 区域内生成三个点的 *XY* 坐标。这些点中，*X* 坐标统一且随 C37(进而由 C36 控制)变化，而 *Y* 坐标则分别设定为 0(最小值)、1(最大值)以及分布曲线与垂直线的交点值。最后，将 C41：D43 区域的数据复制到图表中。通过"开始/选择性粘贴"功能，选择"新建系列"，并将 *Y* 值设置为列数据，同时指定首列为 *X* 值分类。完成这些步骤后，图 10-14 中将出现一条可左右调节的垂直参考线，其位置由微调按钮控制，并实时显示与分布曲线的交点信息。

图 10-12、图 10-13 和图 10-14 反映了投资项目净现值的分布情况，同时也体现了该投资项目的风险状况，这些分析结果为投资决策提供了重要参考。

本案例采用蒙特卡洛模拟方法，针对投资项目净现值(随机变量)进行深入分析。通过生成概率密度函数直方图与累积概率分布图，以及净现值大于特定值的概率分布图，旨在揭示这一随机变量背后的内在变动规律，发现不确定性中的确定性。此过程不仅限于表面数字的波动观察，而是深入探索其统计特性，从而为投资决策提供数据支撑。具体而言，我们能直观获知投资项目净现值大于零的概率，并进一步计算出该随机变量的期望值、方差、置信区间等关键统计量，这些量化指标为评估投资风险与潜力提供了重要参考。

10.4 不确定条件下的决策分析

10.4.1 商业决策概述

商业决策的定义可以概括为：依据当前市场信息和对未来市场发展的预测，为了达到一定的经营目标，运用科学理论和方法，系统地分析主客观条件，从两种以上可供选择的决策方案中选出最佳方案的过程。

理解商业决策概念，需要把握几个关键要点。(1)目标导向：商业决策的核心是为了实现企业的经营目标，这些目标可能涉及提高市场份额、增加利润、降低成本、优化资源配置等方面。(2)信息基础：决策过程依赖于对当前市场信息的全面掌握，以及对未来市场趋势的预测。这些信息可能包括市场需求、竞争对手动态、消费者行为、行业趋势等多个方面。(3)科学方法：商业决策不是随意的选择，而是需要运用科学理论和方法，如数据分析、市场调研、风险评估等，来系统地分析各种条件和因素。(4)方案选择：在掌握了充分的信息和进行了科学的分析之后，企业需要从多种可能的方案中选择出最优的方案。这个选择过程需要综合考虑方案的可行性、风险性、成本效益等多个方面。

决策理论学派的代表人物赫伯特·西蒙认为，决策不仅仅是一个选择活动，而是一个包括四个阶段的系统过程，即情报阶段、设计阶段、选择阶段、实施阶段。西蒙的决策模型是理性决策最简洁但最完整的表达。决策过程的概念如图 10-16 所示。从情报到设计到选择再到实施，都有持续不断的活动流(图 10-16 中的实线)，但在任何阶段都可能返回上一个阶段(反馈)。决策过程始于情报活动阶段，这个阶段主要涉及搜集企业所处环境中有关经济、技术、社会等方面的情报，以及企业内部的具体情报；通过对这些情报的分析，找出问题，确定决策目标，为后续计划的制定和选择提供依据。设计阶段以解决问题为目标，根据搜集的情报，拟订几种方案，进行预测分析、可行性分析和数理论证(包括建立数学模型、进行运算求解等)，并根据决策目标确定方案选择的标准。选择阶段包括分析、对比各备选方案的论证结果，综合评价，选出最优或满意的方案；对选定的方案还要进行科学实验，正确性得到鉴定后才能编制计划、贯彻执行，并对执行情况进行监控，以修正偏差。实施阶段涉及将推荐的解决方案投入实际工作，该阶段还必须包括收集和分析数据，以便从以前的决策中学习，并改进后续决策。

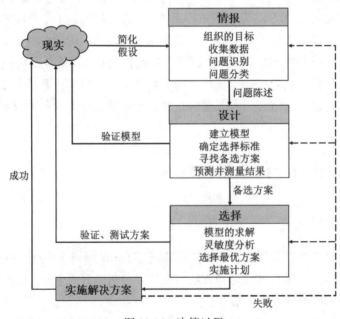

图 10-16　决策过程

管理者需要频繁地做出各种决策，不同决策的决策情境也各不相同。实际上，各种决策之间的关联并不在于为何而决策，而在于采用何种方法和流程做决策。理论和实践研究表明，科学的决策流程通常满足六条标准：聚焦于重要的方面；合乎逻辑而前后连贯；将直觉和分析综合起来；必需的信息和分析（无需更多）；鼓励和指导收集相关信息和意见；简明、可行、易于运用且灵活。基于西蒙的决策过程论和高效决策流程的标准，有学者提出了更具操作性的理性决策框架，具体包含以下八个步骤：

步骤 1：定义正确的决策问题。

步骤 2：详细说明决策目标。

步骤 3：提出创造性的备选方案。

步骤 4：理解决策的结果。

步骤 5：权衡各方面的利弊。

步骤 6：澄清不确定性。

步骤 7：认真考虑风险承受力。

步骤 8：考虑相关的决策。

以上决策流程不仅适用于管理决策，而且也适用于日常生活决策。虽然它不可能让决策变得更加容易，但可以理性地控制决策问题的复杂性。提高决策质量的一个有效途径是，不断训练以上理性决策的步骤，让这些步骤成为思维习惯。

10.4.2 确定型、不确定型和风险型

决策过程涉及评估和比较备选方案。在这个过程中，有必要为每个备选方案预测未来的结果。决策情况通常根据决策者对预测结果的了解（或预估）进行分类。人们通常将这种知识分为三类，从完全无知到完全了解，如图 10-17 所示。

图 10-17　不确定性与风险

当我们构建决策模型时，实际决策问题的情况对应于这三种情景之中的一种，并且每种情景下都适用于不同类型的模型。我们把决策问题中决策人无法控制的所有因素，即凡是能够引起决策问题的不确定性的因素，统称作自然状态。我们将根据自然状态对决策问题进行分类，并讨论每种条件下的决策分析。

1. 确定型决策

在确定型决策中，假定可以使用全部知识，以便决策者确切知道每个备选方案的结

果。换句话说,确定型决策问题中不存在自然状态的不确定性。决策者被视为未来的理想预测者,因为假设每种选择都只有一个结果。例如,投资国库券的一种方法是,如果持有该国库券至到期日,则可以完全获得有关未来投资回报率的信息。确定性模型相对容易建立和求解,并且可以提供最佳解决方案。决策者可能并非100%知道结果,但确定性假设可以简化模型并使其易于处理。

2. 不确定型决策

所谓不确定型问题是指决策人知道有哪些自然状态可能会出现,但他无法以任何方式量化这种不确定性。换言之,他能给出各种可能状态 θ_1, θ_2, $\cdots$, θ_n 的列表,而对各种状态出现的概率大小一无所知。在不确定性决策中,决策者考虑每一个备选方案都可能产生若干结果。不确定性决策比确定性决策困难,因为没有足够的信息。管理者试图尽可能避免不确定性,甚至假设它消失了。他们不处理不确定性,而是试图获得更多的信息,以便在确定性下处理问题。

3. 风险型决策

这一类决策问题中,决策人虽然无法确知将来的真实自然状态,但他不仅能给出各种可能出现的自然状态 θ_1, θ_2, $\cdots$, θ_n,还可以给出各种状态出现的概率,通过设定概率分布 $\pi(\theta_1)$, $\pi(\theta_2)$, $\cdots$, $\pi(\theta_n)$ 来量化不确定性。不难看出,不确定型决策问题和风险型决策问题都具有自然状态不确定的特征,决策者都了解自然状态的列表,两类问题的主要区别就在于风险型决策问题中增加了关于自然状态的概率分布信息。在风险型决策问题中,决策者可以评估与每种备选方案相关的期望后果和风险程度。大多数重大的商业决策都是根据假设的风险做出的。风险分析可以通过计算每个备选方案的期望值并选择期望值最高的方案来执行。

不确定型决策问题和风险型决策问题统称为随机性决策问题。随机性决策问题包含备选方案集 $A = \{a_1, a_2, \cdots, a_m\}$、自然状态集 $\theta = \{\theta_1, \theta_2, \cdots, \theta_n\}$ 和后果集 $C = \{c_{ij}\}$,其中 c_{ij} 表示决策人采取备选方案 a_i、真实的自然状态为 θ_j 时的后果值。

10.4.3　不确定条件下的决策分析

商业决策问题通常是不确定环境下的决策问题。本小节针对随机性决策问题,即不确定型决策问题和风险型决策问题,介绍不确定环境下的决策分析方法。

为便于理解,本小节结合如下 A 公司的实例介绍相关决策方法。A 公司现需对某新产品生产批量做出决策,现有三种备选方案:大批量生产 a_1、中批量生产 a_2 和小批量生产 a_3。未来市场对这种产品的需求情况有两种可能发生的自然状态:需求量大(θ_1)和需求量小(θ_2)。经估计,采用某一备选方案而实际发生某一自然状态时,公司的后果值(收益)如表 10-4 所示,该表称为决策表或收益矩阵。A 公司面临的决策问题是:应该选择哪个备选方案?

表 10-4   **A 公司的决策表**

备选方案	自然状态	
	θ_1（需求量大）	θ_2（需求量小）
a_1（大批量生产）	30	−6
a_2（中批量生产）	20	−2
a_3（小批量生产）	10	5

1. 不确定型决策分析

针对不确定型决策问题，以下给出几个典型的决策准则。决策者可以根据具体情况，选择一个最合适的准则进行决策。

（1）悲观准则。

悲观准则也称为最大最小准则，其基本思路是：决策者从最不利的角度去考虑问题，先确定每个方案在不同自然状态下的最小收益值，再从这些最小收益值中选取一个最大值，将这个最大值对应的决策方案作为最优决策方案。

下面以 A 公司的决策问题为例说明悲观准则的决策分析过程。首先，我们需要找出每个备选方案在不同自然状态下的最小收益值。不难看出，备选方案 a_1，a_2 和 a_3 对应的最小收益值分别为−6、−2 和 5（见表 10-5）。然后，从这些最小收益值中找出最大值，此例中最大值为 5。最后，根据最小收益值中的最大值确定最优方案。因此，悲观准则下的最优决策方案是 a_3（小批量生产）。

表 10-5   **悲观准则下的分析过程**

备选方案	自然状态		$\min_{1 \leqslant j \leqslant n} c_{ij}$
	θ_1（需求量大）	θ_2（需求量小）	
a_1（大批量生产）	30	−6	−6
a_2（中批量生产）	20	−2	−2
a_3（小批量生产）	10	5	**5（max）**

（2）乐观准则。

乐观准则的求解思路与悲观准则相反，决策者从最有利的角度去考虑问题，先确定每个方案在不同自然状态下的最大收益值，再从这些最大收益值中选取一个最大值，将这个最大值对应的决策方案作为最优决策方案。

利用乐观准则分析 A 公司的决策问题，相关数据见表 10-6。此时，最优决策方案是 a_1（大批量生产）。

　　　　　　　　　　　　乐观准则下的分析过程

备选方案	自然状态		$\max_{1 \leqslant j \leqslant n} C_{ij}$
	θ_1（需求量大）	θ_2（需求量小）	
a_1（大批量生产）	30	-6	**30（max）**
a_2（中批量生产）	20	-2	20
a_3（小批量生产）	10	5	10

（3）后悔值准则。

后悔值准则是由经济学家 Savage 提出的，故又称 Savage 准则。Savage 准则认为，真实的自然状态是决策者无法控制的，决策者制定决策之后，若情况未能符合理想，必将后悔。因此，Savage 准则首先为每个后果值 c_{ij} 定义一个后悔值 r_{ij}，计算思路如下：将某自然状态下不同备选方案的最大收益值定为该状态下的理想后果值（即为 $\max_{1 \leqslant i \leqslant m} C_{ij}$），该状态下各后果值的后悔值分别取为理想后果值与各后果值的差值，用公式表示 c_{ij} 的后悔值即为 $r_{ij} = \max_{1 \leqslant i \leqslant m} c_{ij} - c_{ij}$。基于后果值的后悔值，从各方案中的最大后悔值中取一个最小的，相应的方案为最优方案。

下面以 A 公司的决策问题为例说明后悔值准则的决策分析过程。要用后悔值准则进行决策，首先需要算出每个后果值的后悔值，得到后悔值矩阵。表 10-7 中间的两列数据就是由 A 公司的决策表计算得到的后悔矩阵。然后，找出每个备选方案在不同自然状态下的最大后悔值，结果见表 10-7 的最后一列。最后，最大后悔值中的最小者对应的备选方案 a_2，即为后悔值准则下的最优方案。

　　　　　　　　　　　　后悔值准则下的分析过程

备选方案	自然状态		$\max_{1 \leqslant j \leqslant n} C_{ij}$
	θ_1（需求量大）	θ_2（需求量小）	
a_1（大批量生产）	0	11	11
a_2（中批量生产）	10	7	**10（min）**
a_3（小批量生产）	20	0	20

除了悲观准则、乐观准则和后悔值准则之外，不确定型决策问题的决策准则还有乐观系数准则、等可能性准则等，读者可以参阅决策分析方面的专业书籍。在不确定型决策中，决策准则需要因人因时因地而选择。在实际中，决策人面临不确定型决策问题时，往往会设法获取有关自然状态的信息，把不确定型决策问题转化为风险型决策问题。

2. 风险型决策分析

如果决策人不仅知道有哪些可能发生的自然状态，以及将采用备选方案在每种自然状态下的后果值，而且还知道这些自然状态的概率分布，这就是风险型决策问题。在前面案例的基础上，根据以往的经验，估计出需求量大（θ_1）这个自然状态的概率为 0.3，需求量小（θ_2）这个自然状态的概率为 0.7。结合这个风险型决策问题，以下介绍风险型决策问题的决策准则和分析方法。

（1）最大可能准则。

由概率论知识可知，一个随机事件其概率越大，则其发生的可能性就越大。在风险型决策中，选择一个概率最大的自然状态进行决策，置其他自然状态于不顾，这就是最大可能准则。

在决策问题中，由于需求量小（θ_2）出现的概率是 0.7 为最大，我们用最大可能准则进行决策时，就按此自然状态进行决策，已知在此自然状态下采用方案 a_1，收益为 -6 万元；采用 a_2，方案收益为 -2 万元；采用 a_3，方案收益为 5 万元，可知公司采用 a_3 方案采用小批量生产最佳。

最大可能准则实际上把风险型决策问题变成确定型决策问题。当存在某个自然状态的概率足够大时，采用该决策准则是合理的；当在一组自然状态中，它们发生的概率相差不大，则不宜采用此准则。

（2）期望值准则。

期望值准则就是把每个方案在各种自然状态下的后果值看成离散型的随机变量，我们求出每个方案的收益值的数学期望，加以比较，选取一个收益值的数学期望最大的行动方案为最优方案。

现用期望值准则进行决策，可算出各行动方案的收益期望值如下：

$$E(a_1) = 0.3 \times 30 + 0.7 \times (-6) = 4.8$$
$$E(a_2) = 0.3 \times 20 + 0.7 \times (-2) = 4.6$$
$$E(a_3) = 0.3 \times 10 + 0.7 \times 5 = 6.5$$

可知 $E(a_3) = 6.5$ 为最大收益期望值，故应采用 a_3（小批量生产）的行动方案。

表 10-8　　　　　　　　　　　　　**期望值准则下的分析过程**

备选方案	自然状态的概率		$E(a_i)$
	$\pi(\theta_1) = 0.3$	$\pi(\theta_2) = 0.7$	
a_1（大批量生产）	30	-6	4.8
a_2（中批量生产）	20	-2	4.6
a_3（小批量生产）	10	5	**6.5（max）**

期望值准则充分利用了备选方案在不同状态下的后果值和自然状态的概率分布信息，从而得到了一个全面的评估，这种综合考虑有助于决策者更全面地了解每个备选方案的潜在收益。期望值准则比较适用于重复性风险型决策，其局限性在于只考虑了期望收益或损失的大小，而没有考虑决策者的风险态度。

(3)决策树法。

在用期望值准则决策时，对于一些较为复杂的风险型决策问题，例如多级决策问题，仅用表格是难以表达和分析的。为此，可以引入决策树法，它具有形象直观、思路清晰等优点。需要指出的是，决策树是描述风险型决策问题和决策分析过程的一种工具，并非一种决策准则，它同样是使用期望值准则进行决策。

由表 10-8 的数据画出的决策树如图 10-18 所示。

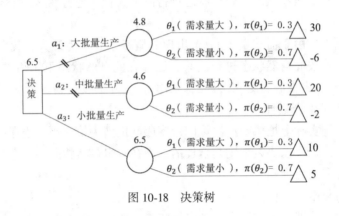

图 10-18　决策树

决策树中的符号说明如下：

□表示决策节点，从它引出的分枝叫方案枝，一个分枝代表一个备选方案。

○表示机会节点，机会节点通常在方案分枝的末端，其上方数字表示备选方案的收益期望值(例如方案 a_1 的收益期望值 $= 0.3 \times 30 + 0.7 \times (-6) = 4.8$)。每条机会枝对应一个自然状态，每条分枝的上面写明了自然状态及其出现的概率，分枝数反映可能的自然状态数。

△表示结果节点，它旁边的数字是每一个方案在相应状态下的收益值。

决策树显示了一个随着时间发展的自然过程。首先，公司必须做出它的决策(a_1，a_2 或 a_3)；然后执行行动方案，某种自然状态(θ_1)或(θ_2)将出现，结果节点旁的数字就是这个执行方案在这种自然状态下的收益值。我们将各方案节点上的期望值加以比较，选取最大的收益期望值 6.5 写在决策点的上方，说明选定了方案 a_3，同时剪掉其他备选方案的分支。

为了掌握和运用决策树方法进行决策，需要掌握几个关键步骤：(1)绘制决策树；(2)自右到左计算各个方案的期望值，并将结果写在相应的方案节点处；(3)选取收益期望值最大(或损失期望值最小)的方案作为最优方案。以上的例子只包括一级决策，叫单级决策问题，有些决策问题包括两级以上的决策，叫多级决策问题。对于多级决策问题，决策树方法同样可用，使用步骤相似，此处不再赘述。

在用期望值准则进行决策的过程中，依赖于各自然状态的发生概率及各方案在各自然状态下的收益值，而这些值都是估算或预测所得，不可能十分精确。所以我们用期望值准则求出最优策略后，有必要进行灵敏度分析。灵敏度分析就是分析决策所用的数据在什么范围内变化时，原最优决策方案仍然有效。在这里，我们对自然状态发生概率进行灵敏度分析，也就是考虑自然状态发生概率的变化如何影响最优方案的决策。

为了对自然状态发生的概率进行灵敏度分析，不妨设自然状态 θ_1 发生的概率为 p，则自然状态 θ_2 的发生概率为 $1-p$，即 $P(\theta_1)=p$，$P(\theta_2)=1-P(\theta_1)=1-p$。这样我们可计算得到各备选方案的数学期望值如下：

$$E(a_1) = p \times 30 + (1-p) \times (-6) = 36p - 6$$

$$E(a_2) = p \times 20 + (1-p) \times (-2) = 22p - 2$$

$$E(a_3) = p \times 10 + (1-p) \times 5 = 5p + 5$$

为了说明问题，我们建立一个直角坐标系，横轴表示 p 从 0 到 1 的取值；纵轴表示数学期望值，这样可以把以上三个直线方程在这个直角坐标系中表示出来，如图 10-19 所示。在图 10-19 中，通过求解 $E(a_1) = E(a_3)$ 即 $36p - 6 = 5p + 5$ 可得交点对应的概率为 $p \approx 0.35$（称为转折概率）。因此，当 $P(\theta_1) < 0.35$ 时，三个方案收益期望值中的最大者为方案 a_3 的收益期望值，故 a_3 为最优方案；当 $P(\theta_1) > 0.35$ 时，三个方案收益期望值中的最大者为方案 a_1 的收益期望值，故 a_1 为最优方案。无论 $P(\theta_1)$ 为何值，方案 a_2 都不可能成为最优方案。

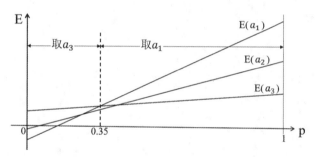

图 10-19　风险型决策的灵敏度分析

在实际决策分析中，如果状态概率、收益值在其可能发生的变化的范围内变化时，最优方案保持不变，则这个方案是比较稳定的。反之如果参数稍有变化时，最优方案就有变化，则这个方案就不稳定，需要我们作进一步的分析，就自然状态 θ_1 的概率而言，当其概率值越远离转折概率，则其相应的最优方案就越稳定；反之，就越不稳定。

案 例 编

第11章 房价预测

11.1 案例背景介绍

11.1.1 行业介绍

房地产行业是全球经济的重要组成部分，其市场规模庞大，覆盖住宅、商业地产、工业地产以及基础设施建设等领域。它不仅涉及大量的投资和资本流动，还与社会的经济结构密切相关。根据国际货币基金组织（IMF）的数据显示，全球房地产业约占 GDP 的 15%，是推动全球经济增长的关键力量之一。尤其是在城市化进程快速推进的国家和地区，房地产行业起到了支柱作用，不仅为城市提供住房、商业空间等基础设施，还推动了相关行业的发展，如建筑、金融、保险等。

与此同时，房地产市场的波动性也十分显著，受全球和地区性经济因素的双重影响，包括利率、通货膨胀、政府政策以及人口变化等。特别是在发达国家的大城市，房地产市场的供需失衡已经导致房价持续上涨，城市中心的房价远高于郊区，给潜在购房者带来了较大压力。近年来，随着全球经济的不确定性加剧，房地产行业也呈现出不同的发展趋势：一些新兴市场国家房价飞速增长，而一些发达国家则面临市场泡沫的风险。

11.1.2 发展状况

房地产市场的健康发展直接影响着城市经济和居民生活质量。然而，房价的波动具有极大的不确定性，受到宏观经济、政策调控、人口结构、供应链变化等多方面因素的影响。尤其是全球经济进入"后疫情时代"，各国房地产市场在经济复苏过程中表现出较为复杂的走势。根据《全球房地产市场分析报告》显示，2022 年全球房地产业总市值已达到 280 万亿美元，其中住宅地产市场占据了绝大部分，市值高达 220 万亿美元。

随着大数据和人工智能技术的发展，企业和投资者逐渐认识到通过数据分析预测房价变化的巨大潜力。通过数据挖掘，可以帮助投资者提前预判市场变化，优化投资策略，降低决策中的风险。房地产市场的大数据分析不仅局限于历史房价数据，还包括供需信息、政策动向、人口统计数据等多维度的数据源，使得房价预测模型更加精准。尽管如此，预测的准确性依旧受到市场波动的影响，因此数据驱动的决策必须结合对市场的深刻理解和科学方法的应用。

11.1.3　面临问题

房价的复杂性主要体现在影响因素的多样性和市场的不确定性。首先，房屋的物理特征(如面积、楼层、房型)会直接影响其市场价格。其次，地理位置因素也是决定房价的关键之一，尤其是在大城市，房屋所在的社区、学校、商业设施等都会对其价格产生重要影响。此外，宏观经济环境(如利率、通货膨胀)和政策调控(如限购政策、税收政策)也是影响房地产市场的外部因素。

当前，房地产市场还面临着其他挑战。例如，随着全球气候变化问题的日益严重，绿色建筑和可持续发展理念正逐渐融入房地产业，未来房地产的价值评估可能需要更多地考虑环境效益和节能标准。与此同时，房地产市场的区域性差异也在加剧，城市之间、区域之间的房价分化愈发明显，给数据分析带来了更大的复杂性。

如何有效整合这些影响因素，并在数据中挖掘出潜在的规律，进而预测房价走势，是当前房价预测领域的核心问题。传统的数据分析方法往往难以处理如此复杂的大数据，因此需要引入更高级的机器学习算法和统计建模方法，来提升预测的准确性。

11.1.4　研究主题及商业价值

本案例的研究主题是基于回归分析模型，使用 Kaggle 房价数据集对房价进行预测。通过构建回归模型，分析各个特征变量对房价的影响，并通过调整模型参数，找到最合适的预测方法。回归分析是最常见的预测模型之一，能够通过数学方程建立房价与影响因素之间的关系，并预测未来的房价走势。

该研究不仅具有重要的学术价值，还具有较高的商业应用价值。首先，对于房地产开发商来说，房价预测可以帮助其制定更合理的定价策略，优化项目投资的回报率。其次，对于购房者，房价预测能够提供市场动向的参考，帮助他们在购房决策中做出更加明智的选择。再者，投资者可以利用房价预测模型判断市场中的投资机会，提前布局，获取更高的投资回报。

此外，政府和政策制定者也可以通过房价预测分析，提前评估市场可能的波动情况，合理制定房产调控政策，以保持市场的平稳发展。通过数据驱动的分析，能够帮助各方在复杂的房地产市场中实现风险最小化、收益最大化，从而提高整个行业的效率和透明度。

11.2　数据说明

Kaggle 竞赛简介 Kaggle 是全球领先的数据科学和机器学习竞赛平台，吸引了数十万名数据科学家、机器学习工程师和分析师参与各种挑战。在这些挑战中，房价预测竞赛因其实际应用价值而备受关注。该竞赛旨在通过分析历史房屋销售数据，建立一个模型来预测未来房屋的售价。参赛者不仅需要掌握数据清洗、特征工程等基础技能，还需运用各种机器学习算法进行模型训练和优化，以提高预测的准确性。通过参与此类竞赛，数据科学家们能够积累丰富的实践经验，并将这些技术应用于实际的商业场景中。

该数据集主要分为训练集（train. csv）和测试集（test. csv）。训练集中包含了房价信息（SalePrice）以及所有其他特征变量，而测试集中不包含房价信息，需要通过建模对其进行预测。用户利用训练集进行模型训练，并基于测试集中的特征变量对房价进行预测，提交预测结果后由 Kaggle 平台进行结果打分，最终进入榜单。

数据地址：https：//www. kaggle. com/competitions/house-prices-advanced-regression-techniques

11.2.1 数据集概述

Kaggle 的房价预测数据集是一个非常典型的结构化数据集，包含了 2900 多条房屋销售记录和 79 个描述房屋特征的变量。这些变量涵盖了房屋的物理特征（如面积、卧室数量、建筑年份）、地理位置（如邻里、街道）以及装修情况（如房屋整体评分、外部材料质量）等。数据集被分为训练集和测试集，其中训练集用于模型的构建和调优，测试集则用于评估模型的泛化能力。每个变量都可能对最终的房价产生不同程度的影响，因此在建模之前，理解这些变量的重要性及其相互关系是至关重要的。通过详细的变量分析和数据预处理，可以为后续的回归模型构建奠定坚实的基础。

11.2.2 数据变量解读

在这个数据集中，变量种类繁多，主要分为数值型变量和分类变量。以下是几个关键变量的解读：

（1）数值型变量。

SalePrice（房价）：这是目标变量，表示房屋的最终售价。该变量是连续型的，单位为美元。房价波动较大，需要对其进行对数变换或其他正态化处理，以减少极端值对模型的影响。

GrLivArea（地上居住面积）：地上居住面积表示房屋地面以上部分的可用面积（以平方英尺为单位），是预测房价的重要特征之一。通常，面积越大，房价越高。

TotalBsmtSF（地下室总面积）：地下室的总面积是房屋下层可使用的面积，特别在拥有大地下室的房屋中，该面积往往与房价呈正相关。

1stFlrSF（一楼面积）：该变量表示房屋一楼的面积，通常与房屋的整体面积成正比。它反映了房屋的总体大小，是预测房价的重要因素。

2ndFlrSF（二楼面积）：二楼的面积也是一个有用的变量，表明房屋的扩展性。对多层结构的房屋来说，二楼的面积越大，房屋整体价值得以提升。

GarageArea（车库面积）：该变量表示车库的面积大小，通常与能容纳的汽车数量相关。车库面积较大的房屋在某些地区更受欢迎，价格也会较高。

LotArea（地块面积）：房屋占地的总面积（以平方英尺为单位）。较大的地块通常意味着房屋拥有更多的空间，这在某些地区可能大幅增加房价。

YearBuilt（建造年份）：该变量表示房屋的建造年份。较新建造的房屋往往有更现代的结构和设施，因此房价可能会较高。

YearRemodAdd(翻新年份)：表示房屋的最近翻新或扩建年份。如果房屋在最近几年内进行了大规模翻新，房价可能比同龄的未翻新房屋高出许多。

MasVnrArea(外墙饰面面积)：这是房屋外部的砖石或石材覆盖面积，反映了房屋的外观质量和耐用性。通常较大的外墙饰面面积可能增加房屋的市场吸引力。

(2)分类型变量。

OverallQual(整体质量)：该变量是离散型评分变量，用来评估房屋的整体建造质量。评分从 1 到 10，数字越高表示房屋质量越好。整体质量与房价高度相关。

OverallCond(整体状况)：该变量表示房屋的整体状况，也用 1 到 10 的评分表示。它描述了房屋的当前状态而非建造质量，例如维护良好的房屋通常有较高的分数。

Neighborhood(社区)：该变量是房屋所在的社区分类变量。不同的社区有不同的房价水平，靠近市中心或良好学区的社区往往房价更高。

ExterQual(外部材料质量)：这是一个用于评估房屋外部材料质量的离散变量。该变量通常分为多个等级，从低到高描述外部材料的质量和耐用性，较高的质量意味着房价可能更高。

KitchenQual(厨房质量)该变量是分类变量，描述了房屋厨房的装修质量，分为"差""一般""好"和"优秀"四个等级。厨房装修质量对房价有显著影响。

GarageCars(车库容量)：表示车库能容纳的汽车数量，通常是 1 到 4 辆。较大容量的车库意味着房主可以停放更多的车辆，因此这会提高房屋的吸引力和价格。

BldgType(建筑类型)：该变量表示房屋的建筑类型，包括独栋、双拼、多层等不同类型。不同的建筑类型有不同的市场需求，从而影响房价。

Foundation(地基类型)：这是房屋的地基类型，如砖石、混凝土等。地基类型可以影响房屋的稳定性和寿命，某些类型的地基可能更受购房者欢迎。

HeatingQC(供暖系统质量)：该变量表示供暖系统的质量，分类为"差""一般""好"和"优秀"四个等级。高质量的供暖系统可以增加房屋的舒适度，从而提高房价。

HouseStyle(房屋风格)：该变量表示房屋的建筑风格，如单层、双层、阁楼等。房屋风格影响了房屋的市场定位和购买者的偏好，从而影响最终的房价。

11.2.3 数据获取

Kaggle 平台提供了一个开放且易于访问的数据集，任何用户都可以通过简单的注册步骤访问该数据集。以下是如何获取 Kaggle 数据的具体步骤：

(1)注册 Kaggle 账号：访问 Kaggle 官网：www.kaggle.com，并注册一个账号，完成后可以参与数据集的下载和讨论。

(2)访问比赛页面：在 Kaggle 上搜索"House Prices：Advanced Regression Techniques"比赛，或者直接访问比赛链接：https：//www.kaggle.com/competitions/house-prices-advanced-regression-techniques。

(3)下载数据集：进入比赛页面后，点击页面上方的"Data"标签，即可看到训练集和测试集的下载链接，点击"Download All"将所有数据文件打包下载到本地。

(4)本地存储与数据载入：将下载的压缩包解压后，文件包括 train. csv、test. csv 以及一些数据描述文件。使用 Python 的 pandas 库，可以轻松读取这些 CSV 文件并进行后续的处理。

```
import pandas as pd
# 读取训练集数据
df_train = pd.read_csv( train.csv')
# 读取测试集数据
df_test = pd.read_csv( test.csv')
```

11.3 数据探索

在本节中，我们将对房价预测数据集进行描述性分析，目的是初步了解数据的基本特征，并通过可视化和统计指标为后续的模型构建提供依据。描述性分析包括以下几个部分：

数据可视化：通过不同图表对数据进行可视化，观察变量的分布特征及相互之间的关系。

描述统计：对数值型变量进行统计分析，展示它们的均值、中位数、标准差等重要统计量。

结果分析：对分析结果进行解读，初步揭示数据中的趋势和潜在问题。

11.3.1 数据可视化

数据可视化是了解数据分布的直观方法。我们将使用常见的图表如直方图、箱线图、散点图和热力图来展示数据。

(1)目标变量房价的分布。

首先，我们对目标变量 SalePrice(房价)进行可视化分析。通过绘制直方图(见图 11-1)，我们可以观察房价的分布特征：

```
import matplotlib.pyplot as plt
import seaborn as sns


# 绘制房价的直方图
plt.figure( figsize = (10,6) )
sns.histplot( df_train[ 'SalePrice'] , kde = True, bins = 30)
plt.title( 'Distribution of SalePrice')
plt.xlabel( 'SalePrice')
plt.ylabel( 'Frequency')
plt.show( )
```

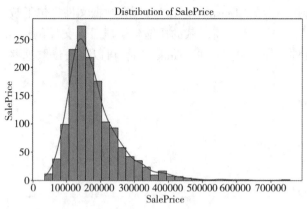

图 11-1　房价直方图

从直方图中可以看出，房价呈现右偏分布，大多数房价集中在中低区间，且存在一些极高的房价。右偏分布表明房价分布具有一定的非对称性，部分房屋价格异常高，可能是由于地理位置或房屋面积较大。

（2）房屋面积与房价的关系。

我们分析地上居住面积（GrLivArea）与房价的关系。通过散点图（见图 11-2），可以观察房屋面积与房价之间的线性关系：

```
# 绘制房屋面积与房价的散点图
plt.figure(figsize=(10,6))
sns.scatterplot(x=df_train['GrLivArea'], y=df_train['SalePrice'])
plt.title('GrLivArea vs SalePrice')
plt.xlabel('GrLivArea (Square Feet)')
plt.ylabel('SalePrice')
plt.show()
```

图 11-2　房屋面积与房价散点图

散点图显示，地上居住面积与房价之间存在显著的正相关关系，即房屋面积越大，房价越高。然而，图中也出现了一些异常点，这些点代表了居住面积较大但房价较低的房屋，可能是由于其他因素的影响，如房屋条件较差或地理位置不佳。

（3）房屋质量与房价的关系。

我们使用箱线图来分析房屋整体质量（OverallQual）对房价的影响（见图 11-3）：

```
# 绘制房屋质量与房价的箱线图
plt.figure(figsize=(10,6))
sns.boxplot(x=df_train['OverallQual'], y=df_train['SalePrice'])
plt.title('OverallQual vs SalePrice')
plt.xlabel('OverallQual (1-10)')
plt.ylabel('SalePrice')
plt.show()
```

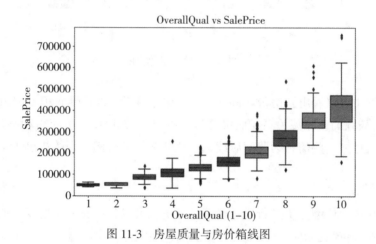

图 11-3　房屋质量与房价箱线图

从箱线图中可以看出，房屋质量与房价高度正相关。房屋质量评分越高，房价的中位数和四分位范围（IQR）也越高，表明房屋的建造和装修质量是房价的重要决定因素。

（4）变量之间的相关性。

为了探究数据集中变量之间的相关性，我们可以通过绘制热力图（见图 11-4）：

```
# 绘制相关性热力图
plt.figure(figsize=(12,8))
corr_matrix = df_train.corr()

# 筛选与房价相关性大于 0.5 的变量
strong_corr = corr_matrix[abs(corr_matrix['SalePrice'])>0.5]['SalePrice']
sns.heatmap(df_train[strong_corr.index].corr(), annot=True, cmap='coolwarm', fmt='.2f')
plt.title('Correlation Heatmap')
plt.show()
```

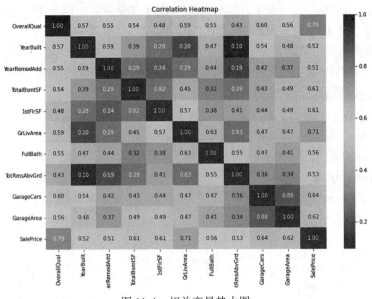

图 11-4 相关变量热力图

从热力图中可以看出，房价(SalePrice)与多个变量(如房屋面积、房屋质量、地下室面积等)有较强的正相关关系。而房价与一些变量(如房屋建造年份和翻新年份)也有一定的正相关性。这些信息为我们后续选择特征变量进行模型训练提供了重要参考。

11.3.2 描述统计

对数据集中数值型变量进行描述性统计分析，可以帮助我们了解变量的基本统计特征。以下是对房价(SalePrice)及主要变量的描述性统计：

```
# 描述统计分析
df_train[['SalePrice', 'GrLivArea', 'TotalBsmtSF', '1stFlrSF', 'GarageArea']].describe()
```

	SalePrice	GrLivArea	TotalBsmtSF	1stFlrSF	GarageArea
count	1460.000000	1460.000000	1460.000000	1460.000000	1460.000000
mean	180921.195890	1515.463699	1057.429452	1162.626712	472.980137
std	79442.502883	525.480383	438.705324	383.587738	213.804841
min	34900.000000	334.000000	0.000000	334.000000	0.000000
25%	129975.000000	1129.500000	795.750000	882.000000	334.500000
50%	163000.000000	1464.000000	991.500000	1087.000000	480.000000
75%	214000.000000	1776.750000	1298.250000	1391.250000	576.000000
max	755000.000000	5642.000000	6110.000000	4692.000000	1418.000000

数据解读：

房价(SalePrice)：房价的均值为 180921 美元，标准差为 79442 美元，表明房价在数据集中有较大的波动。最小值仅为 34900 美元，而最大值则高达 755000 美元，反映了房屋市场中不同房屋类型和地区的显著差异。中位数为 163000 美元, 显示大部分房屋价格集中在这一范围左右。

居住面积(GrLivArea): 居住面积的均值为 1515 平方英尺, 显示大多数房屋面积在 1500 平方英尺左右。最大值为 5642 平方英尺, 最小值为 334 平方英尺, 反映了不同类型房屋之间的显著差异, 尤其是在高端市场中。

地下室面积(TotalBsmtSF): 地下室面积均值为 1057 平方英尺, 反映了地下室在大部分房屋中的普遍存在。最小值为 0, 意味着部分房屋没有地下室, 而最大值为 6110 平方英尺, 表明某些房屋可能有大型地下空间。

一楼面积(1stFlrSF): 一楼面积的均值为 1162 平方英尺, 略低于居住面积的均值, 表明许多房屋存在二楼或其他楼层。最小值为 334 平方英尺, 最大值为 4692 平方英尺, 进一步反映了房屋的多样性。

车库面积(GarageArea): 车库面积均值为 472 平方英尺, 显示大多数车库可以容纳两辆汽车。最小值为 0, 表明有部分房屋没有车库, 而最大值为 1418 平方英尺, 可能表示三辆甚至四辆车的停车空间。

11.4　模型构建

11.4.1　数据预处理

(1)数据清洗(Data Cleaning)。

数据清洗是数据分析过程中的重要环节, 旨在提高数据质量, 减少噪声和错误。在 Kaggle 房价预测案例中, 数据清洗主要涉及处理缺失值、异常值和数据转换。缺失值的处理方式多种多样, 可以选择删除包含大量缺失值的变量, 或使用插值法、均值或中位数填补缺失值。对于异常值, 可以通过箱线图或散点图进行识别, 并根据业务场景决定是否删除或修正这些数据。

```
# 检查缺失值
missing_values = df_train.isnull().sum()
# 使用均值填充数值型变量的缺失值
df_train['LotFrontage'] = df_train['LotFrontage'].fillna(df_train['LotFrontage'].mean())
# 使用众数填充分类变量的缺失值
df_train['GarageType'] = df_train['GarageType'].fillna(df_train['GarageType'].mode()[0])
import seaborn as sns
# 使用箱线图检测异常值
sns.boxplot(x=df_train['GrLivArea'])
# 删除明显的异常值
df_train = df_train[df_train['GrLivArea'] < 4000]
```

（2）特征工程（Feature Engineering）。

特征工程是提升模型性能的关键步骤。通过创造新的特征和优化现有特征，可以显著提高模型的预测能力。在房价预测中，可以创建一些有意义的特征，如房屋年龄、每平方英尺的房价等。此外，特征组合和交互项也能够为模型提供更多的信息。例如，将房屋的建筑年份和翻修年份结合，可以生成一个新的变量，用以衡量房屋的维护状况。

```python
# 创建新特征
df_train['HouseAge'] = 2023 - df_train['YearBuilt']
# 查看新特征的统计描述
print(df_train['HouseAge'].describe())
```

（3）数据标准化（Data Normalization）。

由于不同变量的量纲差异较大，为了避免模型对某些特征的偏重，需对数据进行标准化处理。标准化能够将数据缩放到相同的尺度，从而使得回归模型在处理不同特征时表现更佳。常见的标准化方法包括 Z-score 标准化和 Min-Max 标准化。

```python
from sklearn.preprocessing import StandardScaler
# 标准化处理
scaler = StandardScaler()
data_scaled = scaler.fit_transform(df_train)
# 将标准化后的数据转换回 DataFrame
data_scaled = pd.DataFrame(data_scaled, columns=data.columns)
```

11.4.2　回归模型的选择与优化

（1）线性回归模型（Linear Regression）。

线性回归模型是最基本的回归分析方法，假设因变量和自变量之间存在线性关系。通过最小二乘法，模型能够找到一条最佳拟合线。然而，线性回归模型有其局限性，它要求数据满足线性关系，并且对多重共线性较为敏感。在实际应用中，模型的假设条件往往难以满足，因此需要进一步优化或采用更复杂的模型。

```python
from sklearn.linear_model import LinearRegression
from sklearn.model_selection import train_test_split
from sklearn.metrics import mean_squared_error
# 划分训练集和测试集
X_train, X_test, y_train, y_test = train_test_split(data_scaled, target, test_size=0.2, random_state=42)
# 创建线性回归模型
model = LinearRegression() model.fit(X_train, y_train)
# 预测房价
y_pred = model.predict(X_test)
```

```
# 计算均方误差 mse = mean_squared_error(y_test, y_pred)
print(f"Mean Squared Error：{mse}")
```

（2）树模型与集成方法（Tree Model and Ensemble Learning）。

树模型在处理非线性数据时表现出色。决策树、随机森林、梯度提升树等模型通过划分数据空间，可以更好地拟合复杂的非线性关系。集成方法通过将多个弱模型组合成一个强模型，可以进一步提高预测的准确性。例如，随机森林通过多棵决策树的投票结果来预测房价，从而减少模型的方差和过拟合风险。

```
from sklearn.ensemble import RandomForestRegressor
# 创建随机森林模型
rf_model = RandomForestRegressor(n_estimators=100, random_state=42)
rf_model.fit(X_train, y_train)
# 预测房价
rf_pred = rf_model.predict(X_test)
# 计算均方误差
rf_mse = mean_squared_error(y_test, rf_pred)
print(f"Random Forest Mean Squared Error：{rf_mse}")
```

（3）模型优化与超参数调优（Model Optimization and Hyperparameter Tuning）。

模型的超参数调优是提升模型性能的关键步骤。通过交叉验证、网格搜索等方法，可以找到模型的最优超参数组合，从而提高模型的泛化能力。贝叶斯优化则是一种更为高级的超参数调优方法，通过构建代理模型来优化目标函数。

```
from sklearn.model_selection import GridSearchCV
# 定义参数网格
param_grid = {'n_estimators': [50, 100, 200], 'max_depth': [None, 10, 20, 30],}
# 网格搜索
grid_search = GridSearchCV(estimator=rf_model, param_grid=param_grid, cv=5, scoring='neg_mean_squared_error')
grid_search.fit(X_train, y_train)
# 输出最佳参数
print(f"Best Parameters：{grid_search.best_params_}")
```

11.4.3　模型评估与结果解读

（1）评估指标（Evaluation Metrics）。

在模型评估中，均方误差（MSE）、均方根误差（RMSE）和决定系数（R^2）是常用的指标。MSE 衡量了预测值与实际值之间的平均误差，而 RMSE 则是 MSE 的平方根，便于直观理解误差大小。R^2 则表示模型的解释力，数值越接近 1，说明模型越能解释因变量的变化。

（2）结果解读与可视化（Results Interpretation and Visualization）。

通过可视化技术，如残差图、预测值与实际值对比图，可以直观地展示模型的预测效果。这些图表能够帮助我们识别模型的潜在问题，如过拟合或欠拟合。此外，通过分析模型中的重要特征，还可以进一步理解模型的决策过程，为实际应用提供参考。

```python
import matplotlib.pyplot as plt
# 绘制残差图
plt.scatter(y_test, rf_pred - y_test)
plt.xlabel('Actual Prices')
plt.ylabel('Residuals')
plt.title('Residual Plot')
plt.show()
```

11.5 实际商业策略建议

在实际的商业环境中，数据驱动的分析不仅帮助企业理解当前市场，还能为未来的战略决策提供坚实的支持。以下几节将详细探讨如何利用回归分析结果来制定更精确的市场分析、定价策略、风险管理及投资决策，并探讨潜在的应用扩展。

11.5.1 市场分析与定价策略

回归分析的主要作用之一是在市场分析中为企业提供定量依据，帮助企业做出更精准的定价策略。通过分析影响房价的多个变量，如房屋面积、地段、学区等，企业可以细分市场，找到各个细分市场中的最优定价点。例如，企业可以基于不同区域的房价弹性调整价格策略，以应对不同地区的供需关系。在房地产行业中，定价策略的制定往往需要考虑到市场趋势、竞争对手的定价、客户的支付能力及预期收益。回归分析可以帮助企业识别市场中的关键变量，量化它们对价格的影响，从而制定更符合市场实际情况的价格策略。例如，如果回归模型显示学区对房价有显著的正向影响，企业可以将该因素纳入定价策略中，在学区内的房产定价时，适当提高售价以提高利润。此外，回归分析还可以帮助企业进行动态定价，在市场需求较高时提高价格，在需求较低时提供折扣，灵活调整以适应市场变化。

11.5.2 风险管理与投资决策

风险管理是企业在市场中保持竞争力的关键要素之一。通过回归分析，企业能够识别潜在的市场风险，例如经济衰退、市场需求波动等因素带来的影响，并提前制定应对策略。具体而言，回归分析可以帮助企业评估不同市场变量对房价波动的敏感性，从而对市场变化做出预判。例如，如果模型表明某区域的房价对经济衰退特别敏感，企业可以在该区域投资时更加谨慎，甚至调整投资计划。在投资决策方面，回归分析为投资者提供了量化的参考依据。通过对历史数据的分析，投资者可以识别出哪些变量对投资回报率有显著影响，从而做出更明智的投资决策。例如，回归模型可能会显示，某些特定类型的房产在特定经济环境下回报率较高，投资者可以根据这些信息调整投资组合，增加投资回报的确定性。同时，回归分析还可以辅助企业制定长期投资策略，通过分析市场趋势和潜在风险，优化投资组合，降低市场波动带来的不确定性。

11.5.3　潜在应用扩展

回归分析在商业中的应用远不止于房价预测，其应用场景可以扩展到租金预测、物业管理、市场需求预测等多个领域。例如，在租金预测中，回归分析可以帮助企业理解影响租金的主要因素，如房屋的位置、设施、租赁市场的供需情况等，从而制定更加科学的租金策略。此外，回归分析在物业管理中的应用也越来越广泛。通过对物业的维护成本、租户满意度等因素的分析，企业可以优化资源配置，降低管理成本，提高运营效率。回归分析还可以应用于市场需求预测，帮助企业预估未来的市场需求趋势，提前做好产能规划和库存管理，避免资源浪费。随着数据科学和机器学习技术的不断发展，回归分析将会在更多的商业场景中得到应用。例如，在零售行业中，可以利用回归分析预测不同商品的销售趋势，优化库存管理；在金融行业中，可以利用回归分析评估信用风险，制定合理的信贷政策。未来，回归分析将会在越来越多的领域中发挥重要作用，帮助企业在竞争中保持领先地位。

11.5.4　总结

本章通过对 Kaggle 的房价预测案例的深入探讨，展示了回归分析在实际商业应用中的广泛应用和强大功能。从数据清洗、模型选择到结果解读，每一个步骤都体现了回归分析在处理复杂商业问题中的价值。回归分析不仅能够提供精确的预测结果，还能通过量化分析为企业制定科学的市场策略、投资决策和风险管理方案提供依据。在未来，随着数据的进一步积累和分析技术的不断进步，回归分析必将在更多的商业应用中展现出不可替代的作用，为企业创造更大的价值。

第12章　航空公司客户价值分析

在构建针对客户的运营与营销策略时，企业力求实施差异化策略，旨在通过精准化运营提升转化率。这一战略的核心支柱在于客户关系管理，特别是客户分类的精细化操作。客户分类作为基石，促使企业能够深入剖析客户群体，明确区分出高价值与低价值的客户群体。随后，依据这些细分结果，企业能够定制化提供个性化的服务方案，确保资源的高效配置，优先服务于价值更高的客户，进而促进整体效益的显著提升。本章聚焦于航空公司客户关系管理实践，利用国内某航空公司的客户数据资源，引入 RFM 模型作为分析工具，通过 K-Means 聚类算法技术，对复杂的客户群进行科学的分群处理。通过对不同客户类别的深入理解和价值评估，企业能够制定出更加精准、有效的营销方案。①

12.1　背景介绍

自航空业问世以来，客运服务就是一种客户导向的盈利模式。根据国际航空运输协会的统计数据，客运服务的收入占比为航空公司总收入的 60% 与 80% 之间，占据相当大的比例，通常可以超过货运和其他附加服务的收入。

民航诞生初期，空中交通就是一种专为高端人士服务的出行方式，即使当时没有宽敞的座位与细致的服务，但飞行本身即是豪华享受。在 20 世纪 50 年代，一张纽约与伦敦之间的来回机票价值 675 美元，根据通胀调整后约为 6800 美元，与今天的一张头等舱机票价格相差无几。随着飞行成本的降低与以及航空市场的竞争加剧，一方面，单次飞行的高端旅客数不足以填满整个机舱，因此航空公司必须要容纳一部分低端旅客来弥补飞行成本；另一方面，为了让高端客户感受到额外付费的价值，愿意继续享受本公司服务，航空公司必须对客舱档次做出划分，以区分不同用户的价值差别。也就是说，航空公司本质上提供了相同的运输服务，但由于客户价值不同，其将同一种产品向不同的人卖出不同的价格。

因此，航空公司通过将舱内空间划分为经济舱、商务舱和头等舱，为乘客提供不同的飞行服务，而三者在票价上也有着显著区别。以一张伦敦希思罗机场至华盛顿杜勒斯机场航线的往返机票为例，经济舱、高端经济舱、商务舱和头等舱的票价分别为 \$876、

---

① 本章案例资料来源：张良均. Phthon 数据分析与挖掘实战［M］. 北京：机械工业出版社，2016.

$2633、$6723、$8715。考虑到机票全部售罄的理想情况，拥有 122 个座位的经济舱段总共能带来 106872 美元的收入；拥有 40 个座位的高端经济舱段能带来 105320 美元的收入；拥有 48 个座位的商务舱段能带来 322704 美元的收入，拥有 14 个座位的头等舱段能带来 122010 美元的收入。这意味着，后三个舱段中，45% 的乘客贡献了 84% 的收入，中高端消费能力客户对于航空公司的重要程度不言而喻。

于各航空公司而言，他们所面临的挑战不仅来自于内部激烈的市场竞争、高额的运营成本与债务负担、经济周期波动与不利的汇率变动，同时也包括外部经营环境的动荡，比如铁路交通对客源的挤占，政治动荡、自然灾害或公共卫生事件对航空运作的影响，以及有关法律诉讼和权益纠纷对财务状况的影响。在残酷的生存环境中，各航空公司纷纷推出更具竞争力的营销策略，以吸引更多客户。

在今天，信息技术的发展进一步促进了企业的营销焦点由产品导向到用户导向的转变进程，客户需求成为了航空公司产品与服务质量提升的第一驱动力。了解并满足客户需求的前提是客户关系管理，而客户关系管理的关键问题是客户价值分类。

在完善服务水平的基础上，如何精准识别客户、高效区分客户并对其进行针对性营销成为了管理层需要考虑的关键因素之一。有效的管理者必须采取相应的措施来减少客户的流失，同时吸引潜在客户，最大限度利用航空资源，这一结果体现在客户价值分类的过程之中。依据客户价值差别，将客户划分为不同的类别群体，如潜在客户、重要客户、挽留客户等。针对不同的客户群体，航空公司应提供差别性的营销策略，将有限的航空资源集中于高价值客户，从而实现利润最大化目标。客户分类的结果有助于减少资源浪费，同时提高了营销的精确性。

本章基于国内某航空公司的会员档案信息及航班乘坐数据，通过运用聚类分析这一无监督学习技术对航空公司客户群体进行价值细分。该方法旨在将客户划分为若干个具有鲜明特征的群体类别，进而对比剖析各群体间的客户价值差异。基于这一分类结果，企业能够设计并实施更为精准有效的营销策略，为不同客户群量身定制个性化的服务方案，从而提升客户满意度、增强企业竞争力。

12.2　变量及数据说明

面对市场环境的激烈竞争，各航空公司都在客户关系管理上不断推陈出新，以此吸引更多优质客户。国内某航空公司面临着旅客流失、竞争力下降和航空资源未充分利用等经营危机。

针对这一现状，以 2014-03-31 作为结束时间，选取宽度为 2 年的时间段作为分析观测窗口，截取自 2012-04-01 起有乘机记录的所有客户信息作为历史数据。对于后续新增的客户详细信息，以后续新增数据中最新的时间节点作为结束时间，采取上述同样的方法进行抽取，形成增量数据。目前该航空公司已积累了大量的会员档案信息和其乘坐航班记录，表 12-1 和表 12-2 分别对应了各属性说明以及客户信息数据。

表 12-1   客户信息的主要属性及说明

	属性名称	属性说明
客户基本信息	MEMBER_NO	会员卡号
	FFP_DATE	入会时间
	FIRST_FLIGHT_DATE	第一次飞行日期
	GENDER	性别
	FFP_TIER	会员卡级别
	WORK_CITY	工作地城市
	WORK_PROVINCE	工作地所在省份
	WORK_COUNTRY	工作地所在国家
	AGE	年龄
乘机信息	FLIGHT_COUNT	观测窗口内的飞行次数
	LOAD_TIME	观测窗口的结束时间
	LAST_TO_END	最后一次乘机时间至观测窗口结束时长
	AVG_DISCOUNT	平均折扣率
	SUM_YR	观测窗口的票价收入
	SEG_KM_SUM	观测窗口的总飞行公里数
	LAST_FLIGHT_DATE	末次飞行日期
	AVG_INTERVAL	平均乘机时间间隔
	MAX_INTERVAL	最大乘机间隔
积分信息	EXCHANGE_COUNT	积分兑换次数
	EP_SUM	总精英积分
	POINTS_SUM	总累计积分
	POINT_NOTFLIGHT	非乘机的积分变动次数
	BP_SUM	总基本积分

###示例代码

```
import pandas as pd
datafile = r'..\data\AirData.csv' #航空公司原始客户数据保存位置
resultfile = r'..\tmp\explore.xlsx' #数据探索结果表
data = pd.read_csv(datafile, encoding='utf-8') #读取数据，指定 UTF-8 编码
explore = data.describe(percentiles=[], include='all').T #数据基本描述
explore['null'] = len(data)-explore['count'] #手动计算空值数
explore = explore[['null', 'max', 'min']]
explore.columns = [u'空值数', u'最大值', u'最小值'] #表头重命名
explore.to_excel(resultfile) #导出结果
```

表 12-2   客户信息数据表

MEMBER _NO	FFP_DATE	GENDER	FFP_TIER	WORK_ COUNTRY	…	AGE	FLIGHT_ COUNT	BP_ SUM
54993	2006/11/2	男	6	CN	…	31	210	505308
28065	2007/2/19	男	6	CN	…	42	140	362480
55106	2007/2/1	男	6	CN	…	40	135	351159
…	…	…	…	…	…	…	…	…
8253	2010/7/15	男	6	CN	…	48	101	219995
58899	2010/11/10	女	6	FR	…	50	40	249882
26955	2006/4/6	男	6	CN	…	54	64	215013

本案例数据集共有 62988 条记录，其中包含了会员卡号、入会时间、第一次飞行日期、性别、观测窗口内的飞行次数、观测窗口的结束时间、最后一次乘机时间至观测窗口结束时长、平均折扣率、总累计积分、总基本积分等 44 项指标。其中，性别、工作地点、年龄、观测窗口的票价收入等指标存在范围从 3 条至 3248 条不等的缺失数据，其余 37 项指标下的空值数均为 0。

在对航空公司客户数据进行统计分析和聚类分析之前，需要先对数据进行预处理。综合考虑数据集的特征和模型构建的需要，本案例的数据预处理主要包括数据清洗和属性规约两个方面。在实际的商业分析案例中，由于手动录入错误、字段记录缺失或冗余、信息更新延迟等一系列不准确、不完整或不及时的信息传递所导致的商业信息误差往往会对业务决策和运营产生负面影响。数据清洗的过程旨在挖掘并修正这些不合理数据，以免影响后续分析结果。具体处理方法如下。

首先，剔除票价为空的所有记录。根据表 12-3 信息可知，观测窗口两年内票价空值记录分别为 551 条与 138 条。由于票价信息是对客户进行划分的重要指标，且空值数据量的总体占比较小(1.1%)，因此可以直接去除。

表 12-3   数据探索分析结果

属性名称	空值记录数	最大值	最小值
MEMBER_NO	0	62988	0
AGE	420	110	6
…	…	…	…
SUM_YR_1	551	239560	0
SUM_YR_2	138	234188	0

此外，在航空公司的客户信息数据表中，除了因客户疏漏或其他原因所导致的客户基本信息缺失外，还存在一些由于系统原因或统计错误所导致的数据错误，不符合航空公司运作的基本规律，应当加以剔除。例如，在某位乘客对应信息中，如果平均折扣率不为 0 且总飞行公里数大于 0，此时认为该乘客参与了至少一次付费旅行，如果其在观测窗口的票价收入为 0，那么可以认定该行数据出现了异常情况并删除此行。噪声数据的存在会干扰真实数据的准确性和完整性，使得分析和决策基于的数据不够可靠，甚至导致误导性的结论和不准确的预测。在机器学习和统计建模中，如果模型过度拟合了无意义的数据点，可能导致模型性能下降，泛化能力和预测能力降低。

示例代码

```
import pandas as pd
datafile = r'.. \ data \ AirData. csv'  #航空公司原始客户数据保存位置
cleanedfile = r'.. \ tmp \ data_cleaned. csv'  #数据清洗后的保存位置
data = pd. read_csv( datafile, encoding = 'utf-8')  #读取数据，指定 UTF-8 编码
data = data[ data['SUM_YR_1']. notnull( ) & data['SUM_YR_2']. notnull( )]  #保留
票价非空值
#只保留票价非零的，或者平均折扣率与总飞行公里数同时为 0 的记录
index1 = data['SUM_YR_1'] ! = 0
index2 = data['SUM_YR_2'] ! = 0
index3 = ( data['SEG_KM_SUM'] = = 0) & ( data['avg_discount'] = = 0)  #该规则是
"与"
data = data[ index1 | index2 | index3]  #该规则是"或"
data = data [[ 'AGE', 'FFP_DATE', 'LOAD_TIME', 'FLIGHT_COUNT', 'AVG_
DISCOUNT', 'SUM_YR', 'SEG_KM_SUM', 'LAST_TO_END']]  #属性规约
data. to_excel( cleanedfile)  #导出结果
```

本案例的原始数据共包含有 44 项属性指标。在模型拟合的过程中，过多的属性值不仅会降低模型的计算性能，消耗更多资源，与训练结果无关的多余属性的引入还会导致模型过度拟合，降低泛化效果。属性规约可以帮助我们简化模型变量的复杂程度。考虑与划分用户消费能力相关属性指标，初步选择与之相关的 8 个指标：AGE、FFP_DATE、LOAD_TIME、FLIGHT_COUNT、AVG_DISCOUNT、SUM_YR、SEG_KM_SUM、LAST_TO_END。删除与之不相关、弱相关或冗余的数据集，例如，会员卡号、性别、工作地、末次飞行时间、总基本积分等属性。图 12-1 展示了现有指标间的相关性分布（FFP_YEAR 代表了入会年份）。由图可知，FLIGHT_COUNT、SEG_KM_SUM 与 SUM_YR 这三项指标间具有较强的正相关关系。也就是说，当客户的消费水平保持稳定时，消费次数、飞行里程数与票价收入三者之间存在高度一致性。除此之外，其他指标间的相关关系较弱。

###示例代码

```
import pandas as pd
from datetime import datetime
import matplotlib. pyplot as plt
import seaborn as sns
cleanedfile = r'.. \ tmp \ data_cleaned. csv' #数据清洗后的保存位置
corrfile = r'.. \ tmp \ corr_heatmap. svg' #指标相关性热力图保存位置
data = pd. read_csv( cleanedfile)
data_corr = data [ [ 'FLIGHT_COUNT', 'LAST_TO_END', 'SEG_KM_SUM', 'AGE',
'SUM_YR', 'FFP_YEAR', 'avg_discount'] ] #取出需要做相关性分析的指标
#计算相关性矩阵
dt_corr = data_corr. corr( method = 'pearson') #指定使用 Pearson 相关系数方法
print(' 相关性矩阵为： \ n', dt_corr)
#绘制热力图
plt. subplots( figsize = ( 12, 12) )   #设置画面大小
sns. heatmap( dt_corr, annot = True, vmax = 1, square = True, cmap = 'Blues') #画面
调参
plt. savefig( corrfile)
plt. show( )
plt. close( )
```

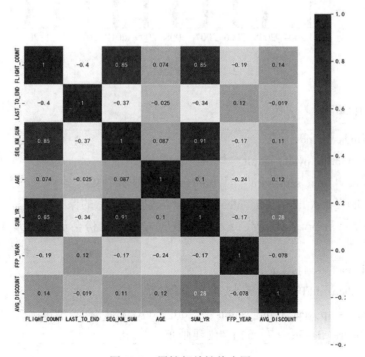

图 12-1　属性相关性热力图

12.3　描述性分析

在对航空信息数据进行预处理以及初步指标选择的基础上，可以大致得出后续对用户进行划分的数据集范围，这有助于精简计算步骤以及提高分析效率。接下来的问题是如何依据现有数据来区分用户，描述用户价值高低。采用描述性统计分析的手段是帮助我们快速了解数据内容的一个重要途径，同时也为后续分类提供思路与依据。

首先，基于入会时间 FFP_DATE 提取年份信息，绘制公司会员的入会年份分布如图 12-2 所示。由此可见，观测窗口内有乘机记录的会员在 2012 年注册的人数最多，且随着距观测窗口时间跨度的增大，注册的会员数呈现逐年递减的趋势。也就是说，入会年份较短的乘客更有可能在本公司进行二次乘机消费。

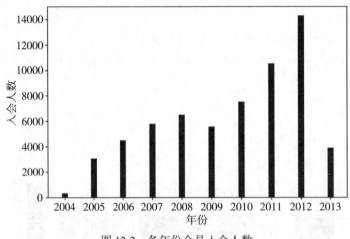

图 12-2　各年份会员入会人数

###示例代码

```
import pandas as pd
import matplotlib. pyplot as plt
plt. rcParams['font. sans-serif'] = ['SimHei']　#显示中文
cleanedfile = r'.. \ tmp \ data_cleaned. csv' #数据清洗后的保存位置
ffpfile = r'.. \ tmp \ 各年份会员入会人数 . svg' #各年份会员入会人数条形图保存位置
data = pd. read_csv(cleanedfile)
ffp_year = data['FFP_YEAR'] #提取入会年份
year_counts = ffp_year. value_counts(). sort_index() #计算每个年份的会员入会人数
fig = plt. figure(figsize = (8，5)) #创建画布
```

```
    plt. bar( year_counts. index, year_counts. values, color = '#0504aa', width = 0. 2)    #
绘制条形图并调整柱体颜色与宽度
    plt. xlabel('年份') #添加横轴标签
    plt. ylabel('入会人数') #添加纵轴标签
    plt. xticks ( ticks = year _ counts. index, labels = [ str ( year ) for year in year _
counts. index])    #绘制横轴刻度
    plt. savefig( ffpfile)
    plt. show( )
    plt. close( )
```

其次，为了获知航空公司客户的年龄构成、消费频率、飞行里程等基本信息，初步掌握客户消费信息的分布情况，对 AGE、LAST_TO_END、FLIGHT_COUNT、SEG_KM_SUM 四个字段分别绘制箱线图如图 12-3 至图 12-6 所示。

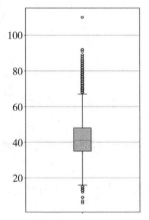 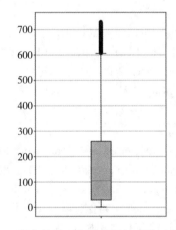

图 12-3　会员年龄分布箱线图　　图 12-4　客户最后一次乘机至结束的时长箱线图

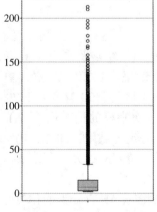 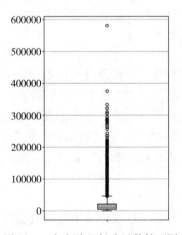

图 12-5　客户飞行次数箱型图　　图 12-6　客户总飞行公里数箱型图

###示例代码

```
import pandas as pd
import matplotlib. pyplot as plt
cleanedfile=r'.. \ tmp \ data_cleaned. csv' #数据清洗后的保存位置
agefile=r'.. \ tmp \ age. svg' #会员年龄分布箱线图保存位置
ltefile=r'.. \ tmp \ lte. svg' #客户最后一次乘机至结束的时长箱型图保存位置
fcfile=r'.. \ tmp \ fc. svg' #客户飞行次数箱型图保存位置
sksfile=r'.. \ tmp \ sks. svg'g #客户总飞行公里数箱型图保存位置
data=pd. read_csv( cleanedfile )
age=data[ data[ 'AGE' ] ！ =0 ][ 'AGE' ] #去除年龄字段中的零值
lte=data[ 'LAST_TO_END' ] #最后一次乘机时间至观测窗口结束时长
fc=data[ 'FLIGHT_COUNT' ] #客户飞行次数
sks=data[ 'SEG_KM_SUM' ] #客户总飞行公里数
#以字典形式封装图表信息
plots={
    'AGE': ( age, agefile ),
    'LAST_TO_END': ( lte, ltefile ),
    'FLIGHT_COUNT': ( fc, fcfile ),
    'SEG_KM_SUM': ( sks, sksfile )
}
#绘图与保存
for label, ( data_series, file_path ) in plots. items( ): #分别对应字典中的键值对
    fig=plt. figure( figsize=( 5, 10 )) #创建画布
    plt. boxplot ( data _ series, patch _ artist = True, labels = [ '' ], boxprops =
{ 'facecolor': 'lightblue'} ) #绘制箱型图并设置参数
    plt. title( label ) #图标标签
    plt. grid( axis='y' )  #只显示 y 轴的网格线
    plt. savefig( file_path ) #保存到相应位置
    plt. show( )
    plt. close( )
```

总体来说，航空公司会员的年龄分布比较均匀，年龄范围下至 6 岁，上至 92 岁，还有一个离群点年龄为 110 岁。大部分会员的年龄集中在 30~50 岁，中位数为 42 岁，这部分人群是乘机消费的主力军，极少量会员的年龄低于 20 岁或高于 70 岁。

根据图 12-4 的信息，75%以上的客户最近一次乘机的记录保持在 1 年之内，他们在本航空公司具有较高的消费频次，对公司具有一定忠诚度；此外，仍有相当比例的客户距上次乘机已经超过了 600 天，这部分客户的消费间隔很大，可以依据消费频次分类划分等级对其进行管理。

客户飞行次数与总飞行公里数在数据的分布特征上具有较强的相似性，结合属性特征分析，这很可能是二者在统计形式上的强相关性所导致的。根据箱型图所展示的数据信息(见图 12-5、图 12-6)，可以明显地将客户群体划分为两个群体：大部分客户集中

分布在箱型图下方的箱体中，他们的总飞行次数集中在 20 次以内，对应的总飞行里程数不超过 30000 公里；少部分客户分布在箱体上界之上，他们的累计消费频次远超大部分普通客户，这部分客户很可能是航空公司的高价值用户，需要对其进行额外关注。

进一步地，结合上述分析所获取到的属性信息，围绕用户价值展开初步描述。体现用户价值最直观的指标是 SUM_YR，即观测窗口的票价收入，其直接代表了观测期内航空公司从某一用户处取得的收益。按总收入值作为分类依据对用户划分后的结果如图12-7 所示。

###示例代码

```
import pandas as pd
import matplotlib. pyplot as plt
plt. rcParams['font. sans-serif'] = ['SimHei']    #显示中文
cleanedfile = r'.. \ tmp \ data_cleaned. csv' #数据清洗后的保存位置
syfile = r'.. \ tmp \ sy. svg' #观测窗口的票价收入划分饼图保存位置
data = pd. read_csv(cleanedfile)
plt. figure(figsize = (11, 11), dpi = 80) #创建画布
revenue_divide = [0, 5000, 10000, 30000, 50000, 100000, 500000] #设定收入划分节点
revenue_cut = pd. cut(list(data['SUM_YR']), revenue_divide) #按照节点划分区间
revenue_cut_number = revenue_cut. describe() #每个区间的人数统计
revenue_cut_per = (revenue_cut_number['freqs']. values) * 100 #将频数转化为频率
print(revenue_cut_per) #输出各区间频率
labels = ['5000 元以内 ', '5000 ~ 10000 元 ', '10000 ~ 30000 元 ', '30000 ~ 50000 元 ',
'50000 ~ 100000 元 ', '100000 元以上 '] #每个区间段标签
plt. pie(revenue_cut_per, labels = labels, autopct = '%. 2f %%', explode = (0.01,
0.01, 0.01, 0.01, 0.01, 0.01), textprops = {'fontsize': 15}) #绘制饼图并调参
plt. savefig(syfile)
plt. show()
```

根据图 12-7 可知，44.01% 的用户在观测窗口内的消费总额低于 5000 元。为进一步了解这部分用户对航空公司总体收入的贡献情况，筛选出这部分用户信息并对其消费总额求和，并计算其在所有用户的收入占比为 10.46%。换言之，44.01% 的用户仅仅为航空公司贡献了 10.45% 的收入，可以初步认为他们是航空公司的低价值用户。同理可以得出，0.42% 的用户为航空公司贡献了 5.17% 的收入占比，可以初步认为他们是航空公司的高价值用户。

这种简单直接的划分方法可以在较短时间内帮助分析人员对数据内容有所了解，但难免会带来一些问题。首先，票价总收入受到多方因素的影响，例如飞行次数、飞行里程数、折扣率等。试想，一位多次购买长航线、高折扣率、低等级舱位的旅客与一位偶尔购买短航线、低折扣率、高等级舱位的旅客相比，显然后者对于航空公司而言价值更高。其次，以 5000 元、10000 元、30000 元等人为设定的消费金额节点作为划分用户价值等级的分段点缺乏合理依据，具有一定的主观性。此外，这种粗暴的划分方式可能会掩盖票价收入的真实分布情况，将分布差距较大的数组划分为一簇，而将分布差距较小

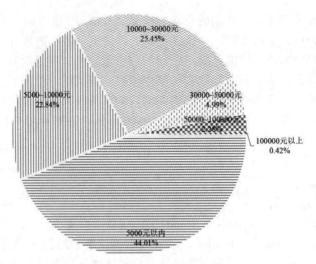

图 12-7　观测窗口的票价收入划分

的数组划分为不同的簇。

为了弥补上述不足,继续引入 FLIGHT_COUNT 与 SEG_KM_SUM 这两个变量,即观测窗口内的飞行次数以及总飞行公里数,作为进一步描述用户价值的依据。计算间接指标:平均单次飞行价格=SUM_YR/FLIGHT_COUNT;平均百公里价格=SUM_YR/SEG_KM_SUM。将这两项指标分别绘制直方图如图 12-8 和图 12-9 所示(由于右侧数据体量太小且分布较分散,截取左侧部分数据作为展示)。

###示例代码

```
import pandas as pd
import matplotlib. pyplot as plt
import numpy as np
plt. rcParams['font. sans-serif'] = ['SimHei']    #显示中文
cleanedfile = r'.. \ tmp \ data_cleaned. csv' #数据清洗后的保存位置
freqprice = r'.. \ tmp \ freqprice. svg' #平均飞行价格直方图保存位置
kilometreprice = r'.. \ tmp \ kilometreprice. svg' #平均百公里价格直方图保存位置
data = pd. read_csv(cleanedfile)
data. loc[:, '平均每次飞行价格'] = data. apply(lambda row:int(round(row['SUM_
YR'] / row['FLIGHT_COUNT']))), axis = 1) #计算每个用户的平均每次飞行价格
data. loc[:, '平均百公里价格'] = data. apply(lambda row:int(round(row['SUM_
YR'] / (row['SEG_KM_SUM'] / 100)))), axis = 1) #计算每个用户的平均百公里价格
#绘制平均飞行价格直方图
plt. figure(figsize = (9, 5), dpi = 80) #创建画布
start = 0 #起始位置
distance = 200 #步长
max_ = max(data['平均每次飞行价格']) + distance #终止位置
bins = np. arange(start, max_, distance) #划分区间
```

```
plt. hist(data['平均每次飞行价格'], bins=bins) #绘制直方图
plt. xticks(bins) #设置标签及刻度位置
plt. xlim(start, 4000) #限定区间范围
plt. grid(linestyle='--', alpha=0.5) #添加网格线
plt. xlabel('单位：元/次', loc='right') #添加横坐标于右侧
plt. ylabel('总人数') #添加纵坐标
plt. savefig(freqprice)
plt. show()
plt. close()
#绘制平均百公里价格直方图
start=0 #起始位置
distance=10 #步长
max_=max(data['平均百公里价格'])+distance #终止位置
bins=np. arange(start, max_, distance) #划分区间
plt. hist(data['平均百公里价格'], bins=bins) #绘制直方图
plt. xticks(bins) #设置标签及刻度位置
plt. xlim(start, 200) #限定区间范围
plt. grid(linestyle='--', alpha=0.5) #添加网格线
plt. xlabel('单位：元/百公里', loc='right') #添加横坐标于右侧
plt. ylabel('总人数') #添加纵坐标
plt. savefig(kilometreprice)
plt. show()
plt. close()
```

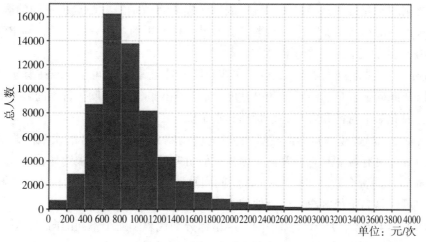

图 12-8　平均飞行价格直方图

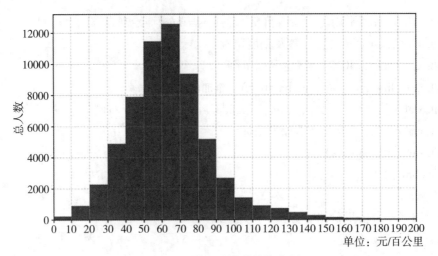

图 12-9　平均百公里价格直方图

根据以上信息可知，用户单次飞行价格的平均值主要集中在 400~1200 元的区间范围内，进一步计算得出，这部分用户的总体占比为 75.64%；同样的，用户乘机百公里的平均价格集中在 40~80 元的区间范围，这部分用户的总体占比为 66.57%。对比直接依据消费总金额的分类方式，这两种分类方式考虑了更多信息，聚焦于单位价格下的用户价值划分，提高了数据的精确度，同时航空公司的用户价值分类点提供了参考依据。具体而言，对于用户分布较为密集的单位价格区间，分析者应该截取更多的价格分段点对用户价值等级进行区分；对于用户分布较为稀疏的单位价格区间，同一用户价值等级应该覆盖更大的范围。

12.4　模型构建

本案例的研究目的是根据客户航空数据，提取有效信息，筛选出不同的客户类别。为了能够识别出不同价值客户，本案例引入了一种常用的客户分析工具，即 RFM 模型。其中，RFM 分别代表了三个不同指标。

Recency（消费时间间隔）：最后一次客户购买或互动的时间距离现在有多久。这个指标可以帮助确定客户的活跃度和忠诚度。通常来说，最近有购买行为的客户更可能再次购买，因此对于营销和客户关系管理非常重要。

Frequency（消费频率）：客户在特定时间段内购买产品或服务的次数。购买频率高的客户通常也更有可能是忠诚客户，因为他们对产品或服务的需求明显较高。

Monetary（消费金额）：客户在一段时间内总共消费的金额或产生的收入。购买金额高的客户可能是高价值客户，因为他们为企业带来了更多的收入。

如图 12-10 所示，RFM 模型中的三个指标分别代表了三个不同的向量，这三个向量构成了一个三维空间，将数据总体划分为 8 个不同的箱体，每个箱体对应了 RFM 三项指标在优劣程度上的唯一取值，以此来区分不同的用户类别。当用户在某一属性指标上高于平均值则评价为↑，低于平均值为↓。例如，重要价值用户对应 RFM 三项指标上的评价均为↑的箱体。

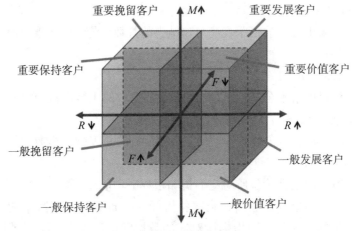

图 12-10　RFM 模型分析

考虑到航空客户的特殊性，本节对于传统的 RFM 模型做出了一些调整。在描述性分析的过程中，我们发现仅仅以消费金额总量作为衡量用户消费能力的依据是不充分的，这将无法区分高频次乘机的低价值用户与低频次乘机的高价值用户。因此，我们选用客户在一定时间内所积累的飞行里程数 M 以及客户在一定时间内乘坐舱位所对应的折扣系数平均值 C 这两个指标来替代消费金额。此外，由于航空公司的客户均采取会员制，入会时间长短在一定程度上会影响客户价值，所以在模型中增加客户关系长度 L，作为区分客户价值的另一指标(见表 12-4)。

表 12-4   指标含义

模型	L	R	F	M	C
航空公司 LRFMC 模型	会员入会时间距观测窗口结束的月数	客户最近一次乘坐公司航班距观测窗口结束的月数	客户在观测窗口内乘坐公司航班的次数	客户在观测窗口内累计的飞行里程数	客户在观测窗口内乘坐舱位所对应的折扣系数平均值

调整之后的航空公式 LRFMC 模型的优势在于考察了更多的指标数，在区分用户上更加细致。其劣势在于细分的客户群太多，提高了针对性营销的成本以及计算的复杂度(五项指标下的箱体数为 $2^5 = 32$ 个)。因此，本案例采用聚类的方法识别客户价值，提高了运算性能。通过对航空公司客户价值的 LRFMC 模型的五个指标进行 K-MEANS 聚类，识别出最有价值客户。以下是模型构建的具体步骤。

第一步，通过预处理过后的数据集提取这五项指标。于商业分析者而言，指标变量描述的准确性是业务分析准确性的前提，在指标转换的过程中应该力图准确、简洁、无歧义。具体的计算方式如下：

（1）$L=$LOAD_TIME−FFP_DATE。

会员入会时间距观测窗口结束的月数＝观测窗口的结束时间−入会时间［单位：月］

（2）$R=$LAST_TO_END。

客户最近一次乘坐公司航班距观测窗口结束的月数＝最后一次乘机时间至观测窗口末端时长［单位：月］

（3）$F=$FLIGHT_COUNT。

客户在观测窗口内乘坐公司航班的次数＝观测窗口的飞行次数［单位：次］

（4）$M=$SEG_KM_SUM。

客户在观测窗口内累计的飞行里程数＝观测窗口的总飞行公里数［单位：公里］

（5）$C=$AVG_DISCOUNT。

客户在观测窗口内乘坐舱位所对应的折扣系数平均值＝平均折扣率［单位：无］

第二步，提取 5 项指标数据后，观察各指标的分布情况，其数据的分布范围如表 12-5 所示。由于量纲不同，不同指标所对应的数据间波动较大。为了消除数量级数据带来的影响，需要进一步地对数据进行标准化处理。

###示例代码

```
import pandas as pd
cleanedfile=r'..\tmp\data_cleaned.csv' #数据清洗后的保存位置
maxminfile=r'..\tmp\LRFMC_maxmin.csv' #LRFMC 指标最大值与最小值表的存储路径
zscoredfile=r'..\tmp\zscoreddata.csv' #标准差化后的数据存储路径
data=pd.read_csv(cleanedfile)
#将时间数据转化为日期类型
data['LOAD_TIME']=pd.to_datetime(data['LOAD_TIME']).dt.date
data['FFP_DATE']=pd.to_datetime(data['FFP_DATE']).dt.date
LRFMC=pd.DataFrame()
LRFMC['L']=data['LOAD_TIME']-data['FFP_DATE'] #计算会员入会时间
LRFMC['L']=LRFMC['L'].apply(lambda x: x.days) #转化为天数
LRFMC['L']=(LRFMC['L']/30).round(2) #转化为月数
LRFMC['R']=(data['LAST_TO_END']/30).round(2)
LRFMC['F']=data['FLIGHT_COUNT']
LRFMC['M']=data['SEG_KM_SUM']
LRFMC['C']=data['avg_discount']
LRFMC_maxmin=LRFMC.describe().loc[['max','min']].applymap(lambda x: f"{x:.2f}" if x!=int(x) else f"{int(x)}") #查看各字段极值
LRFMC_maxmin.to_csv(maxminfile) #保存结果
zscoredLRFMC=(LRFMC-LRFMC.mean(axis=0))/LRFMC.std(axis=0) #标准差标准化
```

```
zscoredLRFMC.columns = ['Z' + i for i in zscoredLRFMC.columns]
zscoredLRFMC = zscoredLRFMC.round(3)
zscoredLRFMC.to_csv(zscoredfile) #保存结果
```

表 12-5　　　　　　　　　　　　**LRFMC 指标取值范围**

属性名称	L	R	F	M	C
最大值	114.57	24.37	213	580717	1.5
最小值	12.17	0.03	2	368	0.14

将标准化处理过后的属性重新命名为 ZL、ZR、ZF、ZM、ZC 以示区分，如表 12-6 所示。

表 12-6　　　　　　　　　　　　**标准化处理后的数据集**

ZL	ZR	ZF	ZM	ZC
1.436	−0.945	14.034	26.761	1.296
1.307	−0.912	9.073	13.127	2.868
1.328	−0.889	8.719	12.653	2.881
…	…	…	…	…
0.658	−0.417	0.782	12.541	1.995
0.386	−0.922	9.924	13.899	1.344
−0.480	0.603	−0.707	−0.787	−2.392

第三步，采用 K-MEANS 聚类方法对用户进行分群。群体数量的设定应该符合实际的业务需求，数量过高会导致计算复杂度增大以及过拟合现象，受到噪声数据的影响；数量过低会导致信息损失，增加欠拟合的可能性，无法准确地抓取用户群体特征。在经过多次实验对比分析后，决定将用户群体聚为 5 簇，即聚类类别数 $k = 5$。对数据进行聚类分群的结果如表 12-7 所示。

###示例代码

```
import pandas as pd
from sklearn.cluster import KMeans
zscoredfile = r'..\tmp\zscoreddata.csv' #标准差化后的数据存储路径
clusterfile = r'..\tmp\clustercenters.csv' #聚类中心表的保存位置
data = pd.read_csv(zscoredfile)[['ZL', 'ZR', 'ZF', 'ZM', 'ZC']]
k = 5 #设置簇的个数
```

```
kmodel = KMeans(n_clusters = k) #采用 KMeans 方法聚类
kmodel. fit(data)
cluster_centers = pd. DataFrame(kmodel. cluster_centers_) #计算聚类中心
cluster_centers. columns = list(data. columns)
cluster_result = pd. concat([data, pd. Series(kmodel. labels_, index = data. index)],
axis = 1) #详细输出每位客户对应的类别
cluster_result. columns = list(data. columns) + ['聚类类别'] #为每一位客户添加"聚
类类别"列
cluster_count = cluster_result. groupby('聚类类别')['ZL']. count() #统计每一类别
的客户群数量
customers = pd. Series(['客户群{}'. format(i) for i in range(1, 6)])
cluster_table = pd. concat([customers, cluster_count, cluster_centers], axis = 1) #列
出每一类聚类群体的聚类类别、聚类个数与聚类中心
cluster_table. columns = ['聚类类别'] + ['聚类个数'] + list(data. columns)
cluster_table. to_csv(clusterfile) #保存文件
```

表 12-7　　　　　　　　　　　　　　客户聚类结果

聚类类别	聚类个数	聚类中心				
		ZL	ZR	ZF	ZM	ZC
客户群 1	5346	0.486	−0.800	2.482	2.424	0.323
客户群 2	5398	−0.065	0.002	−0.269	−0.287	1.906
客户群 3	15533	1.169	−0.380	−0.083	−0.090	−0.165
客户群 4	23890	−0.702	−0.420	−0.155	−0.152	−0.300
客户群 5	11877	−0.307	1.699	−0.575	−0.536	−0.201

第四步，基于聚类结果进行特征分析，在表 12-7 基础上绘制各群体的特征雷达图如图 12-11 所示，图示信息清晰展示了每一个用户群体在各特征值上的分布情况。其中，客户群 1 在 F、M 这两项属性上分值最高，在 R 属性上分值最低；客户群 2 在 C 属性上分值最高；客户群 3 在 L 属性上分值最高；客户群 4 在 L、C 属性上分值最低；客户群 5 在 R 属性上分值最高，在 F、M 属性上分值最低。

###示例代码

```
import pandas as pd
import numpy as np
import matplotlib. pyplot as plt
plt. rcParams['font. sans-serif'] = ['SimHei']　#显示中文
```

```python
plt.rcParams['axes.unicode_minus'] = False    #显示负号
clusterfile = r'..\tmp\clustercenters.csv'  #聚类中心表的保存位置
featureradar = r'..\tmp\featureradar.svg'  #客户群特征分析图保存位置
cluster_center = pd.read_csv(clusterfile)
#计算特征数，角度，和标签
cluster_length = len(cluster_centers.iloc[0, :])  #特征数
angles = np.linspace(0, 2 * np.pi, cluster_length, endpoint = False)  #计算每个特征的角度
labels = list(cluster_centers.columns)  #获取特征标签
scores = [cluster_centers.iloc[i] for i in range(5)]  #获取每个聚类中心的特征分数
#修改分数数组以使其闭合
modified_scores = []
for i in range(5):
    modified_score = np.concatenate((scores[i], [scores[i][0]]))  #使图形闭合
    modified_scores.append(modified_score)
#修改角度和标签数组以使其闭合
angles = np.concatenate((angles, [angles[0]]))  #使角度数组闭合
labels = np.concatenate((labels, [labels[0]]))  #使标签数组闭合
#绘制雷达图
fig = plt.figure(figsize = (20, 9), dpi = 100)  #设置图形尺寸和分辨率
ax = plt.subplot(111, polar = True)  #创建极坐标子图
ax.plot(angles, modified_scores[0], 'r-')  #绘制第一个聚类的特征
ax.plot(angles, modified_scores[1], 'g--')  #绘制第二个聚类的特征
ax.plot(angles, modified_scores[2], 'c:')  #绘制第三个聚类的特征
ax.plot(angles, modified_scores[3], 'm-.', dash_capstyle = 'projecting')  #绘制第四个聚类的特征
ax.plot(angles, modified_scores[4], 'y-.')  #绘制第五个聚类的特征
ax.set_thetagrids(angles * 180 / np.pi, labels)  #设置雷达图的标签
ax.tick_params(axis = 'x', labelsize = 20)  #设置标签字体大小
#设置极坐标图的其他属性
ax.set_theta_zero_location('N')  #将 0 度位置设置为北
ax.set_rlim(-1, 2.5)  #设置半径范围
ax.tick_params(axis = 'y', labelsize = 12)  #设置半径标签的字体大小
ax.set_rlabel_position(270)  #设置半径标签的位置
#绘制图例并调整其字体大小
```

```
    legend = plt. legend ( cluster_table [ '聚类类别' ], loc = 'center right', fontsize = '20',
bbox_to_anchor = ( 1. 4, 0. 5 ) ) #添加图例
    for text in legend. get_texts ( ) :
        text. set_fontsize ( 20 )    #设置字体大小为 20
    plt. savefig ( featureradar )
    plt. show ( )
    plt. close ( )
```

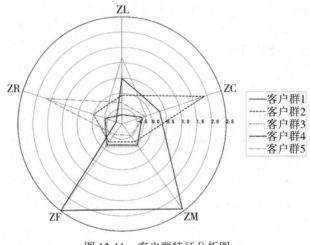

图 12-11　客户群特征分析图

进一步的，整合以上信息，以"优势特征"和"劣势特征"对属性值进行区分，即得分位于前二的属性值被认为是优势特征，得分位于后二的属性值被认为是劣势特征，整合结果见表 12-8。

表 12-8　　　　　　　　　　　　　　　**客户群特征描述表**

群类别	优势特征					劣势特征				
客户群 1	*F*	*M*	*R*	*L*	*C*					
客户群 2			*C*			*R*		*F*		*M*
客户群 3	*L*		*F*		*M*					
客户群 4			*R*				*L*		*C*	
客户群 5						*F*	*M*	*R*	*L*	*C*

注：L、F、M、C 为正向指标，R 为负向指标。

第五步，客户特征分类。表 12-9 的统计结果突出了 5 个客户群体在属性特征上的显著区别，同时也是为客户价值进行分类的主要依据。基于各客户群体的特征描述，结

合经典 RFM 模型的分类思路，本案例定义五个等级的客户类别：

表 12-9   **用户类别的特征分析**

	重要保持客户	重要发展客户	重要挽留客户	一般客户与低价值客户
平均折扣系数(C)	▓	▓	▓	▬
最近乘机距今的时间长度(R)	▓	▪	▓	
飞行次数(F)	▓	▪	▓	▬
总飞行里程(M)	▓	▪		▪
会员入会时间(L)	▓	▪	▓	▪

重要保持客户：这类用户的平均折扣率(C)较高，一般对应着更高的舱位等级(高端舱位的价格波动幅度高于低端舱位)，同时在观测窗口内乘坐航班次数(F)与里程数(M)都较高，且最近一次乘机距观测窗口结束的月数(R)较短，是航空公司的忠实用户。他们有高频次、长距离的乘机规律，且愿意支付更高昂的价格选择高等级舱位，是航空公司最为理想的用户群体，但整体数量较少。航空公司应该对这类用户群体给予非常的重视，优先投放资源，避免客户流失，对他们进行差异化管理和一对一营销，提高用户黏性。

重要发展客户：这类用户的平均折扣率(C)较高，但乘机次数(F)与里程数(M)都较低，同时最近乘机月数(R)低，入会时间(L)短，是航空公司的潜在发展用户。他们或许近期开始接触本航司航班，在当前对航空公司的收入贡献不高，然而具备较高的消费潜力，极有可能在未来发展成为公司的高价值用户。航空公司应该密切关注这类用户的需求变化，即使牺牲一些前期利润的前提下培养用户在本公司的消费习惯，增加用户的钱包份额，提高用户转化率，同时增加他们转向竞争对手的转移成本，尽可能将其发展为本公司的忠诚用户。

重要挽留客户：这类用户过去所乘坐班次的平均折扣率(C)、乘坐次数(F)或者里程数(M)都较高，但是距离上一次乘坐航班的时间(R)长，或者是近期乘坐频次下滑严重，是航空公司即将损失的客户群体。由于这些用户衰退的原因各不相同，所以掌握客户的最新信息、维持与客户的互动就显得尤为重要。航空公司应该有针对性地发掘这些客户在最近消费时间、消费次数上的变化情况，反思自身运营策略上的失误，采取可行补救措施，如电话回访、积分兑换消费代金券等方式，避免产生更多用户流失的同时力求挽回用户，延长其生命周期。

一般或低价值客户：这类用户所乘坐航班的平均折扣率(C)很低，距离上一次乘坐航班的时间(R)长，乘坐次数(F)或者里程数(M)较低，入会时间(R)短，对航空公司而言价值较低，不值得投入过多成本。他们往往选择乘坐低舱位航班，对飞行交通的依赖度较小，价格敏感度高，且不愿意在航司的选择上花费额外的成本。航空公司不必过分关注此类用户的动向，可能是在航空公司机票打折促销时，他们才会乘坐本公司航班。

从分类结果上看，重要发展客户、重要保持客户、重要挽留客户分别对应着客户生命周期的三个不同阶段：发展期、成熟期与衰退期，航空公司应当对这些重要客户加以区分并采取专门措施进行针对性营销，提高用户黏性，增加消费意愿。

第六步，客户价值分析。基于上述客户特征分类的结论，结合 K-MEANS 算法的分群结果，对聚类后的 5 项客户群体进行价值排名(见表 12-10)。

表 12-10　　　　　　　　　　　客户群价值排名

客户群	群体总人数	排名	排名含义
客户群 1	5346	1	重要保持客户
客户群 2	5398	2	重要发展客户
客户群 3	15533	3	重要挽留客户
客户群 4	23890	4	一般客户
客户群 5	11877	5	低价值客户

总体而言，5 个客户群体在各属性指标上的差异度比较明显，能够较好地契合客户特征分类下的 5 种客户特征，分类效果较好，模型拟合度高。进一步分析各客户群体的价值排名情况，客户群 1 在各项指标上都有突出表现，特别是直接反映航空公司机票收入的 F、M、C 三项指标上与其他群体相比存在显著优势，是航空公司最有价值的客户群体。且数量占比较少，应采取个性化服务优化、定期沟通与回馈，增加交叉销售机会并建立长期合作关系。客户群 2 最突出的优势在于其平均折扣率高，换言之，这部分群体具有很高的消费潜力。但他们的消费频次较少，还未达到成为公司忠实用户的标准，是营销者需要十分关注的重点发展对象，也是公司未来重要保持客户的潜在人群。航空公司应该对这部分客户群体加强引流，必要时考虑牺牲前期利润，采取提供额外折扣或奖励措施，培养用户的消费习惯。客户群 3 的入会时间最长，但 F、M、C 三项指标均逊色于客户群 1，符合重要挽留客户特征。这部分群体或许曾经是航空公司的重要保持客户，但逐渐丧失了对本公司的忠诚度，造成这种结果的原因是多方面的，其中包括个

人工作调度、居住地搬迁、其他交通行业发展等客观原因，同时也可能包括航空公司的服务体验、竞争力和市场营销策略不足的主观因素。公司需要定期关注重要挽留客户人群的变化情况，分析客户衰减原因，对后者采取必要措施，挽留客户的同时避免损失的扩大。客户群4是航空公司的典型低端用户，他们最大的特点是平均折扣率低，且群体数量庞大。虽然这部分客户同样是公司的忠实用户，并且保持着一定的飞行频率，然而他们对价格敏感，会固定地选择低舱位航段，因而对航空公司利润贡献率低，公司应当采取普适性的营销策略和服务态度来对待这部分群体。客户群5对应低价值用户特征，他们在各个指标上的表现均十分低下，并且在很长一段时间内未乘坐公司航班。这部分用户对公司的利润贡献小，且不具有忠诚度，航空公司无需花费额外成本对他们进行额外营销。

此外，本模型基于历史数据进行建模，在用户特征类别的分类上具有时效性特征。同时，航空公司针对用户的营销管理应该是一个动态化的过程，同一用户的消费习惯可能会随着时间改变，其所属的客户群体也会随之发生变化。如果航空公司不能及时洞察到用户消费走向，则可能在管理上消耗更多的成本，甚至产生重大决策失误。因此，对于新增用户的详细信息，考虑公司业务的实际情况，航空公司应该定期更新观测窗口，建议按月为单位运行该模型，同时对比客户群体在月度之间的变化情况。如果增量数据的实际情况与判断结果之间差异较大，业务部门应该关注外部环境以及公司策略的变化情况，分析用户变化原因，针对客户价值提升的方向采取正向反馈措施，对于客户价值受损的现象及时修正策略。

12.5 结果及应用

基于聚类方法的客户群体划分的目的是帮助航空公司更好识别用户特征，实现差异化营销。根据聚类分析结果，本案例提出可行的客户关系管理策略与营销策略建议，为航空公司提供参考。

(1)积分兑换与会员升级。

会员制度是航空公司用来区分客户、刺激消费的普遍手段。航空公司的会员可以分为白金卡会员、金卡会员、银卡会员与普通卡会员，其中非普通卡会员可以统称为公司的精英会员。会员等级一般以用户账号的积分量衡量，积分的增长往往要求该用户在一段时间内(如一年)积累一定的飞行里程或航段，达到这种要求后就会在有效期内(通常是两年)成为高级会员，并享受相应的高级别服务，如优先登机、额外行李配额、专属客服服务等。当有效期时间到达后，航空公司会根据相关评价方法确定用户是否有资格继续作为本公司的精英会员，然后对该用户进行相应地升级或降级。

然而，由于会员制度的相关说明复杂且不易理解，以及航空公司的规则宣传工作不到位，这导致存在很大部分的客户群体在评价期过后才发现自己错过了只需要很少量的积分数额就可以升级或保级的机会。站在客户的视角上，他们会认为自己失去了本应该属于自己的权利，或者是航空公司的服务质量出现了下降，没有得到足够的重视。同时，这种认知还可能导致客户的不满，干脆放弃在本公司的消费。

针对这种现象，航空公司可以设置一个激励节点，在临近会员升级或保级评价前的日期，对于那些接近但尚未达到要求的高消费客户进行适当提醒甚至采取一些促销活动，刺激他们通过消费达到相应标准。此外，航空公司还可以在淡季为精英会员推出专属福利，例如积分兑换免费升舱、头等舱折扣券等，以此增长会员消费欲望，增加用户黏性，提高满意度。

（2）多航段联合票务销售。

聚类方法的分类结果为航空公司初步划分了客户群体，考虑客户的乘机习惯能够对其进一步细化，在指标选取的过程中如果考虑到有关航班班次、出发地与到达地位置、飞行时长等更多详细信息，则可以在预测客户行为上取得更进一步的效果。换言之，具有相同行为习惯的顾客群体在出行方式、出行时间与地点的选择上具有相似性，结合客户的其他网络浏览行为，能够捕捉甚至预测客户的下一次出行需求。因此，航空公司可以采取多航段联合销售策略，即联程或联合票务销售，这种销售方式允许乘客在一次预订中购买涉及多个航段的机票，通常这些航段由不同的航空公司或者同一航空公司的不同航班提供。这种联合促销的方式可以为客户带来便利性，帮助他们简化旅行计划和管理，对于时间敏感性的客户具有很强的吸引力，这种精准化的智能推荐方式也会提升航空公司在客户心中的形象，增加他们的依赖度。同时，如果多家航空公司之间的合作能在转机时间、行李托运上为客户提供切实的便捷性方案，也能够促进航空业的良性合作与资源共享。

（3）交叉销售。

通过发行联名卡等与非航空类企业的合作，使客户在其他企业的消费过程中获得本公司的积分，增强与公司的联系，提高他们的忠诚度。例如，航空公司可以与银行、连锁超市合作发行联名信用卡，当顾客在超市消费时所累积的积分可以兑换航空公司所推出的各项旅行优惠；反之，其积累的飞行里程数也可在超市兑换指定类商品。

企业要想获取长期的利润，必须具有稳定、高质量的用户。收获一个忠实的用户则需要公司花费高昂的成本，在客户识别与发展时期，需要将大量的资源投入到市场研究、广告宣传、潜在用户识别以及客户关系管理当中。争取一个新用户往往比维持一个老用户的开销更大，维护好客户关系对于航空公司而言是必要且经济的。通过与其他行业交叉销售能够利用较小的成本花销维持客户与航空公司之间的互动频次，最大化生命周期内公司与客户的互动价值，相比于传统的广告推送，这种互动形式能够弱化客户的抵触感。尤其是针对于所占比例较小重要维持客户，航空公司还需要对其优先投放资源，推出能够体现他们身份独特性的专属服务，让这部分客户感受到来自公司的特别关怀，从而尽可能延长这类客户的高水平消费。

第13章 豆瓣电影评论挖掘

随着信息技术的不断发展，消费者发表评论的渠道也越来越多，门槛也越来越低。评论数据对于商家和消费者而言，都具有一定的价值，既可以帮助商家明确产品和服务存在的问题，并制定针对性的改进措施，也可以帮助消费者充分了解即将购买的商品或者服务。然而，海量的评论数据对企业和消费者有效利用评论数据都造成了一定的困难和挑战，此外，评论数据中往往还充斥着一些结构不规范的文本，例如商家有意雇佣的水军评论、商家的竞争对手发布的恶意评论等。消费者或者企业想要从海量评论数据中提取具有针对性且有使用价值的信息，必须对初步获得的文本数据进行充分的处理。

评论数据属于文本数据，具有非结构化的特征，由计算机进行识别和处理具有一定的机械性和局限性。因此，对评论数据进行分析时不能简单使用传统的数据分析方法，文本挖掘是一种针对文本的分析和处理算法，为评论数据的分析和挖掘提供了理论基础。本章将以预测豆瓣网站电影的评论类别为例，对评论这种分布不均匀、多样化的文本进行处理和分析，目的是对文本挖掘在网络评论分析方面的作用、文本挖掘的相关方法和意义进行更加具体的阐释和展示，此项目的基本流程是数据采集、情感分析、数据预处理、文本特征提取、模型建立和模型输出。

文本挖掘是从大量文本数据中提取有用信息和知识的过程。它结合了数据挖掘、自然语言处理(NLP)和信息检索等技术。文本挖掘的基本步骤通常包括以下几个关键阶段：

①数据收集：使用网络爬虫等工具，从网页、社交媒体和文档数据库等地方收集文本数据。

②数据预处理：

清洗数据：去除无用的字符(如 HTML 标签、特殊符号、停用词等)。

文本标准化：将所有文本转换为统一的格式(如小写字母)，以减少因格式不同而产生的差异。

分词(Tokenization)：将文本分割成独立的词汇或词组(tokens)。

去除停用词：移除那些对文本意义贡献不大的常见词(如"的""是"等)。

词干提取/词形还原：将词汇缩减到其基本形式(如"running"变为"run")，以减少词汇的多样性。

③特征提取：将文本数据转换为可用于分析的形式，即特征向量。常见的特征提取方法包括词袋模型(Bag of Words)、TF-IDF(词频-逆文档频率)、Word2Vec、BERT 等。将文本转换为数值型数据，使得机器学习算法可以处理。

④文本表示：在特征提取的基础上，进一步将文本数据转换为适合机器学习模型处理的格式。例如，使用向量化或矩阵形式表示文本。

⑤模型选择与训练：根据任务类型(如分类、聚类、情感分析等)选择合适的机器学习或深度学习模型。使用预处理和特征提取后的数据训练模型。调整模型参数，进行超参数调优，以优化模型性能。

⑥模型评估：使用测试集评估模型的性能，如准确率、召回率、F1 分数等指标。评估模型的泛化能力，确保其在未见过的数据上也能表现良好。

⑦结果解释与应用：解释模型的结果，理解模型是如何做出预测的。将模型应用于实际场景，如信息检索、推荐系统、情感分析等。

⑧持续优化：根据实际应用效果反馈，对模型进行持续优化和调整。引入新的数据、特征或技术，以提高模型的性能。

接下来，本章将从案例背景介绍、数据说明、描述性分析、模型构建和结论与建议五个方面进行案例阐述。

13.1　案例背景介绍

豆瓣网是一个集书籍、电影、音乐、同城、小组、电台、市场等信息于一体的社交网站，其中豆瓣电影是豆瓣网的重要组成部分之一。豆瓣电影不仅提供了丰富的电影信息，如上映时间、演员阵容、剧情简介等，还允许用户发表对电影的评论和打分，形成了一个庞大的电影评论数据库。豆瓣电影评论直接反映了广大观众对电影作品的看法和感受，是了解电影口碑的重要途径。用户在选择观看电影时，往往会参考豆瓣上的评分和评论，以判断电影的质量和是否符合个人兴趣。豆瓣电影评论数据为电影行业的数据分析提供了宝贵的资源，可以通过挖掘这些数据来发现电影市场的趋势、观众偏好的变化等信息。

在豆瓣电影评论挖掘案例中，文本挖掘技术被广泛应用于以下几个方面：

(1)情感分析：通过情感分析技术，可以自动识别出评论中的正面、负面或中性情感，从而评估观众对电影的整体评价。

(2)主题提取：利用主题提取技术，可以从大量评论中抽取出共同讨论的话题或主题，帮助了解观众关注的重点。

(3)意见领袖识别：通过分析评论者的活跃度、影响力等因素，可以识别出对电影评论有重要影响的意见领袖。

(4)趋势预测：结合历史数据和当前评论趋势，可以预测未来电影市场的走向和观众偏好的变化。

本案例以某部电影在豆瓣上的评论挖掘为例，可以通过以下步骤进行：

(1)数据收集：使用爬虫技术从豆瓣电影网站收集该电影的所有评论数据。

(2)数据预处理：对收集到的评论数据进行清洗、分词、去除停用词等预处理工作，以提高后续分析的准确性。

（3）情感分析：运用情感分析算法对预处理后的评论进行情感极性判断，得出观众对该电影的整体评价。

（4）主题提取：采用主题模型(如 LDA)对评论内容进行主题提取，了解观众关注的主要话题和观点。

（5）结果展示：将分析结果以可视化的方式展示出来，如生成情感分布图、主题词云等，以便更直观地了解观众对电影的评价和看法。

13.2　数据获取和预处理

本章将使用 kaggle 平台上提供的豆瓣电影评论数据集作为文本挖掘的分析对象，该数据集(Douban Movie Short Comments，DMSC. csv)包含了 28 部电影的 200 万条影评。可以用于文本分类，聚类，情感分析等。该数据集可以从如下链接获取：https：//www. kaggle. com/utmhikari/doubanmovieshortcomments。数据字典包括：

- ID：评论的 ID(从 0 开始)
- Movie_Name_EN：电影的英文名称
- Movie_Name_CN：电影的中文名称
- Crawl_Date：爬取日期
- Number：评论个数
- Username：发表评论账户的用户名
- Date：评论的日期
- Star：评论时用户的打分(1~5)
- Comment：评论内容
- Like：评论被点赞的次数

（1）数据读取和查看。

首先，使用如下代码，本案例将用到 Numpy 和 pandas 库进行数据处理，使用 matplotlib. pyplot 库和 seaborn 库进行绘图，并使用 time 库统计时间。从本地存储中导入数据集，并命名为 raw_data。

```
#引入必要的包
import csv
import os
import numpy as np
import pandas as pd
import matplotlib. pyplot as plt
import seaborn as sns
import time
```

```
#指定数据集路径
dataset_path = '../data'
datafile = os.path.join(dataset_path, 'DMSC.csv')
#停用词表路径
stop_words_path = '../stop_words'
#加载数据
raw_data = pd.read_csv(datafile)
```

然后，查看数据的基本数量和大小，使用如下语句，其中{}处输入数据条数，通过函数 format(len(raw_data)) 获得数据的行数，打印数据的水平维度大小，得到结果如下：

```
print('数据集有{}条记录。'.format(len(raw_data)))
数据集有 2125056 条记录。
```

接下来，查看电影的具体名称，本代码通过统计数据中 Movie_Name_CN 该列数据中的唯一元素的数量，以及唯一元素的内容，即各电影的名称。

```
#电影名称
print('数据集包含{}部电影。'.format(len(raw_data['Movie_Name_CN'].unique())))
print(raw_data['Movie_Name_CN'].unique())
数据集包含 28 部电影。
['复仇者联盟2' '大鱼海棠' '美国队长3' '十二生肖' '九层妖塔' '大圣归来' '栀子
花开' '夏洛特烦恼' '钢铁侠1' '西游降魔篇' '西游伏妖篇' '爱乐之城' '泰囧' '何以
笙箫默' '湄公河行动' '七月与安生' '复仇者联盟' '后会无期' '寻龙诀' '长城' '左
耳' '美人鱼' '小时代1' '小时代3' '釜山行' '变形金刚4' '你的名字' '疯狂动物城']
```

接下来，查看各电影的受欢迎情况和评分情况，受欢迎情况通过各电影的条目数来体现，可用如下代码查看。

```
#电影条目数
movie_mean_score = raw_data['Movie_Name_CN'].value_counts()
movie_mean_score.plot(kind='bar')
plt.tight_layout()
```

电影的评分情况通过查看各电影的平均值来获得，使用如下代码进行可视化展示，其中，通过对 Movie_Name_CN 进行分组，并对各自的评分 Star 进行取均值以及按照降序排序。再根据该数据画柱状图，得到图 13-2 的结果。结合对比图 13-1 和图 13-2 两个图的结果可以发现如下规律：很多观看量多的电影，获得的评分也较高，这说明，电影的受欢迎程度和好评程度是有显著的关联性的。

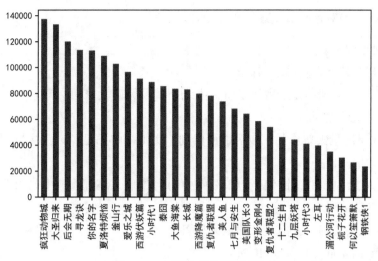

图 13-1 电影受欢迎程度统计

```
#电影平均得分
movie_mean_score = raw_data. groupby ('Movie_Name_CN') ['Star']. mean (). sort_values
(ascending = False)
movie_mean_score. plot (kind = 'bar')
plt. tight_layout ()
```

结果如图所示。

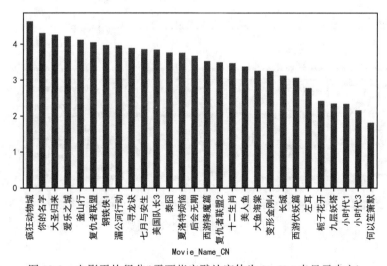

图 13-2 电影平均得分(需要指定默认字体为 SimHei 来显示中文)

数据查看的最后一部分是查看各电影评论数据的基本情况，使用如下代码。结果显示，评论数据中有各种数据，包括：标点符号《》、数字、情感词等。在对文本数据进行分析之前，需要对这些数据进行预先处理。

```
raw_data['Comment'].head()
```

0   连奥创都知道整容要去韩国。

1   非常失望，剧本完全敷衍了事，主线剧情没突破大家可以理解，可所有的人物
都缺乏动机，正邪之间、…

2   2015 年度最失望作品。以为面面俱到，实则画蛇添足；以为主题深刻，实则老
调重弹；以为推陈出…

3   《铁人 2》中勾引钢铁侠，《妇联 1》中勾引鹰眼，《美队 2》中勾引美国队长，在
《妇联 2》中终于…

4   虽然从头打到尾，但是真的很无聊啊。

Name：Comment，dtype：object

（2）数据预处理。

本部分对数据进行预处理，包括去除空值、对评分数据进行 0-1 分类、加载停用词
表、结巴分词等等。首先，将原始数据进行复制，对复制数据集中的空值进行处理，使
用如下代码。该代码最后一行对数据进行预览，可以得到如下结果：

```
#去除空值(如果有的话)
cln_data = raw_data.dropna().copy()
#建立新的一列，如果打分>=3.0，为正面评价 1，否则为负面评价 0
cln_data['Positively Rated'] = np.where(cln_data['Star']>=3，1，0)
#数据预览
cln_data.head()
```

	ID	Movie_Name_EN	Movie_Name_CN	Crawl_Date	Number	Username	Date	Star	Comment	Like	Positively Rated
0	0	Avengers Age of Ultron	复仇者联盟2	2017-01-22	1	然潘	2015-05-13	3	连奥创都知道整容要去韩国。	2404	1
1	1	Avengers Age of Ultron	复仇者联盟2	2017-01-22	2	更深的白色	2015-04-24		非常失望，剧本完全敷衍了事，主线剧情没突破大家可以理解，可所有的人物都缺乏动机，正邪之间、…	1231	0
2	2	Avengers Age of Ultron	复仇者联盟2	2017-01-22	3	有意识的贱民	2015-04-26		2015年度最失望作品。以为面面俱到，实则画蛇添足；以为主题深刻，实则老调重弹；以为推陈出…	1052	0
3	3	Avengers Age of Ultron	复仇者联盟2	2017-01-22	4	不老的李大爷耶	2015-04-23	4	《铁人2》中勾引钢铁侠，《妇联1》中勾引鹰眼，《美队2》中勾引美国队长，在《妇联2》中终于…	1045	1
4	4	Avengers Age of Ultron	复仇者联盟2	2017-01-22	5	ZephyrO	2015-04-22	2	虽然从头打到尾，但是真的很无聊啊。	723	0

图 13-3 电影评论数据预览

接下来，加载停用词表，分别使用"中文停用词库""哈工大停用词表"和"四川大学
机器智能实验室停用词库"三种类型的停用词。定义一个处理文本数据的函数 proc_text
来处理原始数据的每一行，该函数中，首先使用正则表达式来去除非中文字符，然后，
去除结巴分词和词性标注，再去除停用词，最后，用数据中的某一行进行测试。

```
#加载停用词表
stopwords1 = [line. rstrip( ) for line in open( os. path. join( stop_words_path，'中文停用词
库 . txt')，'r'，encoding ='utf-8')]
stopwords2 = [line. rstrip( ) for line in open( os. path. join( stop_words_path，'哈工大停用
词表 . txt')，'r'，encoding ='utf-8')]
stopwords3 = [line. rstrip( ) for line in open( os. path. join( stop_words_path，'四川大学机
器智能实验室停用词库 . txt')，'r'，encoding ='utf-8')]
stopwords = stopwords1+stopwords2+stopwords3
#处理文本数据
import re
import jieba. posseg as pseg
def proc_text( raw_line)：
"""
处理文本数据
返回分词结果
    """
    # 1. 使用正则表达式去除非中文字符
    filter_pattern = re. compile('[^\ u4E00-\ u9FD5]+')
    chinese_only = filter_pattern. sub('', raw_line)
    # 2. 结巴分词+词性标注
    word_list = pseg. cut( chinese_only)
    # 3. 去除停用词，保留有意义的词性
    # 动词，形容词，副词
    used_flags = ['v'，'a'，'ad']
    meaninful_words = []
    for word，flag in word_list：
        #
        if ( word not in stopwords) and ( flag in used_flags)：
            meaninful_words. append( word)
    return ''. join( meaninful_words)
#测试一条记录
test_text = cln_data. loc[5，'Comment']
print('原文本：', test_text)
print('\n\n 处理后：', proc_text( test_text))
```

以其中某一条评论为例，得到如下结果。经过处理后，将复杂的评论数据中的有效
情感词筛选出来了。

> 原文本：剧情不如第一集好玩了，全靠密集笑点在提神。僧多粥少的直接后果就是每部寡姐都要换着队友谈恋爱，这特么比打斗还辛苦啊，真心求放过～～～（结尾彩蛋还以为是洛基呢，结果我呸！）
>
> 处理后：好玩 全 提神 直接 换 谈恋爱 打斗 辛苦 求 放过

最后，将以上处理方法应用到所有的评论数据中，并将处理后的数据进行保存。

```
#处理数据集中的所有文本
cln_data['Words'] = cln_data['Comment'].apply(proc_text)
cln_data.head()
#将处理后的数据集保存
saved_data = cln_data[['Words', 'Positively Rated']].copy()
saved_data.dropna(subset=['Words'], inplace=True)
saved_data.to_csv(os.path.join(dataset_path, 'douban_cln_data.csv'), encoding='utf-8', index=False)
```

13.3 模型构建

本章将以上述数据为基础，构建一个电影评论数据预测模型，对相关电影未来可能取得的评论进行预测，并分析和验证预测模型的效果。首先，从机器学习库 sklearn 的模型选择 model_selection 中导入数据分割函数 train_test_split，然后将原始数据分割为训练集数据和测试集数据，其中，测试集占比 1/4，并输出训练集数据的尺寸。分组后，训练集数据共有 1593724 条，测试集样本数则有 531242 条，训练集数据的第一条记录为"讨厌"。

```
#分割训练集与测试集
from sklearn.model_selection import train_test_split
X_train_data, X_test_data, y_train, y_test = train_test_split(saved_data['Words'], saved_data['Positively Rated'], test_size=1/4, random_state=0)
X_train_data.shape
(1593724,)
print('X__train_data 第一条记录：\n\n', X_train_data.iloc[1])
print('\n\n训练集样本数：{}，测试集样本数：{}'.format(len(X_train_data), len(X_test_data)))
X__train_data 第一条记录：

讨厌

训练集样本数：1593724，测试集样本数：531242
```

接下来，对数据的文本特征进行提取，设置特征维度为 n_dim = 10000，并输出前 10000 的特征词。

```
from sklearn. feature_extraction. text import TfidfVectorizer
# max_features 指定语料库中频率最高的词
n_dim = 10000
vectorizer = TfidfVectorizer( max_features = n_dim)
X_train = vectorizer. fit_transform( X_train_data. values)
X_test = vectorizer. transform( X_test_data. values)
X_train. shape
(1593724, 10000)
print('特征维度：', len( vectorizer. get_feature_names()))
print('语料库中 top{}的词：'. format( n_dim))
vectorizer. get_feature_names()
特征维度：10000
语料库中 top10000 的词：
['一乐',
'一亮',
'一大',
'一惊',
'一星',
'一昧',
'一晃',
'一烂',
'一爽',
'一笑',
'一观',
'万般',
'上么',
'上乘',
'上买',
'上交',
'上任',
'上传',
…]
```

最后，在以上特征值基础上，构建线性规划预测模型。具体代码如下，并输出拟合结果。结果表明，该预测模型的 AUC 指标接近 0.6，表现良好。

```
from sklearn. linear_model import LogisticRegression
lr_model = LogisticRegression( C = 100 )
lr_model. fit( X_train, y_train)
LogisticRegression( C = 100, class_weight = None, dual = False, fit_intercept = True,
            intercept_scaling = 1, max_iter = 100, multi_class = 'ovr', n_jobs = 1,
            penalty = 'l2', random_state = None, solver = 'liblinear', tol = 0. 0001,
            verbose = 0, warm_start = False)
from sklearn. metrics import roc_auc_score
predictions = lr_model. predict( X_test)
print( 'AUC：', roc_auc_score( y_test, predictions) )
AUC：    0. 580560892439
```

13. 4　结论与建议

　　该案例通过分析 kaggle 平台上的"豆瓣影评"数据集，并在该数据集上进行建模操作，包括：数据可视化、文本数据处理、文本数据特征提取、建模及预测。除以上操作外，还可在现有数据集上通过改变模型的参数，观察对模型的性能有何影响。根据词性保留分词结果，使用之前介绍过的其他模型进行训练并比较结果，将 AUC 值提到 0.6以上。

参考文献

［1］Davenport T, Harris J. Competing on Analytics：The New Science of Winning［M］. Boston, Mass.：Harvard Business School Press，2007.

［2］Shmueli, G, and Koppius, O. Predictive Analytics in Information Systems Research［J］. MIS Quarterly, 2011, 35(3)：553-572.

［3］Marc J.Schniederjans, Dara G. Schniederjans, Christopher M. Starkey. 商业数据分析：原理、方法与应用［M］. 王忠玉，等，译. 北京：机械工业出版社，2018.

［4］蔚海燕，许鑫. 商业分析概论［M］. 上海：华东师范大学出版社，2015.

［5］王汉生. 数据思维：从数据分析到商业价值(第 2 版)［M］. 北京：中国人民大学出版社，2024

［6］郑毅. 证析——大数据与基于证据的决策［M］. 北京：华夏出版社，2012.

［7］孙淑霞，董峻含. 商业分析方法论与实践指南［M］. 北京：电子工业出版社，2023.

［8］接地气的陈老师. 商业分析全攻略：用数据分析解决商业问题［M］. 北京：电子工业出版社，2022.

［9］朱晓峰，程琳，王一民. 商务数据分析导论［M］. 北京：机械工业出版社，2023.

［10］拉姆什·沙尔达，等. 商业分析：基于数据科学及人工智能技术的决策支持系统［M］. 蔡晓妍，等，译. 北京：机械工业出版社，2022.

［11］颜新华. 网络安全视阈下的数据合规：基本理论、问题审视与中国方案［C］//《上海法学研究》集刊(2021 年第 1 卷 总第 49 卷)——上海市法学会国家安全法治研究小组文集.中国社会科学院大学，2021:8.

［12］数据合规实务指引(2024 版)［R］. 威科先行，上正恒泰律师事务所，2024.

［13］全球数据安全法规研究报告(2024 版)［R］. 国浩律师事务所，炼石，2024.

［14］深圳市企业数据合规指引［R］. 深圳市人民检察院，2023.

［15］范哲. 我国个人网络活动踪迹信息保护模式的困境与出路——兼评百度公司与朱某隐私权纠纷案［A］//《上海法学研究》集刊(2020 年第 15 卷总第 39 卷)数字经济法治文集，2020.

［16］朱晓娟. 数据合规实务指引［M］. 北京：法律出版社，2024.

［17］刘磊，燕丽. 数据合规：实务、技术与法律解码［M］. 北京：法律出版社，2022.

［18］童磊. "滴滴出行"事件的启示：企业数据安全合规需坚守红线［J］. 中国信息安全，2021(7)：84-85.

［19］Sarah Guido, Andreas C. Muller. Python 机器学习基础教程［M］. 张亮，译.中国工信

出版集团，人民邮电出版社，2018.

[20] 机器学习之线性回归算法（超详细）［EB/OL］.（2024-05-09），https://blog.csdn.net/weixin_49329177/article/details/138629906.

[21] Kaggle 竞赛——房价预测［EB/OL］.（2024-10-12），https://blog.csdn.net/m0_53062159/article/details/140087067.

[22]【机器学习】——分类算法小结［EB/OL］.（2022-02-01），https://www.dandelioncloud.cn/article/details/1488436261659725825.

[23] 朱鸿祥，吴根秀，王兆辉.基于共享邻近度和概率分配的密度峰值聚类算法［J］.计算机工程与应用，2024,60(12):74-90.

[24] 康海燕，冀源蕊.基于本地化差分隐私的联邦学习方法研究［J］.通信学报，2022,43(10):94-105.

[25] 刘安平，贾诗炜.网络游戏客户感知量化及预测方法［J］.西安工业大学学报，2019,39(5):589-593.

[26] 魏雁天.基于改进蚁群算法的通勤车智慧路线研究［J］.智能城市，2021,7(17):13-14.

[27] 位雅，张正军，何凯琳，等.基于相对密度的密度峰值聚类算法［J］.计算机工程，2023,49(6):53-61.

[28] 戴维·R.安德森，等.数据、模型与决策：管理科学篇（原书第 13 版）［M］.侯文华，等，译.北京：机械工业出版社，2013.

[29] 刘兰娟.经济管理中的计算机应用（第 2 版）［M］.北京：清华大学出版社，2017.

[30] 韩伯棠.管理运筹学（第五版）［M］.北京：高等教育出版社，2020.

[31] 张良均.Python 数据分析与挖掘实战［M］.北京：机械工业出版社，2016.

[32] 罗亮生，张文欣.基于常旅客数据库的航空公司客户细分方法研究［J］.现代商业，2008(23):54-55.

[33] Chen Y, Liu L, Zheng D, Li B. Estimatingtravelers' value when purchasing auxiliary services in the airline industry based on the RFM model［J］. Journal of Retailing and Consumer Services, 2023, 74: 103433.

[34] 叶龙.商业大数据分析［M］.武汉：华中科技大学出版社，2021.